旅游大数据与
智慧旅游管理研究
理论与应用

牛 媛◎著

旅游教育出版社
·北京·

图书在版编目（CIP）数据

旅游大数据与智慧旅游管理研究：理论与应用 / 牛媛著. -- 北京：旅游教育出版社，2025.5. -- ISBN 978-7-5637-4877-8

Ⅰ．F590-39

中国国家版本馆CIP数据核字第2025VS9303号

旅游大数据与智慧旅游管理研究：理论与应用

牛 媛 著

策　　划	赖春梅
责任编辑	赖春梅
出版单位	北京旅游教育出版社有限责任公司
地　　址	北京市朝阳区定福庄南里1号
邮　　编	100024
发行电话	(010) 65778403　65728372　65767462（传真）
本社网址	www.tepcb.com
E-mail	tepfx@163.com
排版单位	北京卡古鸟艺术设计有限责任公司
印刷单位	天津雅泽印刷有限公司
经销单位	新华书店
开　　本	787毫米×1092毫米　1/16
印　　张	17.5
字　　数	296千字
版　　次	2025年5月第1版
印　　次	2025年5月第1次印刷
定　　价	69.00元

（图书如有装订差错请与发行部联系）

前言

着眼于高质量发展与中国式现代化建设的战略全局，发展新质生产力在引领文旅产业迈向高质量发展进程中起到至关重要的作用。文旅产业面临着文旅资源开发利用率低、文旅产品及服务类型同质化与单一化、数字赋能文旅发展的动能不足且层级较低、国际旅游服务及市场环境尚不完善等痛点问题，作为新的生产力发展模式，新质生产力在文旅领域呈现蓬勃的发展势头与强劲的现实动能，展现了全维度的影响力。哈尔滨防洪胜利纪念塔广场上，松花江光影秀精彩上演；陕西咸阳秦文化数字光影演艺空间演绎秦朝风华；武汉黄鹤楼的夜间光影秀致敬广大劳动者……"科技＋文旅"融合的智慧旅游沉浸式体验成为消费新亮点。智慧旅游作为以信息技术为引领的现代科技与旅游产业深度融合的产物，是新质生产力与旅游业结合度最高最深的领域之一，正逐渐成为旅游行业发展的重要引擎。

党的十八大以来，中央和相关部门高度重视智慧旅游发展，连续发布系列文件做出专门部署。2022年，国务院印发《"十四五"旅游业发展规划》，指出加快推进以数字化、网络化、智能化为特征的智慧旅游，深化"互联网＋旅游"，扩大新技术应用场景。2023年4月，工业和信息化部、文化和旅游部印发《关于加强5G+智慧旅游协同创新发展的通知》，提出加强重点旅游区域5G网络覆盖，鼓励重点单位网络建设资源开放，创新5G+智慧旅游服务新体验，探索5G+智慧旅游营销新模式，提升5G+智慧旅游管理能力，加强5G+智慧旅游产品供给，增强5G+智慧旅游主体创新活力，打造5G+智慧旅游示范标杆，建设5G+智慧旅游样板村镇。2023年11月，文化和旅游部印发《国内旅游提升计划（2023—2025年）》，明确提出要加快智慧旅游发展，培育智慧旅游沉浸式体验新空间新场景，推动科技赋能旅游，进一步推进新技术在旅游场景广泛应用，更好发挥国家旅游科技示范园区作用，提升旅游产品和服务的科技含量。2024年1月，国家数据局等17部门联合印发《"数据要素×"三年行动计划（2024—2026）》，其中提出"数据要素×文化旅游"行动，明确了培育文化创意新产品、挖掘文化数据价值、提升旅游服务水平、提升旅游治理能力等一系列重点工作，以期发挥数据要素在文化旅游行业的量级倍增效应。

随着我国社会经济的不断发展，文旅产业的发展加速，人们对旅游过程中"优质"服务的需求越来越强烈，管理模式向智慧旅游管理转变势在必行。随着数字技术的不断发展，新型智慧旅游管理模式成为当前旅游业高质量发展的重要保障。旅游产业作为"信息依赖"产业，高效的信息流通推动旅游产业的价值流动，可互动、可监控、可引导、可思考的智慧旅游管理模式正在催生旅游产业的"大变革"。大数据的方法和技术打破信息壁垒，有效收集和整合旅游相关数据，实现对旅游市场信息进行多维度的精准分析和有效预测，进而促进旅游行业向信息化、智慧化、智能化发展。在文旅市场经济的带动下，大数据赋能智慧旅游管理，促进博物馆、图书馆、艺术馆、剧场、景区（点）、度假区（村）、酒店、旅行社等文旅企业和涉文旅企业向智慧化转型，传统政务型文旅政府向服务型文旅政府转变，为大文旅产业高质量发展与创新蓄积新动能。文旅数据转化利用场景进一步丰富，借助人工智能等数字技术，依托市场化机制挖掘文化资源数据价值，发挥数据要素乘数作用，实现中华优秀传统文化的创造性转化和创新性发展。大数据加快文化资源数字化、生活化进程，大量优质的古籍、美术藏品、文物藏品通过有偿使用藏品数据开展研究、展览、出版，推进古籍、文献等专业数据库以及相关创意产品的开发与利用，授权出版社、文创产品开发机构等使用，开发一批动漫游戏衍生品、音响器材、文创产品等。大数据使旅游景点景区、旅行社、酒店等旅游企业和涉旅企业从内部信息化走向互联网，将景点游览、历史文化品鉴、科学教育、生活、休闲、学习、工作等融为一体，通过信息技术创新、管理创新及商业模式创新融合，催生从单纯的信息管理走向以服务为本的协同一体化全程服务新模式，在线文旅、虚拟文旅、数字文旅、协同平台等不断完善，重构文旅商业生态。利用5G、大数据、人工智能等科技手段完善文化和旅游市场监管、经济运行监测与风险预警机制。

近年来，国内智慧旅游发展的基础不断夯实，数字技术在更广泛范围、更高层次、更多环节、更宽领域与旅游业深度融合，正在成为旅游业高质量发展的新动能。

本书以大数据在智慧旅游管理中的应用为核心，采用从理论到实践的逻辑探讨智慧旅游的理论基础和智慧旅游管理模式创新，并对近年来智慧旅游相关实践进行案例分析。本书从旅游业管理者、经营服务者、游客等多视角解读智慧旅游理论基础、技术架构、建设实践及应用实务，既有理论，也有应用实务和案例分析，全面阐述"大数据＋智慧旅游"生态体系，突出智慧旅游的应用性和创新性，强化大数据在智慧旅游管理中的实践应用和智慧旅游领域创新创业的指导。

本书从智慧旅游历史与现状、旅游大数据和数字旅游概念类型、大数据推动智慧旅游管理模式创新逐步深入，全书共包含十一章。第一章介绍智慧旅游的历史、现状及未来，厘清智慧旅游的概念、基本特征，分析智慧旅游发展历史、现状问题以及未来发展趋势。第二章是智慧旅游文献综述。第三章分析旅游大数据和数字旅游概念、类型与特点及二者的互动关系。第四章聚焦大数据环境下智慧旅游管理问题，首先对数字旅游运营管理概念特征进行界定，并识别数字旅游发展不同阶段面临的关键问题，接着从流程重组、产业融合、知识管理、运筹优化和网络经济等视角构建出数字旅游运营管理的主要理论方法。第五章聚焦技术语境下旅游大数据与数字旅游的总体框架与系统实现。第六章探讨大数据背景下旅游消费行为与市场需求创新问题，重点论述时空维度、关联维度及内容场景维度的旅游市场营销策略。第七章探讨大数据推动智慧景区管理，重点论述智慧景区管理与景区大数据的演进及特点，以及大数据推动智慧景区管理的智慧化升级问题。第八章研究数字技术推动旅游产品和业态创新，重点论述数字化扩充旅游资源产品类型、"上云赋智"丰富游客体验、景区数字化体验创新、线路旅游产品数字化创新、数字旅游推动业态融合创新及单要素的旅游产品与业态创新。第九章为区域智慧旅游与数字治理内容，重点论述数字经济时代下区域智慧旅游管理的基本特点，分析已有的数字平台特征和数据治理存在问题等。第十章围绕大数据在文旅重点领域的应用，重点讨论大数据在博物馆、酒店及在线旅游平台等领域的创新应用。第十一章基于文旅部、工信部等近几年公布的八批"科技＋旅游"相关优秀项目案例，总结其成功经验、典型做法及应用特点。

本书是山西省教育科学"十四五"规划2021年度课题"大数据在智慧旅游管理

中的应用研究（GH-21295）"，以及山西省教育科学"十四五"规划2023年度课题"数字化背景下酒店管理与数字化运营专业人才培养模式改革研究（GH-230285）"的阶段性成果。牛媛是课题总负责人，负责研究大纲制定、内容撰写及全书统稿等工作，窦文章参与各章节讨论与最后统稿，北京大学研究生刘帅龙、陈佳伟、李永奇、马赛、韦金钊、吴俊霖、赵虎、张阔、杨效瑞、杨成哲、赵玲玲等分别参加各章节数据分析、案例整理、素材整理撰写等工作，中国农业大学赵光远和中国人民大学胡海鑫同学参与资料收集整理等工作。本书既是作者团队智慧旅游研究的知识积累，也是团队多年相关"科技+文旅"研究成果的集成。最后，本书中错误与不足实属难免，敬请文旅界、科技界同人及广大读者批评指正。

牛媛　窦文章

目录 CONTENTS

第一章 智慧旅游：历史、现状及未来 ……………………………… 001
  第一节 智慧旅游概念与行业特征 …………………………… 002
  第二节 智慧旅游现状与未来展望 …………………………… 011

第二章 智慧旅游研究综述 ……………………………………………… 017
  第一节 智慧旅游文献计量分析 ……………………………… 018
  第二节 相关研究进展 ………………………………………… 022
  第三节 研究综述 ……………………………………………… 032

第三章 旅游大数据与数字旅游 ………………………………………… 039
  第一节 大数据决策与数字经济互动关系 …………………… 040
  第二节 旅游大数据：概念、类型与特点 …………………… 044
  第三节 数字旅游与旅游大数据互动关系 …………………… 050

第四章 大数据推动智慧旅游管理模式创新 …………………………… 057
  第一节 智慧旅游管理的基本目标 …………………………… 059
  第二节 大数据驱动下的旅游管理与决策 …………………… 062
  第三节 智慧旅游运营管理的关键问题 ……………………… 067
  第四节 大数据推动智慧旅游管理模式创新 ………………… 070

第五章 技术语境下的旅游大数据与数字旅游 ………………………… 077
  第一节 旅游大数据与数字旅游 ……………………………… 078
  第二节 Web1.0到Web3.0下的旅游行业应用 ………………… 081
  第三节 数字旅游的总体架构与系统实现 …………………… 084

第六章　大数据背景下旅游消费行为与市场需求创新 …………… 091

  第一节　营销大数据的"时空关+"与旅游消费行为变化 ……… 092
  第二节　时空维度下的旅游市场营销 …………………………… 096
  第三节　关联维度的旅游市场营销 ……………………………… 099
  第四节　内容、场景维度的旅游市场营销 ……………………… 106

第七章　大数据推动智慧景区管理 ……………………………………… 109

  第一节　智慧景区管理及景区大数据 …………………………… 110
  第二节　大数据推动景区管理的智慧化及作用机制 …………… 115
  第三节　大数据推动智慧景区未来趋势 ………………………… 132

第八章　数字技术推动旅游产品和业态创新 …………………………… 139

  第一节　旅游产品与创新 ………………………………………… 140
  第二节　数字化扩充旅游资源产品类型 ………………………… 143
  第三节　观光产品"上云赋智"丰富游客体验 ………………… 148
  第四节　旅游景区的数字化体验创新 …………………………… 155
  第五节　线路旅游产品数字化创新 ……………………………… 160
  第六节　数字旅游推动产业融合创新 …………………………… 163
  第七节　单要素的旅游产品与业态创新 ………………………… 168

第九章　区域智慧旅游管理与数据应用平台 …………………………… 173

  第一节　区域旅游与智慧旅游管理概述 ………………………… 174
  第二节　大数据在国家级管理平台的应用 ……………………… 176
  第三节　大数据在省市级管理平台的应用 ……………………… 179

第十章　旅游大数据重点应用 …………………………………………… 185

  第一节　数字博物馆 ……………………………………………… 186
  第二节　智慧酒店 ………………………………………………… 201
  第三节　OTA 旅游大数据应用 …………………………………… 207

第十一章　大数据应用典型案例分析 ………………………………… 213

第一节　总体分析 ………………………………………………… 214
第二节　杭州智慧旅游案例 ……………………………………… 230
第三节　九寨沟智慧旅游案例 …………………………………… 238
第四节　龙门景区智慧旅游案例 ………………………………… 247

参考文献 ……………………………………………………………… 253

第一章

智慧旅游：历史、现状及未来

智慧旅游是基于信息通信技术，为满足游客个性化需要，提供高品质、高满意度服务，为实现旅游资源及社会资源的共享与有效利用的系统化、集约化的变革。从内涵来看，智慧旅游的本质是指包括信息通信技术在内的智能技术在旅游业中的应用，是以提升旅游服务、改善旅游体验、创新旅游管理、优化旅游资源利用为目标，既是增强旅游企业竞争力、提高旅游行业管理水平、扩大行业规模的现代化工程，也是促进旅游行业变革、推动产品业态创新、深化文化旅游融合的技术工具。从现有的智慧旅游建设水平与效果来看，推动智慧旅游建设目的表现在几个方面：第一，提高游客营销管理水平，实现游客的个性化定制服务；第二，提高企业旅游管理水平，基于5G、云计算、大数据、区块链等技术进展及其商业应用，促进行业资源整合、行业裂变与旅游小微企业创新创业发展；第三，更为重要的是能够较大程度地提高区域旅游管理水平，实现政府公共服务与公共管理的无缝整合。

第一节　智慧旅游概念与行业特征

一、智慧旅游概念

智慧旅游概念有许多，既有学术概念也有行业定义。在学术上，一般认为智慧旅游是一种以物联网、云计算、下一代通信网络、高性能信息处理、智能数据挖掘等技术在旅游体验、产业发展、行政管理等方面的应用，使旅游物理资源和信息资源得到高度系统化整合和深度开发激活，并服务于公众、企业、政府等的面向未来的全新的旅游形态[1]。智慧旅游构建在通信与信息技术深度融合的基石之上，其核心追求在于提供卓越的游客互动体验。为了确保其顺畅运行，一体化的行业信息管理成为不可或缺的保障。此外，智慧旅游的特色在于其能够激发产业创新活力，进一步推动产业结构的优化与升级。在这一过程中，其核心理念——以游客为中心，依托网络技术的全面支撑，实现感知与互动的和谐统一，以及提供高效、便捷的服务体验——贯穿于始终。

---

[1] 张凌云.智慧旅游：个性化定制和智能化公共服务时代的来临［J］.旅游学刊，2012，27（02）：3–5.

从功能定位的视角，智慧旅游是旅游信息化迈向高级智能化的杰出成果。其诞生得益于新一代信息技术的有力支持，且其持续发展离不开旅游大数据所提供的丰富资源优势。就发展目标而言，智慧旅游致力于满足各地游客的个性化需求，提供高品质的服务，以实现旅游资源与社会资源的全面系统共享。在实现路径方面，智慧旅游借助云计算、物联网等前沿技术，通过互联网/移动互联网，并依托便携的终端上网设备，主动捕捉旅游资源、旅游经济、旅游活动及旅游者等多方面的信息，并实时发布，使公众能够迅速获取这些信息，从而灵活调整工作与旅游计划，达到对各类旅游信息的智能感知与便捷利用。从内涵角度审视，智慧旅游是在旅游业中广泛运用智能技术，特别是信息通信技术，提升旅游服务质量、优化旅游体验、创新旅游管理模式，以及高效利用旅游资源。此举旨在加强旅游企业的竞争力、提升旅游行业的管理水平，并扩大行业规模，是一项具有深远意义的现代化工程。

2015年，原国家旅游局出台《关于促进智慧旅游发展的指导意见》，正式定义了智慧旅游的概念：智慧旅游是运用新一代信息网络技术和装备，充分准确及时感知和使用各类旅游信息，从而实现旅游服务、旅游管理、旅游营销、旅游体验的智能化，促进旅游业态向综合性和融合型转型提升，是游客市场需求与现代信息技术驱动旅游业创新发展的新动力和新趋势，是全面提升旅游业发展水平、促进旅游业转型升级、提高旅游满意度的重要抓手，对于把旅游业建设成为人民群众更加满意的现代化服务业，具有十分重要的意义。

在信息技术迅猛发展的时代背景下，全球范围内的旅游信息化和智慧旅游建设正逐步深入。近年来，旅游大数据、旅游资源物联网、旅游数据经济等概念应运而生，这标志着旅游信息化已经迈入了一个全新的阶段。一方面，随着旅游行业信息采集与存储技术的日益成熟，各个领域的数据积累已经达到了相当规模，借助新技术的运用，这些信息资源与旅游大数据正逐步展现其巨大的潜力与价值。另一方面，泛在网络与通信技术、传感器技术、RFID技术、云计算技术等前沿技术的不断进步，为旅游信息化的发展指明了新的方向，使得旅游信息的精确采集和旅游信息资源的有效利用成为可能，预示着未来信息化发展的崭新趋势和模式❶。

二、智慧旅游的基本特征

（一）旅游营销网络化

市场是旅游企业发展的根基，只有在深度了解市场的基础上，有针对性地推出旅游产品，才能牢牢把握游客需求，拓展企业在旅游市场的知名度。在智慧旅游时代，如何开展有效的旅游营销是一个首先要思考的命题。如何利用旅游数据分析消

---

❶ 曾津.中国"新基建"与美国"信息高速公路计划"及其比较研究[J].新经济，2020（12）：28-30.

费者行为和潜在需求，进而精准营销和拓展市场？智慧营销的创新基于电子商务系统、诚信商家联盟和消费大数据三个层面，通过搭建平台和精准营销来促进智慧旅游产业升级。旅游企业要通过细分市场，集中力量为目标游客创造最具价值的差异化、个性化服务，以获取更高的利润。随着市场细分的逐步深入，企业将营销目标逐步由大众，转向分众、小众乃至个人，达到精准营销之效。具体而言，旅游企业应收集游客的搜索关键词、访页数据、浏览主题词及消费信息，构建起市场营销数据库，再借助数据挖掘技术，针对各类游客消费习惯展开全面、深度分析，找出不同群体的差异性，依循游客总体特征对游客市场加以细分，并针对细分市场制定极具特色的营销策略，以牢牢抓住游客眼球，拓展市场份额。具体而言，有三个应用场景：

（1）**旅游电子商务系统**。其实就是基于互联网商业模式的产品销售系统，为游客提供旅游预订服务，包括门票、交通、酒店、旅游线路等产品的在线预订。该系统支持各个景区、酒店、旅行社等，乃至第三方的商户将自己的门票、房间、旅行路线和旅游打包产品放到网站上进行自主营销。旅游电子商务系统的入驻企业通过网站、APP、微信等渠道进行在线直销，实现信息到利益的转化❶。

（2）**组建诚信商家联盟**。提供B2B、B2C平台，为用户、商家提供互通平台，打造网上商品街区。在诚信机制上，以商家信息为基础，建立准入、审核、年检、退出机制，并与电商点评、优惠券、积分系统等结合，规范商家行为。诚信联盟的具体运作需要做到以下三点：一是整合各类酒店、民宿、饭店等资源，统一营销；二是加载认证，规范各个实体的服务，提升服务水平；三是建立评价奖惩机制，打造良性健康的商业服务模式。

（3）**基于大数据的精准营销**。消费大数据是营造诚信环境、进行精准营销的关键。通过采集餐饮、酒店、票务、文化等数据信息，实现多路径推广，扩大企业影响力，通过精准营销增加企业营收。在当前旅游市场中，游客获取信息的途径显著增多，他们更倾向于寻求个性化和差异化的旅游产品与服务。在规划旅行之前，游客可以轻松地通过网络查询目的地、攻略和用户点评。在旅途中，他们则能借助移动客户端实时获取景区客流量、周边交通状况，以及购物、住宿、餐饮等多元化的信息。而旅游结束后，游客更是热衷在社交媒体如微博、博客、微信等平台分享他们的游记和心得。从游客的游前点击搜索、游中目的地查询到游后的游记分享，这一系列行为都构成了旅游业营销的重要数据。社交媒体网站依托强大的大数据平台，深入分析游客的这些行为数据，依据他们的兴趣、爱好和倾向，进行个性化的内容整合与推送，从而实现更为精准的营销策略❷。如重庆万盛奥陶纪景区通过与航迪网

---

❶ 吴珊.旅游可持续发展与旅游环境保护研究［J］.旅游与摄影，2023（07）.

❷ 熊华勇.地理大数据在旅游景区营销中的应用［J］.中学地理教学参考，2023（29）.

络大数据营销系统的合作,成功提高了景区在当地的品牌知名度与影响力❶。

(二)旅游管理系统集成化

智慧旅游管理系统是帮助景区管理单位快速提高管理水平,真正做到精细化管理,提升行业竞争力的重要系统。集成化的管理系统主要包括以下几个方面:智慧景区视频监控系统、智慧旅游数据可视化、智慧景区信息发布系统与智慧景区票务管理平台。

(1)智慧景区视频监控系统。 现在的视频监控系统是以云计算、云存储、"互联网+"等新兴信息技术为支撑,全面覆盖景区,重点布局景点、游客集中地段、森林火灾点、事故多发地段。视频融合将原有分散的、标准不同的各类监控设备、监控平台集中统一管理,将各部门、各场所的各类视频资源统一汇集起来,形成统一的社会视频资源共享平台;依托分布式集群级联架构,在互联网架构下实现各类视频设备接入,支持各类级别监控视频并发访问。最终实现视频监控、客流统计、位置监控、环境监测等各系统的跨平台、跨网络、跨终端的综合化管理,并在现有景区信息化的基础上,实现景区信息资源的共享,提供综合信息资源利用和应用支撑服务的能力,同时提升景区的管理与服务水平。

(2)可视化的智慧旅游数据。 伴随着区域旅游业的快速增长,产生了人口流量管理、交通堵塞、生态环境保护、安全性等众多难题,智慧旅游数据可视化应运而生。智慧旅游数据可视化大屏管理系统,能统计分析旅游景区内外的数据,即时人流量数据、地区人流量排行、新老顾客占有率、游人滞留时间、各时间段人流量总数、历史时间人流量等数据,并以数据图表的方式形象化展现。工作人员能够即时查询相匹配监控点的人流量总数,根据对全旅游景区重要检测地区的管理要求进行实时监测,提升预警信息处理能力,进而对各种情况做出智能化回应,并找出相应解决方法,恶性事件能够保证及时处理❷。

(3)智慧景区信息发布系统。 信息发布系统综合处理图片、视频、音频、文档、网页、文本、流媒体、组件等多媒体信息,通过局域网或互联网统一管理控制、发布显示等,满足同一内容素材可一键发布到LED大屏、广播、第三方渠道,从而实现信息发布的"集中管理、统一控制、分散发布",方便管理人员进行信息的传递,遇到突发情况采取有针对性的措施。

信息发布系统的建设,可以将景区基本情况、活动资讯、实时动态感知信息(天气状况、空气质量等)、景区内智能参考信息(游客流量、车流拥挤程度、停车场空余位置等)、景区管理部门发布的旅游及时相关信息等内容,通过不同信息接收

---

❶ 吴红焱,杨晓霞.网红景区投射形象与感知形象的对比研究——以重庆万盛奥陶纪景区为例[J].资源开发与市场,2019,35(12):1556-1560.
❷ 丁磊.大数据时代智慧旅游发展中的信息安全问题研究[J].数字通信世界,2023(11):166-168.

途径推送给游客，从而提高景区与游客之间的互动频率，同时为景区增加营销入口，并且有助于游客安全，方便了景区信息管理，以及遇到突发情况快速传达信息。要之，方便管理人员进行信息的传递，遇到突发情况采取有针对性的措施，让游客获得最为舒适的游园体验❶。

（4）智慧景区票务管理平台。科技智慧赋能旅游景区，相对于传统景区票务系统仅仅提供收银业务而言，智慧景区票务系统的应用，让景区运营更加流程化，服务更人性化，营销更精准化。首先，多种售票方式可选，如：微信售票、手持机售票、景区自助售取票机、窗口售票、官网售票、OTA售票等，智慧景区电子票务系统以"多场景应用票务系统"为载体，与生态伙伴开放合作，支持第三方票务平台的接入。智慧景区票务系统可以提供线上预订和售票服务，使游客可以在网上购买门票，避免了排队等候的烦恼。此外，票务系统还可以提供移动支付功能，使游客可以使用手机或其他移动设备进行支付，更加方便和快捷。其次，票类设置灵活，可自定义各种门票的介质、票价、售票方式、有效期、次数等；并且智慧景区电子票务系统还具有独特的票版设计功能，可由用户自己定义和修改各类票的打印格式，为长期或短期营销策略的变动提供技术上的保障。智慧景区票务系统可以提供全面的客流量数据，帮助景区管理者了解景区的实时客流情况。这些数据可以帮助景区更好地规划资源，例如提前增加员工配备，避免游客排队等候的情况。再者，实现严格的财务管理。系统后台的财务管理功能模块可以进行销售和收入明细管理，如：订单报表，客户报表，分销商报表，售票明细等，支持多条件查询，帮助景区管理者有效避免因统计误差所导致的财务问题❷。智慧景区票务系统能够提供准确的销售数据，帮助景区管理者了解景区的收益情况。这些数据可以帮助景区制定更加科学的营销策略，增加收益。

此外，系统具有可灵活设置各通道放行的票类，根据实际通道布局和管理应用需要，实现游客分流。可方便地实现园中园管理、套票管理、二次入园管理、团体多人票检票管理等。智慧景区票务系统还可以提供完善的游客服务功能，例如预约参观、查询票务信息等。这些功能可以提高游客的满意度，增加游客回头率。

（三）旅游服务智能化

智慧旅游服务是一种由旅游企业集团主导，以旅游者需求为中心的服务模式。在这一过程中，旅游企业运用大数据、物联网、云计算、人工智能、虚拟现实等先进的信息技术手段，对旅游者数据进行深度收集、精准挖掘和智能计算。通过这些智能数据的积累，旅游企业能够主动洞察旅游者的现实需求，并深入挖掘其潜在需

---

❶ 任丽伟.景区安防系统建设应用面临的挑战与改进对策［J］.中国安防，2023（09）：64-66.
❷ 黄小明，孙新丽，袁云.智慧景区大数据管理平台建设方案探讨［J］.广东通信技术，2023，43（07）：57-63.

求。基于全过程、全要素的服务资源集成和参与主体的协同合作，旅游企业能够为旅游者量身定制个性化服务方案，并通过精准推送的方式，将这些服务方案直接送达旅游者，从而精准满足其旅游需求。智慧旅游服务的发展，对旅游业的发展产生了深远的影响。一方面，它促进了旅游信息流的重新构建，推动了旅游业务的重新组合和旅游组织的优化升级，这些变革为旅游业的持续健康发展注入了新的活力。另一方面，智慧旅游服务也改变了旅游者的信息搜索行为方式，使信息获取更加便捷、高效。同时，它还加速了旅游营销方式和旅游管理方式的根本性转变，为旅游业的创新发展提供了强大的支撑。

随着智慧旅游服务广度、服务深度和专业化程度加强，智慧旅游将逐步过渡到多方案的筛选及修改完善，再过渡到以全程互动体验为主导、以价值共创为目标的自我设计、自我实现和自我评估以及自我享受状态。智慧旅游服务更加注重与游客互动，是为旅游者个体而非群体提供的泛在化旅游服务，通过对旅游活动全流程、全时空、全方位、全终端、全机构的整合、协同、优化和提升，实现一种颠覆性的旅游服务模式创新。可见，智慧旅游服务对于其服务主体，即旅游企业集团提出了更高的要求和挑战，一般需具备全方位、全过程的旅游服务链运营与协调能力，通常为旅游联盟的盟主或区域领先型旅游企业❶。

从使用功能的角度出发，智慧旅游主要包括智能导航、智能导游、智能导览、旅游服务生态系统四个基本功能。

（1）**智能导航**。将位置服务（LBS）加入旅游信息中，让旅游者随时知道自己的位置。当前定位技术的实现方式非常多样，包括但不限于GPS导航、基于基站的位置确定、Wi-Fi定位、RFID识别定位、地标定位等，并且未来有望通过图像识别技术实现精准定位。其中，GPS导航和RFID识别定位技术以其高精度而备受瞩目。然而，RFID定位技术在实际应用中面临诸多挑战，如需要部署大量的识别器，并在移动终端（如手机）上安装RFID芯片，这些要求使得RFID定位距离广泛应用尚有一段距离。相对而言，GPS导航技术的应用更为便捷。目前，市面上的大多数智能手机已经内置了GPS导航模块，而对于没有内置模块的笔记本电脑、上网本和平板电脑，用户也可以通过外接蓝牙或USB接口的GPS导航模块来实现导航功能。部分电脑甚至直接内置了GPS导航模块，为用户提供了更为便捷的导航体验。通过将GPS导航模块与电脑连接，用户可以轻松地将互联网与GPS导航技术相结合，实现移动互联网时代的精准导航❷。

（2）**智能导游**。"智能导游"这一崭新概念，展现了物联网、云计算、下一代通信网络、高性能信息处理及智能数据挖掘等尖端技术在旅游体验、产业发展及行政

---

❶ 王凤飞，陈瑾，段卫里. 数字旅游智能化服务体系的逻辑理路与赋能重构［J］. 沈阳农业大学学报（社会科学版），2022，24（05）：535-539.

❷ 逯祥渠. 智能化旅游管理信息系统设计及应用研究［J］. 新经济，2016（06）：28.

管理等多领域的广泛应用。它实现了旅游物理资源和信息资源的深度整合与高效激活，服务于公众、企业、政府等，为旅游行业创造了面向未来的全新形态。其基础在于融合的通信与信息技术，以游客的互动体验为核心，并以一体化的行业信息管理为坚实保障，特色在于激励产业创新并推动产业结构升级。

与传统导游服务不同，智能导游不仅定位准确，还能在网页和地图上主动展示周边丰富的旅游信息。这些信息包括景点、酒店、餐馆、娱乐场所、车站、活动地点以及朋友或旅游团友的位置及其相关详情，如景点的评级和主要特色、酒店的星级和价格范围、活动的时间和票价等。此外，餐馆的口味、人均消费及优惠信息也一应俱全。

智能导游还支持在非导航状态下查询任意位置的周边信息。用户只需简单拖动地图，即可轻松获取所需信息。周边信息的范围可根据地图窗口的大小自动调节，用户还可以根据个人兴趣点（如特定景点或朋友位置）来规划个性化的行走路线。

（3）**智能导览**。智能导览功能，相当于旅游者的"智能导游"，解决出行过程的导游、导览等问题。不仅能够让游客轻松了解景区全貌，还配备语音讲解，让游客玩得开心。除此之外，还包括手绘地图、VR 云游与 AR 多场景应用等。

以 VR 云游与 AR 多场景应用为例，首先 VR 是 720° 全景，通过全景拍摄设备对一个点位的各个角度进行实景拍摄，再经过拼接生成以及功能添加等一系列处理制作而成。我们可以通过 VR 云游身临其境般地进入到 VR 虚拟场景之中，并且能够真实地看到身边 720° 任意角度的景物；AR 则具有可将真实场景和虚拟场景相结合的技术特性，其应用场景更为丰富，在旅游行业大显身手。AR 实景导航，让找路变得简单的同时，还可以在途中展示景区的商家信息，促使游客产生消费行为。用 AR 把信息映射到空间，用镜头聚焦锁定即可触发，直观、清晰、立体的方式让游客可以与景点产生神奇的交互。

AR 玩法可融入景区特色定制内容，打造景区独有项目体验，并植入景区商业广告，成为广告营销工具，相比较于传统广告，其转化率提升了数倍。很多景区甚至采用 3D 全息的形式 360° 呈现旅游文化内容，让游客深度体会景点的"前世今生"。AR 把景点文化内涵和与之相对应的商品完美融合，让游客的情感得以延伸，促进商品销售和品牌传播。

（4）**旅游服务生态系统**。旅游服务生态系统是整合票务系统、餐饮系统、酒店系统、电商系统、分销系统等功能为一体的系统。以服务带营销，刺激二次消费。票务系统不仅可以提前线上购票，打开购票渠道，还可以帮景区实现分时预约，对景区进行客流控制，错峰入园；餐饮系统，可以让游客在景区内就可以提前预约点餐，减少排队等待；酒店系统，游客出游前，就可以提前预订酒店，提前做好出行安排；电商系统，可以线上购买景区内的特产，实现无行李轻松送货到家。打造集吃、住、行、游、购、娱为一体的智慧服务系统，为景区和监管部门的旅游管理、旅游服务、旅游营销提供智慧化解决方案。

以酒店系统为例，其在旅行体验中占据着举足轻重的地位。智慧酒店是现代酒店业的新兴形态，其核心在于拥有一套完备的智能化系统。该系统通过数字化和网络化技术，实现酒店管理和服务的全面信息化。其设计理念旨在满足住客的个性化需求，提升酒店管理和服务的品质、效能以及客户满意度，实现了信息通信技术与酒店管理的深度融合。这种创新不仅代表了管理模式的变革，更是信息技术在酒店管理领域中的创新应用和集成展现❶。

相较于传统酒店，智慧酒店通过自助入住设备、微信平台或APP等现代化手段，将住宿流程虚拟化，大幅减少了客人与前台的业务办理时间，从而提升了酒店的管理效率。同时，这种变化也为客人提供了更为人性化、舒适且安全的服务环境，为酒店带来了显著的节能效益。

智慧酒店的智能化设施具备强大的后台监测能力，能够实时掌握客房服务状态。一旦客人提出清理或退房等请求，相关信息会迅速传达给服务员，确保为客人提供高效、便捷的智能化服务。此外，系统软件还能准确记录服务人员的响应时间，为酒店的考核管理提供了客观依据。通过远程网络控制，智慧酒店为客人带来了如同"家"一般的入住体验。无论是睡眠、阅读，还是娱乐模式的切换，都体现了酒店对客人无微不至的人文关怀和个性化需求的满足。

智慧酒店的客控系统对客房及公共区的空调终端进行了智能网络远程控制，实现了空调的智能控制节能，为酒店带来了显著的经济效益。同时，感应式智能取电开关通过读取卡片数据，利用智能云和网关进行信息传输，实现了身份识别和控制权限的精确设置，有效防止了非法取电行为。此外，客房内的温度、湿度、门窗、灯光、空调、音乐、电视、网络、电动窗帘、空气净化器等设备也实现了智能控制节能，进一步降低了酒店的能耗。

得益于物联网、大数据与人工智能等高新技术的发展，我国的智慧酒店发展速度也非常快。2018年10月，阿里巴巴集团旗下的飞猪旅行在杭州打造"未来酒店"，命名为"Fly Zoo Hotel"，中文名叫"菲住布渴"。作为全球第一家支持全场景刷脸入住的酒店，未来酒店在入住期间的所有流程采用无人化操作，从入住登记、入住体验到一键退房等步骤，采取人工智能和人脸识别技术成就了阿里未来酒店❷。在Fly Zoo Hotel，住客通过智能语音实现对窗帘、灯具、电视等设备的控制，房间中的天猫精灵将代替所有的客服人员。当住客进入酒店之后，只要刷脸就可以开启吃喝玩乐的模式，而且住客还能通过"天猫精灵"直接呼叫酒店服务，如查询早餐时间、呼叫酒店用车以及酒店客房服务等。

---

❶ 张岳军，葛峰. 基于B2B模式的旅游酒店智能化运维云平台建设［J］. 产业与科技论坛，2018，17（17）：81-82.

❷ 谢双. 旅游景区的信息化、数字化、智能化［J］. 中外企业家，2015（05）：37.

（四）旅游平台大数据化

传统的旅游模式，不管是旅游信息还是旅游出行方案，大多由旅行社提供，极大地限制了游客旅游的自由度，同时也不利于游客享受到更加高级的旅游服务体验。基于大数据背景，游客不再局限于从旅行社或者景区获取旅游信息与旅游方案，在网络或者旅游服务终端上，便可以随时获取各类繁杂的旅游信息，包括餐饮信息、住宿信息、交通信息或者服务信息等等，极大地满足了游客旅游的个性化需求，同时亦可让他们享受到更优质的旅游服务体验❶。在大部分传统旅游行业管理模式下，旅游服务提供或旅游产品供给等，均体现为单一的特性，并且旅游活动和组织形式均相对匮乏。随着大众旅游的到来，居民旅游消费成为刚性，旅游消费个性化、细分化、多元化成为趋势，原有的旅游管理模式与服务模式难以满足大众的需求。因此，随着大数据技术进步及广泛应用，一方面改变了人们旅游的兴趣、习惯及行为，人们可以自主在平台或者客户端中，选择感兴趣的旅游场所，进行自驾游。另一方面，大数据可帮旅游企业了解游客及潜在游客的心理动向与行为需求，从而提升优质服务水平，甚至还可以创意开发特色文创产品，例如瓷器产品、刺绣产品及具有风俗特色的文化产品等，满足游客的特殊购物需要。

旅游业是服务产业，品质服务是旅游业发展的关键。随着旅游市场竞争加剧，旅游产品同质化现象严重，旅游大数据系统可以帮旅游企业进一步明确自身的定位：一方面，大数据系统能够帮企业掌握旅游市场中客户的普遍性需求，结合旅游企业的发展优势，创新旅游服务产品；另一方面，企业能够通过大数据系统及时了解竞争企业的资源优势，通过扬长避短，提高企业的竞争实力❷。以抖音为例，在大数据时代，抖音已经成为文旅企业进行阵地经营的重要平台。据不完全统计，近年来抖音入驻账号在不断增长，各类文旅企业相继入驻抖音平台，包括外旅局、航空公司、酒店、景区、OTA 等，几乎覆盖了文旅所有场景，这些账号的数量都呈现增长，以"外旅局"为例，这类账号的增速在 2023 年 3 月同比增长 3 倍多，说明市场对境外游的关注度在大幅度提升。

另一方面，从经营方式来看，短视频、直播已经是文旅企业常用的方式。其中，直播也被认为是更高效的推广工具。据统计，2022 年 1 月到 2023 年 3 月，95% 文旅相关的成交额以直播形式完成。各类文旅企业纷纷加入抖音平台，不断在平台实践探索，更加看重平台的文旅价值。更重要的是，行业在加速迭代，用户的需求也在不断迭代❸。

总的来说，随着互联网、大数据、人工智能等新技术在旅游领域的应用，以数

---

❶ 谢双.旅游景区的信息化、数字化、智能化［J］.中外企业家，2015（05）：37.
❷ 闫巧致，黄晓君，林哲.智慧旅游大数据应用分析［J］.西安航空学院学报，2023，41（05）：67-75.
❸ 曾义.信息化时代下基于大数据的智慧旅游管理探讨［J］.网络安全和信息化，2023（08）：25-27.

字化、网络化、智能化为特征的智慧旅游成为旅游业高质量发展新动能。智慧旅游正成为旅游产业发展和行业提升的重要引擎，智慧旅游以数字化、网络化、智能化为特征，将物联网、云计算、5G等技术引入旅游体验、产业发展及管理等环节，以满足老百姓日益增长的物质文化需求，推进旅游治理体系和治理能力的现代化。

第二节　智慧旅游现状与未来展望

一、发展现状与特点

旅游业是我国战略性支柱产业，也是新科技最好的应用场景。智慧文旅依托旅游禀赋，围绕文化资源，实现文旅产业的数字化重构。同时，智慧文旅模式几乎不受环境和时空限制，兼具低成本、强互动、高安全性的优势，是科技进步与产业升级的趋势所在。它通过打通线上线下业务、运用互联网商业变现等模式，提升旅游目的地的社交化与互动化，成为促进线下实体旅游发展的重要推力。企查查数量显示：截至2021年8月底，中国数字文旅相关企业数量达到了25 380家，2021年中国数字文旅企业数量约为28 000家，预计2022年中国数字文旅企业数量将达到33 500家❶（图1-1）。

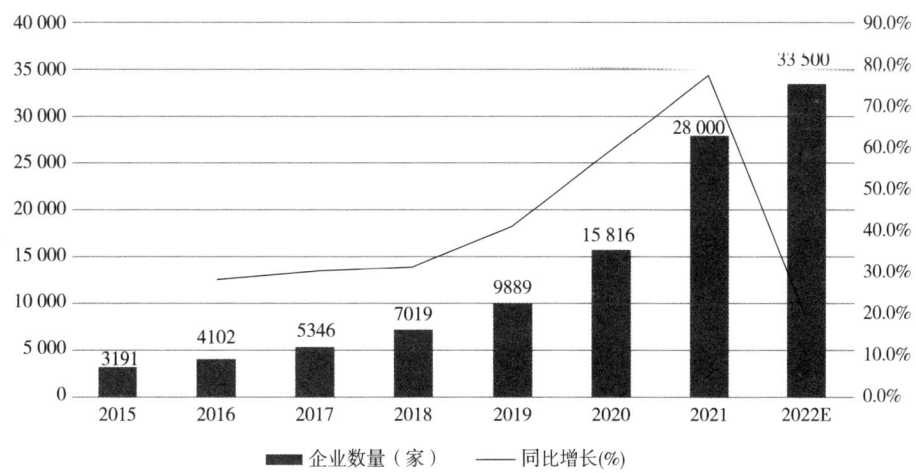

图1-1　2015—2022年中国数字文旅企业数量统计及预测
数据来源：共研网

数字文旅产业在我国发展迅猛，具有超大规模市场优势。据智研瞻统计显示，

---

❶ 林蓉.新媒体技术应用下智慧旅游的升级与发展［J］.旅游纵览（下半月），2019（14）：13-15.

2019 年中国数字文旅行业市场规模 6983.36 亿元，2022 年中国文旅数字产业化市场规模已达 8836.9 亿元，2024 年 Q1 中国数字文旅行业市场规模 2531.90 亿元，同比增长 7.10%，成为文旅领域内的领先细分市场（图 1-2）。

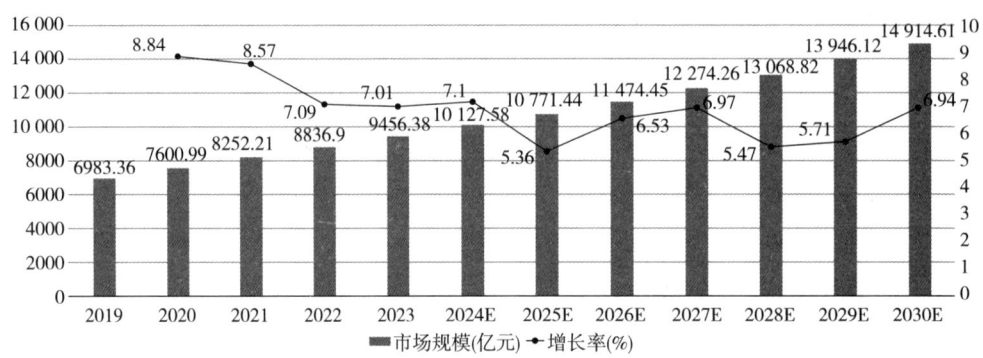

图 1-2　2019—2030 年中国数字文旅产业规模及预测（亿元）
数据来源：智研瞻《中国数字文旅行业发展前景预测与投资战略规划分析报告》

从智慧旅游发展历史及现状来看，智慧旅游呈现出三个明显的特点：

第一，以数字化、网络化、智能化为特征的智慧旅游正迎来新的发展机遇。近年来，5G、大数据、人工智能、虚拟现实等高科技在旅游行业深入应用。中国旅游研究院等发布的《全国"互联网+旅游"发展报告（2021）》显示，"互联网+"已成为大众旅游新场景、智慧旅游新动能，中国在线旅游消费总额已达万亿元。"十四五"规划纲要提出，深入发展大众旅游、智慧旅游，创新旅游产品体系，改善旅游消费体验。专家认为，以数字化、网络化、智能化为特征的智慧旅游正迎来新的发展机遇，新的技术将深刻赋能智慧旅游❶。

当前，旅游行业处于文旅深度融合阶段，文化和旅游行业数智化实践中被大量应用的数字信息技术，主要涵盖云计算、大数据、物联网、移动通信、人工智能、区块链等技术，目前已深度融合参与到了文化创意、文化生产、文旅运营、文旅消费、文旅传播、文旅智能制造等各产业链环节。其中，云计算、大数据、物联网、人工智能分别解决数据获取、存储、计算等问题，云计算打破现实空间限制，大数据分析熟知消费者行为喜好，人工智能高效实现"以假乱真"，物联网可有效提升管理与服务智能化水平；以 5G 为代表的移动通信技术解决底层数据传送问题，提高数据传输效率；区块链解决业务层可信互联问题，巩固供需两侧诚信度。

第二，智慧旅游是促进旅游业转型升级的重要途径，是对旅游业的"二次革命"。在文化产业和旅游产业不断融合发展的同时，5G 通信、人工智能、大数据、VR、AR、区块链、物联网等智能技术的变革，已成为优化文旅产业转型升级的重要引擎。智慧旅游是新技术浪潮下旅游业信息化发展的应时之举，被称为中国旅游业

---

❶ 姜艳海. 新形势下旅游市场相关问题研究［J］. 中国商论，2022（24）：62-64.

的"二次创小业",是旅游业从传统服务业向现代服务业转型的重要手段,也是旅游信息化的进一步深化。旅游业是信息密集型产业,同时也是服务型产业。智慧旅游将通过政府集中的资金和技术投入,深入挖掘"食住行游购娱"传统六要素中的旅游资源,满足不同对象的个性化需求,以提供高品质、高满意度旅游服务为宗旨❶。

第三,智慧旅游是旅游城市发展的适合路径,可以促进城市转型发展。未来十年,中国旅游城市的直接目的,是进一步优化城市旅游环境,完善城市旅游功能,提升城市旅游管理水平和服务质量。智慧旅游是旅游业与信息技术产业融合发展的集中体现。借助发展智慧旅游,可以使城市的旅游条件和环境系统地提升与完善,可以促进城市基础设施条件的完善、城市公共服务水平的提升等,还可以促进城市居民生活条件和生活方式不断改善。

二、智慧旅游现阶段存在的问题

智慧旅游在现阶段仍然存在大量问题,包括缺乏协作能力、智力支持不足、智慧文旅还没有形成持续的盈利模式、文旅产业在快速发展的同时粗放发展问题也日益突出、社会化产业数据融合的问题。具体而言:

(一)缺乏协作能力

在现阶段智慧旅游的发展和建设,虽然对于试点城市已经有了较为具体的实施方案与要求,但对于全国范围内的智慧旅游还没有一个总体的规划,极容易造成我国各地城市在开发智慧时出现设计错位的现象,导致很多系统都不能够协同工作,大大降低了智慧旅游本身的价值。另外,很多城市中的企业都个会使用现成的系统软件,而是选择投入大量的资金成本重新开发相应的系统软件,这在很大程度上增加了企业的投入成本。所以,针对智慧旅游,当试点完成以后,应尽快制定较为全面和规范的规划,从而减少智慧旅游盲目建设所带来的负面影响。

(二)智力支持不足

所谓智力支持不足主要是指技术能力的不足和人才的缺乏。在智慧旅游中,所使用的系统包括有线和无线两种形式,其中无线旅游是其核心内容。而有线旅游由于其自身所存在的缺陷,阻碍了无线旅游发展,如支付技术。我国在支付上的技术还有所欠缺,支付安全问题也没有得到有效的解决,制约了无线旅游的发展。所以,我国相关部门应该着重发展和完善这些技术,使智慧旅游成为我国未来重要的旅游形式。总之,智慧旅游是我国旅游业未来重要的发展方向。智慧旅游在我国的发展

---

❶ 周志利,明庆忠,史鹏飞,刘安乐.中国智慧景区研究进展与展望[J].六盘水师范学院学报,2022,34(05):16-24.

和建设，能够在一定程度上提升我国旅游业的整体服务水平。我国智慧旅游受到了人们的关注和重视，使其拥有良好的发展前景，但由于其发展时间还较短，在很多环节还存在着缺陷，需要我国政府、企业和大众的共同努力解决智慧旅游中所存在的问题，促进其进一步发展，并为我国游客提供更多的便利❶。

（三）智慧文旅还没有形成持续的盈利模式

一个行业发展是否成熟，一个重要的衡量指标就是看它能不能形成持续的盈利模式。智慧文旅发展至今，还没有形成成熟的商业模式。低技术门槛、过度竞争、资本过多涌入引起的无效投资，导致产能过剩、信息过剩和价值稀缺。在这样的情况下，很多企业上线智慧旅游项目，也是捆绑式的玩法。相关资料显示，国内盈利的文旅项目近八成实质是地产项目，通过文旅项目低成本获得土地使用权，旅游投资本身或许不产生利润，核心利润由地产业务带来。这样的畸形发展，使得智慧旅游难以真正获得良性发展。正是由于产业链割裂、盈利模式不明晰等原因，也导致了行业内部资金流动难度较大、项目超额收益不显著、创新乏力，制约了资本参与文旅产业链的积极性。

（四）文旅产业在快速发展的同时粗放发展问题也日益突出

文旅产业在快速发展的同时粗放发展问题也日益突出。对智慧文旅的认知和建设水平参差不齐，亟须构建一套与文旅产业高质量发展相适应的政策法规、行业标准以及地方标准化体系。如2015年原国家旅游局印发《关于促进智慧旅游发展的指导意见》，该《意见》提出了引导和推动我国智慧旅游持续健康发展的总体要求、主要任务、保障措施。企业、旅游目的地等都有自己的一套标准，但是，智慧文旅的标准是什么？目前还缺乏与高质量发展相适应的行业标准体系，这也导致各地智慧文旅建设参差不齐，有些地方存在重开发轻规划或先开发后规划，有些地区或景点为了发展智慧旅游而专门开发APP和大数据平台，投资巨大，但回报率不高，给景区运营增加负担。

（五）社会化产业数据融合不足

智慧文旅是否"智慧"的关键一点是数据融合。但在当前的环境下，数据孤岛与应用孤岛现象并存，对于数据生产的企业来讲，这些数据被少数大型企业和超级平台垄断，共享严重割裂，互联互通不足，导致整个行业产业链难以闭合，不利于激发全社会的创新潜能。跨行业数据融通问题始终是一道跨不过去的坎。可以讲，"新基建"是翘首期盼的系统化的解决方案，"新基建"有可能推动建立一个普适化的

---

❶ 申海洋，叶松，笪诚.信息技术在旅游产业中的应用研究［J］.黄山学院学报，2022，24（06）：22-26.

技术体系、标准体系、管理体系和应用体系❶。

三、智慧旅游未来展望

在互联网大数据的时代特征下，充分利用网络等资源发展旅游市场，改变了原来的单一旅游方式，推动了旅游文化、景点、大城市建设，创新旅游运营模式，并促使国人的旅游消费习惯慢慢向智能化方式转变，开拓出了旅游发展新模式。未来智慧旅游的发展方向至少有四个方面：互联网＋旅游，大数据＋旅游，物联网＋旅游，人工智能（AI）＋旅游❷。

（一）互联网＋旅游

新契机下，旅游业发展需要有新思维和新模式。其中，旅游业与互联网的结合必不可少。简单来说就是，旅游通过互联网进行线上和线下结合，比如通过公众号、微博、小红书、抖音等媒体与互联网平台进行宣传营销，或者通过线上的分享来促进消费，比如用小程序等线上平台进行购票、网上消费等，还可以通过互联网提升景区内容和体验，以此来促进消费者向上游生产者转变，形成供需两侧的良性互动❸。

（二）大数据＋旅游

首先，利用大数据技术透视旅游行业是如今旅游发展的新模式之一。从广义上讲，旅游大数据是指旅游行业的从业者及消费者所产生的数据，包括景区、酒店、旅行社、导游、游客、旅游企业等所产生的数据。

其次，游客属性信息数据。每一位游客都对应多个属性信息，包括年龄、性别、常住地、职业、兴趣偏好等等。其中，在开发个性化旅游服务产品、改善旅游产品体验、提升旅游服务水平中，应用价值最大的一块则是消费者即游客的数据。通过游客数据分析和营销推广目标选择落实线上的精准营销策略、产品开发和旅游决策。

最后，对于如何提高景区管理效率，进行景区客流监控、旅游安全可视化等创新管理模式，景区数据则尤其重要。景区数据包括景区人流监测、旅游舆情监测、景区热力图、景区车辆监测等数据。对景区进行数据可视化的监控和管理，实现景区客流的控制和预测，从而优化安全管理效率。

---

❶ 周志利，明庆忠，史鹏飞，刘安乐．中国智慧景区研究进展与展望［J］．六盘水师范学院学报，2022，34（05）：16–24．
❷ 戴斌．科技创新与现代旅游业体系建设［J］．中国国情国力，2022（10）．
❸ 徐建国，李梓．"互联网＋旅游"背景下旅游人才需求变化及职业教育应对策略研究［J］．天津经济，2022（09）：22–38．

（三）物联网 + 旅游

物联网技术作为智慧旅游的关键技术，自助导览、电子导航、一键导购、智能安防是其主要的四大应用，加上移动互联网的应用和安全的网上支付平台，使得游客可以随时随地制定或改变旅游计划和行程。物联网在旅游业中具有极大的发展与应用空间。物联网通过全新的方式将智能设备、系统、处理器以及人联系在了一起，在民宿、景区、游览车、租车之间形成了串流。同时这些联系之中产生的数据可以帮助市场为游客提供更私人化的服务，从而增强游客的旅游体验❶。

（四）人工智能（AI）+ 旅游

人工智能 + 旅游也是旅游业未来的发展趋势之一，随着现代化技术的发展，现在的旅游业也越来越依赖科技，比如人工智能、AR、VR、5G 等等，都会成为驱动新型旅行的因素。比如经典搭配"5G+ 无人机 +VR 全景直播"，即使在千里之外，带上 VR 眼镜，也像自己身在无人机上，等同于开启了上帝视角；除了这些，还可以精准规划行程路线，例如，百度地图通过打造智能旅游生态，以 AI 导游、AR 导览、VR 全景虚拟游的多样化方式，为游客打通了视听一体化感知真实世界的渠道，沉浸式领略自然和历史的风貌❷。

当前许多地方都在开展智慧城市建设，并取得了很好的效果。基于地方智慧城市建设的实践和推进旅游业发展成为现代服务业的目标，我国还将积极推进有条件的城市开展试点工作。此外，还将在认真总结一些成功数字景区经验的基础上，逐步提高精品旅游景区的数字化水平；同时鼓励旅游酒店、旅游车船公司、旅游购物公司在信息化建设方面大胆探索，不断提高对游客服务的智能化水平，相信未来一定能让国内旅游者在神州大地上实现"智慧旅游"。

---

❶ 林勇军，程道雷.基于物联网和 5G 的智慧旅游云平台研究［J］.江西通信科技，2022（02）：20–22.
❷ 周莉.基于 5G 互联网下的 AI 交互旅游产品［J］.西部皮革，2021，43（20）：136–138.

第二章

智慧旅游研究综述

第一节　智慧旅游文献计量分析

一、智慧旅游文献的基本情况

国内文献检索数据库选择中国知网，对文献库采用高级检索，以"智慧旅游""旅游大数据""数字旅游""旅游信息化"作为主题和关键词进行搜索，选择下载量超过 1000 次或来源为"CSSCI"或"北大核心"的期刊。最后进行论文筛选去重，确保所选文献研究主题为智慧旅游研究。文献搜索时间为 2023 年 4 月，最终筛选出时间段为 2000 年至 2023 年的 905 篇研究文献，最后采用 CiteSpace 软件对筛选出的 905 篇文献进行分析，并完成关键词功能绘制图谱，进一步对国内智慧旅游研究热点与主题进行研究。

1. 年度发文趋势

由国内智慧旅游发表年度趋势图可知，自 2010 年开始，国内相关领域研究文献量急速攀升。文献量快速攀升的趋势表明了智慧旅游领域的发展速度非常快，越来越多的学者、企业和政府机构开始关注和投入到这个领域中（图 2-1）。

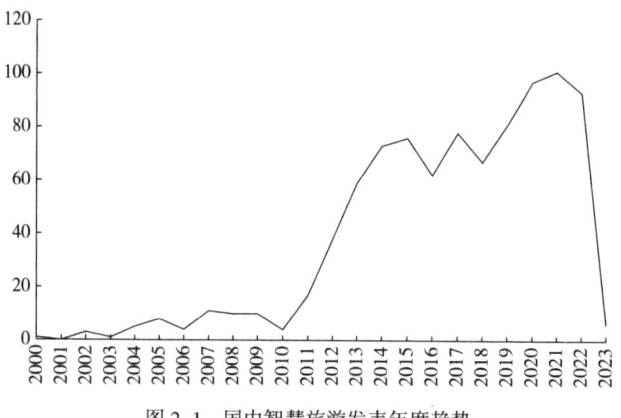

图 2-1　国内智慧旅游发表年度趋势

2. 来源期刊

通过统计国内文献检索数据库中智慧旅游发文量排名前十位的期刊可知，国内排名前十位的期刊发文量共计 191 篇，占比为 21.1%，文献主要发表在《旅游学刊》

《农业经济》《资源开发与市场》《经济地理》等期刊上。其中，发文量最高的期刊是《旅游学刊》（70篇）。《旅游学刊》作为国内旅游管理类顶级刊物，其较高发文量说明该研究主题受到了国内学者的高度重视（表2-1）。

表2-1 智慧旅游发表期刊统计表

期刊	发文量（篇）	期刊	发文量（篇）
旅游学刊	70	商场现代化	11
农业经济	21	商业经济研究	10
资源开发与市场	20	商业经济	9
经济地理	18	旅游科学	9
企业经济	14	旅游论坛	9

二、智慧旅游研究特点分析

1. 高频关键词分析

随着技术的不断发展和应用，智慧旅游的研究领域也在不断地扩展和深化，涉及的研究方向和内容也越来越多元化，国内文献的研究关键词主要包括智慧旅游、旅游大数据、旅游业、信息化、乡村旅游、全域旅游、旅游产业等主题。借助CiteSpace软件对国内文献关键词词频进行统计分析，时间分隔设置为1年，节点类型为关键词，通过Pathfinder算法运算得到国内智慧旅游研究文献关键词关系图与关键词时区演化图（图2-2、图2-3）。

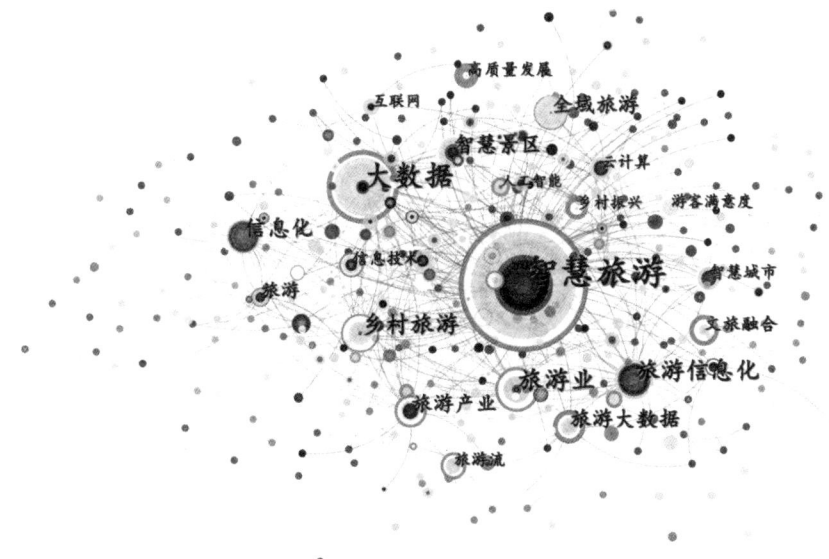

图2-2 国内智慧旅游研究文献关键词

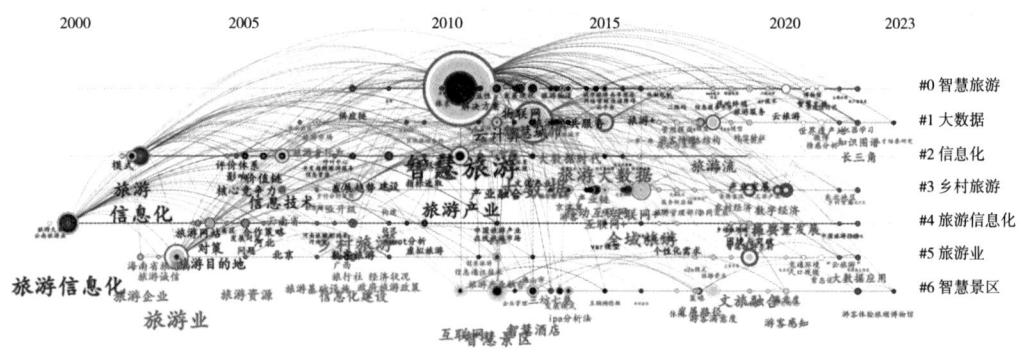

图 2-3　国内智慧旅游研究关键词时区演化

2. 智慧旅游研究演变

根据发文时序情况与关键词出现频率，可把国内智慧旅游相关研究划分为三个阶段。

第一阶段 2000 年至 2012 年，研究重点主要为旅游信息化。在 21 世纪的知识经济时代背景下，旅游业发展展现出了知识经济发展的两大趋势，分别是信息化和全球化。国内学者针对智慧旅游的研究基础建立在与旅游"信息化"相关的研究之上。

随着"智慧地球"与"智慧城市"的提出，"智慧旅游"得到了国家高度关注，2011 年 7 月原国家旅游局提出争取用 10 年时间塑造一批引领作用突出、示范意义显著的智慧旅游城市和智慧旅游企业；将 2014 年确定为"智慧旅游年"；2015 年 1 月发布了《关于促进智慧旅游发展的指导意见》，提出了以提升旅游便利化水平和产业运行效率为目标，通过实现旅游服务、管理、营销、体验智能化来推动智慧旅游的有序持续健康发展。在这一阶段，旅游信息化的研究主要聚焦在旅游信息系统、旅游电子商务、旅游网站建设、旅游资源信息化等方面。2004 年，有专家总结了我国旅游业信息化建设方面的现状，包括旅游电子商务、旅游网站、旅游信息系统等发展情况，并提出了应对国际旅游市场网络化、高技术化趋势的信息化发展对策❶。旅游信息系统作为旅游信息化的核心内容之一，运用信息技术对旅游业各环节进行管理和协调，以提高旅游服务效率和质量。旅游电子商务是指将电子商务应用于旅游行业，通过互联网技术提供在线旅游服务和产品销售。旅游网站建设则为游客提供旅游信息查询、在线预订、交流互动等服务。而旅游资源信息化是将旅游资源数字化管理和整合，为旅游业发展提供有力支持。

第二阶段 2012 年至 2020 年，研究重点主要包括智慧景区、全域旅游、"互联网+"、旅游大数据。在这一阶段，智慧旅游开始成为旅游业发展的新趋势，各地景

---

❶ 胡云 . 我国旅游业的信息化建设与发展 [J]. 城市问题，2004（02）：50-52.

区纷纷推出智慧景区建设，通过引入人工智能、大数据、云计算等技术手段，提升景区的管理和服务水平。全域旅游则是一种全新的旅游发展模式，旨在打破传统旅游的行政区划和空间限制，将全域范围内的旅游资源和服务有机整合，提供更加便捷、丰富和个性化的旅游服务。"互联网+"是指通过互联网技术手段，将传统的旅游业务与互联网相融合，并通过线上线下融合的方式，提供更加全面、多样化的旅游服务。旅游大数据则是指通过数据挖掘和分析技术，对旅游业的各个环节进行深度分析，为旅游业提供更加精准、智能化的服务。

第三阶段2020年以后，研究热点更加多元化，包含旅游流、文旅融合、高质量发展、乡村振兴、红色旅游与数字经济等多个方向。旅游流方面，随着交通和信息技术的不断发展，旅游流动性越来越高，研究旅游流的规律、趋势和影响因素，对于旅游行业的发展具有重要意义。同时，旅游流动性的增加也带来了一系列新的问题，如旅游资源的过度开发、环境污染、旅游压力等，因此如何平衡旅游流动性和可持续性，也是研究的热点之一。文旅融合方面，文化和旅游是密不可分的，文旅融合可以促进旅游产品的创新和提升旅游体验，同时也可以推动文化产业的发展。研究文旅融合的模式、策略和效果，对于促进文化和旅游的发展具有重要意义。高质量发展方面，如何提高旅游服务质量，促进旅游业可持续发展，是当前旅游研究的热点之一。高质量发展需要从多个方面入手，包括旅游产品创新、服务质量提升、管理模式创新等。乡村振兴方面，乡村旅游是当前旅游业的重要发展方向之一，研究乡村旅游的发展模式、产品设计和管理策略，对于促进乡村振兴和旅游业的发展具有重要意义。同时，在乡村旅游发展过程中，也需要关注环境保护和文化传承等问题。红色旅游方面，研究红色旅游的发展和管理，可以促进红色资源的保护和利用，同时也可以激发人们的爱国主义情感和文化自信。数字经济方面，数字经济是当前社会的重要发展方向之一，在旅游业中，数字经济的应用已经成为了推动旅游业发展的重要力量。因此，研究数字经济对于旅游业的影响和应用已成为最新的研究热点之一（图2-4）。党的十九大报告明确提出，我国经济已由高速增长阶段转向高质量发展阶段，强调要坚持质量第一、效益优先，以供给侧结构性改革为主线，推动经济发展质量变革、效率变革、动力变革。数字经济已成为新时代我国旅游业创新发展的新引擎❶。

---

❶ 乔向杰.智慧旅游赋能旅游业高质量发展[J].旅游学刊，2022，37（02）：10-12.

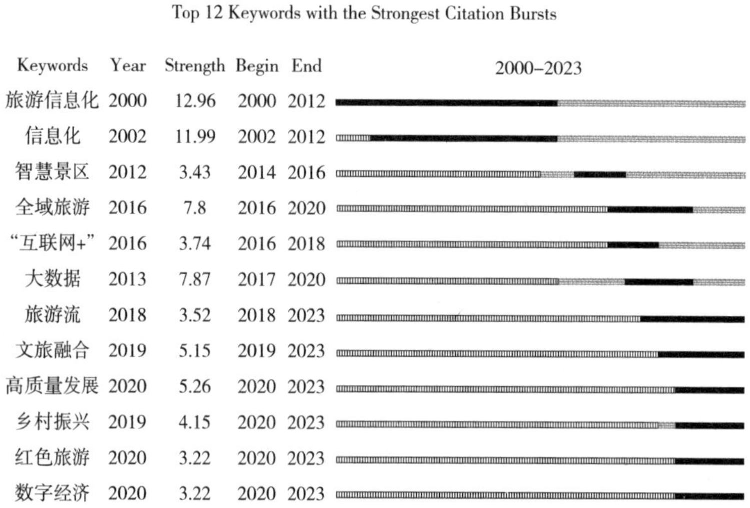

Top 12 Keywords with the Strongest Citation Bursts

Keywords	Year	Strength	Begin	End	2000–2023
旅游信息化	2000	12.96	2000	2012	
信息化	2002	11.99	2002	2012	
智慧景区	2012	3.43	2014	2016	
全域旅游	2016	7.8	2016	2020	
"互联网+"	2016	3.74	2016	2018	
大数据	2013	7.87	2017	2020	
旅游流	2018	3.52	2018	2023	
文旅融合	2019	5.15	2019	2023	
高质量发展	2020	5.26	2020	2023	
乡村振兴	2019	4.15	2020	2023	
红色旅游	2020	3.22	2020	2023	
数字经济	2020	3.22	2020	2023	

图 2-4　国内研究热点强弱时序图

注：不同图示表示论文发表相对强度，▬为热点区间，▭为相对热点区间，▱为无相关研究区间。

第二节　相关研究进展

一、智慧旅游研究主题概况

在旅游大数据得到广泛应用的背景下，已有智慧旅游研究可以按照研究主体的角色，归纳为技术与应用、作用与影响、管理与政策三大主题（表 2-2）。

表 2-2　智慧旅游研究主题

研究主题	研究侧重	内容举例
技术与应用	智慧旅游技术自身	旅游大数据处理分析、旅游形式升级、智慧景区、云计算
作用与影响	技术发展对旅游业的作用与影响	智慧旅游评价体系、旅游数字经济、智慧旅游经济影响、行业影响、生态影响
管理与政策	新技术背景下的旅游管理	旅游行为预测、数字治理、景区管理、全域旅游、乡村旅游

其中，"技术与应用"主题以技术与工具本身为研究主体，探讨 ICTs 技术和大数据技术的发展与应用方式变革，包括旅游大数据挖掘、旅游形式升级、智慧景区、云计算等；"作用与影响"以旅游业为研究主体，主要探讨技术变革对旅游行业带来

的变化，包括智慧旅游评价体系、旅游数字经济、智慧旅游经济影响、行业影响、生态影响、旅游行为影响；"管理与政策"主题以旅游过程中的管理行为为主体，主要探讨旅游行为预测、数字治理、景区管理、全域旅游、乡村旅游等问题，以推动旅游业的创新、可持续和高质量发展。

二、技术与应用主题研究进展

旅游数据信息化指的是将旅游业中产生的各类数据进行数字化与数据整合的过程。这一过程涵盖了从旅游行业各个环节收集的数据，包括但不限于游客的行为数据、预订信息、地理位置数据、交通运输数据、酒店和餐饮业务数据等。通过数字化和整合这些数据，旅游业能够更好地理解和分析客户需求、优化业务流程、提升服务质量，并基于数据驱动的决策来制定更有效的营销策略。这有助于提高整个旅游生态系统的效率，促进产业的可持续发展。

数据挖掘与分析是旅游大数据技术的重要研究议题，基于旅游数据挖掘技术，可以完成例如用户画像分析、用户满意度分析、旅游舆情分析、景区游客流量预测等多种任务，具备极高的研究价值。用户画像分析是通过对旅游用户的行为数据、兴趣偏好、消费能力等信息进行分析，建立用户画像模型，为旅游企业提供个性化、定制化的服务。刘海鸥等深入研究了用户基本属性、行为属性以及情境属性等多维度数据，成功提炼出精准的游客标签，并以形式化方式清晰表达。借助本体建模这一先进方法，他们成功构建了游客的用户画像概念模型，为个性化推荐提供了坚实基础。在此基础上，研究提出了基于用户画像的旅游情境化推荐模型，该模型能够根据游客的具体情境和需求，提供高度个性化的旅游推荐[1]。邵嘉进等运用长短期记忆网络（LSTM）成功构建了一个情感分析分类深度模型。借助知识图谱在人与地点之间建立起了紧密的联系，从而精细地刻画出每位用户的个性化画像。基于这些丰富的用户画像，结合高效的推荐算法，从而精准地将符合用户兴趣的旅游景点推荐给其他用户，极大地提升了旅游推荐服务的个性化和准确性[2]。游客满意度研究是对游客在旅游过程中对旅游目的地、旅游产品、旅游服务、旅游活动等方面的满意度进行调查和分析的研究。该研究旨在了解游客对旅游产品和服务的需求和期望，以及对旅游产品和服务的实际体验和满意度，从而为旅游业提供改进和优化的方向和建议。杨春梅团队运用 Python 数据挖掘技术，从携程网、去哪儿网、猫途鹰旅游网、马蜂窝、途牛网等知名旅游平台爬取了大量游客评论数据。通过大数据技术分析，

---

[1] 刘海鸥，孙晶晶，苏妍嫄，张亚明.基于用户画像的旅游情境化推荐服务研究［J］.情报理论与实践，2018，41（10）：87-92.
[2] 邵嘉进，陈成栋，陶俊樾，王博聪，杜炫彬，陈小瀚.基于画像的旅游推荐服务实现［J］.电脑编程技巧与维护，2021（07）：147-149.

从高频词特征、语义网络及游客情感三个维度全面剖析了游客满意度。该研究不仅揭示了影响冰雪旅游游客满意度的关键因素，还为优化旅游服务提供了有针对性的对策和建议，为提升旅游行业的整体竞争力提供了有力支持❶。朱晓晴等以携程网的网络评论为研究对象，深入剖析了网络评论与酒店服务质量之间的内在联系，并识别了影响服务质量的关键因素。此项研究为西安市五星级酒店服务质量的提升提供了有益的参考和借鉴，有助于推动酒店业服务水平的持续改进和优化❷。旅游舆情分析是通过对旅游舆情的监测和分析，了解旅游市场的动态和趋势，为旅游企业提供危机公关、舆情管理等方面的支持。李莉、付业勤以湖南凤凰古城收费事件为案例，精选网络舆情本体的高频词汇进行深入分析。他们从词汇类目和演化阶段两个维度出发，全面研究了旅游危机事件网络舆情本体的特征和发展趋势，为理解和应对旅游危机事件提供了重要参考❸。景区游客流量预测是通过对历史游客流量数据的分析，结合天气、节假日等因素，预测未来的游客流量，为景区提供运营决策支持。张琪、李润辉通过对网络大数据的深度挖掘，运用 ARMA 模型和 VAR 模型对游客流量实现了精准预测❹。严汾等以贵州绥阳县双河溶洞国家地质公园为研究案例，创新性地将种群增长的 Logistic 曲线与景区环境容量相结合，以此构建预测模型，旨在对该景区未来一定时段的游客流量进行精准预测，为景区的可持续发展提供科学依据❺。张斌儒利用网络搜索数据对旅游需求进行分析，建立了网络搜索数据对旅游需求预测的模型，为旅游相关行业的决策制定提供了必要的参考❻。

增强游客服务与体验的旅游形式升级是智慧旅游技术的核心目标之一，例如虚拟/增强现实技术的发展与应用，"虚拟—现实"相叠加的 AR 与 VR 技术可真实还原历史遗产、建筑及场景的形成与演化过程，催生出系列跨时空旅游体验产品，提高文化遗产类旅游地的经济、社会、文化与体验价值。黄筱佟等探讨了基于 MR 技术的城市景区智慧旅游系统方案如何落地，总结了系统功能设计，梳理了系统研发总体架构，并结合本地旅游资源完成了一系列虚拟现实景点漫游及增强现实宣传画册等产品的开发❼。梁磊等研究了基于 Unity3D 移动增强现实技术的景观智慧旅游导览，分

---

❶ 杨春梅，赵原，徐西帅，李威.基于网络文本数据分析的冰雪旅游游客满意度研究——以哈尔滨为例［J］.企业经济，2022，41（03）：133-140.

❷ 朱晓晴，胡玉龙，李荣飞，张月.基于舆情分析的西安市五星级酒店服务质量评价研究［J］.西安文理学院学报（社会科学版），2020，23（02）：105-108.

❸ 李莉，付业勤.旅游危机事件的网络舆情主体特征研究——以凤凰古城收费事件为例［J］.重庆交通大学学报（社会科学版），2015，15（02）：65-69.

❹ 张琪，李润辉.基于网络大数据的游客流量预测方法研究［J］.全国流通经济，2021（36）：126-128.

❺ 严汾，蒙吉军.Logistic 增长模型在游客流量预测中的应用——以贵州省绥阳县为例［J］.人文地理，2005（04）：87-91.

❻ 张斌儒.互联网环境下基于消费者搜索的旅游需求预测研究［D］.对外经济贸易大学，2017.

❼ 黄筱佟，宫海晓，邸臻炜.基于 MR 技术的城市景区智慧旅游系统方案的应用研究［J］.信息记录材料，2021，22（10）：180-181.

析了应用Unity3D移动增强现实技术建立景观智慧旅游导览系统的过程❶。李金玲等以衡阳市典型文化景点为研究对象，借助Unity3D等先进技术，成功设计并实现了大美衡阳增强现实游览系统。游客仅需通过手机端下载安装该系统，即可通过扫描景物、识别叠加媒体信息等方式获取丰富的景点扩展信息，从而享受到多元化、沉浸式的旅游体验❷。这一创新实践为提升旅游服务的科技含量和游客满意度提供了有益的探索。

智慧景区技术是指运用先进的信息技术，通过数字化、智能化手段对景区进行管理、运营和服务的一系列技术应用。这些技术旨在提升景区的管理效率、提供更好的游客体验，并促进景区的可持续发展。邵振峰等以九寨沟景区为案例，深入探讨了基于物联网新技术的智慧景区框架与基于服务架构的景区智能化管理模式。结合智慧九寨沟的建设实践，详细介绍了基于RFID、IP摄像头、移动执法智能终端和数据中心组成的景区物联网在游客分流方面的应用功能❸。葛军莲等深入剖析了智慧景区多元利益主体的利益诉求，并详细阐述了智慧景区应提供的业务内容。基于这些分析，研究重点探讨了如何借助现代科学技术和管理理论，构建各类智能服务系统，以满足多元利益主体的需求，实现景区的有序经营和管理。这一举措旨在提升游客满意度，并最大化景区产业效益，为智慧景区的可持续发展提供有力支撑❹。

旅游云计算技术是指将云计算应用于旅游业，以提供各种计算资源和服务。它利用云计算平台的弹性、可扩展性和共享性，为旅游行业提供各种计算、存储、网络等资源，以支持业务需求和创新。宋海岩等指出，云计算的迅猛发展为旅游分析与预测服务于中国旅游业实践开辟了新的重要途径。随着科技革命的推进，云计算的实现及其算力的不断增强，构建基于云计算的旅游分析与预测信息系统已成为可能。这一系统具备快速、动态灵活和安全可靠的特点，能够实时自动获取网络大数据，并通过自动化运算为旅游相关行业和政府提供多维度、丰富的市场监控、行业发展、舆情分析和服务质量评估等数据和信息，有效推动旅游管理的数字化和智能化进程❺。通过云计算强大的计算能力以解决海量数据处理问题，赫磊提出了构建于云平台之上的智慧旅游信息推送系统，来帮助用户自动过滤和筛选规模庞大的旅游

---

❶ 梁磊，李英杰，赵新伟，王志新. 基于Unity3D移动增强现实技术的景观智慧旅游导览探讨［J］. 计算机产品与流通，2020（05）：107+163.

❷ 李金玲，赵志强. 基于Unity3D移动增强现实技术的景观智慧旅游导览研究［J］. 软件导刊（教育技术），2017，16（01）：91-93.

❸ 邵振峰，章小平，马军，邓贵平. 基于物联网的九寨沟智慧景区管理［J］. 地理信息世界，2010，8（05）：12-16+28.

❹ 葛军莲，顾小钧，龙毅. 基于利益相关者理论的智慧景区建设探析［J］. 生产力研究，2012（05）：183-184+225.

❺ 宋海岩，吴晨光. 新一轮科技革命与旅游需求分析和预测创新：理论探讨与实践前沿［J］. 旅游学刊，2022，37（10）：1-3.

信息数据，从而实现旅游信息系统的智能化升级❶。张红梅等的研究中，分析了智慧旅游云服务的概念及内涵与云服务体系运作机理创新❷。

智慧旅游技术的重要任务之一是提升运营和管理水平。随着信息和通信技术的不断发展，区块链技术作为信息时代新型基础设施的重要组成部分，涵盖数字支付、分散化数据存储、供应链管理和信用体系建设等应用范围，持续渗透旅游企业、交通、住宿、餐饮、景区和购物等行业，显著提高了旅游企业的运营效率和服务能力。

三、作用与影响主题研究进展

谈智慧旅游的作用与影响，首先需要形成对智慧旅游的科学评价，是研究的基础。而旅游评价体系是旅游评价的系统和呈现，是为了评估和衡量一个旅游目的地或服务在智慧旅游方面的水平而设计的一套综合性评价标准和指标体系。这种评价体系通常考虑了技术、服务、管理等多个方面，以确保旅游业在数字化和智能化方面取得良好的表现。开展智慧旅游评价可以清晰掌握智慧旅游发展水平，挖掘其现存问题，从而为企业及相关机构发展智慧旅游提供参考。当前旅游评价研究视角聚焦在旅游智慧化和智慧旅游服务评价两个方面。旅游智慧化评价，强调先进技术手段的应用，注重通过智能化的手段对旅游产品和服务进行评价和改进。董观志等的研究深入剖析了影响旅游景区游客满意度的关键因素，并在此基础上构建了一套全面的游客满意度测评指标体系。该研究进一步采用模糊综合评价法，成功建立了测评游客满意度的数学模型，为旅游景区经营管理者提供了一个有效的决策辅助工具，有助于精准把握游客满意度水平，优化管理和服务策略❸。刘利宁建立一套智慧旅游综合评价指标体系，并运用因子分析的工具来监测各城市智慧旅游的发展状况，为指导智慧旅游健康发展提供了量化依据❹。王丽采用层次分析法（AHP）模型精确测算了各项指标的权重，并据此构建了全面而系统的城市旅游竞争力评价指标体系。该体系不仅具备准确评价城市旅游业发展现状与潜力的功能，更能为城市在国内乃至国际旅游业竞争中的有效参与提供有力支持，助力城市旅游业的持续发展❺。李济任等运用层次分析法与模糊综合评价法评价森林康养旅游开发潜力❻。在智慧旅游服务评价方面，更注重评价体系和方法的创新和完善，注重提高评价的科学性和客观

---

❶ 赫磊.基于云平台的智慧旅游信息推送系统研究［D］.西安工业大学，2014.
❷ 张红梅，梁昌勇，徐健."旅游+互联网"背景下的智慧旅游云服务体系创新［J］.旅游学刊，2016，31（06）：12-15.
❸ 董观志，杨凤影.旅游景区游客满意度测评体系研究［J］.旅游学刊，2005（01）：27-30.
❹ 刘利宁.智慧旅游评价指标体系研究［J］.科技管理研究，2013，33（06）：67-71.
❺ 王丽.基于AHP的城市旅游竞争力评价指标体系的构建及应用研究［J］.地域研究与开发，2014，33（04）：105-108.
❻ 李济任，许东.基于AHP与模糊综合评价法的森林康养旅游开发潜力评价——以辽东山区为例［J］.中国农业资源与区划，2018，39（08）：135-142+169.

性。穆学青等将旅游经济、创新、潜力和环境作为评价智慧旅游综合发展水平的指标❶。李伟等从景区网站服务切入，将信息查询、互动交流、景区导览、技术保障和电子商务等作为不同景区网站服务功能的评价体系❷。顾渐萍等通过基于Word2vec的词向量模型对重庆市景点的旅游评价进行语义挖掘，分析游客的认知意象和情感意象，获得游客的真实感受，为利用社交媒体大数据来实现城市旅游意象感知和指导城市旅游建设提供新的思路❸。汪侠等构建了基于游客视角的智慧景区评价指标体系，该体系全面涵盖了景区智能管理系统、信息服务智能系统、智慧游览系统、智慧预报系统、旅游电子支付、景区综合智能系统、景区安全救助智能系统、景区智能交通系统以及景区资源保护智能系统等九个关键方面。这一评价体系的提出，为智慧景区的建设提供了明确的方向和指导，有助于推动景区向智能化、高效化方向发展，提升游客体验和满意度❹。丰晓旭采用全局主成分分析与熵值法相结合的方法，对我国31个省（市、区）的全域旅游发展水平进行了综合评价。这一评价旨在客观评估各地区全域旅游发展的现状，揭示存在的差距和不足，为提升全域旅游发展水平提供决策支持❺。

数字经济作为新型产业驱动力，已成为促进区域旅游业转型升级的关键因素❻。冀雁龙等发现数字化基础设施建设具有地区带动效应和产业驱动效应，能够正向影响旅游产业效率以及旅游产业结构对旅游经济增长的作用效果❼❽。徐岸峰等对数字经济背景下的智慧旅游信息服务模式进行了深入研究，提出了富有创新性的机制设计。在此基础上，该研究进一步详细阐述了智慧旅游信息交互平台的设计方案、核心内容、高效运行机制及科学的管理策略，为智慧旅游信息服务的优化与升级提供了有力的理论支撑和实践指导❾。

在旅游营销方面，通过大数据技术，旅游企业可以更加准确地了解市场需求和消费者行为，从而制定更加科学的营销策略。通过对市场数据、消费者行为数据等

---

❶ 穆学青，郭向阳，陈亚颦. 云南省智慧旅游发展水平测度及空间差异研究［J］. 地理与地理信息科学，2019，35（04）：123-129.

❷ 李伟，李慧凤，杨洁. 基于智慧旅游视角的景区网站服务功能及其评价——以华北地区10家5A级旅游景区网站为例［J］. 资源开发与市场，2015，31（09）：1149-1152.

❸ 顾渐萍，王远斌，刘贵文，田宗舜. 基于文本大数据的游客旅游意象感知挖掘研究——以重庆市为例［J］. 现代城市研究，2019（12）：117-125.

❹ 汪侠，甄峰，吴小根. 基于游客视角的智慧景区评价体系及实证分析——以南京夫子庙秦淮风光带为例［J］. 地理科学进展，2015，34（04）：448-456.

❺ 丰晓旭，夏杰长. 中国全域旅游发展水平评价及其空间特征［J］. 经济地理，2018，38（04）：183-192.

❻ 吴丹丹，马仁锋，郝晨，冯学钢，吴杨. 数字经济对市域旅游业高质量发展水平的空间效应及机制［J］. 经济地理，2023，43（04）：229-240.

❼ 冀雁龙，李金叶. 数字经济发展对旅游经济增长的影响研究［J］. 技术经济与管理研究，2022（06）：13-18.

❽ 冀雁龙，李金叶，赵华. 数字化基础设施建设与旅游经济增长——基于中介效应与调节效应的机制检验［J］. 经济问题，2022（07）：113-121.

❾ 徐岸峰，任香惠，王宏起. 数字经济背景下智慧旅游信息服务模式创新机制研究［J］. 西南民族大学学报（人文社会科学版），2021，42（11）：31-43.

进行分析，旅游企业可以更加精准地定位目标消费群体，选择更加有效的营销渠道和方式。目前，山东省旅游局信息中心已与百度展开合作，利用百度数据精准定位山东旅游客源市场及消费者关注的产品。借助网站数据监控系统和大规模数据仓库技术，深入挖掘客户需求，并以此为基础创新产品、制定精准的营销策略。同时，该研究强调应充分发挥社交媒体的互动传播功能，以进一步提升山东旅游的知名度和影响力❶。大数据技术还能够实现对旅游市场的实时监测和预测，帮助旅游企业更好地把握市场趋势和变化，及时调整营销策略。邬东璠等通过大众问卷与大数据相结合的方式进行中国度假旅游市场研究，为旅游市场发展趋势给出指引；制定更加精准的旅游营销策略，提供更加个性化、定制化的旅游服务和体验，推动智慧旅游的不断发展和进步❷。乔艳琰通过对社交媒体大数据进行分析，了解游客旅游偏好，为策划精准、个性化、定制型的旅游营销方案提供依据❸。

智慧旅游是推动传统旅游业转型升级的重要途径，对旅游业发展影响深远，影响主要包括经济、产业、生态与旅游行为这四个方面。

在经济方面，智慧旅游可以提高旅游产品和服务的质量和效益，例如增强旅游地产品吸引力和旅游者购买力，为旅游地创造收益，或者满足旅游者的个性化需求和期望，促进旅游业的增长和创造更多的就业机会。例如管倩研究了在智慧旅游的大背景下，如何利用智能技术和智慧旅游政策环境，为提升旅游体验服务❹。同时，智慧旅游还可以提高旅游地的竞争力和吸引力，吸引更多的旅游者和投资，为旅游地创造更多的收益和就业机会，促进地方经济的发展。

在产业方面，智慧旅游大大提升旅游公共服务水平，促进旅游业的转型升级，给旅游产业的发展带来深刻的变革❺。智慧旅游的提出顺应了旅游产业以旅游者需求为核心的发展趋势，旨在增强旅游者在旅游过程中的自主性和互动性，提供便捷且个性化的信息服务。同时，智慧旅游也为旅游监管部门提供了及时、高效、全面的监管信息服务，有助于加强行业管理。对于旅游企业而言，智慧旅游提供了创造更大价值空间的服务平台，并促进诚信体系的建立。总体而言，智慧旅游的全面推动将有助于中国旅游产业实现从大到强的转型升级❻。

在生态方面，智慧旅游可以通过合理利用旅游资源、保护生态环境和文化遗产，促进旅游业的可持续发展。徐楠以丝绸之路途经省份的统计数据为基础，通过系统的收集、处理、计算与分析，深入探讨了丝绸之路省会城市旅游经济系统与生态环境系统的耦合协调状况。该研究不仅揭示了当地旅游业与生态环境的现状特征，还

---

❶ 罗成奎. 大数据技术在智慧旅游中的应用［J］. 旅游纵览（下半月），2013（16）：59-60.
❷ 邬东璠，王彬汕，周觅. 中国度假旅游市场发展现状与趋势调查分析［J］. 装饰，2019（04）：12-17.
❸ 乔艳琰. 社交媒体大数据在旅游业中的应用价值探究［J］. 信息与电脑（理论版），2020，32（10）：155-156.
❹ 管倩. 智慧旅游提升旅游体验途径研究［D］. 北京林业大学，2013.
❺ 李萌. 基于智慧旅游的旅游公共服务机制创新［J］. 中国行政管理，2014（06）：64-68.
❻ 任瀚. 智慧旅游定位论析［J］. 生态经济，2013（04）：142-145.

为相关政府部门在制定旅游经济发展或生态环境保护政策时提供了重要的科学依据和决策支持[1]。同时，智慧旅游还可以通过智能技术的应用，提高旅游资源的开发和利用效率，降低旅游业对环境资源的影响，保障旅游地的生态环境和文化多样性。林德荣等指出，通过智能技术能有效延长旅游地的生命周期，保障旅游地就业与经济活动的可持续性[2]。谷阿靖运用云计算、物联网、移动增强现实与三维建模等先进数字化技术，对敦煌阳关-玉门关大遗址进行了精准的数字化再现，并设计了创新的旅游体验方案[3]。

在旅游行为方面，智慧旅游中的旅游行为研究涉及对游客在智慧技术和数字化环境中的行为进行深入分析和理解。研究者主要通过从游客线上生活所留下的数字痕迹中获取有用的知识，用以研究和预测游客的行为模式和旅游需求。

黄蔚欣等研究团队通过游客Wi-Fi定位设备成功获取手机位置数据，经过脱敏、清洗压缩及缺失值处理，构建了一套游客时空轨迹数据集。随后，运用比较分析、频繁项集挖掘及轨迹聚类等先进方法，深入探讨了景区春节及其前后的客流变化规律。此项研究为智慧黄山景区的规划管理与服务提供了客观、量化的决策依据，极大地提升了景区管理效能和服务水平[4]。郎月华等构建了基于GPS轨迹栅格化的旅游行为空间模式表达方法，能够有效区分观光式、休憩式和乘车式三种不同类型的旅游行为空间模式，为深入探索旅游时空行为、旅游地理格局与过程的精细化定量研究奠定了基础[5]。邱宏亮通过构建出境游客文明旅游行为意向影响机制模型，揭示了主观规范、行为态度、感知行为控制、道德规范及地方依恋对文明旅游行为意向的具体影响[6]。旅游APP是实现智慧旅游的一个重要工具，关于APP的使用与行为也是旅游行为研究的重要内容之一。李东和等利用技术接受模型（TAM）进行修正，通过结构方程模型（SEM）建立起旅游APP下载使用行为影响因素模型[7]。潘澜等则研究了用户对旅游APP的持续性使用意愿，研究发现服务质量、信任、满意度和感知有用性均对旅游者的持续性使用意愿有显著的正向影响[8]。

---

[1] 徐楠.丝绸之路省会城市旅游经济与生态环境耦合协调研究[D].河南大学，2016.
[2] 林德荣，陈莹盈.智慧旅游乡村建设的困境与突破：从智慧潮流走向可持续发展[J].旅游学刊，2019，34（08）：3-5.
[3] 谷阿靖.敦煌文化的数字化再现及旅游体验设计[D].西北师范大学，2015.
[4] 黄蔚欣，张宇，吴明柏，党安荣.基于Wi-Fi定位的智慧景区游客行为研究——以黄山风景名胜区为例[J].中国园林，2018，34（03）：25-31.
[5] 郎月华，李仁杰，傅学庆.基于GPS轨迹栅格化的旅游行为空间模式分析[J].旅游学刊，2019，34（06）：48-57.
[6] 邱宏亮.旅游者环境责任行为测量维度及影响机制研究[D].浙江工商大学，2017.
[7] 李东和，张鹭旭.基于TAM的旅游APP下载使用行为影响因素研究[J].旅游学刊，2015，30（08）：26-34.
[8] 潘澜，林璧属，方敏，陈梅.智慧旅游背景下旅游APP的持续性使用意愿研究[J].旅游学刊，2016，31（11）：65-73.

四、管理与政策主题研究进展

在智慧旅游的背景下，旅游治理经历了全面的变革，主要体现在数据驱动的决策、智能化服务平台、物联网应用、电子支付与结算、智能安全监控、合作与共享及网络安全和隐私保护等方面。首先，通过大数据分析，实现对游客流动、需求和偏好等信息的精准监测，从而实现更为精准的决策和资源配置。例如雷可为利用 BP 神经网络和 ARIMA 组合模型预测中国入境游客量，为政策提供依据❶。周永博的研究以游客调查数据为基础，运用融入差距分析思路的"重要性–绩效"分析方法（IPA），验证了旅游目的地存在的供需错配现象。该研究成果为全域旅游目的地供需错配的治理提供了明确方向，并从制度供给、公共服务、产品结构三个方面提出了相应的对策，为推进旅游业供给侧结构性改革提供了重要依据。此外，该研究还指出智慧旅游通过构建数字化服务平台，提供了个性化、便捷的服务体验，包括在线预订、导览服务以及实时信息查询等，进一步提升了旅游服务的质量和效率❷。在线旅行社可提前预测游客在何时何地需要哪些服务，从而做到精确的信息推送❸。旅行社也可以通过数据挖掘，了解用户画像与需求，从而开发出更有针对性和个性化的旅游产品。物联网技术在景区管理中的应用使得各个点位连接，包括人流量检测、智能安防❹、智能门票、导览设备和停车管理系统❺，提高了景区运营的效率。其次，电子支付和结算系统的应用提高了支付的便捷性和安全性。智能安全监控通过监控摄像头和图像识别技术实现景区安全的智能监测，对人和车的行为加以分析及进行轨迹追溯，实现可视化管理指挥，解放景区管理人力，避免了出现透过数万分钟时长监控视频中寻找线索的情况❻。合作与共享通过数据和资源的共享，实现政府、企业和科研机构之间的协同利用。最后，智慧旅游注重网络安全和隐私保护，采用加密技术和安全协议确保游客信息的安全性。这一系列变革不仅提高了旅游管理的效率，也为可持续发展、安全保障和游客隐私保护提供了更为创新和智能的管理方式。这表明在智慧旅游的框架下，旅游治理正朝着更加科技化、智能化、安全化和可持续化的方向发展。

在景区管理层面，相关研究的应用性更强，主要包括景区运营管理和旅游规划管理。通过对旅游景区游客流量、停留时间、游览路线等数据进行分析，景区管理

---

❶ 雷可为，陈瑛.基于BP神经网络和ARIMA组合模型的中国入境游客量预测［J］.旅游学刊，2007（04）：21-25.
❷ 周永博，沈敏，吴建，魏向东.迈向优质旅游：全域旅游供需错配及其治理——苏州吴江案例研究［J］.旅游学刊，2018，33（06）：36-48.
❸ 郭玲霞.大数据助力智慧旅游发展的研究综述［J］.河北旅游职业学院学报，2017，22（02）：50-54.
❹ 谭凌宵，林文芳，尹丹妮.物联网技术在景区建设中的应用［J］.科技视界，2021（04）：68-69.
❺ 陈静娴，许文雕，连雁平.物联网技术在武夷智慧旅游中的应用探究［J］.物联网技术，2014，4（07）：69-72.
❻ 李文静.智慧景区中智能视频监控的应用需求［J］.中国安防，2020（10）：61-64.

者可以更好地进行客流疏导和调控，科学地制定景区运营和管理策略，提高景区的运营效率和游客体验❶；实现对旅游景区的实时监控和预警，及时发现并解决安全隐患、人员拥堵等问题，提高游客的安全感和体验❷。大数据对旅游规划转型提供很好的支持，利用大数据分析对游客量、客源地、游客年龄、性别、游客兴趣、轨迹、景区偏好等进行专门研究以后，可以为后续开展诸如旅游规划整体项目设计、旅游路线设计、旅游区交通规划、旅游基础服务设施规划等工作提供重要依据❸。

智慧旅游作为推动旅游业转型升级的重要载体，自提出以来便承载着旅游界的重要希望，但在具体实践中发展效果不尽如人意。根据研究者研究情境不同，学者探究了智慧旅游在不同情境下的现实困境，并提出了相关发展建议。例如京津冀区域旅游协同发展展现出显著的"非均衡协同"特征。为此，必须敏锐把握智慧旅游的发展契机，充分利用其创新、学习、知识管理、资源整合以及可持续发展等机制。通过积极探索适合本区域的智慧旅游发展路径，方可实现跨越式发展，从而快速推动京津冀区域旅游的协同进程❹。王华丽认为，在大数据驱动的新时代智慧旅游发展过程中，仍存在数据开放程度不足、专业人才匮乏以及大数据安全等挑战。为实现智慧旅游的良性发展，旅游产业需打破数据隔阂，构建完善的旅游基础数据库，优化旅游信息管理机制，并提升智慧旅游的安全性。同时，组建具备旅游知识与大数据技术双重能力的专业人才队伍，是推动智慧旅游持续发展的重要保障❺。

推动乡村旅游发展，实现乡村振兴同样需要挖掘智慧旅游优势，李璐涵认为应充分发挥互联网的优势，推动旅游业向特色化、智能化、精品化、个性化方向发展，通过降低旅游交易成本，提升游客的旅游体验质量，进而促进旅游业向信息化、智慧化方向转型升级，实现旅游业的可持续发展❻。马扬梅等对安徽省智慧旅游的发展现状及局限性进行了深入剖析，并指出在全域旅游的指导下，应从智慧管理、智慧营销、智慧服务以及智慧人才四个维度出发，构建智慧旅游的发展路径。这一路径的提出将有助于推动安徽省智慧旅游的健康、快速发展，提升旅游产业的智能化水平和服务质量❼。于法稳等从乡村旅游发展规划的整体性与科学性、资源可持续利用、产业融合创新、人才队伍建设、旅游产品和服务优化以及保障措施完善等六个方面，

---

❶ 党安荣，张丹明，马琦伟，李娟.大数据时代的智慧景区管理与服务探讨[J].西部人居环境学刊，2016，31（04）：8-13.

❷ 张建涛，王洋.大数据背景下智慧旅游管理模式研究[J].管理现代化，2017，37（02）：55-57.

❸ 刘志霞.智慧旅游信息化平台建设与应用研究[J].湖南城市学院学报（自然科学版），2016，25（04）：109-110.

❹ 陈永昶，王玉成.智慧旅游驱动京津冀区域旅游协同发展机理与路径[J].河北大学学报（哲学社会科学版），2018，43（05）：62-70.

❺ 王华丽.基于大数据驱动的新时代智慧旅游发展思考[J].农村经济与科技，2019，30（22）：42-43.

❻ 李璐涵."互联网+"背景下乡村旅游可持续发展路径探析——以安徽农旅小镇三瓜公社为例[J].企业科技与发展，2018（08）：330-332.

❼ 马扬梅，童登峰，汪婷.全域旅游视角下安徽智慧旅游发展路径探析[J].贵州商学院学报，2018，31（04）：48-51.

深入剖析了实现乡村旅游高质量发展的关键问题。基于对这些关键问题的深入分析和解决，该研究提出了相应的对策建议，旨在推动乡村旅游实现高质量发展，提升乡村旅游的竞争力和可持续发展能力❶。

全域旅游管理是一种综合性的管理理念，旨在促进旅游业的可持续发展并最大化地提升整个地区的旅游体验。李君轶等认为全域旅游强调各行业积极融入、各部门协同管理以及居民广泛参与，通过充分利用目的地各类吸引物要素，为游客提供全方位、全过程的体验产品，旨在全面满足游客的多样化体验需求，从而推动旅游业的持续健康发展❷。全域旅游强调整个旅游目的地的全面发展，而不仅仅是某个景区或特定景点。它涉及整个地域的资源整合、品牌推广、产业协同等方面。全域旅游的目标是通过整合各类旅游资源，提升整个区域的旅游体验和吸引力，实现全域旅游的可持续发展。吕小刚认为，基于大数据背景下智慧旅游发展的内在需求，下一阶段智慧旅游的发展需要做到以全域旅游云平台建设为基础，搭建大数据应用运行平台，充分整合政务数据资源、社会数据资源、网络数据资源和企业数据资源。以新媒体技术（微博、微信、客户端）为依托，打通企业服务游客和企业自身优化升级的"最后一公里"和"最先一公里"❸。

第三节　研究综述

一、智慧旅游研究概述

从文献研究看，对智慧旅游的研究主要集中在管理效能和应用系统两方面。来自加拿大旅游产业协会的菲利普斯在 2000 年的一次演讲中指出，智慧旅游通过先进的信息技术手段，"制定长期、全面、可持续的方案来对旅游业进行规划、开发和营销"❹。2009 年，世界旅游组织助理秘书长杰弗里·利普曼在旅游委员会上将智慧旅游引入旅游服务链的各个环节，并从清洁、绿色、道德和质量四个层面对其作了定义❺，强调智慧旅游管理对于提高服务质量、客户感知和管理成本节约的重要性。后续对智慧旅游的探究多重视智能技术在旅游业中的应用，如莫尔兹（Molz）认为智慧

---

❶ 于法稳，黄鑫，岳会.乡村旅游高质量发展：内涵特征、关键问题及对策建议［J］.中国农村经济，2020（08）：27–39.

❷ 李君轶，高慧君.信息化视角下的全域旅游［J］.旅游学刊，2016，31（09）：24–26.

❸ 吕小刚，章燕.大数据背景下智慧旅游发展路径探析［J］.度假旅游，2018（02）：127–128.

❹ 王路路，孙斌，毕治方等.国内外智慧旅游与城市旅游竞争力研究述评［J］.科技和产业，2018，18（7）：21–27.

❺ 李云鹏，胡中州，黄超等.旅游信息服务视阈下的智慧旅游概念探讨［J］.旅游学刊，2014，29（5）：106–115.

旅游是运用移动数字技术创造更智慧和可持续的游客与城市之间关联的一种更广泛的公民深度参与的旅游的形式[1]；格雷策尔（Gretzel）、韦特纳（Werthner）、古（Koo）等认为智慧旅游是目的地通过收集各方面（基础设施、社会机构、政府和个体等）数据，利用先进技术将数据转换为本地发展经验和产品价值方向的旅游形式[2]。英国在2011年确定了智慧旅游的技术标准，从技术视角推动旅游发展。

二、智慧旅游文献特征

国内以智慧旅游为主题的文献研究最早出现在2011年。黄超等将智慧旅游定义为通过运用大数据、云计算、物联网等信息化技术，利用各类终端进行信息采集、遥控和发布以提升游客体验和感知，同时帮助景区进行综合管理和规划的一种信息化形态[3]。李芳林和谢镕键强调，随着乡村振兴战略的推进，互联网、大数据、5G、云计算等先进技术被应用于乡村建设中，以促进乡村旅游的网络化、数字化、智慧化和平台化发展[4]。他们通过分析智慧信息技术在智慧旅游中的应用，探究了海南省智慧乡村旅游的发展现状和建设体系，并提出了具体的发展方向，即推广智慧旅游产品服务，打造智能化产业运营模式，以促进海南省乡村智慧旅游的进一步发展。祝志超则指出，在数字经济时代背景下，旅游业正在逐步向智能化方向发展[5]。文献研究集中以下几个方面：

第一，文献聚集景区服务的绩效方面。例如汤文菲曾从管理、服务、营销和支持四个系统出发，构建了包含9个要素和31个具体指标的智慧旅游景区评价指标体系，并以南京中山陵景区作为案例地进行了实证分析，进一步修正和完善了评价标准[6]。这一研究不仅为智慧旅游景区的评价提供了一个结构化的框架，也为其他景区的智慧化改造提供了参考和借鉴。李焦娇在2022年的工作中，通过构建旅游景区多元数据的评价指标体系，采用了熵模糊层次分析法和重要性–绩效分析法来综合评价旅游景区的绩效。这种方法的应用使得旅游景区绩效评价更加精确和科学，能够有效识别出景区运营中的关键改进领域[7]。高志方和彭定洪等在2022年针对智慧旅游

---

[1] Molz J G .Travel Connections: Tourism, Technology and Togetherness in a Mobile World [M]. London: Routledge, 2012: 532.
[2] Gretzel U, Werthner H, Koo C, et al. Conceptual foundations for understanding smart tourism ecosystems [J]. Computers in Human Behavior, 2015（50）: 558-563.
[3] 黄超, 李云鹏. "十二五"期间"智慧城市"背景下的"智慧旅游"体系研究 [J]. 2011《旅游学刊》中国旅游研究年会会议论文集: 55-68.
[4] 李芳林, 谢镕键. 海南省智慧乡村旅游发展研究 [J]. 农业与技术, 2023, 43（05）: 160-162.
[5] 祝志超. 衢州市智慧旅游人才培养的SWOT分析与对策研究 [J]. 江苏商论, 2023（04）: 112-115.
[6] 汤文菲. 智慧旅游景区评价指标体系构建与评价标准研究 [D]. 广西师范大学, 2014.
[7] 李焦娇. 基于FAHP-Entropy与IPA旅游景区多源数据的绩效评价研究 [D]. 云南财经大学, 2022.

城市的绩效评价，基于决策者的风险态度，构建了改进的折衷率 TOPSIS 评价模型[1]。这一模型不仅考虑了经济利益，还兼顾了长期的可持续发展目标，提出的绩效评价体系为智慧旅游城市的规划和发展提供了新的视角和方法论支持。

从游客感知方面的绩效来看，早期有皮赞姆（Pizam）提出游客的满意度源自对旅游目的地的预期与实际体验的比较[2]。随后，许多学者进行对满意度模型进行了完善补充[3][4][5]。这些理论的发展表明，智慧旅游管理不仅要关注技术的应用和资源的整合，还需深入理解游客的期望、感知和满意度，以及这些因素如何随着旅游体验的各个阶段而变化。智慧旅游管理的绩效评价因而成为一个综合性的、动态变化的过程，旨在通过不断调整和优化旅游服务，以满足甚至超越游客的期望和需求。这种以游客为中心的管理理念是提升旅游目的地竞争力和游客满意度的关键。

第二，在基础信息管理层面。目前，全球范围内关于智慧旅游管理的研究主要聚焦于基础管理系统的应用，例如对票务和旅客身份的信息进行管理。这些研究确实涵盖了信息技术的一些方面，但主要还是局限于基础信息管理层面。至今，大数据技术还没有成为智慧旅游概念研究的核心部分。例如，孔托吉亚尼（Kontogianni）等针对智慧旅游面临的新挑战，提出了一种新的基于云的框架，利用深度学习和神经网络，生成针对游客个人的个性化建议[6]。路德威利蒂（Rudwiarti）等研究了基于信息和通信技术的智慧旅游村发展模式，该模式以地方智慧为基础，将自然和文化作为旅游村可持续发展的关键因素[7]。相较于国外，国内许多学者关注在智慧旅游管理体系中如何深度融合景区需求与游客感知，通过管理学、生态学和地理学等多个学科，学者们探讨了智慧旅游的发展路径[8]、旅游系统的构建[9]和开发评价体系[10]等。

第三，从管理学的视角审视智慧旅游相关研究。学者们既强调信息技术在提

---

[1] 高志方，周静妮，彭定洪.基于SBSC-改进折衷率TOPSIS模型的智慧旅游城市绩效评价研究［J］.生态经济，2022，38（07）：173-175.

[2] Pizam A. Tourism's Impacts: The Social Costs to the Destination Community as Perceived by Its Residents［J］. Journal of Travel Research，1978，16（4）：8-12.

[3] Oliver R L.A Cognitive Model of the Antecedents and Consequences of Satisfaction Decisions［J］. Journal of Marketing Research，1980，17（4）：460-469.

[4] Keane M J. Quality and pricing in tourism destinations［J］. Annals of Tourism Research，1997，24（1）：117-130.

[5] J Sánchez，Callarisa L，RM Rodríguez，et al. Perceived value of the purchase of a tourism product［J］. Tourism Management，2006，27（3）：394-409.

[6] Kontogianni A，Alepis E. Smart tourism: State of the art and literature review for the last six years［J］. Array，2020，6：100020.

[7] Rudwiarti L A et al. Smart tourism village，opportunity，and challenge in the disruptiveera［J］. IOP Conference Series: Earth and Environmental Science，2021（1）：780.

[8] 彭丽，谭艳，周继霞.基于智慧旅游背景下的乡村旅游发展模式研究——以重庆合川区为例［J］.农业经济，2014（12）：49-50.

[9] 章秀琴.智慧旅游服务生态系统的概念、特征及构建［J］.电子政务，2017（04）：106-113.

[10] 李伟，李慧凤，杨洁.基于智慧旅游视角的景区网站服务功能及其评价——以华北地区10家5A级旅游景区网站为例［J］.资源开发与市场，2015，31（09）.

升旅游管理效率和游客体验中的关键作用，又强调运用最新的信息技术，如大数据、物联网、云计算和人工智能，来整合和优化旅游资源、服务和监管机制，旨在创造一个更加高效、个性化和可持续的旅游环境。如罗曼等（Roman et al.）通过分析大数据指标，如旅客乘飞机的到达时间变化、旅游住宿设施的入住变化率等，揭示了COVID-19疫情对2020年欧洲31国旅游业的影响❶。这项研究不仅为旅游业企业家和政府代表提供了决策支持，也展示了大数据分析在智慧旅游管理中的应用潜力。加兹多西克（Gajdošik）和马尔西什（Marciš）对斯洛伐克三座城市——尼特拉（Nitra）、班斯卡·贝斯特里察（Banská Bystrica）和科希策（Košice）——进行了案例研究，调查了它们在建设智慧旅游方面的进展。研究发现，虽然这些城市的旅游企业和目的地才开始采用智慧旅游功能，但是游客对信息技术的高频使用和新兴科技的需求，将极大推动智慧旅游在当地的发展❷。在国内，金卫东从管理学角度探讨了智慧旅游公共服务体系的建设，以南京为例，分析了其智慧旅游公共服务体系的当前状态，并指出服务构建应以游客服务和管理服务为两大主线❸。刘加凤结合常州特点，借鉴已有平台经验，开发了智慧旅游公共服务平台，采用六层架构设计：包括硬件、系统支持、数据库、中间件、应用、表现及用户层，覆盖信息咨询、旅游商务、智慧景区与行业管理等服务❹。这些研究共同展示了智慧旅游管理利用先进的信息技术，不仅改善了游客的旅游体验，还提高了旅游资源利用的效率和效果，为旅游业的可持续发展提供了有力支撑。学者们通过不同的研究方法和案例分析，为智慧旅游管理的理论与实践提供了丰富的视角和深入的见解。

从计算机技术应用范围的广度和深度的视角，最初的研究集中在移动互联网在旅游业的重要应用，强调移动技术在满足旅游需求方面的多样化作用❺。也有从更宽广的角度审视，认为物联网、云计算、大数据和移动互联网等信息技术能够广泛应用于智慧旅游的构建中❻。李丁等进一步扩展了这一讨论，智慧旅游融合了多种技术，如信息技术、空间定位、物联网、互联网、3G移动通信、传感器、人工智能与普适计算等。在这些技术中，智能推荐技术的作用特别突出，显示其在提升旅游管理效率和游客体验中的关键性，结合Agent技术实现的智能旅游信息处理及路线推荐，加上从网络挖掘的景区评价，为游客提供了基于景点特性和个人需求的定制化智慧旅

---

❶ Roman M, Grzegorzewska E, et al. Influence of the COVID-19 Pandemic on Tourism in European Countries: Cluster Analysis Findings[J]. Sustainability, 2022, 14（3）: 1602.

❷ Gajdošík T, Marciš M. Artificial intelligence tools development[C]//Computer Science On-line Conference. 2019: 392-402.

❸ 金卫东. 智慧旅游与旅游公共服务体系建设[J]. 旅游学刊, 2012, 27（02）: 5-6.

❹ 刘加凤. 常州智慧旅游公共服务平台建设研究[J]. 中南林业科技大学学报（社会科学版）, 2012, 6（05）: 22-24.

❺ 王宏星. 移动互联网技术在旅游业中的应用研究[D]. 浙江大学, 2004.

❻ 金江军. 智慧产业发展对策研究[J]. 技术经济与管理研究, 2012（11）: 40-44.

游路线❶。

第四，有关大数据及其应用的相关研究。因为当前大数据概念和技术的创新被广泛应用于众多领域，如科学研究、工程技术、医疗保健、管理学、商业分析以及旅游业等，推动了这些领域的发展与变革。大数据的应用不仅优化了决策过程，还增强了预测的准确性，提高了服务质量和管理效率。例如，舒瓦拉（Shoval）和哈斯（Ahas）在2016年的工作中指出，物联网（IoT）技术推动了传感器设备的广泛部署，用于跟踪游客动态和评估旅游环境，生成如GPS、移动漫游和蓝牙等丰富的时空数据。这些数据对分析旅游趋势和游客行为至关重要❷。

在国内，大数据研究虽然起步较晚，但已在多个领域显示出其预测和分析的潜力。张崇等人基于商品市场的均衡价格理论，发现网络搜索指数与居民消费价格指数之间存在相关性和时滞效应，通过网络搜索指数可以有效预测居民消费价格指数❸。刘颖等在2011年的研究表明，网络搜索数据对股票市场有显著的预测能力❹。袁庆玉等人探讨了网络搜索关键词指数与汽车销量之间的关系，发现在不同价格区间，这种合成指数能够准确预测汽车销量❺。

围绕大数据在智慧旅游管理中的应用研究，国外有学者利用大数据技术和Hadoop框架开发了智慧旅游的多智能体系统，结合时间序列分析进行了界面设计的验证，验证结果显示该系统的人机界面能够满足重要的设计偏好，并提供了近乎最优的平衡。系统的有效性实验表明，其功能合格率达到了87.5%，展现了较高的信息准确性和用户满意度，尽管还有改进空间，但服务体系结构的可行性已得到证实❻。大数据在改变全球旅行方面发挥着至关重要的作用，所有旅游公司都可以获得有关大数据的有价值的信息，以预测游客需求，做出更好的决策，管理知识流和与客户的互动，并以更高效和有效的方式提供最佳服务。学者费运用大数据、云计算等相关技术，提出智慧旅游平台的建设思路，针对传统旅游信息匮乏、旅游服务不完善等问题，采用并改进了项目的协同过滤算法，主要分析游客的历史数据以及游客与系统的交互行为，并利用Mahout分布式智能旅游推荐系统，为游客提供更高效的个

---

❶ 李丁，贾志洋，汪际和，陈旭.智慧旅游管理与智能推荐技术［J］.中国管理信息化，2013，16（07）：80-81.

❷ Shoval，N.，&Ahas，R. The use of tracking technologies in tourism research：The first decade. Tourism Geographies，（2016）.18（5）：587-606.

❸ 张崇，吕本富，彭赓，刘颖.网络搜索数据与CPI的相关性研究［J］.管理科学学报，2012，15（07）：50-59+70.

❹ 刘颖，吕本富，彭赓.网络搜索对股票市场的预测能力：理论分析与实证检验［J］.经济管理，2011，33（01）：172-180.

❺ 袁庆玉，彭赓，刘颖，吕本富.基于网络关键词搜索数据的汽车销量预测研究［J］.管理学家（学术版），2011（01）：12-24.

❻ Chen W, Xu Z Y, Zheng X Y, et al. Geo-tagged photo metadata processing method for Beijing inbound tourism flow［J］.ISPRS International Journal of Geo-Information, 2019, 8（12）：556.

性化服务信息❶。也有学者翁先生探讨了大数据和物联网技术在智慧旅游中的创新管理模式，并评估了这些技术对促进旅游业的影响，建议将大数据技术整合到营销设计中，通过建立大数据平台来分析用户需求，实现精准营销❷。

在国内，谢汶熹研究了在大数据时代智慧旅游管理模式的建设路径，指出当前面临的主要问题，如管理手段的落后和营销数据资源的不全面开发。他提出了优化智慧旅游系统、提升经营水平、加强大数据管理等构想❸。曾义讨论了基于大数据的智慧旅游管理，强调大数据的应用可以预测游客需求，促进服务改进和政府保障。提出了利用大数据分析结果进行旅游产品和服务创新的思路，以及利用大数据进行精准营销，以促进旅游产业的整合❹。

这些研究成果充分表明，大数据分析在提高决策质量、优化资源配置和预测市场动态方面具有强大能力，大数据技术在现代社会各个领域具有广泛的应用价值和潜力。

---

❶ Fei, X.. Development of a Smart Tourism Platform Based on Big Data and Cloud Computing Technologies [J]. Journal of Tourism Innovation and Technology, 2022, 10（4）: 123–135.
❷ Weng, Y.. Innovative Management Models for Smart Tourism Using Big Data and IoT. [J]. International Journal of Tourism Science and Innovation, 2023, 15（1）: 45–60.
❸ 谢汶熹. 大数据时代智慧旅游管理模式及其构建路径探讨[J]. 企业改革与管理, 2024（02）: 23–25.
❹ 曾义. 信息化时代下基于大数据的智慧旅游管理探讨[J]. 网络安全和信息化, 2023（08）: 25–27.

第三章

旅游大数据与数字旅游

在新一代信息技术、新应用、新业态的大力推动下，数字经济和信息社会成为当今世界最显著的全局性变革。大数据作为新经济价值捕获的核心要素，已成为驱动经济高质量发展的中坚力量，全面重塑了社会经济全方位、宽领域、多层次发展的新范式。2020年4月9日中共中央、国务院出台《关于构建更加完善的要素市场化配置体制机制的意见》，明确指出要"提升社会数据资源价值，培育数字经济新产业、新业态和新模式"。《中华人民共和国国民经济和社会发展第十四个五年规划和2035年远景目标纲要》也提出"充分发挥海量数据和丰富应用场景优势，促进数字技术与实体经济深度融合，赋能传统产业转型升级，催生新产业新业态新模式，壮大经济发展新引擎"。

第一节　大数据决策与数字经济互动关系

现在的社会是一个高速发展的社会，科技不断进步，信息高速流通，人们之间的交流越来越密切，日常生活也越来越方便与丰富。信息技术进步和互联网的快速普及，不仅促进了这一进程，更是使得人与人、人与社会、人与物质世界的联系更加紧密，带来了数据量的爆炸式增长与数据模式的高度复杂化，对经济发展、社会治理、国家管理、日常生活等各个方面都产生了重大影响。如今，数据已经渗透到了每一个行业，成为重要的生产因素，世界已经进入大数据时代成为大多数人的共识。

一、大数据与大数据决策

"大数据"作为一种概念和思潮由计算领域发端，之后逐渐延伸至社会科学领域。1998年，美国硅图公司首席科学家约翰·马西（John Mashey）首次使用"大数据"[1]一词来描述传统数据难以比拟的规模特征——数据爆炸现象。2001年，麦塔集团分析师道格·莱尼率先提出大数据"3Vs"模型，即大数据具有海量（Volume）、

---

[1] John Mashey. Big Data and the Next Wave of Computing. Chief Scientist, SGI, 1998.

高速（Velocity）和多源（Variety）三个显著的特征❶，揭开了大数据"Vs"特征类型学演化的序幕。在此基础上，麦肯锡全球研究院将大数据功能属性扩展至"4Vs"，将"大数据"定义为一种规模大到在获取、存储、管理、分析方面大大超出传统数据库软件处理能力范围的数据集❷，这种数据集具有海量的数据规模（Volume）、快速的数据流转（Velocity）、多样的数据类型（Variety）和价值密度低（Value）等特征。为了适应与日俱增的数据量和大数据应用创新走向纵深，学界和业界不断提出大数据的新特征以符合决策发展需求。例如，国际商业机器公司（IBM）在面对数据流波动幅度大的问题时，提出准确性（Veracity）是大数据的重要特征，以应对客户对大数据决策可靠性的质疑；微软公司为了实现大数据决策价值最大化，提出易变性（Variability）、准确性（Veracity）和可见性（Visibility）三个重要特征。吴信东等则整合了 4Vs 模型等特征，提出了 HACE 定理，认为大数据决策始于异构（Heterogeneous）、自治（Autonomous）的多源海量数据，旨在寻求探索复杂的（Complex）和演化的（Evolving）数据关联的方法和途径❸。这种基于类型学视角的大数据研究虽较为清晰地勾勒出大数据发展脉络，但简化了大数据的复杂性和忽略了其功能的情境嵌入性，在一定程度上制约了大数据应用的可推广性及其在具体应用场景中的解释力。

　　大数据是一种在获取、存储、管理、分析等方面大大超出了传统数据库软件工具能力范围的数据集合。大数据具有大量、快速、多样、价值密度低和真实性五大特征。大量（Volume）体现在数据量上，大数据的采集、存储、计算的量都很大。一般 PB 以上的数据才能称为大数据，在实际应用中，大数据的数据量通常高达数十 TB，甚至数百 PB；快速（Velocity）是指高速接收、高速处理数据，因为数据具有一定的时效性；多样（Variety）是指可用的数据类型众多，包括结构化、半结构化和非结构化数据，具体表现为网络日志、音频、视频、图片、模拟信号等等；价值（Value）是指大数据的数据价值密度相对较低，我们需要以低成本创造高价值；真实性（Veracity）是数据的质量要求，即保证数据的准确性和可信赖度。

　　大数据技术的发展对社会发展产生深远的影响，具体表现在以下几个方面：大数据决策成为一种新的决策方式；大数据成为提升国家治理能力的新途径；大数据应用促进信息技术与各行业的深度融合；大数据开发推动新技术和新应用的不断涌现❹。大数据为新兴产业的管理发展带来重要的分析和预测功能。旅游产业作为信息

---

❶ D Laney，3-D Data Management：Controlling Data Volume，Velocity，and Variety，Meter Group，Research 2001，Note，6.：949.

❷ 麦肯锡全球研究院.大数据：创新、竞争和生产力的下个前沿领域［EB/OL］.2022（05）；赛迪译丛，2012-06-08.

❸ 吴信东，何进，陆汝钤，郑南宁.从大数据到大知识：HACE+BigKE［J］.自动化学报，2016，42（07）：965-982.

❹ 林子雨.大数据导论——数据思维、数据能力和数据伦理（通识课版）［M］.高等教育出版社，2020.

密集的新兴产业，对大数据技术的依赖性更强，旅游大数据的应用水平将直接影响新环境下的旅游业发展质量。

基于生产生活中的海量数据资源，整个经济社会的数字化水平遵循"数据化－信息化－数字化－智能化"的演进路线持续升级。"数据化"是关键基础，它确定了数据的采集边界和标准；"信息化"是关键流程，它规范了存储、分析的具体方法；"数字化"是关键手段，它明确了应用大数据、人工智能等新一代信息技术开展分析和应用的新思路和新模式；"智能化"是关键效果，它反映了数字化转型的成效，覆盖社会治理、公共服务和产业发展等多领域❶（图3-1）。

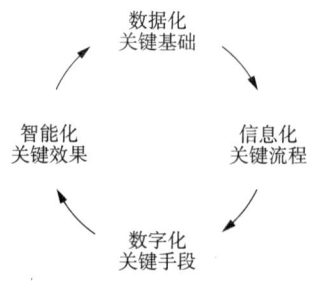

图3-1　数字化水平发展逻辑

在此背景下，基于大数据的决策逐渐成为管理实践决策的主流范式❷❸。总体而言，人类对于大数据决策的依赖不断加重，导致了大数据决策过程中大数据技术和人类决策预期目标日益割裂的现象。大数据解决社会经济宏大问题的价值潜力持续被激发，强化了人类利用大数据决策解决复杂问题的依赖性。首先，是大数据决策的价值驱动效应。大数据中蕴含着巨大的隐藏信息，其带来的价值逐渐成为驱动社会经济高质量发展和效率提升的重要动力源。譬如，前面提到，在我国超大特大规模城市交通拥堵问题日益突出的背景下，城市大脑通过数字化解构和重构城市全要素资源，将大数据创新性的应用于交通态势感知、拥堵点快速识别、车辆调度与路线优化等系统性交通场景中，取得了显著成效，彰显了大数据决策的巨大社会价值。其次，是大数据决策的价值放大效应。鉴于大数据决策在社会经济领域中所带来的社会效益，人类倾向于利用大数据来实施目标决策以获得最优结果，而相对弱化人类认知能动性❹。长期来看，这种日益盛行的大数据技术依赖式问题解决机制，助长了人类不自觉地将大数据决策视为社会经济问题解决的"权威"方案，进而将大数

---

❶ 孙会峰.2019中国大数据产业发展白皮书［J］.互联网经济，2019（Z2）：10–21.

❷ 徐宗本，冯芷艳，郭迅华，曾大军，陈国青.大数据驱动的管理与决策前沿课题［J］.管理世界，2014（11）：158–163.

❸ 陈国青，曾大军，卫强，张明月，郭迅华.大数据环境下的决策范式转变与使能创新［J］.管理世界，2020，36（02）：95–106.

❹ 韩水法.人工智能时代的自由意志［J］.社会科学战线，2019（11）：1–11；韩水法.人工智能时代的人文主义［J］.中国社会科学，2019（06）：25–44.

据决策主导的社会经济活动视为理所当然的社会选择。

二、数字经济的概念

伴随着以人工智能、大数据、区块链、5G 等现代信息技术为核心的新技术革命的来临，全球范围内正在进入全新的数字时代，数字经济成为全球经济创新发展的新动力。数字时代的来临，推动着数字技术在产业中的加快渗透与运用，不仅会给各产业带来广泛而深远的影响，也会加快不同产业之间的融合，并对产业之间的融合方式、融合路径、融合模式等多方面带来重要变革。同时，数字化治理引领生产关系深刻变革，数据价值化重构生产要素体系和数字经济生态。当前正值中国数字经济快速发展时期，数字经济作为强化国家战略的科技力量、调整优化产业结构的重要渠道，对经济高质量发展发挥关键性作用❶。

数字经济是新时代的重要组成部分，是国家调控经济发展的重要动力。数字经济下的文化旅游融合发展模式，是基于产业跨界融合形成的经济增长新模式。该过程实质是产业创新发展，以数字化科技渗透到文旅产业发展过程中，对于产业升级、城市更新和可持续发展具有重要的作用。

三、数字经济与大数据的关系

数字经济是指以数字技术为基础，以数字化、网络化、智能化为特征的经济形态。旅游大数据则是数字经济中的一个重要组成部分，是指在旅游业运营过程中产生的大量数据，包括游客的行为数据、交易数据、社交媒体数据、地理位置数据等。数字经济和旅游大数据之间存在着密切的关系（图 3-2）。

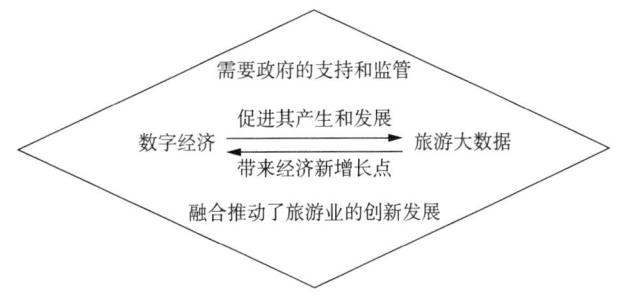

图 3-2　数字经济与旅游大数据的关系

数字经济促进了旅游大数据的产生和发展。数字经济的快速发展，推动了旅游业的数字化、智能化转型，促进了旅游大数据的产生和发展。随着旅游业的数字化

---

❶ 万晓榆，罗焱卿. 数字经济发展水平测度及其对全要素生产率的影响效应［J］. 改革，2022（01）：101-118.

程度不断提高，游客在旅游过程中产生的数据也越来越多，这些数据可以通过数据挖掘、机器学习等技术进行分析和处理，为旅游企业提供更加精准的市场分析、产品设计、营销策略等方面的支持。

旅游大数据的产生和应用，为数字经济提供了新的增长点。旅游大数据可以为旅游企业提供更加精准的市场分析、产品设计、营销策略等方面的支持，从而提高企业的市场竞争力和服务质量。同时，旅游大数据也可以为其他行业提供市场分析和预测等方面的支持，从而促进数字经济的发展。

数字经济和旅游大数据的融合，推动了旅游业的创新发展。旅游企业可以通过对旅游大数据的分析和应用，为游客提供更加个性化、智能化的旅游服务和产品，从而提高游客的满意度和忠诚度。同时，旅游企业也可以通过旅游大数据的分析和应用，优化旅游产品和服务，提高企业的效率和盈利能力。

数字经济和旅游大数据的发展需要政府的支持和监管。政府可以通过制定相关政策和法规，促进数字经济和旅游大数据的发展，同时加强对旅游大数据的监管，保障旅游大数据的安全性和合法性。政府还可以通过建设数字基础设施，提高数字经济和旅游大数据的发展水平。

第二节　旅游大数据：概念、类型与特点

大数据深刻改变了旅游行业的组织结构、组织功能、产业链结构，推动了旅游业的水平与垂直整合。在组织结构方面，大数据使组织内部管理的透明度增加，也使外部组织间的交易透明度增加，同时使管理信息和交易信息流动加快，进而促使酒店、交通类型的旅游企业规模逐渐扩大。在组织结构方面，大数据提供的信息便利使传统的旅游企业构建的科层组织向扁平化组织转变。在产业链结构方面，大数据颠覆传了传统旅游产业的价值链，使以生产、采购为中心的模式，向信息时代以旅游者为中心的生产模式转变。洞悉旅游者的消费心理，准确、快速响应旅游者的消费需求，甚至是潜在需求，是当代旅游业个性化生产、服务的关键。以旅游者的需求为中心，将成为旅游企业运营的核心主线。旅游产业的竞争规则发生巨大变化，传统的产品竞争、渠道竞争将退居次要地位，而资源整合的竞争、最终消费者竞争将上升到主导地位。大数据作为企业的核心资产，为企业创造了整合外部资源的机会，降低整合外部资源的成本。借助大数据技术，公司可以比以往任何时候都更加了解消费者。那些拥有大量消费者，并能洞察消费者行为的公司，开始掌控产业链，

推动了行业的水平与垂直整合❶。

旅游业是大数据应用场景最广阔的行业之一。从大数据的应用维度上讲，可以分为旅游管理、旅游服务与旅游营销。在旅游管理方面，大数据使得旅游管理呈现出智慧的趋势，基于对大数据的运用，可以实时对旅游业的发展过程进行监控、舆情分析，以便于及时发现问题、解决问题，进而降低旅游行业的管理成本。在旅游服务方面，大数据使得旅游行业的服务更加人性化、便捷化、个性化，基于对不同游客的偏好数据的相关分析，旅游从业者能够对旅游者的消费特性更加清楚明了，从而提供更为个性化的高端服务。在旅游营销方面，提供了智慧营销实施的基础，可以对不同的游客进行针对性营销，促进传统营销向智慧营销转变。

旅游大数据极大地改变了基于传统数据的传统旅游研究，在诸多方面展现出了明显的优势，能够更好地解决旅游问题，是进行现代旅游研究不可或缺的一部分。在旅游需求研究方面，基于旅游大数据的预测更加精准，可以很好地弥补调查数据用户面临的样本量限制问题。比如在杨等人的研究中，通过研究游客的搜索引擎数据来对中国流行的旅游目的地进行流量预测，极大地提高了预测准确率，能够更加出色地进行旅游需求预测，从而帮助旅游行业可以进行更加高效的资源配置与更加科学的服务定价❷。旅游大数据分析还可以帮助学术界和工业界更好地了解游客的行为。利用搜索引擎和社交媒体数据源等旅游大数据还可以帮助改善客户服务、用户体验和满意度。比如叶等人研究了在线消费者生成的评论对酒店客房销售的影响。研究者利用了来自中国最大的旅游网站携程的旅游数据，利用对数回归模型来分析在线评论与酒店客房预订数量的关系。研究结果表明，在线评论和酒店的经营业绩之间存在显著关系❸。

一、旅游大数据概念

旅游大数据是指在旅游的吃、住、行、游、购、娱六要素领域所产生的数据，该数据具有规模大、传播快、类型多样（结构化与非结构化）、富有价值的特点，并且可以通过大数据基数进行分析与可视化，从而使旅游消费者的决策更加有效。常见的旅游大数据包括景区、酒店、旅行社、导游企业等产生的管理或业务数据，旅游行业基础资源信息库，互联网数据、旅游宏观经济数据、旅游气象环保数据、交通数据、网络舆情数据等，其中游客的数据最为重要，应用价值最大。

旅游大数据是旅游信息化的核心和大脑中枢，尤其对于及时、全面、准确地了

---

❶ 张鹏顺. "大数据"时代旅游产业的变革与对策［J］. 改革与战略，2014，30（09）：110-114.

❷ Xin Yang, Bing Pan, James A. Evans, Benfu Lv. Forecasting Chinese tourist volume with search engine data, Tourism Management, February 2015, 46: 386–397.

❸ Yeh, Sheng Cheng, et al. "A study on outdoor positioning technology using GPS and Wi-Fi networks." International Conference on Networking, Sensing & Control IEEE, 2009.

解游客偏好和行业特征有着至关重要的作用。旅游信息化则是旅游大数据的前提，旅游信息化的发展和大数据的应用是相辅相成的。旅游大数据是智慧旅游的"智慧之源"，顾名思义，就是利用大数据的方法和技术，有效收集整合旅游监管数据、移动运营商数据、旅游行业数据，实现对游客信息进行多维度的精准分析和有效预测，让数据自己"说话"❶。

旅游大数据是在旅游信息化的基础上发展的产物，在发展过程中将会面对数据管理、解决用户个性化需求等问题，当各种问题解决后，智慧旅游便成为一种完善的旅游模式。对于智慧旅游而言，旅游大数据能够为智慧旅游提供数据上的支持，智慧旅游属于旅游信息化的进阶旅游模式，可以在旅游大数据的助力下进一步提高数据价值。智慧旅游为了提高用户体验，就需要满足用户对于各项旅游服务的个性化需求，此时便需要通过大数据来精准定位用户群体以及旅游需求，以此来加强各项旅游业务❷。

二、旅游大数据类型

旅游大数据依据数据来源方式可以划分为三类，分别是用户生成数据（UGC data）、设备数据（Device data）和事务型数据（Transaction data）。首先，互联网促进了社交媒体的快速发展，为传播用户生成内容（UGC）数据（文本、照片等）提供了广阔的平台。其次，由于物联网（IoT）的蓬勃发展，各种传感器设备不断涌现，用于追踪游客的活动和环境状况，提供了大量的时空数据（如全球定位系统 <GPS> 数据、移动漫游数据、蓝牙数据等）。最后，旅游是一个包含了一系列操作（即旅游市场中的交易、活动或事件）的复杂系统，如网络搜索、网页访问、在线预订等，它们产生了相应的网络搜索数据、网页访问数据、在线预订数据等事务型数据。通过这三种主要来源的旅游大数据，学术界和业界可以更好地探索和理解游客行为，分析旅游市场（图3-3）。

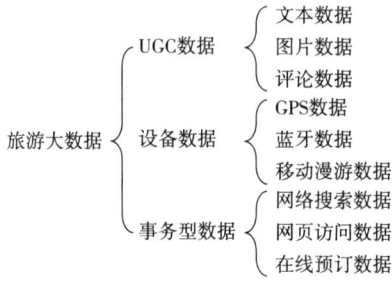

图 3-3 旅游大数据的分类

---

❶ 陈海迪. 大数据在智慧旅游中的应用研究 [J]. 当代经济，2015（29）：38–39.
❷ 戴志强. 旅游大数据发展策略分析 [J]. 科技风，2022（09）：55–57.

（1）UGC 数据：全称为 User Generated Content，也就是用户生成内容，即用户原创内容。UGC 的概念最早起源于互联网领域，即用户将自己原创的内容通过互联网平台进行展示或者提供给其他用户。社交媒体的普及为旅游者提供了可以自由分享信息的平台，这些信息包括文字、图片和志愿者地理信息（Volunteered Geographic Information），对应产生了在线文本数据、在线图片数据。游客可以通过文字与照片，表达满意度、旅游目的地形象、旅游意象、旅游体验、旅游情感分析、旅游推荐等多样的旅游内容。目前 UGC 数据是应用最广泛的数据类型，获取难度和成本最低，是旅游大数据的主要来源之一。

（2）设备数据（Device data）：指基于设备产生的数据，进入 Web2.0 时代后，物联网已经渗透到旅游活动的全流程中，游客可以通过物联网进行通信、定位以及信息获取。各种设备（如传感器）产生的数据已被广泛运用在游客轨迹追踪的研究中。设备数据可以划分为定位数据、气象数据和其他数据。定位数据来源比较广泛，包括 GPS、基站、蓝牙、Wi-Fi 等多种获取方法，用来确定游客的行动轨迹。气象数据也是设备数据之一，因为天气对游客户外活动行为有重要影响，气象站设备收集的气象数据、温度数据、雾霾数据、气候舒适度数据等环境数据也是进行旅游研究的重要材料。其他数据包含景区传感器、闸机、摄像头收集的数据。

（3）事务型数据（Transaction data）：事务型数据是指广义的人物交互或人机交互产生的一系列数据，包括网络搜索数据、网络浏览数据与在线预订数据。网络搜索数据是指游客主动进行的旅游相关的信息检索所留下的痕迹，可以反映出游客的真实兴趣。用户通过网络浏览旅游相关网页、APP 的过程中会产生网络浏览数据，网络浏览数据通常难以获得，一般被内容提供平台垄断。游客通过 OTA 平台下单，便会产生在线预订数据。在线预订数据可以真实宏观地反映游客的消费行为，为深入分析消费者行为偏好提供了基础。

旅游大数据按照应用场景至少可以分为五大类，分别是交通大数据、酒店大数据、景区大数据、旅行社大数据与在线旅行社（OTA）大数据（图 3-4）。

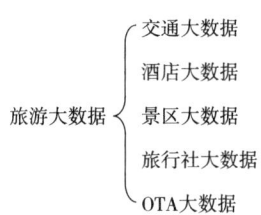

图 3-4　旅游大数据五大应用场景

（1）交通大数据：交通大数据可用于服务旅游出行人员、景区工作人员、交通企业与旅游企业管理者、相关行业主管部门的管理人员，对于旅游出行人员提供基于手机 APP、网站、热线、可变情报板等多种方式的行前、行中交通 + 旅游的动静态综合服务信息，为行程规划与变更提供非常重要的信息参考，提高时间利用效率与出行游玩质量；对于景区工作人员提供景区与之衔接的交通运行信息，方便进行景区工作安排，包括限流措施、发布游客提示等，方便旅客出行游玩；对于交通企业与旅游企业管理者，交通大数据可以实时监控需求动态，制定动态的价格策略与服务策略，在对交通容量、智能交通系统、交通条件和交通时间的预测等方面以保障服务质量，提高游客满意度，增加企业营收；对于旅游交通、安监等行业管理人员，不仅掌握各景区与周边交通的运行特征，还能及时发现隐患与安全风险，提前采取相关保障与处理措施，保障旅游出行人员安全出行❶。

（2）**酒店大数据**：在酒店行业，由于竞争日益加剧，酒店管理人员需要准确把握酒店属性，利用旅游大数据提升各方面服务能力，更好地优化操作流程，以便满足游客的需要，从而提升竞争力。通过对游客需求短期和高频率的预测，从而在激烈的市场竞争中保持敏捷的反应。例如酒店管理者可以建立包括搜索引擎查询、网站流量和每周的天气信息在内的旅游大数据源的时间序列模型，建立一个精确的每周酒店入住率预测模型，来判断游客住宿需求。同样的，客人在消费过程中所进行的点评也会产生大量的数据，这类数据偏向碎片化，但是靶向性极强，经过信息提取和语意分析后，可以更加科学、真实地反映客人的满意度情况，为酒店管理者的决策提供重要依据与指导❷。比如分析结果一方面可以作为旅游攻略，使游客对目的酒店有更全面的了解，另一方面为酒店发现用户需求和酒店运转中存在的问题提供了第一手资料，从而为酒店管理改革提供资料支撑，通常这种资料要比信息回访要真实得多❸。

（3）**景区大数据**：在旅游景区，如果能够合理、有效、高效地用好旅游大数据，管理方就能及时预测游客人数、实时规划观光车交通路线、监控景区人流与承载力、及时发现并处理突发事件、获取游客对各景点服务的反馈等❹。此外，还能提供更加人性化的服务，通过为景区进行游客画像的旅游大数据建设，可判断出游客的性别、年龄、偏好，是本地居民还是外来游客，特定区域内的实时人数及分布等，全面分析当前旅游环境中游客的实际需求及消费倾向等，精准定位游客市场，从而使门票销售更有针对性。搭建智能景区，在景区内实现免费 Wi-Fi、排队等待时间预测、智能导游、电子讲解、在线预订、信息推送等功能，提升景区综合竞争力。

（4）**旅行社大数据**：旅游大数据在旅行社的应用主要是产品设计和营销两大方面。产品方面，由于大数据能够更完整地描述旅游者的需求，一方面促使产品设计

---

❶ 周洪武，顾梦雨. 交通+旅游大数据综合服务平台探析［J］. 公路交通科技（应用技术版），2017，13（01）：180-182.
❷ 李景. 基于在线点评的酒店顾客满意度研究——以上海市五星级酒店为例［D］. 上海师范大学，2015.
❸ 杨宏. 大数据与智慧酒店管理［J］. 科技创新与应用，2015（19）：259-260.
❹ 丁熊，刘毅，刘珊，刘再行. 智慧旅游背景下的景区公共产品与服务系统设计［J］. 包装工程，2016，37（12）：149-154.

逐渐以精准的旅游者分析和预测为基础，设计更加科学高效[1]。比如旅游者在某一个搜索引擎中查询和旅游相关的信息，网站通过归纳旅游者的查询记录来总结，并且根据旅游者的个人需求和偏好对旅游者进行分类。旅行社根据这些分类好的旅游需求信息进行旅游产品设计和开发。另一方面，大数据能够更加准确地预测旅游者可接受的价格和营销渠道，使得定价更加有竞争力。借助客户点击的页面热度、购买次数和相应的购买价格，大数据可以进行高效分析并做出旅游者可接受的价格区间的预测，并据此进行产品定价。在营销方面，大数据营销能够助力旅行社广告的精准投放[2]。根据大数据所提供的地域、日期、时段、浏览器等多种定位选项，更准确地控制受众覆盖面，通过定位到有特定潜在需求的旅游者并针对这一群体进行有效的定向推广，以达到刺激消费的目的。

（5）**在线旅行社（OTA）大数据**：在线旅游代理平台（OTA，Online Travel Agency）是指提供酒店、餐饮、出游、购物、租车、票务服务预订的系统平台，为游客提供个性化的实时查询。用户通过OTA平台购买出游服务，平台将对其出游的全流程负责。OTA企业要想更好地生存，提高企业竞争力，获取更多的效益，就需要合理利用海量数据，分析和挖掘用户数据，掌握用户的特点和需求，为用户提供精准、个性化的推荐和营销服务。

三、旅游大数据特征

在大数据时代背景下，云计算、物联网、移动互联网和"互联网+"等技术促进了旅游信息化的发展。随着旅游信息化的发展，旅游业产生的大数据的特点也逐渐清晰。旅游大数据不仅包含大数据自有的大量、快速、多样、价值密度低和真实性五大特征，其本身还有数据来源多样、数据收集分析难的特点。

1. 数据多源性

旅游业涉及政府部门、旅游景点、旅游者、互联网和旅游电子商务等部门和组织，旅游数据来源非常广泛。例如，旅行社可以收集游客的机票订单、旅游路线等数据，酒店可以登记游客的入住情况，旅游景点可以通过纸质票和电子票的方式获取每天的游客数量，交通运输部门可以统计旅游巴士票、火车票和分析车辆轨迹等方式掌握游客在这段时间内的数量和趋势。

互联网，特别是移动互联网，也是旅游数据的重要来源。旅游前，游客将在网络上搜集有关景点的信息。网络旅游的发展，使得预订门票、机票、酒店等变得十分方便。游客在游玩期间也会在微博等平台或其他空间上发布他们的食物、景点和住宿环境信息。

---

[1] 雷可为，王小辉，豆晓宁. 基于大数据的旅游市场研究综述[J]. 科技视界，2015（14）：46+66.
[2] 钱艳. 大数据背景下的旅行社营销探索[J]. 营销界，2019（24）：155-156.

2. 数据收集难

旅游大数据来源广泛，但是，各级政府及各家旅游大数据公司各自占有数据，在数据源开放方面较为保守，数据共享及开放不足，数据孤岛现象突出，旅游大数据应用价值难以发挥。旅游业最需要数据支持，如何获取数据和收集数据一直是旅游数据研究的难点。一方面，数据本身具有价值，各参与方不愿意无偿提供数据。另一方面，旅游数据涉及个人隐私，数据共享带来的数据安全问题难以解决。

3. 数据量大

旅游业是信息密集型产业，涉及数据类型多样且数量庞杂，旅游管理、服务与营销高度依赖信息资源。在旅游信息化高速发展背景下，信息技术与旅游业的交汇融合加速了旅游客流及相关要素流的时空交换，也使旅游数据的规模与生产速度迅猛增长。

4. 数据结构复杂

在互联网时代，旅游数据既包括结构化数据，也包括非结构化数据，其中非结构化数据占主导地位。结构化数据，即行数据，存储在数据库中，可以用二维表来逻辑表达实现的数据，例如在线旅游预订网站中用户的预订频率、价位、评分。非结构化数据，即不方便用数据库二维逻辑表来表现的数据，包括所有格式的办公文档、文本、图片、XML、HTML、各类报表、图像和音频/视频信息等，例如旅游攻略网站中用户对酒店床垫软硬的评价、对旅游景点公共服务设施是否齐全的描述，这些信息可能是文字，也可能是图片或视频音频。还有景区、酒店自己内部管理所有的信息系统、视频监控系统、感知系统等所有智慧旅游系统所产生的大量数字、文字、视频数据。在旅游大数据中，这些非结构化数据种类繁多，难以管理、挖掘和分析。

5. 价值密度低

旅游大数据复杂且规模巨大，但其重点不在于掌握庞大的数据信息，而在于对这些含有意义的数据进行专业化处理。只有经过专业的大数据处理，旅游数据的价值才能得到较好释放。不仅如此，部分场景下，出于商业博弈，存在虚假评论与恶意评论等数据真实性问题❶。

第三节 数字旅游与旅游大数据互动关系

数字革命正在引致重大的经济和社会变化，旅游业是参与这些变化的主要产业

---

❶ 杨旸，刘法建. 大数据旅游研究和应用中的几个问题[J]. 旅游学刊，2017，32（09）：3-4.

之一。伴随着数字化和智能化的快速进展，中国经济转向高质量发展的模式势不可挡。在这样的宏观框架下，旅游业从以往的数量扩张向质量提升的转变不可逆转。

旅游产品具有较高的信息含量和无形价值，对数字经济十分敏感。数字化转型正在彻底改变旅游的行业边界和生产方式，并在很大程度上影响中国旅游业未来的发展模式。因此，数字旅游不只是一种技术应用，还是旅游资源价值寻求模式质变的重要载体❶。

数字旅游为旅游大数据提供了更多的数据来源。随着数字技术的不断发展，越来越多的旅游服务和体验都可以通过数字化的方式来实现。这些数字化的旅游服务和体验产生的数据，可以成为旅游大数据的重要来源。比如，旅游网站和应用程序可以收集用户的搜索和预订数据，虚拟旅游平台可以收集用户的浏览和互动数据，数字化导游可以收集用户的位置和行为数据等等。这些数据可以被整合和分析，从而揭示旅游市场的趋势和规律。

旅游大数据可以为数字旅游提供更好的服务和体验。旅游大数据可以通过分析用户的需求和行为，为数字旅游提供更好的服务和体验。比如，通过分析用户的搜索和预订数据，旅游网站和应用程序可以推荐更符合用户需求的旅游产品和服务；通过分析用户的浏览和互动数据，虚拟旅游平台可以优化用户的体验和互动方式；通过分析用户的位置和行为数据，数字化导游可以提供更个性化的旅游服务和体验等等。

数字旅游和旅游大数据可以相互促进，推动旅游业的发展（图3-5）。数字旅游可以为旅游大数据提供更多的数据来源，从而揭示旅游市场的趋势和规律，为旅游业的决策提供支持和指导；旅游大数据可以为数字旅游提供更好的服务和体验，从而提高用户的满意度和忠诚度，促进旅游业的发展。

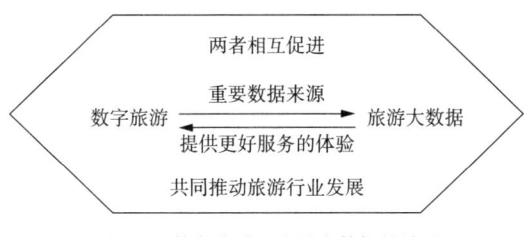

图3-5　数字旅游和旅游大数据的关系

一、数字旅游是智慧旅游发展的新阶段

数字旅游就是利用关键技术，通过互联网和移动互联网连接，借助移动或固定的网络终端，将旅游信息全面系统整合，构建数字旅游平台，实现数字化信息。借

---

❶ 魏翔. 数字旅游——中国旅游经济发展新模式［J］. 旅游学刊，2022，37（04）：10-11.

助数字技术将旅游区域予以展示,并为用户提供定制化个性服务的新兴旅游模式❶。

数字旅游是旅游信息化的一个重要领域,指的是整个旅游活动过程的数字化和网络化。数字旅游一般由数字旅游的关键技术、数字化信息和服务对象构成。关键技术包括3S(RS、GIS、GPS)技术、分布式计算技术、三维可视化技术、虚拟现实技术、数据库技术、数据挖掘和数据融合技术、宽带网络技术、通信技术(如3G)、云计算技术、SOA(服务导向框架)等,关键技术是数字旅游实现的支撑❷。数字旅游的服务对象包括旅游行政管理部门、旅游企业、旅游者等,主要为旅游行政管理部门提供监管与服务,同时为旅游企业提供形象展示、产品销售等功能,为旅游者提供食、住、行、游、购、娱等方面综合性的服务❸。数字旅游的基本组成部分包括旅游地旅游综合信息平台、旅游地旅游基础信息平台、旅游地网络基础设施平台以及电子交易系统平台。

数字旅游的概念来源于"数字地球",是数字地球在旅游业中的应用,是数字地球概念的延伸和扩展。简言之,数字旅游就是把各种有关旅游的信息用数字化的方式存入电脑并将其发布在网上,为旅游的供需两方提供及时的信息,使旅游业的供给与需求达到动态均衡,实现旅游业的可持续发展❹。

数字旅游具有实时性和客观性两大特点。实时性方面,通过及时地更新网络数据库,可以为管理者和旅游者提供最新的旅游动态。客观性方面,通过提供客观公正的旅游信息,数字旅游可为旅游数字规划等工作提供客观的、无个人主观偏见的数据与结果。

数字旅游体系建设的核心主要是旅游应用信息系统工程的建设,包括旅游非空间信息管理系统与旅游空间信息管理系统的建设。具体由若干子系统组成,分别是:系统管理模块、旅游信息管理系统、旅游信息网络发布系统、旅游目的地信息咨询系统、三维虚拟旅游系统、旅游管理与规划信息系统、旅游灾难预警系统等❺。

数字旅游是智慧旅游发展的新阶段。由于移动互联网技术和ICT技术的快速发展为智慧旅游的网络化和数字化带来了诸多新突破,使得智慧旅游的发展呈现出了崭新的局面。比如3S(RS、GIS、GPS)技术、分布式计算技术、数据库技术、云计算技术等技术极大地方便了旅游数据的采集、整理、分析,使得旅游过程的数字化成为可能。而因为数字旅游概念主要是为了强调智慧旅游在数字化和网络化这两方面的新变化,所以称数字旅游是智慧旅游的发展新阶段。

相比于智慧旅游的概念,数字旅游更加地聚焦当下。智慧旅游是一个在科技不

---

❶ 陈滢.数字旅游产业发展的机遇与路径探析[J].中国经贸导刊(中),2020(11):52-53.

❷ 任洪云,刘威娜,宋蕾.黑龙江省智慧旅游营销探索——基于数字旅游背景下[J].北方经贸,2023(12):5-12.

❸ 吴卫东.对数字旅游、虚拟旅游、智慧旅游的再辨析[J].当代经济,2015(30):40-41.

❹ 聂学东.对数字旅游、虚拟旅游及智慧旅游的辨析研究[J].经济论坛,2013(02):107-110.

❺ 胡丽琴,刘明柱,杨永强.数字旅游体系框架研究[J].资源与产业,2007(02):81-83.

断进步、社会需求变化和旅游业发展背景下不断演进的概念。其范围主要包括利用数字技术进行旅游管理、旅游服务和旅游营销。智慧旅游旨在满足游客对更个性化、便捷、可持续的旅游体验的需求，并持续寻求创新以适应不断变化的旅游环境。可以说智慧旅游是一个不断发展的概念，在不同的时期有不同的内涵。而数字旅游更加聚焦当下，随着移动互联网技术、可穿戴设备、人工智能、大数据等技术在旅游行业的广泛应用，游客得到了更便捷、个性化、智能化的旅游体验，标志着智慧旅游进入了数字旅游阶段。这一阶段凸显了数字化对旅游业的深刻影响，将持续推动着智慧旅游向更智能、更符合当下需求的方向发展。

二、数字旅游聚焦三大领域

从旅游管理功能来看，数字旅游阶段智慧旅游发展和建设主要包括旅游管理、旅游服务和旅游营销三个领域（图3-6）。

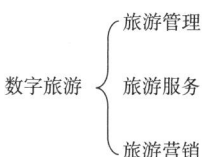

图 3-6　数字旅游发展和建设的三大重点领域

（一）聚焦旅游管理

数字旅游在旅游管理方面将推动传统的管理方式向现代管理方式转变。通过信息技术的广泛应用，实现对游客旅游活动信息和旅游企业经营信息的及时准确掌握，从而使旅游行业监管由传统的被动处理、事后管理转向过程管理和实时管理。数字旅游将建立与公安、交通、工商、卫生、质检等部门的信息共享和协作联动，形成旅游预测预警机制，提高应急管理能力，确保旅游安全。此外，数字旅游还致力于有效处理旅游投诉和旅游质量问题，维护旅游市场秩序。

（二）聚焦旅游服务

在旅游服务方面，数字旅游以游客为中心，通过信息技术提升整个旅游过程的体验和品质。游客在旅游信息获取、旅游计划决策、旅游产品预订支付、旅游享受和回顾评价的全过程中，都能感受到数字旅游带来的全新服务体验。科学的信息组织和呈现形式让游客方便快捷地获取旅游信息，帮助游客更好地安排旅游计划。数字旅游通过物联网、无线技术、定位和监控技术，实现信息的传递和实时交换，使游客的旅游过程更为顺畅，提升旅游的舒适度和满意度，为游客提供更好的旅游安全和品质保障。

（三）聚焦旅游营销

在旅游营销方面，数字旅游通过舆情监控和数据分析挖掘旅游热点和游客兴趣点，引导旅游企业策划对应的旅游产品，制定相应的营销主题，促进旅游行业的产品创新和营销创新。数字旅游通过量化分析和判断营销渠道，筛选效果明显、可长期合作的营销渠道。此外，数字旅游充分利用新媒体传播特性，吸引游客主动参与旅游的传播和营销，逐步形成自媒体营销平台，积累游客数据和旅游产品消费数据，推动旅游营销的发展。

三、数字经济背景下的数字旅游

数字时代的来临，推动着数字技术在产业中的加快渗透与运用，不仅会给各产业带来广泛而深远的影响，也会加快不同产业之间的融合，并对产业之间的融合方式、融合路径、融合模式等多方面带来重要变革。同时，数字化治理引领生产关系深刻变革，数据价值化重构生产要素体系和数字经济生态。当前正值中国数字经济快速发展时期，数字经济作为强化国家战略的科技力量、调整优化产业结构的重要渠道，对经济高质量发展发挥关键性作用[1]。

数字经济是新时代的重要组成部分，是国家调控经济发展的重要动力。数字经济下的文化旅游融合发展模式，是基于产业跨界融合形成的经济增长新模式。该过程实质是产业创新发展，以数字化科技渗透到文旅产业发展过程中，对于产业升级、城市更新和可持续发展具有重要的作用。

数字旅游在数字经济背景下扮演着重要的角色，它可以帮助消费者更便捷地获取旅游信息，有效地实现数据的可视化，改善旅游者的体验；同时，它还可以为旅游行业提供更多元化的服务，帮助旅游企业实现精准营销和有效的营销推广，提高企业的市场竞争力。

与数字经济深度融合是旅游业高质量发展的必然选择。《"十四五"旅游业发展规划》提出，"要充分运用数字化、网络化、智能化科技创新成果，升级传统旅游业态，创新产品和服务方式，推动旅游业从资源驱动向创新驱动转变"。例如，提供数字化旅游体验。利用虚拟现实技术（VR）、增强现实技术（AR）和混合现实技术（MR）提供跨时空的沉浸式旅游体验。数字博物馆、数字洞窟等数字项目使人们足不出户就能产生身临其境的体验。在线购票、智能导航、扫码入场、大数据优化旅游线路正逐渐成为各景区的"标配"。

---

[1] 万晓榆，罗焱卿. 数字经济发展水平测度及其对全要素生产率的影响效应 [J]. 改革，2022（01）: 101–118.

从数字经济内涵角度可以分为数字产业化、产业数字化、数字化治理和数据价值化四个部分。数字产业化：即信息通信产业，包括电子信息制造业、电信业、软件和信息技术服务业、互联网行业；产业数字化：即传统产业应用数字技术所带来的产出增加和效率提升部分，包括工业互联网、智能制造、车联网、平台经济等融合型新产业新模式新业态；数字化治理：包括多元治理，以数字经济 + 治理为典型特征的技管结合，以及数字化公共服务等；数字价值化：包括数据采集、数据标准、数据确权、数据标注、数据定价、数据交易、数据流转、数据保护等。根据数字经济的四个维度，旅游行业的数字经济同样可以划分为旅游数据产业、旅游要素数字化、旅游数字化治理、旅游数据商业化四个维度（图3-7）。

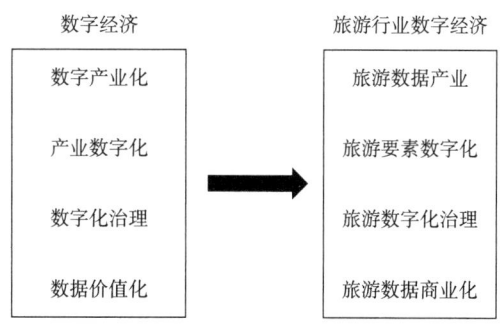

图 3-7 旅游行业数字经济的结构

（1）**旅游数据产业**。旅游数据产业指的是把旅游相关的数据转化为有价值的产品和服务的产业。旅游数据产业包括自身生产数据或者获取数据的存储、分析、应用的产业，也包括提供从事大数据产业所需要的基础设施的产业。数据旅游产业从旅游者的行为、社交媒体、定位信息、预订和结算信息、VR 等多源数据中提取有价值信息，提供改善旅游服务、提升旅游体验、增加旅游行业收益等有价值的产品和服务，产生了诸多新型业态。

（2）**旅游要素数字化**。旅游要素数字化旨在利用数字技术对传统旅游资源进行优化配置，提升其管理与运营能力，发挥其最大效能，从而带来经济增量。数字技术让传统的旅游要素发生变化，并让市场细分化，使市场营销更加精准。数字技术带给旅游产业技术和信息外部性，它可以优化和重组旅游产业的生产要素，通过让生产要素协调工作，从而提高旅游产业的效率。这样可以不断优化旅游要素结构，提高旅游业效率。

（3）**旅游数字化治理**。旅游数字化治理可以改善景区提供服务的水平和质量，大大便利政府履行监管职能，提高各方应对和处理危机和自然灾害的敏感程度和反应速度。《"十四五"文化和旅游市场发展规划》提出利用5G、大数据、人工智能等科技手段完善文化和旅游市场监管、经济运行监测与风险预警机制的思路，明确了大数据在构建市场运行态势感知和治理决策方面的基础地位，是文化和旅游行业践行数字治理理念的具体方案。

（4）**旅游数据商业化**。大数据的意义不在于掌握了多大的数据，而在于对它的加工利用，从中发掘出多大的有价值信息，从而实现数据的"增值"❶。随着数字化改造的深入，数字要素逐渐成为除旅游传统要素之外新的生产要素，与旅游产业的传统劳动、资本等生产要素相比，数字要素具有复制性、非损耗以及非排他性等优势，有助于打破资源桎梏❷。

从旅游大数据的商业模式分析，旅游经济商业应用重点有两种主要模式：OTA模式和第三方模式。

（1）**OTA模式**：指在线旅游服务平台利用其自身产生的旅游数据进行挖掘与商业化变现。目前，国内超大型旅游电商平台如携程网、去哪儿网、美团等已经对旅游数据进行商业化开发利用，从中挖掘出用户的兴趣爱好、旅游习惯、人际关系、性格特点等有价值信息，并开展个性化推送服务和精准营销等活动。

（2）**第三方模式**：指专门从事旅游数据采集、存储和分析利用的公司所提供的**旅游数据服务**。第三方数据服务公司利用网络爬虫技术与自然语言处理技术，获取旅游相关数据并进行智能处理，对舆情事件进行监测、甄别、标注，为旅游目的地提供及时的、全方位的舆情服务。服务内容包括提供旅游舆情监测（智能预警、定向监测、事件分析）、游客满意度分析（景区、住宿及餐饮指标多维分析）、目的地品牌评估（知名度、忠诚度等）等，最后将可视化分析结果及时通过微信方式进行推送。

---

❶ 汪永旗. 旅游大数据商业化应用中的个人隐私保护［J］. 中南林业科技大学学报（社会科学版），2016，10（02）：44–49.

❷ 冀雁龙，李金叶. 数字技术与中国旅游全要素生产率——基于非线性与异质性的考量［J］. 技术经济与管理研究，2022（11）：107–112.

第四章

大数据推动智慧旅游管理模式创新

工业文明促成了现代经济管理理论的产生与发展,然而其主要学术话语体系主要掌握在西方发达国家,导致我国在经济管理领域的不少学术研究尤其是在基础理论方面缺少中国本土情景❶❷。改革开放以来我国取得的巨大经济发展成就和重大项目管理实践,孕育着新的经济发展规律和丰富的科学管理思想,需凝练形成中国特色经济管理理论体系,以改变经济管理领域的现有世界学术格局,为全球经济社会发展贡献中国思想、中国理论和中国模式❸。

进入 21 世纪以来,互联网带来的网络经济已经重塑了全球产业结构与商业生态,促进了我国经济社会的"变轨式"跨越发展。目前以计算机为连接主体的传统网络已经基本完成了向以手机为主体的移动网络的转换,正在转向以万物为连接主体的物联网大数据时代,而物联网大数据环境下的网络经济具有更大的渗透性和外部性,为我国赶超发达国家进而引领正在发生的数字经济革命提供了巨大机遇❹❺。为了抓住这一战略机遇,我国已经实施的一些重大战略(例如"感知中国"战略❻),这些战略极大地促进了物联网大数据技术基础性研究以及在城市和工业领域的应用进程。

新兴信息与通信技术在我国旅游业中的不断应用与推广,势必促进智慧旅游的形成与发展。旅游业的重要性和新兴技术的渗透性,加上现有互联网已经积累的巨大网络价值效应,会给我国现代旅游业甚至是整个社会商业生态带来巨大变革,同时也会孕育出新的旅游管理理论。为了促进我国在智慧旅游中引领地位的形成和数字旅游运营管理这一新兴领域学术话语体系的构建,亟须探讨物联网大数据环境下数字旅游运营管理的基础性问题。数字旅游运营管理是一个多学科交叉领域,涉及信息科学、管理科学与工程、旅游管理和运营管理等学科知识与理论。本研究聚焦数字经济环境下特别是大数据背景下的智慧旅游管理问题,在对数字旅游运营管理概念特征进行界定的基础上,识别出数字旅游发展不同阶段面临的关键问题,从流

---

❶ 郑杭生.学术话语权与中国社会学发展[J].中国社会科学,2011(02):27-34+4+220.
❷ 陈春花,朱丽,钟皓等.中国企业数字化生存管理实践视角的创新研究[J].管理科学学报,2019,22(10):1-8.
❸ 盛昭瀚,薛小龙,安实.构建中国特色重大工程管理理论体系与话语体系[J].管理世界,2019,35(04):2-16+51+195.
❹ 谢富胜,吴越,王生升.平台经济全球化的政治经济学分析[J].中国社会科学,2019(12):62-81+200.
❺ 刘业政,孙见山,姜元春等.大数据的价值发现:4C 模型[J].管理世界,2020,36(02):129-138+223.
❻ 2009 年 8 月上旬温家宝总理在无锡视察时指出,"要在激烈的国际竞争中,迅速建立中国的传感信息中心或'感知中国'中心"。

程重组、产业融合、知识管理、运筹优化和网络经济等视角构建出数字旅游运营管理的主要理论方法，为数字旅游实践的发展及其运营管理理论与方法的形成进行了开创性探究。

第一节　智慧旅游管理的基本目标

从当下研究语境下，数字旅游属于智慧旅游发展到一个新的阶段的术语。2016年在二十国集团（G20）峰会上发布了《二十国集团数字经济发展与合作倡议》，把数字经济定义为：以数字化的知识和信息作为关键生产要素、以现代信息网络作为重要载体、以信息通信技术的有效使用作为效率提升和经济结构优化的重要推动力的一系列经济活动。可见，智慧旅游最基本的特征是把数字化的旅游信息作为关键生产要素。运营管理的概念是从生产管理延伸出来，是指与产品生产和服务创造过程及系统密切相关的各项管理工作，涉及计划、组织、实施与控制等。旅游管理是指对旅游活动的一系列管理，而旅游运营管理的对象除了旅游活动，还包括与旅游产品有关的各项过程与系统。与传统旅游运营管理不同，数字旅游运营管理的对象主要包括两个大的方面：一是与旅游数字化相关的过程和系统，二是与旅游数字资源使用相关的过程和系统。

根据以上分析，我们认为数字旅游运营管理的定义：采用新型大数据技术为基础支撑体系，对旅游要素和过程进行数字化以及对形成的数字资源进行分析使用的过程中产生的与旅游产品生产和服务创造密切相关的计划、组织、实施与控制等各项管理工作，其目标是实现旅游投入产出控制的精准化、旅游业态知识经验传承的显性化、旅游产品营销的精细化和旅游业对环境负面影响的最小化。由此可见，数字旅游运营管理是以信息通信技术在旅游业中深入应用为前提，以旅游要素与过程的数字化和数字资源的创新使用为主要管理对象，以实现旅游可持续发展满足人类需求为最终目标（图4-1）。

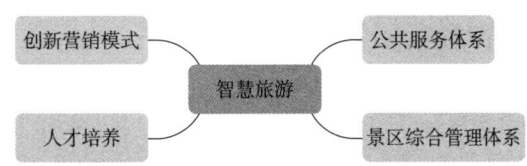

图4-1　智慧旅游管理的基本目标

基于上述理解，我们认为大数据推动智慧旅游管理，主要为了解决现有的几个问题：

一、智慧旅游助力健全公共服务体系

目前智慧旅游公共服务设施较少且不完善，包括公共信息服务、交通服务、安全保障服务等。首先是旅游信息发布渠道分散，来源不统一。旅游企业和旅游管理部门纷纷建立旅游信息网，自成体系，相互之间缺乏共享，不便于游客信息查找，准确率也不高。所发布的旅游信息内容不全面，游客无法及时掌握景区基本情况、售票情况、停车场情况、周边餐饮住宿情况等。景区旅游官方网站信息发布和更新都不及时，功能也不齐全，这会给游客出行带来困惑，失去旅行兴趣❶。其次，智慧交通服务一般，尤其是到了旺季，景区人流不均匀，堵车严重，景区也缺少对客流的有效监测和疏通。景区缺少对整体交通数据的采集和发布，游客无法及时掌握交通信息，不利于满足游客对交通信息的需求，影响游客的出行体验。此外，旅游安全保障也存在问题，公共智能安全监测点少，无法及时有效预防和处理旅游安全事故❷。

二、智慧旅游助力景区综合管理体系

景区智慧旅游综合管理体系建设存在问题。旅游管理系统间共享对接能力差，旅游信息数据的汇集对旅游管理行政职能支持不足，已经建立的系统运行数据没有形成支撑景区整体智慧旅游管理的大数据。虽然目前大多数景区已设立了游客中心，启用了一些数据中心，但是并没有形成完整的数据体系，而且存在更新不及时等问题，不利于对旅游企业和游客及时有效的宏观管理和调控❸。收集到的一些旅游信息只停留在形式上，没有将信息管理落实到实处。各旅游主体仍多采用传统的管理模式，旅游市场的监管信息不对称，旅游市场主体之间无法共享和获取来自监管机构的信息，监管模式缺乏创新，景区内缺少智能监控系统和信息化商户管理系统，仍存在商户乱要价等现象。在问卷调查中，游客对线上留言反馈意见的功能认为一般，说明旅游市场没有重视通过互联网方式引入第三方游客的社会舆论监督参与，缺乏有效整合各类信息的能力，忽视了游客的反馈，不利于利用大数据分析和满足游客的个性化需求❹。

三、智慧旅游助力创新营销模式

目前的景区营销模式无法解决游客客史信息碎片化问题。受限于景区智慧化运

---

❶ 徐菲菲，何云梦.数字文旅创新发展新机遇、新挑战与新思路[J].旅游学刊，2021，36（07）：9-10.
❷ 黄葙.大数据时代智慧旅游管理模式探讨[J].旅游纵览（下半月），2019（12）：21.
❸ 宋瑞.数字经济下的旅游治理：挑战与重点[J].旅游学刊，2022，37（04）：11-12.
❹ 向征，丁于思，黎巎.信息技术与旅游：从数字化到信息加速时代[J].旅游学刊，2020，35（01）：11-12.

营能力的不足，游客客史信息分散，并没有进行数据的整合。游客客史信息以不同的消费项目保存在景区管理系统、酒店管理系统、餐饮系统、交通系统、通信系统等不同的系统中，缺乏统一的游客系统进行消费的整理与统计❶。景区内各业态的系统部署是以景区业态发展需求为基础，不断新增各业态信息系统❷。例如，景区的旅游套餐只包含了景区景点的游玩项目，当有游客提出住宿需求，需要游客单独在官网 APP 或 OTA 平台上预订客房。当有游客提出餐饮需求，则是需要游客到景区餐厅完成点单到付款的操作。景区产品销售各自为战的现状，导致了景区销售部无法针对游客所在的不同市场细分推出多样化的产品组合。在为潜力游客进行产品推送时，只能以景区景点产品为主体进行推荐，从而影响了景区内酒店、餐饮等业态产品的销售，无法带动景区各个业态综合收益的提升。

当前国内景区主要依托携程、同城为代表的 OTA 在线服务商为目标客户进行产品推送，缺乏更广泛的移动社交平台的营销手段的应用。以微信、抖音、小红书等为代表的移动社交大数据营销平台，因其掌握客户信息较为全面，产品的推送更加精准，同时由于其社交属性，客户生活工作依赖性较强，使用较为频繁，所以越来越多的企业选择了通过移动大数据营销平台作为其产品推广的主要方式。

四、智慧旅游助力旅游人才培养

目前旅游管理中智慧型旅游人才培养机制不健全，部分旅游从业人员素质低，技术开发和管理型人才不足，无法满足智慧旅游建设的需要❸。培养体系与市场需求错位，课程体系建设速度跟不上产业变革，如传统旅行社管理类课程比重过高，而数字营销、文旅 IP 运营等前沿课程占比低，对新兴领域和技能覆盖不足。产教融合流于形式，企业真实项目进课堂较少。旅游人才队伍结构失衡，管理合规化等专业人才匮乏，服务岗位人才相对过剩。智慧旅游通过数字化教学、智能化实训、大数据分析、校企合作等方式，为旅游人才培养提供了全新的模式和平台。它不仅帮助学生掌握行业前沿技能，还拓宽了职业发展路径，为旅游行业的高质量发展提供了人才支持。随着智慧旅游技术的不断进步，旅游教育将更加智能化、个性化和全球化，为行业培养更多高素质、创新型人才。

---

❶ 曲凯.大数据在全域旅游智慧营销应用上的探讨［J］.旅游学刊，2017，32（10）：9-10.
❷ 张建涛，王洋.大数据背景下智慧旅游管理模式研究［J］.管理现代化，2017，37（02）：55-57.
❸ 吴梦.智慧旅游视角下旅游专业人才培养创新策略研究［J］.西部旅游，2023（18）：72-74.

第二节 大数据驱动下的旅游管理与决策

一、大数据智慧旅游管理决策 3w 模型

一般而言，管理者在业务活动中通常关注三个方面：发生了什么（what），为什么发生（why），以及将发生什么（will）。在大数据问题特征的情境下，这三个关注可以从业务层面、数据层面和决策层面进行刻画，从而形成管理决策大数据问题的特征框架❶（图 4-2）。

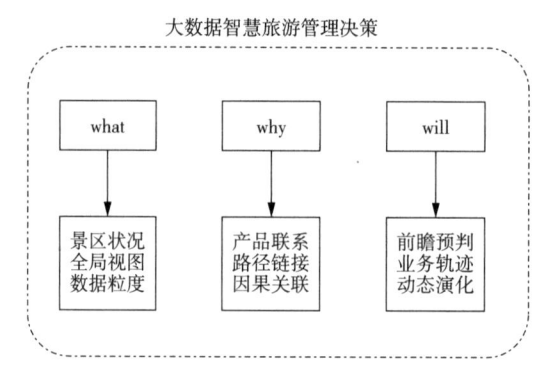

图 4-2 大数据智慧旅游的管理决策

首先，对于关注发生了什么（what）的问题，业务层面需要反映业务的状态，包括已经发生或正在发生的事件和活动，如关注市场份额的变化，了解不同目的地的游客流量，分析特定旅游产品的销售状况，监测顾客满意度等；数据层面需要体现业务环节的数据粒度，即现有的数据是否足够支撑管理者对不同粒度层级的业务状态进行了解和把握，包括感知、采集、解析、融合等，如收集和分析用户行为数据，包括网站访问量、预订情况、用户评论等，以便管理者可以从不同层级了解业务状态；决策层面需要构建问题的全局视角，即定期整合汇总以及根据需要展现，例如建立定期汇总的报表，展示各个目的地的旅游业务概况，及时更新实时信息，以支持管理者在全局视角下做出决策，例如制定营销策略、调整产品定价等。

其次，对于为什么会发生（why）的关注具体应用如下：业务层面需要反映业务及其要素之间的联系，即特定业务状态的发生与哪些环节和要素有关联，如了解某一旅游产品受欢迎的原因，分析市场需求的波动与季节性变化的关系，掌握特定旅游目的地受欢迎的原因，可能与当地文化活动、景点吸引力等因素有关；数据层面需要体现不同业务数据路径的连接，即不同粒度层级和跨界关联的业务数据是否有

---

❶ 陈国青，卫强，张瑾. 商务智能原理与方法（第 2 版）[M]. 北京：电子工业出版社，2014.

效融通，能够支持对数据的多维、切分、回溯等分析处理；决策层面需要发现关联业务/要素之间的因果关系，即厘清业务逻辑和状态转换机理。在这里需要强调的是，在很多情形下，尤其在管理决策领域，大数据需要同时考虑关联和因果。对于许多管理问题而言，如果决策者对事件之间的因果关系没有准确的分析与判断，则难以做出有效的决策，尤其在面临重大决策时，如投融资、进入新市场、业务转型、结构重组等。

最后，关注将发生什么（will）：业务层面需反映业务发展轨迹，即勾勒由决策或变化导致的业务走向，如当决策引入新旅游产品或改变目的地策略时，可以预测相关业务在未来的发展轨迹；数据层面需体现数据的动态演化情况，即对相关事件进行不确定性动态建模，并支持智能学习和推断，如模拟、预测、人工智能等，如使用模拟技术预测特定旅游季节的需求高峰，借助人工智能分析预订数据以提前洞察未来的市场趋势；决策层面需提升前瞻性和风险洞见，即获取决策情境映现和趋势预判能力，如通过分析全球旅游趋势、政策变化和自然灾害情况，为决策者提供前瞻性信息，以便及时调整战略，提高对可能风险的识别和防范能力。

二、大数据赋能智慧旅游管理的范式

（1）外部嵌入。外部嵌入是指在建模过程中引入外部视角，即将传统模型视角之外的一些重要变量（包括构念、因素等）纳入到模型中（图4-3）。但是，构建新变量关系面临着深刻的挑战，既包括对新变量空间的发现，又需要新视角的深刻洞察，同时还需辨识新变量之间的关系和生成新理论❶。当然，对于研究和应用而言，这些挑战也同时代表着创新的机遇。在旅游管理领域，假设我们正在研究提升游客满意度的因素。传统的模型可能考虑到一些常见的因素，如服务质量、价格和目的地吸引力。然而，通过外部嵌入的方式，我们可以引入一些新的变量，例如社交媒体上的用户评价和反馈、天气状况、当地文化活动等。

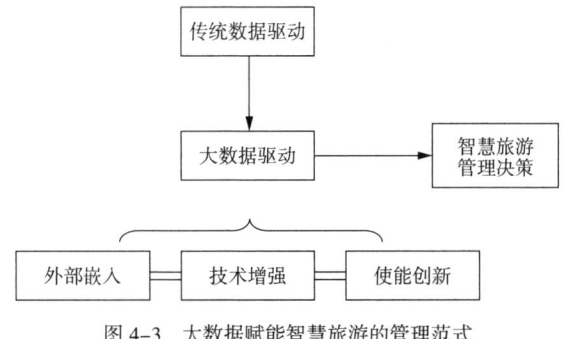

图4-3　大数据赋能智慧旅游的管理范式

---

❶ 冯芷艳，郭迅华，曾大军等.大数据背景下商务管理研究若干前沿课题［J］.管理科学学报，2013，16（001）：1-9.

挑战之一是在这个新变量空间中发现关键的因素，可能需要利用数据挖掘技术来分析大量的社交媒体数据。同时，新视角的洞察可能涉及了解用户在旅游过程中的感受和需求，可能需要进行深入的用户调研和心理学分析。辨识新变量之间的关系可能需要使用复杂的统计方法或机器学习算法，以确定它们对游客满意度的影响程度。最终，这样的研究可能会为旅游管理提供新的理论，帮助业务制定更具创新性和个性化的服务策略，提高游客满意度。这些挑战同时也为旅游管理领域带来了创新的机遇。

（2）**技术增强**。对于传统模型而言，通过外部嵌入引入的变量往往是富媒体、潜隐性、不可测或不可获得的，通常需要借助数据驱动方法和技术进行处理。因此，数据和技术意识以及相应的能力是在大数据背景下进行研究和应用的核心竞争力，同时也是大数据驱动范式的关键要素❶。技术增强的目标在于提升这样的能力与要素水平，以更有效地处理和利用外部嵌入的复杂的、多样化的变量。这强调了在大数据环境下，适应新的技术和数据处理方法的重要性，以更好地应对模型中引入的具有挑战性的外部变量（图4-4）。

在旅游管理中，考虑市场营销策略的制定，传统模型可能会考虑传统广告投放、定价策略和促销活动等因素。通过外部嵌入的方式引入新变量，例如社交媒体趋势、当地事件和竞争对手的行为。

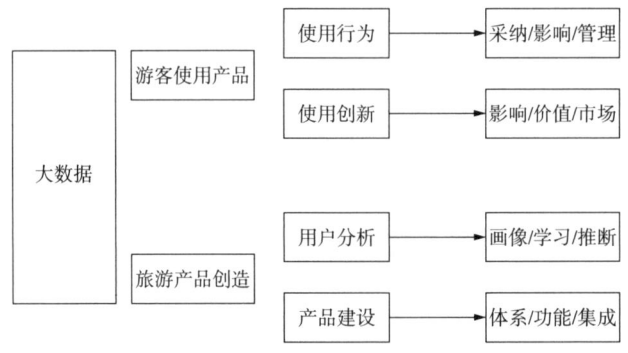

图4-4 大数据促进旅游产品创新模型

这些外部变量可能是富媒体的，包括社交媒体上的热门话题、用户生成的内容，可能具有潜在的趋势和潜在的市场影响，同时这些信息可能是不可测或不可获得的。在这种情况下，技术增强变得至关重要。通过数据驱动的方法和技术，可以运用社交媒体分析工具，了解用户对特定旅游目的地或产品的讨论和评价，捕捉潜在的市场趋势；通过事件数据分析，了解当地举办的大型活动如音乐节或体育赛事对市场的影响；通过竞争对手分析，收集竞品的定价策略和促销活动，以制定更具竞争力

---

❶ 徐宗本，冯芷艳，郭迅华等．大数据驱动的管理与决策前沿课题［J］．管理世界，2014（11）：158-163.

的市场策略❶❷。

因此，提升数据和技术意识以及相应的能力，对于理解和应对外部变量的影响，以更灵活、智能地制定市场营销策略，具有关键的竞争优势。技术增强的目标在于提高对这些多样化、动态变化的外部变量的处理水平，从而更好地适应市场的变化。

（3）**大数据使能**。大数据使能是指通过充分发挥大数据能力，带动企业或组织实现的价值创造。这意味着利用大数据的战略性规划、强大的基础设施和先进的分析方法与技术，使企业能够更好地理解数据，从中提取有用的信息，并最终转化为业务价值❸。大数据使能过程中，企业能够更加灵活地应对市场变化、做出更明智的决策，并创造出新的商业机会❹。

从研究和应用情境角度看，企业的价值创造可以在其价值链的不同环节体现，涵盖了主要的价值链活动以及支持性环节的活动。在企业内外部大数据环境下，企业的使能创新通过构建大数据能力，推动新的洞察、模式和机会的发现，从而促进产品/服务创新和商业模式创新，实现企业的价值创造。主要环节包括企业价值链的核心活动，如生产、市场营销、销售和服务等。通过在这些环节中应用大数据能力，企业可以更有效地优化流程、提高生产效率、开展个性化市场推广、提供更好的客户服务等，进而提升整体价值创造。支持性环节则涉及企业内部的支持功能，如人力资源管理、技术开发、基础设施等。在这些环节中，大数据能力的应用可以带来更高效的员工管理、创新的技术开发、优化基础设施等，为主要活动提供更好的支持，加速创新和价值创造的过程（图4-5）。

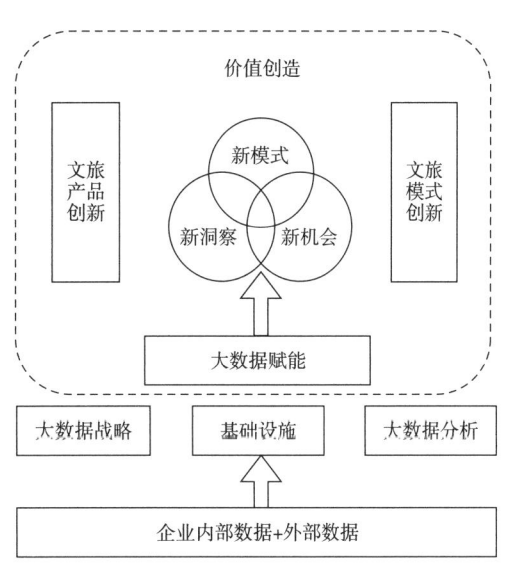

图4-5 大数据赋能文旅管理创新

---

❶ Salton G, Wong A, Yang C S.A vector space model for automatic indexing [J]. Communications of the ACM, 1975, 18 (11): 613-620.

❷ Choi, J., Seo, H., Im, S., & Lee, H. Attention Routing Between Capsules. Presented at the 2019 IEEE/CVF International Conference on Computer Vision (ICCV), pp. 9197–9205.

❸ Porter, Michael E. Competitive Advantage: Creating and Sustaining Superior Performance. New York: Free Press., 1985.

❹ 王小瑛，陈国青.大数据的管理喻意[J].商学院，2014（06）：77.

三、全景式 PAGE 框架在智慧旅游管理中的运用

全景式 PAGE 框架是一种综合大数据特征和关键研究方向的要素矩阵，其目标在于构建一个全景化的管理决策框架。该框架包括三个主要要素：大数据问题特征，涵盖了粒度缩放、跨界关联和全局视图等，作为管理决策背景下的特征视角映射到研究内容方向上；PAGE 内核，包括理论范式、分析技术、资源治理以及使能创新，构成框架的核心研究方向；领域情境，描述了框架在具体领域中的应用情境。通过这一框架，旨在提供一个有机整合的管理决策视角，以更好地理解和解决大数据时代的管理挑战（图 4-6）。

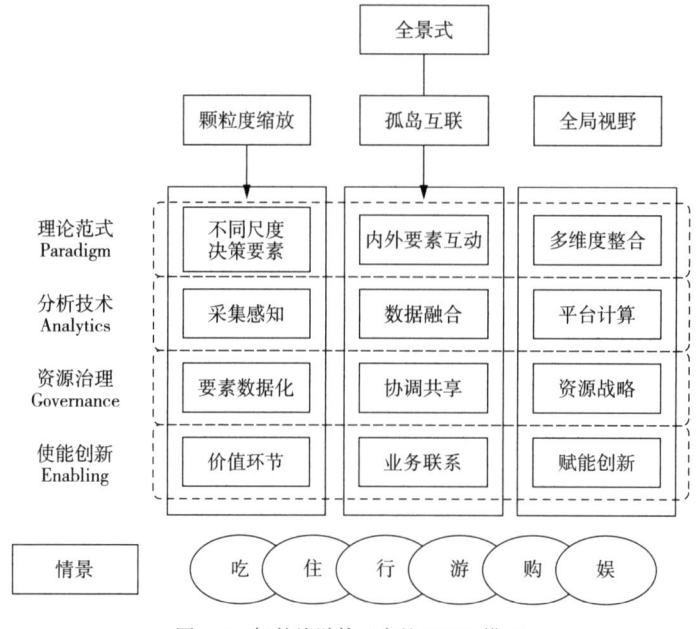

图 4-6 智慧旅游管理中的 PAGE 模型

在旅游吃住行游购娱的场景中，全景式 PAGE 框架可以得到广泛的应用。首先，针对大数据问题特征，可以通过框架深入了解各个环节的粒度缩放、跨界关联和全局视图，例如对不同地区旅游需求的精准分析、不同服务环节之间的关联性研究，以及全球旅游趋势的全局把握。PAGE 内核中的理论范式可在旅游领域中推动新的理论模型和方法的构建，从而提高管理决策的理论基础。分析技术则能够应用于各种旅游数据，例如用户行为数据、酒店评价数据、交通流量数据等，以提供深刻的洞察，帮助优化旅游服务和体验。在资源治理方向上，可以实施有效的管理和治理旅游资源，将旅游资源整合。这对于旅游行业来说尤为重要，因为精心整合的旅游资源对于制定营销策略、优化资源配置和提供个性化服务至关重要。通过使能创新，可以在旅游业中推动新洞察、新模式和新机会的发现。例如，利用大数据驱动的智

能推荐系统改进个性化旅游建议，或者通过大数据分析优化旅游线路规划，以满足不同游客的需求。

综上所述，全景式 PAGE 框架在旅游吃住行游购娱场景中的应用有助于更全面、深入地理解和解决各个环节的管理决策问题，进而形成大数据推动智慧旅游管理的分析框架，利用这一框架可以充分促进旅游产品和业态创新（图 4-7）。

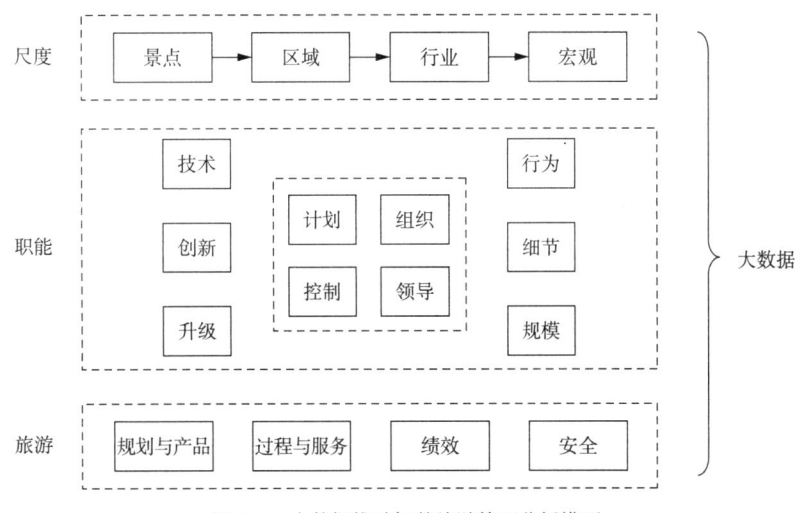

图 4-7　大数据推动智慧旅游管理分析模型

第三节　智慧旅游运营管理的关键问题

为了促进智慧旅游实践的发展与数字旅游运营管理理论的形成，需要解决面临的关键问题[1]。我们从不同阶段和视角识别出数字旅游运营管理的六个关键问题。在数字旅游基础建设阶段，需要聚焦旅游数字化标准体系构建和智慧旅游基础设施建设这两个关键问题，应用升级阶段的两个关键问题是数据驱动模型与算法的设计和数字旅游经营主体的培育，在此基础上会催生各种数字旅游商业运作模式，最终实现数字旅游经济的巨大变革，而在以上各个阶段都需要政府对数字旅游的发展进行科学治理（图 4-8）。

图 4-8　智慧旅游管理关键问题

---

[1] 徐岸峰，任香惠，王宏起. 数字经济背景下智慧旅游信息服务模式创新机制研究［J］. 西南民族大学学报（人文社会科学版），2021，42（11）：31-43.

一、旅游智慧化标准体系构建

与计算机网络和移动网络的建设过程相似，旅游智慧化建设也必须标准先行。然而，旅游智慧化建设面临的主要挑战是万物的异质性，难以形成像面向计算机和手机那样的通用标准体系，加上旅游种类与要素的多样性以及不同国家不同地区旅游发展模式和阶段的异质性，使得旅游智慧化建设尤其是末端传感网的建设面临很大的差异性❶。同时，旅游信息资源是实现旅游业智能化的核心要素，需要规范化的方法与技术把现有的旅游信息资源和实践中形成的管理经验转化为可以输入旅游智慧化建设中的数据。因此，如何采用新兴信息与通信技术构建出旅游智慧化建设标准体系以规范旅游智慧化建设和旅游信息资源的数字化过程是首先要解决的关键科学问题。这一问题的解决需要结合现有旅游管理标准。在利用信息与通信技术对旅游产业链进行流程重组和产业融合的基础上，按照旅游类型分别建立不同情景下的标准体系。同时要充分考虑标准体系的层次性和衔接性，形成以国家标准为基础、行业标准为主导和企业标准为补充的旅游智慧化标准体系。

二、旅游智慧化基础设施建设

网络经济的一个重要特征是边际效益递增性，主要是因为随着网络规模的扩大，加入网络的边际成本呈现递减而信息累积的增值报酬呈现递增。物联网环境下的网络经济这一特征更加突出，然而，这也意味着物联网基础设施建设阶段的投入成本是最高的而收益是最低的。因此，如何开展旅游智慧化物联网基础设施的建设工作，使得网络尽快增值到一定程度，以促进企业和个体积极主动地加入旅游智慧化物联网，是数字旅游基础建设阶段的另一个关键性问题❷。考虑到旅游景区类型的多样性和异质性，以价值较高的重要旅游产品为对象构建特定旅游全产业链的物联网系统是政府和企业应该采取的策略。物联网发展到一定程度，势必促进新一代平台企业的产生，进而带来全新的商业模式❸。因此，以拥有巨大顾客群体的现有互联网平台企业为龙头，充分利用现有互联网累积的报酬递增效益，构建旅游智慧化物联网电商平台应该是互联网平台企业亟须部署的战略。同时，政府要积极长远保护旅游智慧化物联网建设主体的数据收益权利，以促进企业投资物联网基础设施建设的积极性。

---

❶ 王锰，钱婧，郑建明. 标准化推进智慧文旅服务融合：基于标准规范文本的比较研究［J］. 图书馆建设，2022（03）：152-160.

❷ 陈锐，傅永梅，刘秀丽. 文旅融合背景下智慧文旅服务平台建设研究［J］. 黑龙江科学，2022，13（18）：95-97.

❸ 韦鸣秋，白长虹，张彤. 旅游目的地精益服务平台机制研究［J］. 旅游学刊，2023，38（01）：81-95.

三、数据驱动模型与算法设计

如前分析可知，运作优化是旅游智慧化物联网构建与运营过程中的核心，只有实现了旅游运营的最优化，才能促进精准旅游运营和营销的实现。然而，物联网环境下的旅游运作优化面临诸多新的挑战：首先是如何处理多维异构大数据的输入，也就是如何把旅游运营过程中产生的视频、音频和图片等非结构化数据转换成满足运筹优化模型要求的结构化数据，或者说，如何改进或者重构运筹模型以有效处理物联网环境下产生的这些异构大数据[1]；其次是如何基于流数据设计出快速模型求解算法，尤其是要解决最优化理论面临的数据"维度灾难"难题，以实时生成数字旅游在操作层面的运作方案；最后是面对旅游全产业链中的各种干扰事件，如何在既有计划的基础上形成新的调整方案，以最小化干扰事件对原计划的负面扰动。同时，如何把非结构化的旅游管理技术知识融入结构化的运作优化模型与算法中也亟须解决[2]。

四、智慧旅游经营主体的培育

在旅游智慧化的应用升级阶段，新型旅游经营主体的培育是另一个关键问题。物联网环境下的数字旅游得以实现多个环节的重组融合，对传统旅游经营主体所要求的能力和素质会有很大变化，同时也会产生全新的数字旅游经营主体[3]。在实施数字旅游过程中，首先碰到的问题是从事旅游的相关经营主体对旅游智慧化物联网的认知与意愿问题。由于物联网系统实施成本较高、相关技能培训机构的缺失、数据质量控制较难等多方面因素的影响，多数传统旅游经营主体会对物联网系统的采用保持消极或观望态度。旅游产品优质优价市场机制的形成和旅游物联网报酬的显著提高，可以提高采用旅游物联网系统带来的边际收益，进而能够有效提升现有旅游经营主体的正向认知和参与意愿。同时需要形成旅游物联网技术培训体系，以满足数字旅游经营主体的技术学习需求。另外，也要促进数字旅游全新旅游经营主体的培育。

五、智慧旅游商业模式的创新

在互联网时代，数据已经成为网络经济最重要的生产力，催生了各种各样的互

---

[1] 孙新波，钱雨，张明超等.大数据驱动企业供应链敏捷性的实现机理研究［J］.管理世界，2019，35（09）：133-151+200.

[2] 程聪，严璐璐，曹烈冰.大数据决策中数据结构转变：基于杭州城市大脑"交通治堵"应用场景的案例分析［J］.管理世界，2023，39（12）：165-185.

[3] 韦鸣秋，白长虹，张彤.旅游目的地精益服务供给中的组织关系演进逻辑——基于重庆、西安、杭州的跨案例比较研究［J］.管理世界，2021，37（07）：119-129+144+9.

联网商业模式,大大改变了传统商业生态系统,成为国家和企业发展的新动能❶。同样,数字旅游时代真正到来的主要标志是围绕数字旅游爆发了物联网环境下的各种旅游创新商业模式,使得旅游物联网系统中大数据要素的巨大价值得到充分表现。由于旅游业的重要性和物联网的无界性,数字旅游商业模式的创新不仅仅是基于旅游单一产业的创新,而是基于产业融合的创新,这些商业模式具有极高的渗透力和变革力,改变的不仅仅是旅游产业,而是整个社会领域的商业生态。值得强调的是,数字旅游商业模式爆发的基础是旅游物联网系统中积累的大数据,而这一积累过程是源于数字旅游的基础建设阶段和应用升级阶段。可见,如何创新和布局物联网环境下数字旅游商业模式,是值得学术界进行研究的科学问题和企业界进行部署的战略问题。

六、智慧旅游治理能力的提升

国家政府的有效管制物联网环境下的数字旅游发展,能够为政府提供更全面、更精准、更及时的旅游要素数据,为国家旅游治理体系的构建和治理能力的提升带来了巨大机遇,然而也面临诸多新的挑战。数字旅游治理体系的构建与治理能力的提升是一个全过程的系统工程,在数字旅游发展的不同阶段有着不同的治理重点❷。基础建设阶段的治理重点主要有以下两个方面:一是如何制定系统合理的旅游数字化国家标准体系,以规范而又不限制行业与企业标准体系的形成与发展;二是如何确定一个长效机制以促进国家和企业积极协同建设旅游物联网基础设施。应用升级阶段的治理重点包括:如何促进国家级旅游资源模型库与智能计算服务平台的构建和数字旅游经营主体培训服务体系的形成。成熟爆发阶段的数字旅游已经融入社会各商业生态系统,因此其治理范围是全方位的,终极目标是促进数字旅游经济的实现与繁荣。

第四节　大数据推动智慧旅游管理模式创新

针对目前智慧旅游建设现状和存在的问题,结合前述相关理论,从以下几方面提出大数据推动智慧旅游管理模式创新,这些创新成果能够提高旅游行政管理部门和旅游企业的服务、管理和营销水平,从而提高游客的满意度;同时,在旅游景区方

---

❶ 赵光辉,李玲玲. 大数据时代新型交通服务商业模式的监管——以网约车为例 [J]. 管理世界,2019,35(06):109-118.
❷ 陈曦,白长虹,陈晔等. 数字治理与高质量旅游目的地服务供给——基于31座中国城市的综合案例研究 [J]. 管理世界,2023,39(10):126-150.

面，通过大数据技术提高景区智慧化程度，使游客在景区获得更好的智慧旅游体验，通过智慧旅游管理模式创新建设景区，为景区所在地创造更好的经济效益和社会效益（图4-9）。

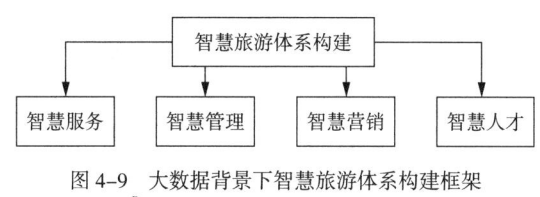

图4-9　大数据背景下智慧旅游体系构建框架

一、智慧旅游提升公共服务模式

智慧旅游提升公共服务建设应该由政府主导，联合旅游企业和与旅游相关的行业协会，以新公共服务理论为指导，以旅游信息化为技术支撑，利用互联网和大数据整合优化旅游信息资源❶。利用PC、触摸屏、手机、Pad等电子设备作为服务终端，为游客提供全方位、立体化的旅游信息咨询服务和旅游接待服务。实现旅游服务智慧化，消除旅游信息资源不对称、服务水平低等问题。智慧旅游公共服务体系建设应用范畴包括智慧旅游公共信息服务、智慧旅游公共交通服务、智慧旅游安保服务等自助便捷化的旅游智能服务。具体而言：

（1）**公共信息服务**。借助旅游信息化建设基础好的优势，抓住"互联网+"时代游客需求变化的机遇❷，景区应在现有的基础设施上进一步优化网络系统，尽快实现全市的免费Wi-Fi全覆盖，全面开展5G网络建设，改善尤其在高速路及沿线区域等旅行线路上的网络环境，满足游客在出行过程中随时随地都可以有快速便捷的网络进行旅游信息查询和购买旅游产品及在线支付等需求。与此同时，建立公共数据库和公共服务平台，将公共设施信息、景区、酒店、旅行社、汽车租赁等相关旅游行业的信息整合到一起，开发专门针对移动终端与智能电子设备的信息服务软件，为游客和旅游企业提供"一云多屏"的全媒介旅游信息服务，使游客在统一的平台上即可获取不同业态的旅游服务产品，实现旅游信息资源共建共享。同时，要做到对公共服务平台系统的及时维护和更新，保证数据的时效性。

此外，在公共场所多布设能提供多种语言服务的旅游自助查询触摸屏和LED显示屏等，做到线上线下相结合，让游客通过智慧旅游公共信息服务在吃、住、行、游、购、娱的旅游全过程中省时、省事、省钱、省心。

（2）**公共交通服务**。景区应利用云计算、大数据等新兴技术打造"数字交通"，

---

❶ 吕芳.资源约束、角色分化与地方政府的政策执行——基于公共文化服务示范区建设的案例研究［J］.管理世界，2023，39（02）：113-124.
❷ 陈国青，任明，卫强等.数智赋能：信息系统研究的新跃迁［J］.管理世界，2022，38（01）：180-196.

通过人工智能处理、采集、储存、管理、分析、显示和引导海量的交通信息数据。首先是在软件建设方面，上线运行"微信+"交通运输综合服务平台，建立三维地理信息系统。将有关旅游交通信息的数据融合在地理坐标中，将景区、酒店、餐馆等相关旅行线路形成三维全景图，通过文字、图片、视频等形式全方位向游客介绍旅游交通线上的吃、住、行、游、购、娱等信息，使游客更生动直观和准确地了解相关出行信息。其次是在硬件建设方面，加强旅游交通公共基础设施建设，包括智能导航系统、旅游行程规划设计服务系统、自助租车系统、智能交通乘换系统、智能停车场等。在建立全面的交通信息数据库的基础上，根据游客的个人偏好、特征和需求等条件产生满足用户要求的旅游行程规划和导航，并通过移动终端智能设备来提供。

此外，还应多投放智能电子化的交通服务设备，多设立LED显示屏、旅游触摸屏、道路交通导航仪、智能标识等智能终端，随时发布及时准确的道路情况、换乘信息、交通流量控制等旅游交通信息。在公共场所增加车位引导、车位空余提示等功能，解决停车难的问题，让游客在出行前就可以上网根据预计到达目的地的时间预约车位，利用人脸识别技术实现快速通行，提高游客的出行效率，让游客感受到在景区所在地出行的智能科技化和人性自助化。

（3）**公共安保服务**。智慧旅游公共安保服务体系建设应包括智慧旅游公共安全检测服务体系、智慧旅游公共安全应急救援服务体系和智慧旅游公共网络安全服务体系。

首先，旅游行政管理部门要承担公共信息安全的监测、搜集、分析和发布，在旅游景点和重要交通枢纽实时上传监控图像到旅游监控中心，当智能检测发现问题时自动预告报警，再经人工审核后将旅游公共安全信息利用网站、广播、手机、电子显示屏等设备同步多种语言和文字发布。其次，建立旅游指挥调度信息平台，借助全方位的安全监控设备了解全市旅游实况，配合现代通信呼叫系统，线上24小时智能监控。线下健全应急管理系统，定制多种安全预警和紧急预案的救援措施，提高处理旅游突发事件的能力，在第一时间妥善处理游客的求助需求，确保旅游安全救援的时效性。

此外，建立在线旅游安全的动态数据库，将在线旅游企业纳入监管范畴，实现各网站信息互联互通，如果某网站存在不诚信违法行为或存在安全问题将会有安全提示提醒，确保线上为游客提供旅游信息服务的同时保证旅游信息和游客信息安全，做到定期信息维护，创造安全智能的旅游网上环境。

二、完善智慧旅游综合管理体系建设

以核心龙头景区为主要数据源建设全区域旅游数据共享和综合管理平台（图4-10）。

景区所在地各旅游企事业单位要协同合作，利用旅游大数据的挖掘和新媒体网络媒介的传播，搭建一个能够全面交换共享旅游信息的综合行业智慧管理平台和大数据应用决策支持系统，为旅游行政管理部门、景区、旅行社、酒店、餐厅、车船公司等旅游企业创造智慧化、协同发展的旅游市场环境。建立云数据中心，打造"云上景区"，收集游客信息、旅游企业信息、旅游电子商务信息、旅游地理信息、旅游资源信息、旅游公共信息、旅游产品、旅游监管、旅游企业诚信信息等，为旅游管理更好的分析和决策奠定数据基础，全面提高管理水平，实现精细化管理，创造管理效益，为游客提供更好的旅游服务。主要包括以下建设模块：

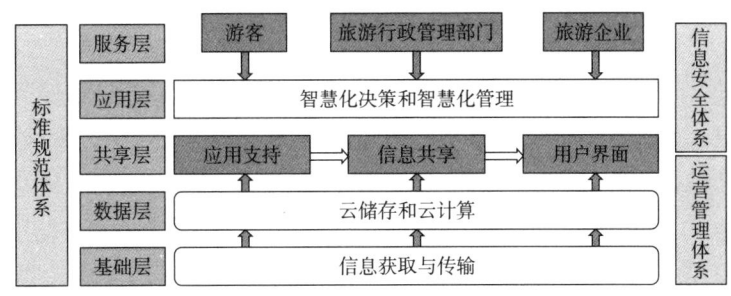

图 4-10　智慧旅游综合管理体系

（1）**旅游行政管理部门智慧管理体系建设**。首先，旅游行政管理部门应打造信息化商户管理系统。利用互联网和大数据实现包括对景区、酒店、餐饮、旅行社和旅游运输等行业规范经营监管，保证游客的利益，在推动政府主导、企业高度规划、协调发展的同时坚持"顾客至上、以人为本"的理念。其次，建立游客统计分析系统。通过移动运营、视频监控、北斗卫星导航和 GPS 定位等技术，利用大数据主动获取、在线统计到访景区的游客相关信息，例如偏好特征、消费习惯、需求变化、服务质量评价和反馈意见等，利用该系统分析全市客源分布和停留的时间、频次，统计客流量，根据大数据分析有针对性地制定科学合理的旅游发展方案，并随时下发相关政策，为智慧旅游建设可持续发展提供决策支持。

此外，还应建立游客智能疏导系统。通过视频技术、电子屏技术、网络接驳技术结合无线监测网络和移动互联网技术，合理布设视频监控、人流监控、位置监控、环境监测等设施，将旅游市场的旅游服务、游客疏导、安全监管纳入互联网范畴，系统的信息接驳和发布受旅游指挥调度中心统一调度，游客通过智能手机获取智慧旅游的疏导信息，从而保障游客客流的均衡化，避免局部景点极端客流的高峰出现，减少叠加客流对景区及城市的正常运行，提高旅游交通管理的针对性、预见性和有效性。

（2）**旅游企业智慧管理体系建设**。各旅游企业应在现有管理系统的基础上进一步加强数据和系统的融合，提高智慧化管理能力。按照旅游要素细分，又可以分为：

①景区的智慧管理。首先，建立景区监管决策系统。通过高清摄像全面采集和

监测景区内的综合情况，包括对景区资源环境的监测以及对车辆、人流等进行预估判断和控制疏导。依托监测数据、闸机数据、停车场监测数据等结合投诉数据和评价数据，以及通过户外电子显示屏系统、手机端等载体实时展示数据，掌握景区运行情况，定期出具大数据报告，指导景区运行监管工作，同步上传到景区所在地的指挥调度中心，便于政府部门实时调控管理。其次，建立电子门禁票务管理系统，支持人脸识别、身份证、二维码等多种入园方式，并能够联网游客的基础信息与其他信息系统，实现数据交换。

②酒店的智慧管理。首先，建立酒店内部信息管理系统，包括利用互联网技术对酒店运营过程中人流、物流、资金流、信息流和客户关系的大数据科学管理。依托公安入住数据、旅游团数据、旅游投诉数据和网络评价数据掌握酒店运行情况，整合经营数据，指导酒店运行监管工作。其次，建立外部基础设施监管系统，例如对处于服务状态的车辆、泳池、音响等实现作业状态的实时数据或图像采集与共享，方便对作业状态进行有效控制和防止意外出现，提高管理效率。

③旅行社的智慧管理。首先，利用云计算、物联网等技术，通过互联网和移动互联网，借助便携的终端上网设备，将旅游资源的组织、游客的招徕和安排、旅游产品的开发和销售高度信息化、在线化和智能化。其次，建立团队旅游管理和订单管理系统，智能化掌握游客的旅游线路、住宿标准、行程安排等，还可以与营销管理对接，通过数据服务策略提高管理效率和管理能力，同时提高旅行社的经营效益。此外，定期对旅行社资源、导游资源、旅行团和旅游产品等进行相关数据统计和日常运营维护、监测管理。分析景区接待国内外旅游团体的特征，实时了解各类旅游团涉事涉险情况，及时发布预警信息，保证游客安全。安装车载定位监控系统，对旅行社车辆进行可视化管理，保证车辆系统运行的安全可控性（图4-11）。

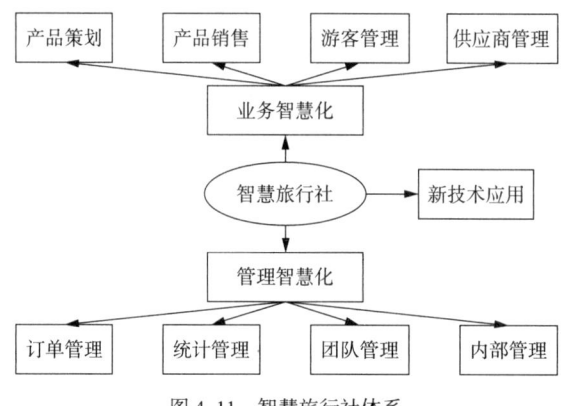

图4-11 智慧旅行社体系

三、创新智慧旅游营销管理模式

（1）**依靠"互联网+"，实现精准营销**。首先，景区可以依靠"互联网+"的时代背景，结合AISAS营销理论，通过新媒体网络和移动客户端构建营销渠道和制定宣传策略。结合智慧旅游3S理论，注重主体维度、科技维度和服务维度的发展，将传统的观光旅游和单一的门票经济通过"互联网+"进行宣传。打造旅游消费新业态，丰富旅游功能，例如推出休闲度假、婚庆亲子、康养研学、会展和国际文体赛事等可以满足人们个性化需求的旅游产品，延伸旅游产业链。其次，景区应利用大数据技术建立智慧旅游营销数据库，分析旅游企业经营数据，对游客进行智能化管理。根据游客搜索的关键词和浏览访问的旅游信息内容，深入分析消费群体特征，掌握其消费水平和兴趣爱好，做好旅游产品规划和定位，制定有针对性的营销方案和策略，实现精准营销。获取游客在线上对旅游消费产品和服务的反馈意见，可以采用基于移动终端和位置交互的LBS（Location Based Services）旅游服务模式，一方面通过APP推送游客接受商家信息，并对此进行信息反馈；另一方面，游客通过文字、图片、视频等形式将旅游体验分享到网络社交平台，具有相同偏好的用户会对此进行浏览、评论、转发、分享，会增强游客获取旅游体验的真实性，使旅游信息传播更广泛，从而旅游企业可及时调整产品组合和价格，对游客的个性化需求进行私人定制服务，满足各类游客需求，增强旅游市场竞争力。

（2）**开拓营销渠道，打造智慧店铺**。政府和旅游企业在利用各大平台加强对旅游资源和旅游产品推广和宣传的同时也要整合销售渠道，建立官方智能营销平台，实现旅游产品的精准投放。加强对自身官方网站、微信公众号、官方微博等新媒体的运营维护，丰富其内容和功能，使游客只要打开手机就有多种方式了解旅游资源，选购旅游产品并进行线上交易。多通过媒体宣传举办例如节庆赛事等各类营销活动，酒店、景区、特产商店、旅游交通等各行业可以联合营销，带动二次消费。在抖音等直播平台开通官方旅游账号，对景区旅游产品进行直播推广。鼓励旅游企业与旅游电商合作，丰富免税购物平台功能，搭建全球分销平台。

构建全球智慧旅游网络运营中心，开发国际电子商务APP，打造线上线下结合的综合性开放平台，使游客在旅行结束后，无论身在何处都可通过线上购物平台买到具有回忆点的特色旅游产品。不断拓宽旅游消费领域，打造旅游精品和服务精品，通过互联网和大数据，将本土文化与国际市场和智慧旅游联系起来，从而促进本土文化向具有国际价值的智能旅游产品转化，实现景区所在地市民、政府、商家、游客共赢发展。景区应搭建智慧旅游营销系统，加大对旅游营销的投资，借助旅游协会、旅游企业和媒体整体的力量，在稳固传统旅游客源的基础上扩展新的客源市场。

有关大数据背景下智慧旅游人才方面的培养与能力提升，涉及学科建设和培养模式等，后面有专门的章节讨论，此不赘述。

第五章

技术语境下的旅游大数据与数字旅游

第一节 旅游大数据与数字旅游

一、信息化与数字化

信息化是指通过将物理世界的信息和数据转换为"0-1"的二进制代码录入信息系统，将线下的流程和数据迁移到电脑上进行处理，以此提高效率、降低成本并提升可靠性。通过信息化，我们把一个客户、一件商品、一条业务规则、一段业务处理流程方法，以数据的形式录入到信息系统中，把物理世界的信息转变成数字世界的结构性描述。在信息化时代，信息化具有三大核心特点：

第一，从应用的广度上看，信息化主要是单个部门的应用，很少有跨部门的整合与集成。信息化只能实现部分流程、部分信息和数据的线上化，其价值也主要表现在局部有限的管理和效率提升。第二，从应用的深度上看，信息化只是将线下的流程和数据搬到了线上，并不涉及对流程的重构和对数据的打通和资产化处理。在信息化时代，企业内部各部门，企业与企业之间，企业与社会之间都没有建立连接。流程还是那些流程，数据也还是那些数据，它们分散地存储在不同的系统中，只是借助信息技术有限提升了存储、处理和传递的效率和可靠性，难以真正发挥出数据的价值。第三，从思维模式上看，信息化还是线下的流程化思维，是为了高效、严格、没有纰漏地对线下物理世界的活动进行管控。在信息化时代，流程是核心，信息系统是工具，而数据则是信息系统的副产品。

高德纳公司（Gartner）对数字化的定义是利用数字技术来改变商业模式并提供新的收入和价值创造机会；梅宏院士认为数字化是转向数字业务的过程[1]。从这个定义中，我们可以提炼出数字化的三个关键点：改变商业模式、实现价值创造、转向数字业务。

与信息化相对应，数字化具有如下核心特点：第一，从应用的广度上看，数字化不是一个部门、一个流程、一个系统的变革，而是在企业整个业务流程中进行数字化的打通，会牵扯企业所有组织、所有流程、所有业务、所有资源、所有产品、所有数据、所有系统，甚至会影响上下游产业链生态。第二，从应用的深度上看，

---

[1] 梅宏. 数字经济成型期：数据要素化是一项系统工程[J]. 科学新闻，2022，24（06）：17-20.

数字化为企业带来了从商业模式、运营管理模式到业务流程、管理流程的全面创新和重塑。数字化打破了部门壁垒、数据壁垒，延伸到上下游产业链，实现跨部门、跨单位的系统互通、数据互联。在数字化时代，数据被全线打通融合并形成数字资产，赋能业务、运营、决策。第三，从思维模式上看，如果说信息化时代是以流程为核心，那么数字化时代一定是以数据为中心。在数字化时代，企业的思维模式应从流程驱动转向数据驱动。数据是物理世界在数字化世界中的投影，是一切的基础，而流程和系统则是产生数据的过程和工具。

最后值得指出的是，数字化并不是对信息化的推倒重来，而是要基于对企业以往信息系统的整合优化，提升管理和运营水平，用新的技术手段提升企业的技术能力，以支撑企业满足数字化转型的新要求（图5-1）。

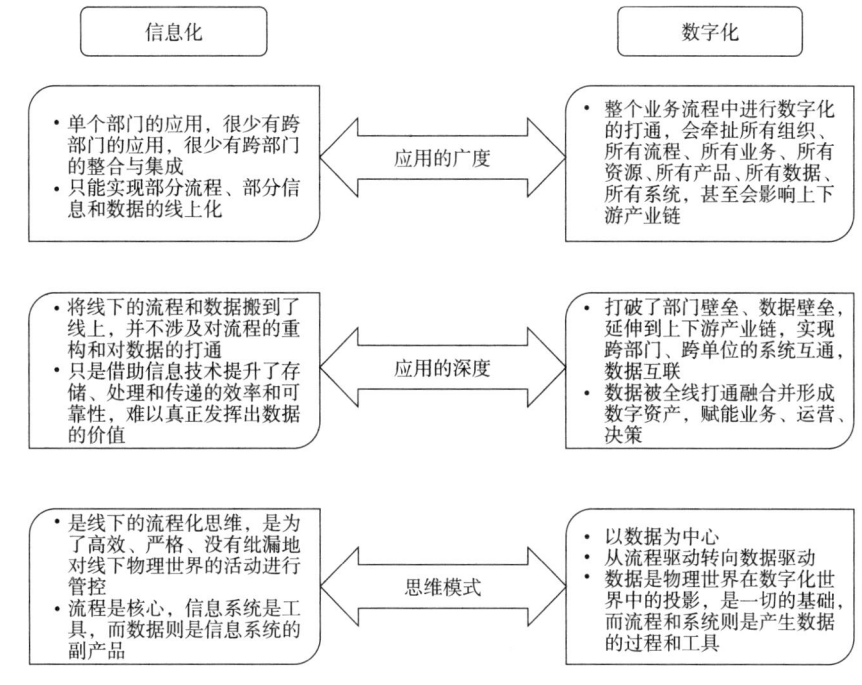

图 5-1　信息化与数字化的区别与联系

引用一个通俗例子来说明信息化与数字化的区别与联系。以自行车为例，过去，人们骑自行车，得先花全款买一辆自行车。一家自行车厂，引进了ERP系统提高生产和管理效率，这叫信息化。后来汽车普及了，导致自行车需求和销量急剧下降，很多自行车厂都倒闭了，效率再高也没用。如今有人发现，人们对自行车的需求只是偶尔短途使用，没必要买一辆放在家里，只要在需要时拿出手机，刷一辆共享单车，就可以方便又经济地以临时租用的方式获取。共享单车模式彻底颠覆了传统的"生产—销售—买车—骑车"模式，并造就了自行车生产工厂、互联网平台、增值服务接入商、风险投资、维护服务商等新模式下各自获取利益的新生态。这就是数字化，而不简单是信息化。

还例如：现在人们足不出户就可以通过网络或手机购买衣服、电子产品、家具等各种生活用品，订餐叫外卖，手机上看书，远程参加课程和培训，甚至远程参观博物馆，彻底颠覆了过去逛街购物、线下消费为主的生活方式，导致商超门店等线下物理实体业务大规模缩减。这种颠覆性的改变，就不简单是信息化，而是数字化。

再以银行业为例：从Bank1.0到Bank3.0，电算化、大集中、ATM、POS、自助银行、网银等信息科技的应用，还属于逐渐提高效率的信息化阶段。如今进入Bank4.0时代，人们足不出户或者随时随地都可以在手机上办理各种金融服务，不再去银行网点，导致银行网点机构数量每年都在大量减少，甚至出现了根本不设立任何网点的纯互联网银行。在后台，也出现了供应链金融等产品，金融服务以API的方式，融合进各行各业的生产运营系统中去，而不是过去那种高高在上的贷款机构。银行已经无处不在，数字化颠覆了银行传统的金融服务模式。

二、旅游信息化与旅游数字化

如前所述，智慧旅游是指基于新一代信息技术，为满足游客个性化需求，提供高品质、高满意度服务，而实现旅游资源及社会资源的共享与有效利用的系统化、集约化的管理变革❶。从内涵来看，智慧旅游的本质是指包括信息通信技术在内的智能技术在旅游业中的应用，是以提升旅游服务、改善旅游体验、创新旅游管理、优化旅游资源利用为目标，增强旅游企业竞争力、提高旅游行业管理水平、扩大行业规模的现代化工程。

旅游信息化狭义上讲是旅游信息的数字化，即把旅游信息通过信息技术进行采集、处理、转换，能够用文字、数字、图形、声音、动画等来存储、传输、应用的内容或特征；广义上讲是指充分利用信息技术，对旅游产业链进行深层次重构，即对旅游产业链的组成要素进行重新分配、组合、加工、传播、销售，以促进传统旅游业向现代旅游业的转化，加快旅游业的发展速度。旅游数字化是指在数字背景下，依托数字技术将信息数字技术应用到现实旅游活动的各个环节，线上线下在互动中趋于统一，从而在市场规模、组织方式和发展模式上进行革新，重塑旅游产业。

智慧旅游，需要以互联网、物联网、云计算、数据挖掘、信息处理等技术运用于旅游中，达到旅游基础设施与旅游信息框架的完美契合，使得政府旅游部门、旅游企业和旅游者等可以做出更明智的选择，即以大数据平台为基础，构建云计算技术为手段的旅游预测与反馈服务平台。综上所述，智慧旅游的核心就是构建大数据，形成基于整个旅游业的海量数据，依托形成的大数据平台，实现旅游者的个性化旅

---

❶ 张凌云，黎巎，刘敏.智慧旅游的基本概念与理论体系[J].旅游学刊，2012，27（05）：66-73.

游、数字化旅游以及无障碍旅游[1]。

基于以上信息可以知道，旅游信息化与旅游数字化是智慧旅游发展的不同阶段，旅游信息化是初级阶段，旅游数字化是高级阶段，而旅游大数据是一切发展的底层基础（图5-2）。

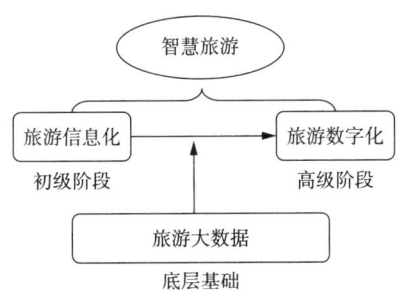

图 5-2　旅游大数据与智慧旅游的结构逻辑

第二节　Web1.0 到 Web3.0 下的旅游行业应用

一、Web1.0 与旅游业

Web1.0 出现于 20 世纪 90 年代。当时的互联网（万维网）是静态、只读的 HTML 页面，用户之间的互联也相当有限。主要网站以雅虎、搜狐等为主，用户之间的交互较少。

Web1.0 时代的主要特征如下：（1）Web1.0 主要采用技术创新主导模式，信息技术的变革和使用对于网站的新生与发展起到了关键性的作用。比如新浪最初就是以技术平台起家，搜狐以搜索技术起家，腾讯以即时通信技术起家，盛大以网络游戏起家，这些网站在创始阶段的技术性非常重。（2）Web1.0 的盈利大都基于点击流量。无论是早期融资还是后期获利，依托的都是用户的点击率，以点击率为基础上市或开展增值服务，受众群众的基础，决定了盈利的水平和速度，充分地体现了互联网的用户经济。（3）Web1.0 出现了向综合门户合流现象，早期的新浪与搜狐、网易等坚持门户网站的道路，而腾讯、谷歌等新兴势力也都纷纷创立各自的门户网站。这一情况的出现，在于门户网站本身的盈利空间更加广阔，盈利方式更加多元化，占据网站平台，可以更加有效地实现增值意图，并延伸至主营业务之外的各类服务。

---

[1] 张建涛，王洋，刘力钢. 大数据背景下智慧旅游应用模型体系构建［J］. 企业经济，2017，36（05）：116-123.

（4）Web1.0还形成了主营与兼营结合的明晰产业结构。新浪以新闻加广告为主，网易拓展游戏，搜狐延伸门户矩阵，各家业务开展均以主营作为突破口，以兼营作为补充点。

体现在旅游业上，Web1.0主要的作用就是通过门户网站整合信息，帮助游客了解各地的特色旅游景点以及适合的旅游时间。

二、Web2.0与旅游业

Web2.0也被称为读写网络，开始于2004年左右，至今也仍然处于Web2.0时代。它由社交媒体网站、博客和在线社区组成，终端用户可以在任何时间实时地交互和协作，主要产品包括Facebook、微信和抖音等，用户之间的交互较多。

Web2.0时代的主要特征如下：（1）用户参与网站内容创造。与Web1.0网站单向信息发布的模式不同，Web2.0网站的内容通常是用户发布的，使得用户既是网站内容的浏览者，也是网站内容的创造者，这也就意味着Web2.0网站为用户提供了更多参与的机会，例如博客网站和维基百科就是典型的用户创造内容的指导思想，而用户设置标签将传统网站中的信息分类工作直接交给用户来完成。（2）Web2.0更加注重交互性。不仅用户在发布内容过程中实现与网络服务器之间交互，而且也实现了同一网站不同用户之间的交互，以及不同网站之间信息的交互。（3）Web2.0是互联网的一次理念和思想体系的升级换代，由原来的自上而下的由少数资源控制者集中控制主导的互联网体系，转变为自下而上的由广大用户集体智慧和力量主导的互联网体系。（4）Web2.0体现交互，可读可写，体现出的方面是各种微博、相册，用户参与性更强。

体现在旅游业上，对游客而言他们更倾向于相信离他们更近、更草根的信息分享社区，例如携程、旅游博客等，这些社区所传递的个体信息以及个性化的游记、出行攻略、亲友的口碑这些信息源虽然在旅游目的地营销层级结构中处于较为下层的位置，对游客却更有意义。此外，还存在大量的旅游行业的垂直搜索引擎，以及旅游的维基网站、旅游博客、聚合网站等。

三、Web3.0与旅游业

Web3.0时代还处于初级阶段。主要是引入去中心化互联网、区块链、物联网和人工智能等，以大数据为主，实现去信任去中介化的价值互联。

Web3.0时代最主要的特征就是去中心化，Web3.0将是无需许可的，这意味着任何人都可以使用它，而无需生成访问凭证或获得提供商的许可。构成互联网的数据将存储在网络上，而不是像现在这样存储在服务器上。该数据的任何更改或移动都将记录在区块链上,从而建立一个由整个网络验证的记录。从理论上讲,这可以防止不良行为者滥用数据,同时建立清晰的数据去向记录。

体现在旅游业上,Web3.0时代的互联网系统将根据旅游者的个性、爱好等特征进行逻辑分析,自动搜寻符合要求、可信度高的旅游信息,有效缩减旅游者信息搜寻时间,促使其做出正确的旅行决策。此外Web3.0时代将散布在互联网各个角落的杂乱信息进行最小单位的继续拆分,并利用语义网技术使单位微内容具有各种属性,微信息之间可以互动,实现人机间的智能互动,方便用户获取精准信息。同时,Web3.0还将实现不同网站、不同平台之间数据兼容与共享,使用户在一个平台即可获取各类信息,真正享受集成化、一站式服务❶(图5-3)。

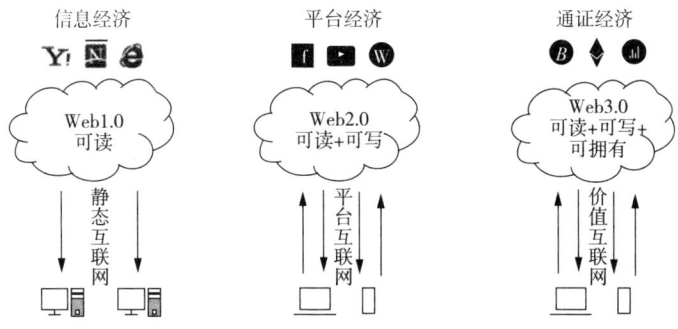

维度	Web1.0:静态互联网	Web2.0:平台互联网	Web3.0:价值互联网
创造者	平台创造	用户创造	用户创造
所有者	平台所有	平台所有	用户所有
控制者	平台控制	平台控制	用户控制
受益者	平台分配	平台分配	用户参与分配
中心化程度	相对中心化	高度中心化	相对去中心化
价值维度	信息互联网	信息互联网	价值互联网
交互方式	可读	可读+可写	可读+可写+可拥有
组织范式	公司制	公司制	公司制+分布式自治组织(DAO)
代表性产品	门户网站:雅虎、新浪	社交媒体平台:Facebook、Twitter(X)	公共区块链平台:以太坊
发展问题	体验差、功能单一	平台垄断、隐私泄露、流量为王	性能差、欺诈多、门槛高
发展阶段	成熟阶段	成熟阶段	早期阶段,生态不成熟

图5-3 从Web1.0到Web3.0的技术特点比较

---

❶ 李治兵.Web3.0时代的旅游网络营销[J].成都师范学院学报,2014,30(01):55-58.

显然，无论是区域旅游管理部门，还是旅游企业如景区，在当下Web2.0平台互联或Web3.0价值互联环境下，利用大数据可以促进旅游管理与服务的水平，并能够推动旅游产品转型升级或新业态创新涌现。如黑龙江省智慧旅游大数据中心在收集和整理旅游者建议、网络舆情、乡村旅游热点分析等方面提供了更合理、科学、高效的管理途径，2020年黑龙江省全年接待游客1.63亿人次，实现旅游收入1345亿元，旅游大数据平台为旅游产业数据统计和发展方向提供了强有力的技术支撑和参考❶。尤其是旅游景区，更需要重视大数据的具体应用，积极利用大数据的信息化优势，推动传统旅游业的转型升级，从常规旅游转化为文化旅游，成为旅游行业今后的主流发展方向。同时，区域旅游管理部门要注重旅游数据平台和服务平台建设，依据当地发展情况，构建集行业管理、旅游者体验、企业运营以及社区居民服务为一体的升级版的智慧旅游管理服务体系，包括电子门票管理系统、客流量管理系统、安全管理系统、多媒体查询服务系统及游客行为数据分析系统，使游客有更多的接入方式接受景区旅游服务，为游客提供个性化服务，创新旅游产品❷。

第三节　数字旅游的总体架构与系统实现

一、总体架构

数字旅游发轫于数字地球概念，数字地球是人类社会实现可持续发展的一种必然趋势，其实质是数字化的地球、信息化的地球。因此，数字旅游是以旅游信息为核心的旅游信息系统体系。构成该体系的各个信息系统遵循共同的数据标准、具有共同的基础数据，并在一定程度上相互补充、相互兼容。其核心技术是宽带网络技术、地理信息系统（GIS）、遥感（RS）、全球定位系统（GPS）、空间决策系统、旅游管理系统（TMS）以及虚拟现实（VR），主体是数据、软件、硬件、模型和服务，本质是计算机信息系统❸。

数字旅游体系的总体架构如图5-4所示。

总体框架中的旅游信息管理系统是整个框架的核心，而根据使用对象的不同，可以分为旅游应用信息系统、旅游电子政务系统、旅游景区管理系统等。

---

❶ 薛丹. 大数据助力黑龙江省乡村旅游业高质量发展研究［J］. 学理论，2023（06）：87-89.
❷ 高远. 镇江旅游"本地生活化"发展研究［J］. 太原城市职业技术学院学报，2023（10）：40-44.
❸ 胡丽琴，刘明柱，杨永强. 数字旅游体系框架研究［J］. 资源与产业，2007（02）：81-83.

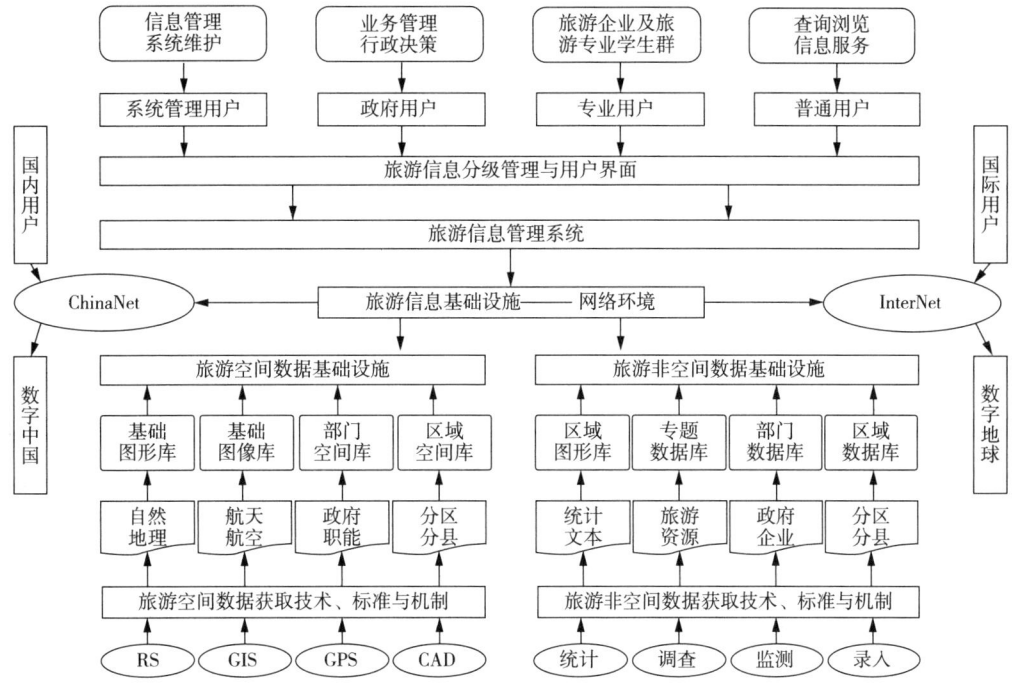

图 5-4　数字旅游体系的总体架构图

二、旅游应用信息系统和典型应用

旅游应用信息系统是使用最多的系统，大部分旅游 APP 都是使用这套系统。具体如图 5-5 所示。

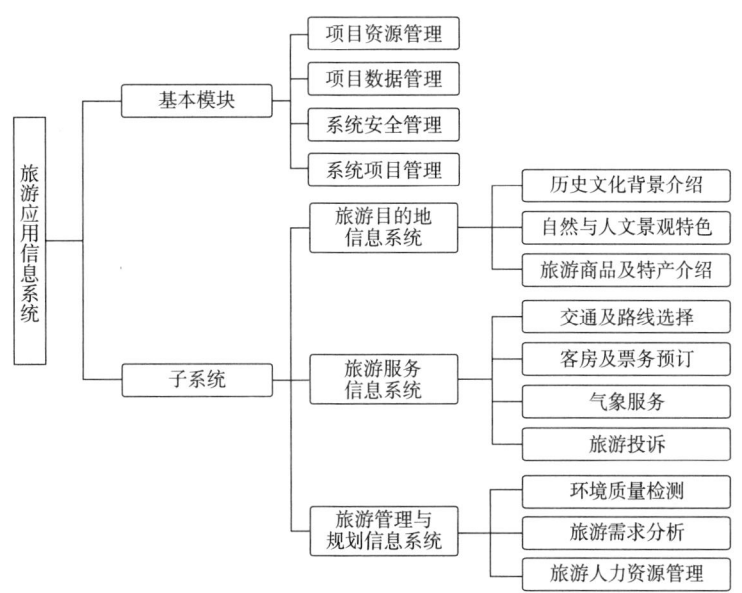

图 5-5　旅游应用信息系统架构图

具体而言，其基本模块和功能子系统主要包括以下几个方面：

1. 基本模块

主要包括以下模块：（1）项目资源管理，主要用来管理系统中各项目所用到的各种资源表的数据及系统的各种运行参数。（2）项目数据管理，如定义或选择系统中所用到的各种数据及数据结构。项目数据管理使系统更加灵活实用，可以生成系统中所用到的各种属性数据初始表。（3）系统项目管理，包括新建、打开、删除项目。系统可以新建项目，并同时管理若干个项目，这样可以管理复杂的数据，也可以使数据的维护工作变得简单方便。（4）系统安全管理，如增加或改变数据库用户的密码和用户对系统使用权限等。

2. 子系统

主要包括模块：（1）旅游目的地信息系统，包括景区历史文化背景、自然和人文景观特色、社会风情和旅游商品等介绍。使旅游者及潜在的游客详细了解旅游目的地的各种特色和资源，从而引起他们的浓厚兴趣。（2）旅游服务信息系统，主要包括交通状况（区内以及到附近主要城市的交通状况）、主要景区旅游线路和报价、气象报告（天气预报、48小时卫星云图）、旅游投诉、各种预订系统（包括客房预订系统和票务预订系统）。其中还包括旅游商务数字化子系统，它是开放性的公共商务网，为旅游企业提供信息交换、电子商务及旅游者与旅游企业之间的咨询、预订和付款等服务。

3. 旅游管理与规划信息系统

主要提供专业分析工具，如环境质量监测、游客需求分析、旅游人力资源管理等，为旅游行政管理、咨询和规划、培养旅游从业人员提供网上决策依据。其中包括旅游公务数字化子系统，它是核心层的普密级公务网，是旅游管理部门之间信息互相对接的安全保密网络系统。

4. 典型的旅游应用信息系统

图5-6是一个典型的旅游应用信息系统总体框架。

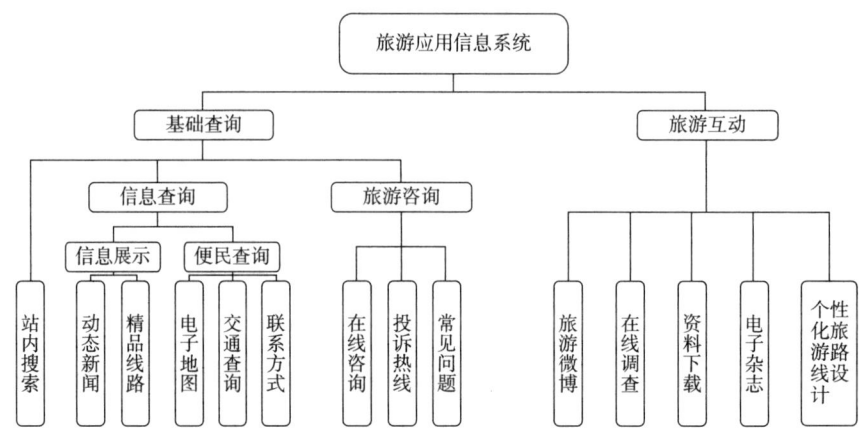

图5-6 典型旅游应用信息系统框架图

总体上，旅游应用信息系统需要有以下这些功能：

（1）信息查询功能。旅游目的地是一个客观的地理空间概念，以整体的形象出现在旅游者的面前。旅游者在有旅游需求时，首先会收集各种旅游信息，然后根据自己的主观偏好做出决策，所以旅游目的地信息系统的一个最基本的功能就是旅游信息的查询。包括图形属性双向查询功能与地理对象的空间关系查询功能。前者是指地理信息系统既能根据地理对象的图形查询相应的属性信息，又能按照属性信息的特点，查询对应的地理目标。后者是指按照特定方式查询地理对象的空间关联关系与位置关系。

查询模块可根据用户的要求，从多种途径如属性或图形、图像入手，对区域旅游资源、服务设施和气候状况进行灵活的查询检索，查询检索的结果可以用图像、视频、音频、照片、地图、文字等多媒体信息方式显示，具有生动、形象和直观的效果。通过直观、灵活、方便的查询方式，完成目的地旅游信息各种数据的查询，并将查询和检索的结果以图形和文本等形式进行显示。

（2）新闻报道功能。包括旅游目的地近期最新的旅游活动和旅游线路、重要旅游景区的游览情况、游客对旅游线路的选择情况、天气状况预报、刚出台的旅游法规和优惠政策以及一些游客的评价和反馈信息等。

（3）虚拟（VR）展示功能。以图像、视频、音频、照片、地图、文字等多媒体信息全面介绍旅游目的地的最新旅游风貌。包括主要的风景名胜点、宾馆、酒店、娱乐场所的图片介绍地方特色的风俗、饮食视频演示等。

虚拟（VR）展示功能是数字技术的高级应用，借助专用系统和宽带网络，使用户足不出户便可以观看到同现场观众完全相同的实时场景，可以在虚拟展示系统中自由行走、任意观看，突破了传统三维动画被动观察无法互动的瓶颈，给目标客户带来难以比拟的真实感与现场感，使他们获得身临其境的真实感受。

（4）路径分析功能。旅游空间图形具有拓扑关系，通过GIS技术强大的空间信息处理功能，系统可以计算两点间的空间距离、路线选择、迭加图形信息、完成景区透视等。最佳路径一般指地理意义上的距离最短，也可以是最经济、步行最少、线路利用率最高等。从最短路径到最佳路径，只是把各种约束条件安排在路径上（而不仅仅是距离），给定各条路径上约束条件的权重值，来确定最佳路径。如游客可选定一个起始节点、一个终止节点和若干中间节点，例如旅游景区、饭店等，最佳路径将使之由起点出发遍历（不重复）全部中间节点而到达终点，从而帮助旅游者做出路线的选择。

（5）网络预订功能。随着互联网的发展和普及，旅游网站开始提供强大的旅游预订功能。当今，便利的购买方式已经成为吸引旅游者的一个重要因素，更多的人通过网络预订的方式购买旅游产品。

此外，每到旅游旺季，游客在游玩之余常会为落脚之处发愁，市区内客房爆满，房价暴涨，而很多郊区宾馆却是无人问津。客房预订系统是运用系统的方法以计算机和现代通信技术为基本信息处理手段和工具，为目的地游客解决后顾之忧的人机系统。旅游预订包括餐饮、住宿、交通等各个方面的预订。旅游产品网络预订服务是旅游目的地网络服务系统提供的电子商务平台，使游客能远程预订旅游目的地的旅游产品，也为目的地旅游企业开辟了新的营销渠道。

三、旅游电子政务系统

图 5-7 是一个政府或旅游局等管理部门使用的旅游电子政务系统总体框架。

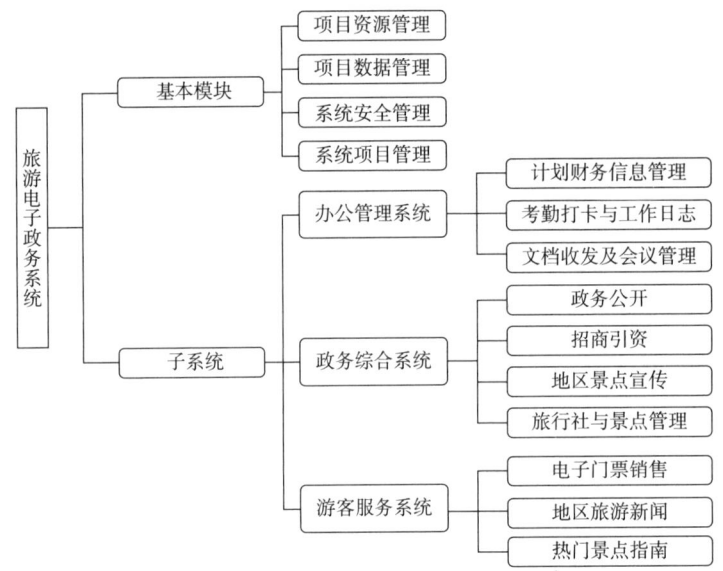

图 5-7 旅游电子政务系统总体框架图

旅游电子政务系统基本模块与前述旅游应用信息系统的基本模块相同，下面重点分析旅游电子政务系统的子系统。主要包括模块：

（1）办公管理系统。是实现内部各级部门之间以及内外部之间办公信息的收集与处理、流动与共享及实现科学决策的信息系统，包括员工考勤打卡与每日工作日志、财务信息管理、会议管理、文档收发等功能。

（2）政务综合系统。包括政务公开信息、地区旅游业招商引资、地区景区宣传、旅行社与景区管理等旅游政务，帮助部门更好地管理旅行社、景区等，促进地区旅游业发展。

（3）游客服务系统。主要提供给来地区旅游的游客必要的旅游信息，包括电子门票销售、旅游新闻、景区指南等。

四、旅游景区管理系统

图 5-8 是一个旅游景区使用的旅游景区管理系统总体框架。

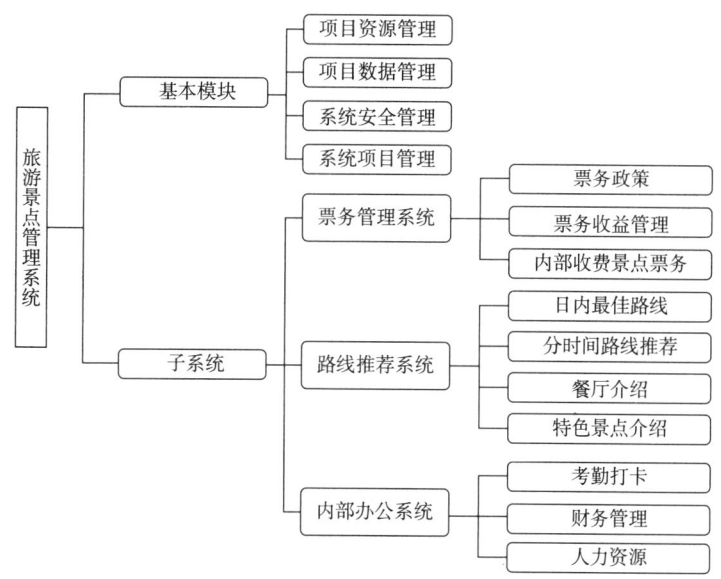

图 5-8　旅游景区管理系统总体架构图

旅游景区管理系统基本模块与前述旅游应用信息系统的基本模块相同，下面介绍旅游景区管理系统的子系统。主要包括模块：

（1）票务管理系统。票务管理系统是在景区管理运营中，对门票流向、票款收入和自动售检票系统的运行情况进行总的监视、控制、协调、指挥和调度的系统，主要包括票务政策的制定、票务收益管理以及景区内部部分收费区域的票务管理等。

（2）路线推荐系统。路线推荐系统是指景区向游客宣传自身，介绍自身旅游特色并且帮助游客选择游览路线的推荐系统，主要包括景区的最优路线推荐、上午（下午）时间段路线推荐、午饭餐厅推荐、特色景区介绍等。

（3）内部办公系统。内部办公系统是指景区员工日常办公所使用的系统，主要包括员工考勤打卡、财务管理、人力资源管理等。

第六章

大数据背景下旅游消费行为与市场需求创新

第一节 营销大数据的"时空关+"与旅游消费行为变化

一、营销大数据的"时空关+"

随着信息技术的飞速发展,大数据已经成为旅游业发展中不可或缺的一部分。在大数据时代,旅游市场营销的格局有了前所未有的变化。传统的市场营销方式在面对复杂多变的消费者需求和快速迭代的市场环境时显得力不从心,特别是在旅游消费行为方面,消费者的决策过程被证明与时空因素密切相关;再如旅游活动的季节性、目的地选择的地理位置,以及其他相关的社会文化背景等,均影响消费者行为。

在这样的背景下,大数据技术通过对海量、多样化、实时性的数据进行分析,为营销决策提供了新的视角和方法。它能够帮助营销人员深入了解消费者行为模式及其变化,实现旅游营销的精准定位和个性化服务。

"时空关+"是指通过大数据从时间、空间和关联三个基本维度,再加上场景或内容等来洞察消费者行为和营销策略,挖掘其潜在规律❶(图6-1)。因此,本章基于大数据的"时空关+"框架,通过整合时间维度、空间维度、关联维度,洞察大数据时代消费者的行为变化;再结合内容商业、场景维度,深入分析旅游市场的营销策略,提供更加高效、直观的旅游市场营销理论支持。

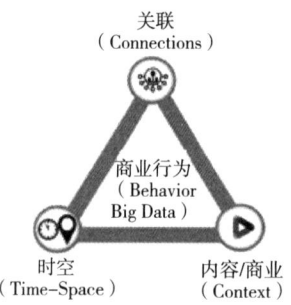

图6-1 "时空关+"营销框架图

---

❶ 贾建民,杨扬,钟宇豪.大数据营销的"时空关"[J].营销科学学报,2021,1(01):97-113.

二、数字经济背景下的旅游消费者行为

数字经济时代，旅游消费者的行为发生了许多变化，包括信息获取方式的变化、旅游规划方式的变化和旅游目标短途化的趋势。时间维度上，大数据时代的信息获取工具节省了旅游消费者的规划时间，旅游消费者可以更方便进行旅游规划；空间维度上，消费者可以选择符合自己需求的旅游线路和服务，选择短途化、更具个性化的旅游目的地，提高旅游的满意度和质量；而在关联维度上，旅游消费者开始更多地利用互联网媒体平台进行信息的获取和体验、经历的分享。

1. 出游线路规划方式的变化

在大数据时代，消费者的出游线路规划方式发生了巨大变化。传统的出行线路规划通常是通过旅行社或者自己的经验来选择旅游线路和服务，需要消费者去收集和整理各种旅游信息，如景点介绍、酒店预订、航班时刻等。这种信息收集的方式比较麻烦，消费者需要花费很多时间和精力，而且信息的真实性和可靠性也难以保证，因此传统方式面临着信息不对称、信息不全面、旅游行程不够个性化等问题。

现在，随着大数据技术的发展，消费者可以更加便捷地获取旅游信息。大数据技术可以对旅游市场进行深度挖掘，从而提供更加精准、全面的旅游信息。消费者可以通过搜索引擎、社交媒体等渠道获取这些信息，从而更加方便快捷地规划自己的旅游行程。同时，大数据技术可以帮助消费者根据自己的兴趣、时间和预算等信息，进行个性化的线路规划，出行订票、住宿订酒店、长期行程规划均可通过线上完成，从而提高旅游的质量和满意度。有专家认为，智慧旅游与传统的旅游形式相比能够为消费者提供更加满意舒适的服务内容，最大限度地发挥自身的主观意识，提升消费者的消费体验，帮助消费者进行合理的路线规划，选择更加适合消费者的旅游景点❶。克劳锐指数研究院的《2023旅游消费内容研究报告》显示，50%以上的旅游消费者会在决定出发前提前确定旅游目的地，80%以上的游客会在旅游出发前提前制定好攻略，其中以小红书平台的关注度最高❷。

除了信息获取方面的变化，大数据技术还可以帮助消费者进行个性化的旅游规划。一些旅游网站或APP，如携程、去哪儿等，采用大数据技术，可以根据消费者的历史行为和偏好，推荐相应的旅游线路和服务。这些推荐通常是个性化的，能够更好地满足消费者的需求。消费者可以根据自己的喜好选择旅游线路、酒店、交通工具等，从而避免一些旅游中的不愉快和疑虑。例如，一些消费者喜欢自驾游，他们可以根据大数据推荐的线路规划自己的旅游行程，选择适合自己的交通工具和住宿方式。这种个性化的旅游规划方式，提高了消费者旅游的满意度和质量。

---

❶ 胡田翠，李敏. 移动互联网时代旅游消费者行为分析［J］. 赤峰学院学报（自然科学版），2017，33（01）：103-105.
❷ 克劳锐指数研究院. 2023旅游消费内容研究报告［R］. 2023.

总的来说，大数据技术使得消费者可以更加便捷地规划旅游行程，选择符合自己需求的旅游线路和服务，从而节省规划的时间，提高旅游的满意度和质量。随着大数据技术的不断发展和应用，旅游行业的变革和创新会越来越多，将为消费者带来更加丰富、更为多样化的出游选择。

2. 旅游目的地短途化、个性化

在大数据时代，旅游消费者的旅游目的地短途化成为一种趋势。2022 年全年节假日游客平均出游半径在 100km 上下，城郊公园和城市周边农村成为游客出行首选。而省际旅游流动也表现出相邻省份间互为客源地和目的地的特征，既满足了游客对异省的好奇感，也兼顾了旅游的舒适度[1]。出现这种变化趋势的原因，一方面来源于新冠疫情对长途旅行的限制，受新冠疫情的影响，安全成为旅游消费者更加重要的考虑因素，这也促进了旅游目的地短途化的趋势。短途旅游更加灵活，可以根据疫情变化做出更加及时的决策，降低旅游的风险。另一方面则因为消费者更加注重旅游的实用性和个性化，更倾向于选择低风险和灵活的旅游方式。在探讨了智能旅游所具备的网络信息技术的推广、商品互联与智能化、数据分块化，以及旅游个性化方面的基础上，李振坤指出在智能旅游的背景下，旅客在出行前能通过虚拟游览来预演旅程，自定义旅游产品和体验，并能随时调整旅行计划，形成了依循内心出游、追求深度体验的旅游方式，呈现出多样性和鲜明的体验特征[2]。如前所述，传统的出游规划可能需要消费者花费很长时间去了解旅游景点的信息，选择旅游线路和服务，这就导致旅游消费者在选择旅行目的地时，只能优先考虑声名远扬、受到广泛认可的风景名胜，将距离作为次要的考虑选项。但是，在大数据时代，消费者可以更加便捷地获取旅游信息并进行个性化的旅游规划。

大数据技术可以帮助旅游企业根据消费者的历史行为和偏好，推荐相应的旅游线路和服务，从而满足消费者的个性化需求。例如，一些消费者喜欢自驾游，他们可以根据大数据推荐的线路规划自己的旅游行程，选择适合自己的交通工具和住宿方式。此外，大数据技术也可以帮助旅游企业谋划更加个性化的旅游体验，设计特色的旅游线路和活动，从而提高消费者的旅游体验。这种个性化的旅游服务也是旅游目的地短途化的原因之一。

因此，可以看出旅游目的地短途化已经成为了一种趋势。旅游消费者更加注重旅游的实用性和个性化，选择低风险和灵活的旅游方式。在大数据时代，旅游企业需要根据消费者的需求和趋势，提供更加个性化、便捷和高质量的旅游产品和服务，从而更好地满足消费者的需求和提升市场竞争力。

3. 信息获取和分享方式的变化

随着互联网的普及，越来越多的旅游消费者倾向于通过搜索引擎、社交媒体及

---

[1] 中国旅游研究院（文化和旅游部数据中心）. 中国国内旅游发展年度报告［R］, 2022.
[2] 李振坤. 消费者视角下智慧旅游对原有旅游模式的影响研究［J］. 中国商论, 2015（36）: 112-115.

专业的旅游信息平台等途径获取旅游信息。互联网上的信息量爆炸式增长，为消费者提供了更多的旅游选择和更丰富的旅游体验。在互联网上，消费者可以轻松地搜索到各种旅游目的地、景点、酒店、美食、交通等信息，了解旅游产品的价格、特色、评价等方面的信息，也可以通过社交媒体了解其他消费者的旅游经验和评价，从而更好地做出决策。有专家团队通过设计问卷调查发现，数字经济时代，92.8%的旅游消费者在线预订旅游产品前都会通过网络平台查询、比较前人的旅游攻略和感受心得，或者通过朋友圈、QQ空间等社交平台，征询亲朋好友的意见建议；86%的90后用户、67%的80后用户习惯于消费之后，在社交平台上分享体验。他们在消费之前会通过网络获取产品相关信息，消费之后再把自己的真实感受发表在公共平台，并与他人互动❶。另据《2021年中国在线旅游市场研究报告》显示，2019年在线旅游市场规模达到了1.8万亿元人民币，消费者通过互联网可以获得更丰富、更多样化的旅游信息❷。

此外，社交媒体也成为旅游信息获取的重要渠道。微信、微博、抖音等社交媒体平台上的旅游内容受到越来越多消费者的关注。2022年，疫情因素限制了线下旅游消费，但加速了旅游内容线上化的内容产出。社交平台的活动引导旅游内容产生了巨大的流量，抖音#旅游大玩家#话题收获1509亿次播放；微博#带着微博去旅游#话题高达1.4亿讨论。旅游内容创作者激增，2022年抖音、微博、小红书三平台的旅游达人同比增长68%，官媒账号同比增长37%。旅游内容创作量也达到新高，2022年1—9月，抖音新增旅游类内容13.9亿，播放量超过1.1万亿；小红书旅游笔记达到2200万以上。通过社交媒体，消费者可以获得更加真实、直观的旅游信息，也可以与其他消费者交流旅游经验和感受，从而更好地了解旅游产品和服务的优缺点。有一些学者从情感依恋的角度做研究，指出新兴媒体平台在内容分享和信息多元传播方面对旅游业的发展起到了信息化基础的奠定作用，在旅游者相关决策行为方面具有不可替代的重要性；一定数量的消费者通过新型媒体社交工具来获取旅游景点的信息，以规避未来旅行中的不确定风险；同时，一部分旅游消费者关注新兴媒体社交平台的相互作用和分享功能，这些功能与传统媒体有所不同❸。也有学者认为，移动短视频对旅游者的行为意愿有显著的影响，移动短视频的"动态性语言"视听合一、更直接化、感性化的情感偏向以及其社交属性显著影响了旅游者的行为意愿❹。

---

❶ 冀楠楠.智慧旅游对旅游消费者行为的影响机制［J］.现代营销（经营版），2019（11）：109.
❷ 艾瑞咨询.2021年中国在线旅游市场研究报告［R］，2021.
❸ 张燕华.基于情感依恋的新媒体社交平台对旅游消费者行为影响研究［J］.旅游纵览，2022（10）：142-144.
❹ 刘慧悦，阎敏君.移动短视频使用对旅游者行为意愿的影响研究［J］.旅游学刊，2021，36（10）：62-73.

第二节　时空维度下的旅游市场营销

一、时间维度

时间维度是大数据"时空关+"框架中一个关键的组成部分。具体分为时间跨度维度和时机选择维度。

通过分析在不同时间跨度下，旅游市场的动态变化与消费者行为的关联，能够更好地预测旅游趋势，优化营销决策。长期数据能揭示旅游市场的宏观趋势，如季节性变化、节假日旅游高峰等；短期数据则侧重于捕捉突发事件或即时营销活动对旅游市场的影响。与此同时，时间跨度维度的分析还帮助旅游业者识别出旅游市场中可能出现的周期性波动，以及不同时间段消费者偏好的变化，从而能够提前做好库存管理和资源配置，减少因市场变动带来的风险。同时，根据时间跨度的不同，旅游活动的宣传和推广亦需做出相应调整，确保信息的及时性和有效触达目标消费者。

企业可以利用大数据技术对旅游市场时间序列进行研究，对趋势进行预测，例如旅游热点目的地、旅游活动趋势等方面，从而制定相应的市场目标和营销策略。企业可以利用大数据技术对旅游搜索数据和社交媒体数据进行分析，了解消费者对不同旅游产品和服务的关注度和反馈，预测未来的旅游市场趋势，制定相应的市场目标和营销策略。

例如，根据百度指数趋势图，同为北京的知名景区，玉渊潭公园在春季有显著的搜索量高峰，而香山则在秋季搜索量达到高峰（图6-2）。那么玉渊潭公园可以推行春季主题推广活动，利用春天的特点，如温暖的气候、繁花似锦的景观等，强调玉渊潭公园在春季的美景和宜人的氛围。同时，还可以推出春季门票优惠、套餐优惠、赠送小礼品等活动，吸引游客选择在春季来访。也可以通过社交媒体、旅游平台等线上渠道，展示玉渊潭公园的春季魅力，吸引用户关注和参观。而香山则可以开展秋季主题推广活动，强调香山在秋季的壮丽红叶景观，通过宣传和营销材料展示秋天的美景来吸引游客。如在秋季举办红叶节活动，包括赏红叶、摄影比赛、文化表演等，吸引更多游客参与。还可以针对喜爱大自然和摄影的游客，重点推广香山的红叶景观，并提供相关摄影指导和活动组织服务。

而时机选择对旅游市场营销同样重要。该维度注重通过大数据分析确定最佳的营销时间点，从而实现精准推广和投放效率的提升。大数据可以揭示旅游需求的季节性和周期性模式。例如，通过对旅游搜索查询量的时间序列分析，可以发现不同目的地的旅游热度波峰和波谷，帮助营销团队精确调整宣传计划。社交媒体数据的实时监控可以捕捉到公众的情绪和兴趣变化，指导营销活动在特定节假日或社会事

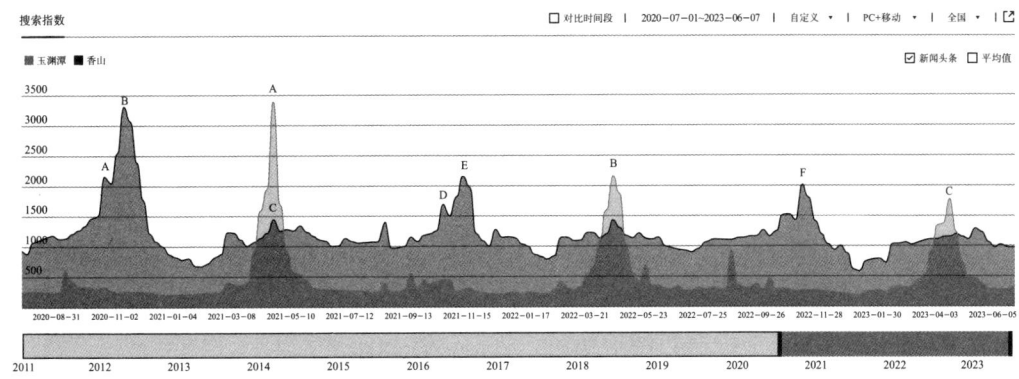

图 6-2　玉渊潭公园和香山公园的百度指数热度对比图

件前后的策略优化。大数据分析还支持实时或近实时的营销决策。通过监测旅游产品在线平台的预订数据，营销人员可以实时调整推广力度或优惠政策，满足快速变化的市场需求。此外，在大型活动或突发事件发生时，即时的数据分析可以帮助营销策略做出灵活调整，例如提供紧急避难所信息或特殊旅游服务的推荐等。

二、线下地理位置空间维度

在旅游市场营销活动中，地理位置的空间维度扮演着重要的角色。通过大数据分析技术，可以高效地对旅客的地理位置进行收集和分析，从而为营销策略的制定提供有力的支持。

例如，有专家团队通过"两步路"网站这一开放的 GPS 对象数据平台，采集 2013—2023 年 10 年间江西武功山旅游者的移动轨迹数据，运用 ArCGIS 技术实现 GPS 轨迹点的时空路径二维可视化，采用马尔可夫链和聚类分析两种方法将游客分组，对江西武功山旅游者参与体育旅游项目移动行为的时空格局进行分析。马尔可夫链分析揭示了游客在景区内参与体育活动的三种空间模式："邻近转移""跨度转移"和"枢纽转移"，聚类分析则进一步揭示了游客在景区内参与体育活动的"短暂参与""持续参与""深度参与"等三种时空模式。根据这些结果从旅游供给的角度，对武功山的体育旅游产品开发和精细化管理提供具体指导，比如通过调整体育旅游景点布局、开发体育旅游景点项目、提升体育旅游景点情感体验等措施，有效地提升武功山体育旅游体验的数量和质量❶。

---

❶ 陈国华，李风雷，丛睿等. 基于 GPS 数据的体育旅游目的地游客时空行为模式研究——以江西武功山为例 [C] // 江西省体育科学学会，全国学校体育联盟江西省分联盟，江西省体育学学科联盟，华东交通大学体育与健康学院. 第四届"全民健身科学运动"学术交流大会暨运动与健康国际学术论坛论文集，2023：2.

三、线上空间维度

随着数字技术的发展，线上空间维度成为旅游市场营销中不可忽视的重要组成部分。在大数据"时空关+"框架中，线上空间主要指的是网站、社交媒体平台、移动应用等数字媒介，这些平台的用户互动和内容分享为旅游营销提供了丰富的数据资源。

通过对旅游目的地官方网站、在线旅行社以及旅游咨询平台的浏览数据进行分析，研究识别了旅游者的兴趣点和需求趋势。结合搜索引擎优化（SEO）技术和关键词广告策略，可以精准推送目的地信息，提高潜在旅游者获取信息的效率。按照这一思路，有的学者提出了旅游目的地搜索引擎营销的概念及必要性，并利用百度指数概括了提高目的地搜索引擎营销效果的对策建议，如目的地需优化官网设计，提高其在搜索引擎结果排名页的可见性；目的地需把握旅游信息发布的时间规律和内容规律；以及多种网上营销方式配合，才能获取更好的协同营销效果[1]。

社交媒体作为人们表达情感、分享经验的虚拟平台，为旅游营销提供了即时反馈和口碑传播的机会。通过对社交媒体上的旅游话题、用户评论和分享行为进行监控分析，可以快速捕捉市场动态和消费者偏好，及时调整营销策略。更进一步，引入情感分析技术，可以对用户的情感倾向进行量化，从而为旅游目的地形象塑造和产品设计提供数据支撑。

大数据"时空关+"框架通过对线上空间维度的深入挖掘，不仅能够实现对旅游市场营销策略的优化，还为增强客户的参与度、提升旅游体验和构建长期客户关系提供了新的视角和工具。通过数据驱动的洞察和精准营销，线上空间成为旅游市场营销的新战场。

四、时空关联维度

在大数据"时空关+"框架的空间维度应用中，时空关联维度作为一项关键词，不仅体现了时间和空间数据的结合，也强调了二者如何通过相互联系影响旅游市场营销。在此维度下，旅游营销策略的制定不是孤立地考虑时间点或地理位置，而是将两者和环境变量结合起来，分析消费者的行为模式和偏好变化，这有助于更精确地预测市场动态，进而实现营销活动的精准投放。

举例来说，在旅游高峰期，某地区特定旅游点的人流量大增，借助时空关联分析，可以迅速捕捉到这一变化，并结合历史数据分析确定何时何地的促销活动最可能吸引消费者。同样，通过对不同时间段旅游消费者在各个地点的停留时间、路线选择等时空行为的跟踪，能够发现潜在的需求模式和偏好趋势，为产品定位和差异

---

[1] 周晓丽. 旅游目的地搜索引擎营销研究［J］. 忻州师范学院学报，2016，32（05）：63-69.

化营销提供有力支持。

时空关联维度的分析也促使营销人员关注特定时间或地点的重大事件对旅游需求的影响。例如，当一场重要节日或文化活动即将发生时，旅游市场营销策略可以利用这种时空关联，通过推出与事件相关的特色旅游产品或服务，吸引那些对此类活动感兴趣的消费者。在实际操作中，通过高级的数据挖掘技术和机器学习算法，可以构建模型对时空关联数据进行分析，不仅可以识别出影响消费者决策的时空因素，还能够实时调整营销策略，以响应市场的快速变化。通过这种方式融合时间和空间数据的深层次应用，能够显著提升旅游营销活动的时效性、相关性和个性化程度，从而达到优化营销效果的目的。例如以张家界天门山景区为案例地，通过采集新浪微博相关数据，运用客流集中度、空间自相关分析等研究方法从时间、空间二元视角探究旅游者的行为模式、客源地空间结构特征以及旅游节点空间结构特性，并得出相关结论，提供营销建议[1]。

第三节 关联维度的旅游市场营销

一、节点属性

在旅游市场营销过程中，节点属性维度通过对旅游市场内各参与者及其属性的深入分析，为营销策略提供了重要参考。节点属性是指在旅游市场中，不同的旅游目的地、服务提供商、旅游产品以及消费者等各类参与者所具有的特定属性和特征。在大数据"时空关+"框架下，节点属性维度的开发与利用有助于实现个性化营销，对于提升市场营销效果，具有显著意义。

对节点属性的精确把握，使得市场营销能够更加精准地对应消费者需求。对于游客层面，可通过追踪与分析游客的年龄、性别、消费能力、旅行偏好等信息，精细化地对市场进行细分，推出符合特定消费者群体需求的旅游产品。而通过分析目的地的属性，如地理位置、旅游资源类型、当地文化特色等因素，构建旅游目的地品牌，可以更有效地进行旅游产品的包装与推广。

（一）旅游消费者画像

消费者是旅游市场中最重要的节点，洞悉消费者的特征是旅游市场营销的关键。

---

[1] 贺小荣，李宗幸，李启明等．基于数字足迹的风景名胜区旅游者时空结构特征研究——以赴张家界景区的旅游者为例[J]．湖南师范大学自然科学学报，2018，41（01）：11-17．

数字经济时代，在线旅游蓬勃发展，Z世代年轻人逐渐成为旅游消费的主流。针对在线旅游消费者和Z世代旅游消费者进行画像分析，能够明确旅游市场定位，为营销分析打好基础。

（1）**线上旅游消费者画像**。在线旅游行业是一个利用互联网、移动互联网以及电话呼叫中心等渠道，向消费者提供旅游相关信息、产品及服务的领域。它涵盖了在线机票预订、在线酒店预订、在线度假套餐预订等多个方面，同时还提供其他旅游相关产品和服务，例如商务旅行、保险、Wi-Fi等。

（2）**Z世代旅游消费者画像**。随着Z世代群体的消费能力越来越强，旅游成为他们重要的休闲娱乐方式之一。而Z世代在寻找诗和远方的过程中，也表现出了鲜明的特性。为了解这个群体在旅游消费方面的趋势，《每日经济新闻》调查发布了《Z世代旅游消费趋势报告》❶。

（3）**基于消费者画像的旅游市场营销**。企业可以利用大数据技术分析消费者的旅游需求和偏好，综合旅游时间、旅游预算、旅游目的地、旅游活动等方面，从而做出有效的决策。

例如，根据Z时代用户画像，旅游企业可以做出以下有效的决策：

开发自然风光旅游产品：考虑到Z世代偏爱自然风光的倾向，旅游企业可以专注于开发具有自然风光的旅游目的地和景点。这可以包括山区、海滩、湖泊、森林等大自然环境，并提供相应的户外活动和探险体验，以激发年轻人的兴趣。

考虑学生群体出游需求：由于Z世代中多数为学生，他们在寒暑假等学校假期有更多的出游时间。旅游企业可以根据学生的假期安排开展相关的推广活动和优惠政策，吸引学生群体选择该旅游目的地。

灵活的假期安排和行程设计：考虑到Z世代拼凑假期的特点，旅游企业可以提供灵活的假期安排和行程设计，以满足他们的需求。例如，提供多样化的旅游套餐和选择，允许游客根据自己的时间安排和兴趣定制行程。

强化营销策略和渠道：针对Z世代的特点，旅游企业可以加强数字营销策略和在线渠道的运营。通过社交媒体、旅游平台和移动应用程序等渠道，与Z世代建立互动和沟通，传递有针对性的旅游信息和优惠活动。

提供多样化的行程时长选择：考虑到Z世代的出游时长偏好，旅游企业可以提供不同时长的旅游产品和行程选择。除了3至7天的短途旅行，还可以设计更长时间的旅游线路，以满足那些希望延长假期的Z世代游客的需求。

个性化和定制化服务：借助大数据技术和客户关系管理系统，旅游企业可以收集和分析Z世代的偏好和消费习惯，从而提供个性化和定制化的服务。这可以推荐符合他们兴趣的旅游活动，提供个性化的行程建议和定制化的旅游产品。

---

❶ 每日经济新闻.Z世代旅游消费趋势报告［R］, 2022.

(二)旅游目的地品牌构建

数字经济背景下,大数据融入旅游产业发展与品牌建设是一种必然趋势。旅游品牌的设立是旅游行业市场推广中一项极为有力的策略,能够快速有效地吸引市场的关注,为旅游目的地及景区带来显著的价值转化和利润实现,同时还能树立一个可信、独特的品牌形象,并提升旅游产业的附加价值。在知识经济与信息社会融合的大环境下,大数据作为一种独特的资源、工具和价值优势,已经成为各个行业和领域非常重要的战略资源。通过对数据的挖掘、收集、分析和整合,大数据在市场选择、产品定位和品牌建设方面为各行业提供了重要的支持。旅游目的地可以充分利用大数据的特性,创立并推广文化旅游品牌,促进本地旅游业的快速和健康发展。

旅游品牌的构建是一个动态过程,需要经历一个个环节才能得以确立和形成。朱强华、张振超提出了旅游景区品牌构建的模型,认为旅游品牌的建设就是"以增强景区竞争力为目的,以旅游景区品牌资产为核心,通过品牌定位、品牌设计、品牌传播、品牌保护、品牌延伸和品牌创新这六位一体的管理体系建立起相对于其他景区的竞争优势。"[1]所以,一般来说,一个旅游品牌的构建都要经过品牌定位、品牌设计与开发、品牌营销与传播、品牌管理和维护等几个环节。

作为感知性的活动,游历能在体验之后催生口碑的传播,进而造就旅行目的地的品牌塑造。大数据不仅是一种重要财富,同时也是一种技术手段,其相关硬件设施以及软件支持能协助数据的使用者获取最优的经济收益、社会利益及环保效果。大数据有力地、精准地吸引市场眼球,不仅给旅游目的地及其景区带来了大量的价值转化和利润,还可在大众心中树立起值得信赖的独特品牌,推广口碑,提升游览业的附加价值。这主要表现在以下几个方面:

(1) **大数据助力旅游品牌定位**。在品牌定位的过程中,旅游目的地可借助海量数据深刻理解游客的内心及喜好,发掘旅游地的主要关注点,提炼出独特性,从而打造吸引力十足的地方品牌形象。同时,通过优化基础设施、产品和服务,提升目的地在游客心中的地位。利用大数据还可以详尽分析游客的年龄、籍贯、性别、兴趣等信息,识别主要客源市场和主要客群,实行精准营销和品牌推广,进而提高旅游目的地品牌推广效果,降低推广成本。

(2) **大数据优化旅游品牌设计与开发**。通过设计并构建旅游品牌形象,使游客更形象、直观地了解旅游地,发现其独具个性和特色的地域文化、风土人情,激发游客的强烈体验欲望。旅游目的地可通过收集数据,分析潜在旅游者的喜好,为产品设计提供有益的参考。例如,可借助旅游网站、微博、微信等网络渠道,收集用户对文化旅游资源的点击、探讨数据,分析用户的喜好偏向,并以此为依据,结合本地旅游资源及特色文化元素,进行文化旅游品牌形象设计。

---

[1] 朱强华,张振超.旅游景区品牌管理模型研究[J].桂林旅游高等专科学校学报,2004(06):27-31.

（3）大数据推动品牌营销与传播。可以通过提升人们对旅游品牌整体认知的方式推动品牌营销与传播。文化旅游目的地可利用聚合数据功能突出的媒体，向大众传达文化旅游资源，并挑选合适的互动内容和形式，推动人们对文化旅游资源的交流、互动、开拓和传承，阐明他们的见解和立场，激发大众的积极参与，提高大众对文化旅游品牌的认知度。同时，还可充分应用大数据分析旅游消费者的消费行为习惯，认识并掌握广大的潜在旅游消费群体对文化旅游资源的实际需求，从而完善相关品牌营销策略，更好维护文化旅游品牌形象，进一步提高大众对文化旅游品牌的整体认识，提升文化旅游品牌的知名度和影响力。

运用大数据资源整合的功能，可以高效整合与文化旅游品牌形象相关的宣传材料，便于大众查找。通过收集和分析消费者的文化旅游行为数据，建立全面的旅游消费模型，精确识别潜在的旅游消费群体的消费意图，细化个体旅游规划，明确文化旅游目标消费群体。此外，还可以利用大数据获取消费者对文化旅游的偏好、文化旅游品牌形象的评价数据和各个旅游环节的跟踪信息，有助于进一步优化文化旅游品牌形象，然后通过多种方法和渠道传播文化旅游品牌形象，评估品牌传播效果，不断调整各环节，直至达到最佳效果。在大数据时代，消费习惯发生了巨大变化，旅游消费者与旅游品牌之间的互动关系也呈现出平行互动的特点，因此旅游目的地可以实施文化品牌互动传播，借助大数据技术精确找出旅游业与消费者互动的切入点和方式，例如分析他们的网络行为，了解他们的心理和行为特征，预测他们的文化旅游需求和行动，适时推送相关广告，推进文化旅游品牌形象的传播，扩大品牌形象影响力，提升受众对品牌形象的认可度和忠诚度。

（4）大数据促进品牌管理与维护。随着旅游业的不断发展，旅游品牌的意义变得越来越重要。一旦一个旅游品牌建立了知名度和美誉度，它就会成为一种无形资产，也是品牌资产。然而，在激烈的市场竞争中要维护品牌的可持续发展，就必须注意对品牌的管理。旅游品牌的管理和维护是贯彻在整个旅游品牌的构建过程中，包括品牌确立后品牌商标的保护、产品质量的把关、旅游设施服务、员工的管理、游客的反馈、品牌的延伸等等，都是品牌管理和维护的内容。

然而，这些工作都需要大量的数据和信息支持，而这些数据和信息可以通过大数据技术来获得和分析。旅行社能够利用大数据分析更全面地了解游客的需求和反馈，从而有针对性地改进旅游产品和服务。例如，通过分析游客的搜索行为和访问记录，可以了解他们的喜好与需求，进而更好地满足他们的需求。此外，通过对游客反馈的数据进行分析，可以了解他们对旅游产品和服务的评价和意见，从而及时调整和改进产品和服务，提高旅游品牌的满意度和美誉度。

同样，大数据还能协助旅游企业发掘市场趋势和竞争对手，便于更佳地实施品牌定位和策略规划。通过对市场数据和竞争对手信息的剖析，可领悟市场需求和趋势，进而制定更精准的品牌定位和营销策略。除此之外，通过分析竞争对手，可了解他们的长处和策略，从而制定更为有效的竞争策略，提升旅游品牌的市场占有率和知名度。

此外，大数据还可以对品牌声誉进行监测，及时发现负面信息并采取措施进行应对，从而保障品牌的形象和声誉。通过实时监测社交媒体等渠道的信息，可以及时发现负面信息和舆情，从而采取措施进行应对和修复，避免负面信息对品牌形象和声誉的损害。

总之，大数据技术的应用可以提高旅游品牌管理和维护的效率和精度，为旅游品牌的可持续发展提供更为坚实的基础。旅游企业可以通过大数据技术获得更多的数据和信息，从而更好地了解市场和客户，制定更加精准的品牌策略和营销策略，提高品牌的知名度和美誉度。为了更好地应对市场的变化和竞争的挑战，旅游企业应该积极采用大数据技术，加强品牌管理和维护，提高品牌的竞争力和市场占有率。

二、节点关系

（一）社会网络平台用户关系

在大数据"时空关+"框架下，社会网络平台用户关系维度为旅游市场营销提供了新的视角和价值。社会网络平台上用户之间的互动、信息共享和情感交流构建了丰富的社会关系网。这些关系不仅揭示了用户间的联系强度，还反映了用户的兴趣偏好和信任度，对于旅游产品的传播和口碑效应具有重要作用。

在实践中，对社交网络中用户发表的内容进行情感分析，能够理解消费者对某旅游目的地或产品的情感态度，这对产品改进和服务提升至关重要。另外，依据用户在社交网络中的社会关系强度和群体行为特征，旅游企业可设计更具针对性的推荐系统和营销策略。例如，通过追踪用户间的共同旅行经历分享，以及对旅游地点的集体评价，可以精准推送符合这些用户群体偏好的旅游套餐和促销信息。

研究表明，对于旅游目的地营销组织和旅游企业来说，深入分析社交媒体网站上的评论，挖掘社交媒体用户内容所包含的潜在信息以提供决策参考、改善分析游客旅行后体验的服务等，能更好地发挥营销的价值❶。

（二）旅游景区客户关系管理

旅游景区客户关系管理也是大数据节点关系营销中重要的一环。客户关系管理（CRM）是当前学术界和企业界广泛关注的一种管理策略。为最终实现招徕及留住顾客的目的，客户关系管理注重在市场营销、销售以及服务支持等领域，基于对客户的细致分类，提供周到的服务体验，旨在提升客户的感受，保持高额利润客户。在

---

❶ KIM W G，PARK S A.Social media review rating versus traditional customer satisfaction［J］. International Journal of Contemporary Hospitality Management，2017（2）：784-802.

于点滴服务中表现出的细心备至与热忱使客户忠诚度与满意度得以提高,视客户资源为企业发展不可或缺的宝贵财富,重视与消费者之间的沟通与互动,并将营销策略紧密围绕客户需求展开,为的是最大化营造客户的终生价值及企业的利润增长。具体而言:

(1)**旅游景区客户分类及客户关系模式**。客户分类实际上是根据客户的不同属性对客户进行科学区分的过程。根据菲利普·科特勒的营销渠道模型,可以对客户进行合理的分类❶。对于旅游景区来说,客户群体可以分为渠道客户和消费客户两种。渠道客户是指那些虽然没有直接消费景区服务,但通过其渠道与景区建立直接客户关系的消费者,包括增值消费者和转售消费者。转售消费者通常是指代理商,而增值消费者则是指以营利为目的的第三方企业,如旅行社。消费客户则包括散客在内的那些直接购买门票享受景区服务的消费者,这类游客主要是近郊旅游游客和自驾游游客。

在学术界的一般认知中,客户关系管理(CRM)是一种通过对客户进行科学合理分类管理,并有针对性地开展以客户为中心的不同业务的商业方案。这种方法通常能带来良好的用户体验,提高企业利润,同时也能为企业带来正面评价。因此,旅游景区客户关系管理是指景区管理者利用各种策略、技术和工具来建立、维护和加强与游客之间的良好关系,以提升客户满意度和忠诚度,从而促进景区的持续发展。

旅游景区客户关系模式经历了三个阶段:第一个阶段是传统阶段,景区通过优惠政策与增值客户合作进行市场拓展;第二个阶段是集成了互联网、电子商务等先进IT技术的信息化阶段;第三个阶段是引入了大数据技术的客户关系管理阶段。在这三个阶段中,景区的客户关系模式发生了根本性的结构变化。

在第一个传统阶段,景区通过合作政策和优惠措施吸引旅行社组织团队游客,旅行社作为重要合作伙伴,为景区带来稳定客源并在行程安排、导游服务等方面提供支持。然而,随着时代和科技的发展,越来越多的游客选择自助游,由于客户关系管理要求景区不断了解客户需求,但景区无法及时收集第一手信息,因此很难在第一时间提供客户最想要的服务和产品。

在第二个阶段里,旅游景区的客户关系模式开始向电子商务阶段转变。随着互联网的普及,旅游景区开始提供在线预订和购票服务。游客可以通过景区官方网站、旅游平台或移动应用程序预订门票,享受便捷的购票体验。这种方式不仅方便了游客,也为景区提供了更多的销售渠道和数据收集的机会。景区还可以通过社交媒体平台(如微博、微信公众号)建立与游客的互动渠道。景区可以发布最新的活动信息、景点介绍和特别优惠,同时鼓励游客在社交媒体上分享他们的游览体验和评价。这种在线互动有助于扩大景区的知名度,提高游客的参与度和忠诚度。这些技术的

---

❶ 温冉. 旅游景区客户关系管理[J]. 合作经济与科技,2017(06):106–107.

引入使得景区能够更加高效地管理客户关系，提供个性化、便捷和优质的服务，同时也为景区和游客之间的互动提供了更多的可能性。

第三个阶段，随着大数据技术的广泛应用，旅游景区能够更好地理解和管理客户关系，从而提供更个性化、精准和优质的服务。

（2）传统客户关系管理的挑战和局限性。传统旅游景区客户关系管理存在一些挑战和局限性，这些问题限制了景区管理者有效地与游客建立和维护良好的客户关系。第一是数据获取和整合困难。传统景区客户关系管理通常依赖手动方式收集和整合客户数据，这既耗时又容易出错。数据来源分散，包括门票销售、预订系统、访客调查等，而且往往以不同的格式和标准存储，使得整合和分析变得复杂。传统客户关系管理缺乏个性化服务能力，往往无法满足游客个性化需求。景区管理者通常难以准确了解每个游客的偏好和需求，无法提供个性化的推荐和定制化服务，从而限制了提供优质游客体验的能力。第二是信息反馈滞后。传统客户关系管理中的反馈机制相对滞后。游客提出的问题和意见需要一定时间才能得到回应和解决，这会导致游客的不满和流失。对于景区管理者而言，难以及时了解游客的反馈和需求，从而无法及时改进服务和解决问题。第三是有限的分析和预测能力。传统客户关系管理缺乏强大的数据分析和预测能力。传统手段难以处理大规模的客户数据，难以发现潜在的市场趋势和客户行为模式，无法提供准确的预测和决策支持。第四是缺乏跨渠道整合能力。在传统客户关系管理中，景区管理者通常难以有效整合不同渠道的数据和信息，如线上预订系统、社交媒体平台、客户服务中心等，这导致了信息孤岛和不协调的客户体验。第五是还存在安全和隐私问题。传统客户关系管理面临着安全和隐私的风险。客户数据的收集、存储和处理可能存在安全漏洞，客户的隐私可能受到侵犯，从而影响客户信任和稳固关系的建立。

这些挑战和局限性表明，传统的客户关系管理方法在满足现代旅游景区客户需求和应对市场变化方面存在一定的不足之处。因此，借助大数据技术和创新的客户关系管理方法可以克服这些问题。

（3）大数据技术在旅游景区客户关系管理中的应用。数字经济时代，旅游景区可以通过应用大数据技术来进行客户关系管理。第一，数据分析和个性化推荐。借助大数据技术，景区能够收集和分析各种来源的客户数据，如在线预订、移动应用、社交媒体等。这些数据包括游客偏好、消费习惯、行为轨迹等，从而帮助景区深入了解客户需求，并进行更精准的市场定位。同时，利用收集到的用户数据，旅游景区可以实现个性化推荐和定制化服务。通过分析客户数据，景区可以根据游客的兴趣和偏好，向其提供相关的推荐景点、活动或特殊服务，从而提升客户满意度和忠诚度。第二，实时反馈和改进。大数据技术使得景区能够实时监控客户反馈和意见。通过分析客户的实时反馈数据，景区可以快速识别问题和改进点，以便及时调整和改进服务质量，增强客户体验。李红等研究表明，大数据平台为客户关系管理的实施提供了强大的数据支持,为企业的各项决策提供了重要的参考。通过对大数据平台的构建和利用,企业能够强化对员工和合作方的管理,为企业的建设和发展创造良好的人力和物质资源环境。此外,基于大数据的客户关系管理能够更准确地了解和分析用户需求,使企业提供的服务能够更好地提升客户的满意度和忠诚度❶。第三,跨渠道整合和营销。大数据技术使得景区能够整合不同渠道的数据和信息,从而实现跨渠道的客户关系管理。景区可以通过整合线上线下渠道,提供一致的客户体验,并进行更精准的营销和推广。孙津研究发现,数据挖掘可以有效解决营销员工变动频繁、客户信息散乱等问题。同时,数据挖掘技术在企业客户关系管理中还可以使客户信息分析更加细化、帮助维系客户减少流失、完善客户关系管理、提高交叉销售分析等❷。

综上所述,引入大数据技术使得旅游景区客户关系管理进入了一个更加智能化和精细化的阶段。大数据技术的应用为景区提供了更深入的客户洞察和更个性化的服务能力,进一步提升了客户满意度和忠诚度。

第四节　内容、场景维度的旅游市场营销

一、内容维度

在大数据"时空关+"框架的内容维度分析中,旅游市场营销活动的内容成为吸引潜在游客注意力的关键。内容的创造与展示不仅需要考虑消费者偏好的多样性,还应紧密结合旅游目的地的特色与旅游产品的特点,从而实现精准营销。

通过大数据技术对历史和实时数据的深度分析,可以洞悉消费者的兴趣点和行为模式。例如,社交媒体分析可以揭示用户关于旅游地的讨论热度、情感倾向以及内容共享行为,为旅游营销内容的定制提供依据。此外,对用户评论、评分和反馈的聚合分析,能够辅助理解消费者对特定旅游体验的评价,指导营销内容的调整和优化。

营销内容的个性化制作是本维度的另一重要方面。借助大数据技术,营销者能够根据不同用户群体的特性,设计符合其喜好和行为习惯的内容。该框架支持实施如用户画像匹配、兴趣目标广告等个性化策略,以提升用户的互动性和转化率。

内容营销的创新也是吸引用户的重要手段。不断更新的内容形式,如虚拟现实

---

❶ 李红,夏咏梅,刘琳.大数据背景下去哪儿网客户关系管理研究 [C] // 四川劳动保障杂志出版有限公司.劳动保障研究会议论文集(六).成都信息工程大学;成都信息工程大学管理学院,2020:3.

❷ 孙津.数据挖掘技术在企业客户关系管理中的应用 [J].统计与管理,2017(12):155-156.

（VR）旅游体验、360°旅游视频、互动式景点导览等，都是借助新技术提升用户体验的范例。这些新颖且富有吸引力的内容形式不仅让潜在游客感受到目的地的魅力，还可增强信息的传播力，进一步强化营销效果。

内容维度在大数据"时空关+"框架中发挥着至关重要的作用。通过针对目标群体制定精彩而有针对性的内容，不仅可以提高营销活动的吸引力和互动性，还能有效提升旅游产品的销售绩效和品牌影响力。

二、场景维度

场景绑定维度是指在旅游市场营销过程中，围绕消费者所经历的具体场景进行定制化营销的策略。在大数据"时空关+"框架中，场景绑定维度能够通过对于消费者旅游前、中、后各个阶段的行为模式进行细致分析，挖掘出具体场景下的消费者需求和偏好，为营销活动提供更加精细化和个性化的方向指导。

针对旅游预订阶段，通过分析消费者的搜索历史、页面停留时间、预订习惯等行为数据，可以识别出消费者的出行意向和偏好，以及他们更倾向于什么样的预订通道和时间。这一阶段的场景分析使得旅游企业能够提前规划营销策略，通过定向推送符合消费者预期的旅游产品和促销信息，以提高转化率。

在旅游过程中，借助位置数据、移动轨迹等信息，可以实时掌握消费者的地理位置和行程安排，结合历史行为数据分析其可能的需求变化。例如，旅游景区可以通过分析游客在特定时间段内的聚集情况，推出时空关联的优惠活动，从而提升游客体验并激励消费。

旅游结束后的场景分析则更多关注消费者的回馈和反馈。通过收集社交媒体上消费者的分享、评价等信息，了解消费者的满意度和口碑传播情况，进而优化后续的产品和服务。此外，分析回流数据有助于识别忠实客户，并针对这一群体开展回馈活动或个性化推广。

总体而言，场景绑定维度强调在大数据支撑下，围绕消费者旅游生命周期的每个环节制定符合其特定需求的营销方案。这不仅能够极大地提升营销活动的精准度和有效性，还能在各个触点上塑造和加深旅游品牌的印象，对提升整体旅游市场营销的绩效具有积极的推动作用。

第七章

大数据推动智慧景区管理

随着大数据、物联网等技术快速发展，移动互联网的时代到来，旅游市场发生了更深层次的变革，游客的需求更加个性化、自由化以及智能协同化，因此智慧旅游景区也进入了一个新的发展阶段。和传统数字景区注重对物的管理不同，高级智慧景区也注重对人的管理，做到了"人"和"物"的结合。在过去景区信息化的基础上，高级智慧化景区添加了景区管理、规划以及游客感知等方面，是对传统数字景区的升级。

虽然传统数字景区和高级智慧景区的诞生都是为了提高景区服务质量和游客体验，但是高级智慧景区的建设更偏向于景区的营销宣传，服务能力以及运营管理水平的提高，对于游客的体验给予更多的重视。对于未来，随着大数据技术的不断改进以及和旅游业结合得更加紧密，智慧景区也会继续向着网络化、智能化、数字化和绿色化的方向持续升级（图7-1）。

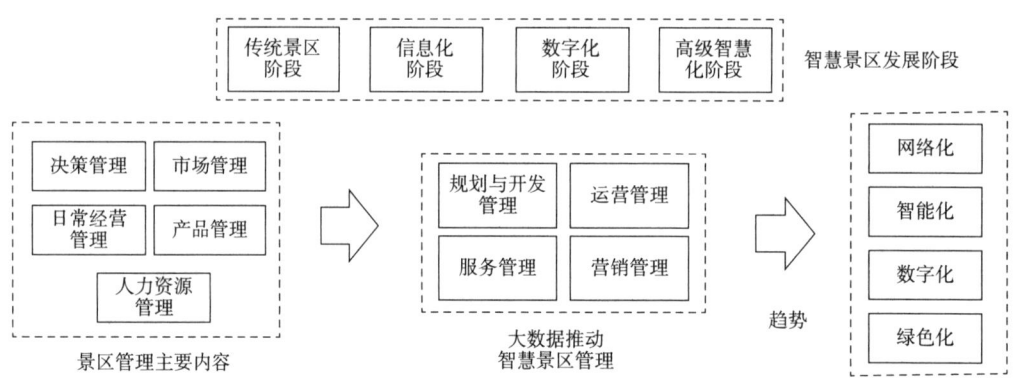

图7-1 大数据推动智慧景区管理总体框架图

第一节　智慧景区管理及景区大数据

一、旅游景区管理

（一）旅游景区

旅游景区是整个旅游活动的重要场所，景区旅游产品或业态产生的吸引力使得旅游活动能够顺利的展开，景区也是整个旅游业发展的核心。但是，由于景区所涵盖的内容和范围比较广泛，对于旅游景区的定义并没有统一的规定。在国内旅游景区的概念以 2013 年颁布的《中华人民共和国旅游法》中的概念为主，旅游景区是为旅游者提供游览服务，有明确的管理界限的场所或者区域❶。《A 级景区评定标准（2016）》❷提出，旅游景区是以旅游及其相关活动为主要功能或主要功能之一的空间或地域。旅游景区是指具有参观游览、休闲度假、康乐健身等功能，具备相应旅游服务设备并提供相应旅游服务的独立管理区，该管理区应有统一的经营管理机构，明确的空间边界和连续的地域范围。

对旅游景区的功能，学术界的理解也是逐步完善和升级的。如杨正泰在 2000 年指出，旅游景区是旅游者到达旅游目的地之后的重要活动场所，泛指具有一定自然或人文景观，可供游人游览并满足某种旅游经历的空间环境❸。张凌云在 2004 年提出旅游景区是以吸引旅游者为目的的，根据旅游者接待情况进行管理，为旅游者提供一种快乐、愉悦和审美的体验并开发潜在市场需求，提供相应设施和服务，有较明确范围边界和一定空间尺度的场所、设施或活动项目❹。杨桂华进一步补充，认为景区是指以其特有的旅游特色吸引旅游者前来，通过提供相应的旅游设施服务，满足其观光游览、休闲娱乐、度假康体、科考探险、教育和特殊旅游的需求，有专门经营管理的旅游管理地域综合体❺。王德刚在 2009 年也提出，旅游景区是以旅游资源或一定的景观、娱乐设施为主体，开展参观游览、娱乐休闲、康体健身、科学考察、文化教育等活动和服务的一切场所和设施❻。本研究所讨论的旅游景区以《中华人民共和国旅游法》中的概念为标准。

（二）旅游景区管理

1. 景区管理的概念

景区管理就是景区的管理者通过相应的管理理论和原则，在分析市场的前提下，再运用合适的管理方法，对景区的物力和人力等资源进行高效的规划、控制和计划等管理，通过对景区资源更高效的配置，来实现景区长期战略和短期目标的过程❼。

2. 景区管理主要内容

因为景区的类型有很多，对于不同的景区类型，其性质、功能、管理目标、组织结构、管理体制和治理结构等方面都会有很大的不同。所以，景区要根据自身的

---

❶ 中华人民共和国旅游法. https://www.gov.cn，2013-04-25.
❷ 中华人民共和国文化和旅游部 A 级景区评定标准. https://www.mct.gov.cn，2016.
❸ 杨正泰. 旅游景点景区开发与管理[M]. 北京：北京大学出版社，2000.
❹ 张凌云. 旅游景区景点管理[M]. 北京：旅游教育出版社，2004.
❺ 杨桂华. 旅游景区管理[M]. 北京：科学出版社，2006.
❻ 王德刚. 旅游区开发与管理[M]. 北京：清华大学出版社，2009.
❼ 邹统钎. 旅游景区开发与管理[M]. 北京：清华大学出版社，2022.

特点，选择适合自己的管理模式和治理结构，这样才能最大化凸显自身优势，立于不败之地。对于我国来说，景区管理的内容主要包含以下五个方面❶：

第一，景区决策管理。景区的长期发展目标能否实现离不开景区的发展战略，科学有效的决策能够保障景区目标的顺利实现。景区的决策必须要符合社会的发展，符合社会大的趋势，另外还要根据景区自身的条件以及对周边竞争对手的分析来制定景区的各项决策，从而确定景区合理的发展目标。

第二，日常经营管理。我国大多数的景区都采用的是企业管理的模式，其中比较例外的是城市公园、绿地广场以及具有公益性质的景区，而经营的目的就是要获得经济利益。而景区要想获得经济收益，就要注重景区的日常经营管理，即利用景区的资源来提高景区的吸引力和旅游者的满意度，从而获得收益。所以说景区就要重视旅游服务、游客的满意度以及景区服务人员的态度等各个方面的管理，从而保障景区获得稳定发展。

第三，景区市场管理（如渠道推广、促销活动、游客管理活动）。景区的市场管理主要包含景区的营销和渠道推广及游客管理，虽然市场营销以及渠道推广本身并不创造需求，但是市场营销可以影响人们的欲望和需求，向人们告知可以满足其特定需要的产品，从而使得旅游产品对旅游者具有吸引力。景区既可以通过线上推广制定数字营销战略，包括社交媒体营销、搜索引擎优化、内容营销，以扩大在线可见度，也可以通过传统媒体（电视、广播、印刷品等）的线下推广和战略性合作，提高景区在线下的曝光度。与此同时，促销活动在短期内通过巧妙的定价策略、限时折扣、套餐推广等手段，激发游客的购买欲望，引导他们选择景区作为旅行目的地。两者相辅相成，共同推动了景区在竞争激烈的旅游市场中的发展。对于游客管理活动，看似和景区的盈利没有直接关系，但是其在景区管理中的地位非常重要。景区需要维护良好的秩序，保障游客的生命财产安全，同时又要通过各种宣传教育和合适的引导来约束游客各种不文明和危险的行为。相较于盈利来说，游客的安全和景区文物的维护更为重要。

第四，景区产品管理（如旅游商品、线路、业态等）。旅游景区产品管理主要包括旅游景区产品的开发与规划，景区线路设计以及业态的创建。景区的资源开发是一个不断深化和持续的过程，随着社会的发展以及游客文化水平的提高，人们对于景区的形式和内容的要求也越来越高。所以景区也需要不断开发新的产品，不断发掘自身的潜力，从而使得景区对游客能够保持吸引力。另外，景区在进行资源开发和产品创新之前必须要进行规划，比如景区内部的结构、景区的功能、布局等等，只有这样才能避免景区的过度开发。

景区线路规划和业态的创建同样重要，它是引领游客有序游览的关键，能够提

---

❶ 杨絮飞，蔡维英．旅游景区管理［M］．北京：北京大学出版社，2022．

升游客体验、优化景区流量分布、确保安全有序游览。巧妙设计的线路不仅让游客自然而然地领略景区的亮点，还能够凸显景区的独特魅力，增加吸引力。通过合理导引，景区能够有效控制游客流，避免拥挤和拥堵，提高运营效率。景区业态指的是在旅游景区内各种商业和服务形式，包括各类经济活动、文化创意、娱乐休闲等元素。这些业态的设计和发展旨在丰富游客在景区的体验，提供各种服务、商品和活动，从而增加景区的吸引力、盈利能力，以及提升游客的满意度。

第五，人力资源管理。景区的发展离不开人力资源的支持，人力资源才是景区发展的核心竞争力。想要在竞争中获得优势，景区就要不断加强人力资源的管理，特别是对人力资源密集型产业的旅游业来说，人力资源的重要性体现得更加明显，对员工的规划、培训、招聘、激励等各个方面都必须制定相应的管理制度。

二、智慧景区及其技术演进

（一）智慧景区概念

目前对于智慧景区的概念尚没有达到共识。对于智慧景区的理解，从大的方向可以分为广义和狭义两个方面。广义的智慧景区，主要是指将现代信息技术和科学管理的理论高度结合，从而使得人与自然和谐发展，创造一个低碳智能高效的景区，能够为游客提供更加优质的服务的同时，还能更加有效地保护环境，实现景区可持续发展。狭义的智慧景区，主要是指数字景区的升级和改进，景区可实现智能化高效运营，能够在社会、经济、环境三大方面同时进行更深入的智能化、互通互联，以及强化游客的感知。狭义的智慧景区其侧重点更多在于技术方面的提升，而广义的智慧景区则更加强调管理方面的升级。总之，无论是狭义还是广义的智慧景区，都只是智慧景区定义的一种延伸，其最终目标都是一致的，都是为了改善游客的旅游体验，提高景区自身的管理和服务水平[1]。

（二）智慧景区的技术演进

随着现代科学技术的不断发展以及和旅游业结合的愈加紧密，整个旅游过程也变得更加智能化，从而推动了智慧景区的发展和建设。智慧景区的不断升级也为游客带来了前所未有的体验和便利，但是智慧景区的建设并非一日之功，而是需要不断完善和改进。总体来说，智慧景区的全面建设要经历四个阶段[2][3]：

第一个阶段是传统景区阶段，主要时间集中在 1970 年到 1989 年，是中国旅游业

---

[1] 张杨，朱麟奇.吉林省智慧景区评价指标体系构建探讨[J].绿色建造与智能建筑，2023（04）：82-85.
[2] 孙艳红，王轻楠，吴杰.龙门石窟智慧景区建设研究[M].北京：中国经济出版社，2019.
[3] 管菁，管清宝.旅游景区可持续发展之路——"智慧景区"规划设计[J].智能建筑与智慧城市，2020（08）：13-17.

发展的初期阶段。在这一时期，中国许多景区开始意识到旅游业的潜力，逐渐从传统的文化和自然景观保护转向旅游经济的开发。这一时期的景区经济主要依赖门票销售，因此也可被称为门票经济阶段。景区通过收费入场的方式，实现了一定程度的经济收入，这成为支持景区基础设施建设和维护的主要资金来源。景区管理者也开始思考如何更好地组织和引导游客，提升游览体验，以留住游客并吸引更多游客前来。这一时期也标志着中国旅游业逐渐融入市场经济体系，开始注重经济效益和管理运营的商业化思维，是中国旅游业发展的起步阶段，为后来更为复杂和多元化的旅游经济体系奠定了基础。

第二个阶段是信息化阶段，特指景区信息化初级阶段。在信息技术迅速发展的背景下，景区通常采用更先进的信息技术，包括计算机网络、数据库管理系统等搭建统一的电子商务平台，打破原先旅游业各部门之间孤立的状态，实现景区内部、景区与其他旅游机构之间以及景区与游客之间的互联互通。景区内部的互联可以将景区内所有的景点、饭店等服务部门联合起来。景区与外部的互联则可以为游客提供一整套的信息获取体系，通过互联网的连通性和开放性，将其投放给游客，为游客提供极大的便利。

第三个阶段是数字化阶段，是在初级信息化基础上的升级，也属于信息化阶段，在本研究中称数字化阶段。得益于计算机技术的飞速发展，整个旅游业的发展呈数字化和网络化的特征。在这一阶段，景区逐步将现代数字化手段运用到景区管理中，实现对景区气象地质、自然环境以及游客状况全方位的监督和控制，从而达到对景区资源高效利用、有效保护以及维护旅游秩序的科学高效的管理。这一阶段更加侧重对于景区数字化基础设施的建设。

第四个阶段就是高级智慧化阶段。随着大数据、物联网等技术快速发展，移动互联网的时代到来，旅游市场发生了更深层次的变革，游客的需求更加个性化、自由化以及智能协同化，旅游景区也在数字化的基础上不断发展进入到一个更高智慧的阶段，本研究称之为高级智慧化阶段。和数字景区注重对物的管理不同，智慧景区也注重对人的管理，做到了"人"和"物"的结合。在数字景区的基础上，智慧景区添加了景区管理、规划以及游客感知等功能，是对数字景区的升级。虽然数字景区和智慧景区的诞生都是为了提高景区服务质量和游客体验，但是智慧景区的建设更偏向于景区的营销宣传、服务能力和景区自身管理水平的提高，更注重游客的体验。

三、旅游景区大数据及其特点

旅游景区大数据是指通过采集、存储、分析和挖掘与旅游景区相关的大量数据，以获取有关游客、景区运营、市场趋势等方面的深入见解。这些数据主要来自各种数字化的信息源,包括但不限于门票销售、游客轨迹、在线评论、社交媒体活动、气象信息、交通流量等。而其之所以称为大数据,是因为其数据量非常庞大,通常都是以 TB、PB 为单位进行存储和处理。旅游景区大数据通常具有以下几个特点❶。

一是多源性(Variety):旅游景区大数据来源广泛,包括门票销售系统、游客移动设备、社交媒体平台、气象站等多种数据源。这些数据可能是结构化的(如数据库表格)、非结构化的(如文本评论、视频等)、半结构化的(如 XML、JSON 格式的数据)。正是数据来源的多样性也使得大数据更加丰富。

二是海量性(Volume):旅游景区大数据通常具有巨大的规模,涵盖大量信息。这包括庞大的游客数量、大量的交易数据、社交媒体上的评论和图片等。处理这些海量数据需要强大的计算和存储能力,以及高效的数据处理技术。

三是实时性(Velocity):旅游景区大数据要求能够实时采集、处理和分析数据。实时性是为了使景区管理者能够迅速做出反应,及时应对突发事件,提高服务质量。例如,通过实时监测游客流量和社交媒体上的实时评论,景区可以快速调整运营策略。

四是复杂性(Complexity):旅游景区大数据具有复杂的关联性和相互依赖性。这些数据可能涉及多个维度,包括游客行为、景区设施使用情况、市场趋势等。复杂性需要采用先进的分析技术,如机器学习和数据挖掘,以识别潜在的模式、趋势和关联关系。

第二节 大数据推动景区管理的智慧化及作用机制

一、大数据推动景区管理智慧化的理论研究

在理论研究方面,研究的重点是探讨新的信息技术如何运用到智慧景区管理、服务以及营销之中,以及这些技术应用的作用机制,等等。如在国外相关研究中,有关景区管理平台研究,琼·博拉斯等(Borràs et al.)曾在 2014 年通过对智能电子旅游推荐系统的详细调查,对该系统在旅游业中的前景发展进行了预测❷。2015 年布哈利斯(Buhalis)等通过互联网技术平台分析在旅游活动过程中所产生的大数据,认

---

❶ 吕燕. 大数据时代下智慧景区管理与服务探讨[J]. 度假旅游,2018(02):124-126+135.
❷ Joan Borràs, AntonioMoreno, AidaValls. Intelligent Toursim Recommender Systems: Expert Systems with Applications. Asurvey[J], 2014(41).

为其可以满足游客个性化的旅游出行需求❶。阿尔瓦罗·E.阿里纳斯等在2019年研究认为IT资源是智慧旅游生态系统所需的关键❷。张洪等在2022年为了借助智慧旅游平台推动中国乡村旅游的发展，对如何在智慧旅游平台下发展乡村旅游等问题进行了分析❸。有关游客智能体验方面，2015年，格雷茨研究发现，随着计算机特别是人工智能的发展与普及，旅游者的需求可以更为容易地被计算机所识别，与此同时计算机可以为旅游者量身定制一套旅游建议❹。哈桑尼亚则认为旅游的质量要比旅游数量更重要，智慧城市和智慧旅游相互融合可以保证旅游业可持续发展，提高旅游景区游客的智能体验。有关景区营销系统方面❺，2018年张等对智能旅游城市目的地营销网站的分级功能评价标准进行了重要研究，提出使用智能旅游网站进行景区营销的发展策略❻。又如，罗萨里奥·冈萨雷斯在2020年通过对游客参观文化遗产的研究，发现了VR技术能够提升游客的旅游体验，对游客旅游体验有着很大的潜在影响❼。

正如文献研究统计分析中所指出的，我国国内有关研究从2010年首次出现开始至2013年，智慧景区的文献研究每年增长缓慢，是智慧景区研究发展的初始阶段。2013年后，相关研究已进入快速发展阶段，有关文献论文数量开始激增，2016年以后，高峰期时每年新增研究文献数量多达70余篇，这一阶段的研究重点开始逐步转向更加具体的微观层面，比如智慧景区标准评价、技术应用、智慧景区提升，等等。研究重点在以下几个方面：

第一是有关智慧景区框架体系的设计搭建研究。如阮立新通过问卷调查以及统计分析从智慧景区众多利益相关者中界定出游客、景区管理者、旅游企业、旅游主管部门和社区居民五类核心利益相关者，构建了核心利益相关者诉求导向的由三大体系（保障体系、支撑体系和应用体系）组成的智慧景区框架体系❽。叶恒提出了以

---

❶ Dimitrios Buhalis, Aditya Amaranggana.Smart Tourism Destinations Enhancing Tourism Experience Through Personalisation of Services［M］.Information and Communication Technologiesin Tourism 2015 .Springer International Publishing，2015：377-389.

❷ Arenas AE，GohJM，UrueñaA. How does Taffect design centricity approaches：Evidence from Spain's smart tourism ecosystem［J］. International Journal of Information Management，2019（45）：149-162.

❸ Hong Zhang, Mingyang Li. Integrated Design and Development of Intelligent Scenic Area Rural Tourism Information Service Based on Hybrid Cloud［J］. Computation a land Mathematical Methodsin Medicine. 2022，2022：5316304-5316304.

❹ Ulrike Gretzel, Marianna Sigala, Zheng Xiang；Chulmo Koo .Smart tourism：foundations and developments［J］. Electronic markets，2015，25（3）：179-188.

❺ Hassannia R, Barenji A V, Li Z, et al. Web-Based Recommendation System for Smart Tourism：Multiagent Technology［J］.Sustainability，2019，11（2）：323.

❻ Zhang T, Cheun GC, Lawr. Functionality evaluation fordestination marketing web sitesin smart tourismcities［J］. Journal of China Tourism Research，2018，14（3）：263-278.

❼ González-Rodríguez MR，Díaz-Fernández MC，Pino-Mejías MÁ. Theim pact of virtual reality technology on tourists' experience：Atextual data analysis［J］. SoftComputing，2020，24（18）：13879-13892.

❽ 阮立新.基于利益相关者诉求的景区智慧旅游框架体系构建［J］.南京师大学报（自然科学版），2017，40（03）：159-165.

利用大数据技术为背景、以旅游景区管理为手段，研究构建了基于大数据的智慧景区管理平台，该平台由应用层、平台层、数据层和感知层组成。其中，数据层主要是针对经营业务中所产生的数据进行统一性集中化管理，平台层主要是以用户的需求为中心，利用对不同层级的数据调用来满足需求，主要为了业务发展而开发❶。周志利等总结了前人的研究成果，认为其框架体系涵盖了"基础设施、系统设计、保障体系"三大板块，但不同景区有其特定的资源禀赋、经济条件等，在细节方面应突出景区特色，提出符合具体景区的建设框架，使旅游资源得到有效整合、各系统间协调运转❷。

第二是有关智慧景区的评价标准研究。魏荔莉曾采用结果导向型评价方法，根据全社会成员（旅游管理部门、景区、游客等）的需求确立智慧景区评价标准，对旅游景区智慧化建设相关结果进行评价❸。高中元等构建了以交互界面、解说内容、景区Wi-Fi等为评价维度的智慧景区解说系统评价体系❹。张扬等结合了河南、安徽等各省份发布的智慧景区建设评价标准，通过整理与分析确立了目标层、准则层和指标层的三层指标体系。第一级指标为智慧景区评价指标体系构建，第二级指标包括基础设施、智慧管理、智慧服务、智慧营销和信息资源建设五个方面，第三级指标为指标层❺。

第三是智慧景区相关的技术实践应用研究。如黄蔚欣等提出将基于Wi-Fi的定位技术应用到黄山智慧景区构建之中，在其主要景点布设Wi-Fi定位设备获取手机位置数据，并经过一系列数据处理形成游客时空轨迹的数据，以期为智慧黄山的规划管理与服务提供客观和量化的决策依据❻。龚花等在前人对大数据来源研究的基础上进一步阐述了对于旅游景区大数据收集以及分析的方法❼。陈浩等提出以张家界现实旅游资源为基础打造元宇宙虚拟旅游景区，从提供沉浸式旅游体验、景区IP+NFT数字产品双向赋能赋值和搭建虚拟与现实交汇的全域旅游产业链商业交互平台三个方面助力张家界旅游业❽。

第四是智慧景区建设发展策略研究。如项名翠通过问卷调查以及统计分析的方式对方特智慧景区旅游体验指标的重要性和满意度做出分析，得出未来智慧景区发

---

❶ 叶恒．智慧景区游客服务平台架构设计研究——以广西程阳八寨景区为例［J］．广西城镇建设，2020（05）：88-90.
❷ 周志利，明庆忠，史鹏飞等．中国智慧景区研究进展与展望［J］．六盘水师范学院学报，2022，34（05）：16-24.
❸ 魏荔莉．结果导向型智慧景区评价规范体系的构建与思考［J］．度假旅游，2019（01）：119-120.
❹ 高中元，陈炼星，李浩，王亚南．鼓浪屿景区智慧解说系统优化研究［J］．产业与科技论坛，2020，19（20）：47-50.
❺ 张杨，朱麟奇．吉林省智慧景区评价指标体系构建探讨［J］．绿色建造与智能建筑，2023（04）：82-85.
❻ 黄蔚欣，张宇，吴明柏等．基于Wi-Fi定位的智慧景区游客行为研究——以黄山风景名胜区为例［J］．中国园林，2018，34（03）：25-31.
❼ 龚花，陈琦，陈名辉．基于大数据分析的旅游景区管理策略优化研究［J］．广西质量监督导报，2020（10）：40-41.
❽ 陈浩，宋科，刘闪等．5G时代下运用元宇宙虚拟旅游助力张家界旅游［J］．旅游与摄影，2023（01）：68-70.

展的重点，提出方特智慧景区建设的策略与建议，以期对其他景区的智慧化建设有所增益❶。丁余良等景区"管理、服务、营销"三个层面的智慧化建设可以提升"吃住行游购娱"六大要素的智慧服务体验❷。左齐等通过分析乐山景区智慧化建设，提出了未来智慧景区发展的一些新方向，包括云旅游的开发、景区风险治理以及智慧旅游专业人才的培养等❸。

　　由上所述，大数据的广泛应用正深刻地影响着智慧景区的规划与开发管理、运营管理、服务管理以及营销管理的各个方面。这一变革过程主要经历了信息化、数字化和高级智慧化三个关键阶段。在信息化阶段，景区管理者通过采集、存储和处理大量的信息来完成基本的管理任务，并通过统一的管理平台将不同景区服务方加以互联互通，打破孤岛。这一阶段注重信息的集中管理，帮助实现数据的标准化和可视化，提高了管理效率和决策水平。随后，数字化阶段进一步加强了数据的深度利用和分析。主要通过将数字化手段应用到景区基础设施建设当中，提升景区数字化水平。而高级智慧化阶段将大数据与先进的人工智能技术相结合，实现了智能决策和智能服务的全面提升。通过实时监测、预测分析和个性化推荐，智慧景区能够更加灵活地应对变化，为游客提供个性化、智能化的服务体验，同时实现管理的高效、精准和可持续发展（图7-2）。

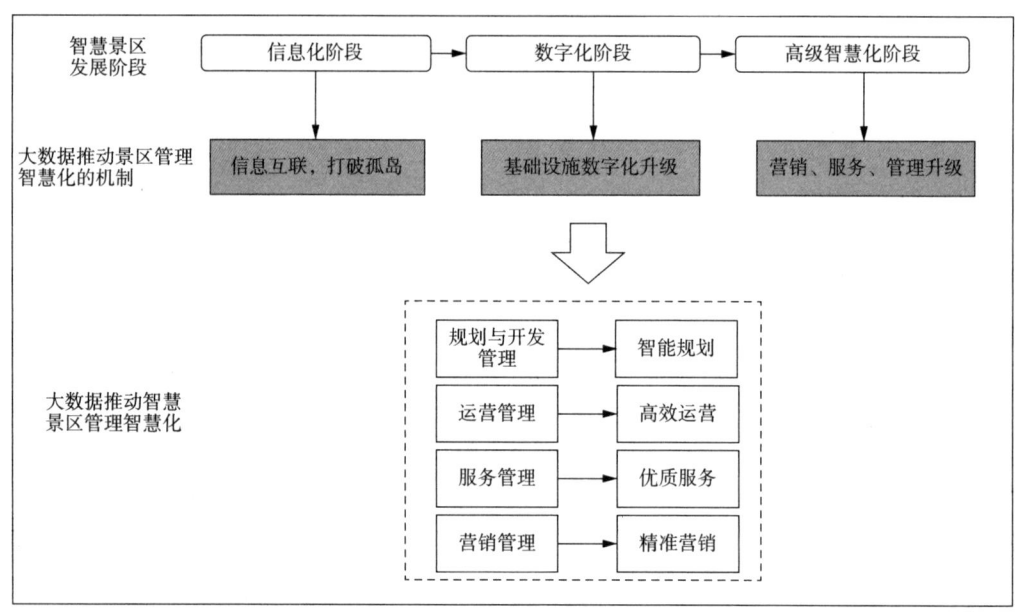

图7-2　大数据推动景区管理智慧化及作用机制框架图

---

❶ 项名翠. 基于游客体验的智慧景区发展策略研究［D］. 桂林理工大学，2020.
❷ 丁余良，高碧瑶，曹家源等. 多样化的智慧景区建设［J］. 物联网技术，2022，12（06）：81-83.
❸ 左齐，张利霞. 基于"互联网+"景区智慧化建设实践及思考——以乐山市景区为例［J］. 中国集体经济，2023（03）：131-134.

二、大数据推动智慧景区管理的智慧化升级

随着信息技术不断演进，旅游行业迎来了数据爆炸的时代，而大数据的应用为景区管理者提供了深入洞察游客行为、资源利用和环境状况的机会。在这个背景下，个性化服务需求的剧增、对环境保护可持续发展的关切、市场竞争的加剧，使得智慧景区更加迫切地需要大数据分析，以实现精细化管理，提升服务水平，并在竞争激烈的旅游市场中脱颖而出。大数据的成熟应用为智慧景区提供了科技支持，在智慧景区管理中的应用横跨旅游景区规划与开发、景区运营管理、营销管理以及服务管理等多个层面，成为推动智慧景区发展的重要引擎。由此，我们总结出大数据推动智慧景区管理应用框架，如图 7-3。

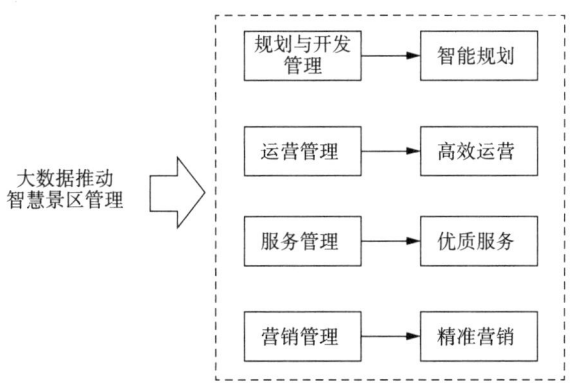

图 7-3 大数据推动智慧景区管理应用框架图

（一）大数据有利于旅游景区规划和产品设计

随着大数据的广泛应用，景区规划者能够获取并分析大规模的游客数据、环境信息以及运营数据，从而更全面地理解游客行为、偏好和趋势。这为智慧景区的规划提供了深刻的见解，使得决策者能够基于实时数据做出更准确、灵活的规划决策。大数据不仅能够在规划初期提供决策支持，还能在开发阶段发挥关键作用[1]。通过对游客流量、游客基本信息等数据进行分析，开发者可以更有效地设计和布局景区，提升游客流动性和体验感。大数据的运用也能够为景区提供科学依据，帮助规划更智慧、可持续的开发方案，使景区在吸引游客的同时实现资源的合理利用和环境的可持续性发展。在大数据的推动下，智慧景区规划与开发设计不再仅仅是依靠经验和直觉，而是借助数据驱动的决策，使得景区在开发过程中更具智慧和可持续性。这种基于数据洞察的规划和开发方式有望为景区提供更加精细化、智能化的服务，

---

[1] 黄丽英. 智慧旅游景区游客体验的实证研究——以广州长隆旅游度假区为例 [J]. 顺德职业技术学院学报，2019，17（04）：79-84+90.

进一步提升游客体验和景区运营效率。具体而言：

（1）景区大数据的采集与整合。在智慧景区规划与开发过程中，需要收集大量数据来进行分析，以确定最佳的规划方案。通过采集来自游客的数据，如游客数量、游客流向、游客满意度等，可以提高景区资源的配置效率和产品设计的体验感，有利于优化游客的旅游体验。除此之外，景区内的气象、水位、环保等数据，也可以被采集并整合到数据平台上，以进行更全面的分析。

（2）景区大数据的分析与应用。采集到的数据需要经过分析再应用。利用大数据分析技术，对景区数据进行有效汇总、分析和建模，对游客的行为、需求、偏好等因素建立模型，运用数据分析手法和统计方法，进行相关性测试和预测分析，提高景区资源的管理和运营效率。例如对景区内的各种环境数据进行分析，包括地形、气候、景观、水系、交通等，利用大数据技术可以实现对这些数据的自动化采集、存储和分析，评估出合适的景点、步道、交通工具等规划方案。

（二）大数据提升旅游景区运营管理水平

大数据在智慧景区运营管理中发挥了重要的推动作用。管理者通过对景区大数据的分析与挖掘，可以更好地获悉景区运营中存在的问题并及时改正[1]。景区将大数据技术应用到景区各管理部门和服务环节中，有助于提升和优化景区的运营管理、实时监控景区状态、为游客人身安全提供更加坚实的保障[2]。下面将从运营管理、人员管理、环境保护与资源管理及安全管理等方面具体阐述大数据对于景区运营管理的重要性。

1. 运营管理

其一，大数据可以通过分析游客的历史数据、行为模式和偏好等信息，为景区提供更精准的市场定位和营销策略。例如，根据游客的消费记录和浏览偏好，景区可以制定个性化的推荐行程和优惠活动，提高游客到访率和消费水平。并且大数据分析可以帮助景区进行运营预测和需求预测，通过统计分析历史数据和当前趋势，预测游客流量、客流热点和游客需求，有针对性地调整景区的开放时间、资源配置和服务布局，提高运营的效益和用户体验。其二，大数据可以提高智慧景区的运行效率和便利性。通过大数据技术，智慧景区可以加速运营速度，并提高景区运维的稳定性。例如，景区通过大数据技术可以及时掌握游客的位置、队伍等信息，并利用物联网中的传感器实现智能巡逻，确保景区的安全和环境。景区可以利用大数据技术，提高游客检票速度，在售票过程中，游客只需要通过自助终端刷一下身份证即可进入景区，景区工作人员只需核对身份信息，省去了大量的时间和人力成本。以"全国首批景区数字化示范基地"龙门石窟智慧景区建设为例，秉承"互联网+

---

[1] 赵磊.乌镇智慧旅游景区运营管理研究［D］.云南财经大学，2023.
[2] 孙贝贝.基于游客感知的趵突泉景区智慧化运营现状分析与提升研究［D］.山东师范大学，2023.

文化+文物+旅游"多维发展的理念,以"连接游客、服务游客、传播文化、龙门特色"为目标,采取了多项措施,如改进信息技术并丰富智慧化建设内容(升级网络、信息技术及设备,完善龙门石窟智慧景区解说信息系统等)、完善网络平台建设(创建龙门石窟智慧景区游客助手客户端,丰富龙门石窟智慧景区官方网站建设)等。

2. 人员管理

大数据可以在人员管理方面提供精细化的数据分析和决策支持。通过分析员工的工作绩效数据、培训记录、福利待遇等信息,景区管理者可以评估员工的绩效和发展潜力,匹配合理的人事调度和激励措施。大数据还可以优化员工的排班和工作安排。通过分析历史数据、游客流量、员工数量等因素,自动化地进行排班和工作调度,提高工作效率和资源利用率。

3. 环境保护与资源管理

大数据可以对景区内的自然环境进行监测和评估,实时采集和分析气象、水质、空气质量等环境数据,帮助景区管理者了解景区环境的变化和趋势,及时采取措施进行环境保护。基于大数据分析,景区管理者可以进行资源管理和利用的优化。通过数据模型和算法,对景区内的资源供需进行预测与调度,合理分配游客流量、车辆流量和资源利用率,避免资源的过度消耗和浪费。

4. 安全管理

大数据可以为景区提供安全管理决策的支持。通过分析游客的人流数据、车辆轨迹、消防设备数据等,景区管理者可以实时监测和预警潜在的安全风险,及时采取紧急措施,并制定安全预案进行应对。大数据还可以通过智能监控设备和传感器对景区进行全方位的安全监测,如人脸识别、车牌识别、烟雾、气体等监测,快速识别出异常情况,实现智能化、精准化的安全管理。例如智慧颐和园❶,从 20 世纪 90 年代开始,颐和园就逐年推进信息化建设,特别在"十二五"时期制定了智慧颐和园的长期发展战略,旨在实现景区保护智能化、管理精细化、服务个性化等景区智慧化建设,提升景区运营管理水平。颐和园景区主要从软件和硬件两方面加强其信息化建设。在硬件方面,景区建立了自身的数据库,配备了计算机以及相关电子信息设备;在软件方面,景区构建了基于 SOA 和云计算的信息共享服务平台、综合管理信息平台等平台体系,大大提升了景区运营管理水平。通过完善的物联网、互联网体系以及技术手段,颐和园成功实现了智慧化,进而降低管理成本,优化管理模式,提升运营管理水平。

(三)大数据能够提升旅游景区的服务质量

基于大数据的旅游服务就是以游客为中心,依托智能旅游的技术基础将大数据

---

❶ 王静贤. 即墨古城智慧景区建设研究[D]. 青岛大学,2019.

的科技技术应用到对于游客游前、游中、游后服务中❶。在游客游前阶段，大数据可以通过分析游客原创内容，为游客提供个性化的旅游建议和推荐。在游中阶段，大数据在智慧景区管理中起到了重要作用，景区可以通过大数据与AI为游客提供智慧旅游体验服务，使得游客能够感受到智慧景区给予的便利；除此之外，游客还可以通过便携式智能终端设备随时获得信息以进行更高效的决策。在游后阶段，可以让游客乐于分享自己的旅游经历，发表自身的真实感受，通过互动共享和口碑媒介提供游后的反馈。景区可以通过分析游客的反馈和评价数据，评估景区服务质量，并为后续提升提供指导。

1. 游前服务

和传统的旅行方式相比较，如今越来越多的游客更热衷于自己规划出行方案。但是在这个过程中就会出现很多弊端，比如游客会将大量的时间用在浏览各种APP和攻略，权衡比较成本最低，最能满足自己出行需求的出行方案。不能及时获得信息会成为游客规划出行方案最大的困难。但是利用大数据分析，景区就可以提前了解到游客的个性化需求，为游客提供个性化的旅游建议和推荐。大数据在景区服务管理提升方面可以发挥很大的作用，它可以提前精准高效地分析大量的游客信息并进行预测，深入了解游客的需求。有很多智慧景区APP能够帮助游客在游前做出满足自身需求的个性化计划，帮助游客进行决策。根据游客的历史旅行偏好、兴趣爱好以及前次游玩的评价数据，定制旅游路线、景点推荐和个性化服务。同时，大数据还可以通过社交媒体监测和分析，了解旅游热点、用户口碑和趋势，为景区提供市场营销决策的参考。游前阶段主要通过采集游客的UGC（User Generated Content）数据来做分析。随着信息化的发展，网络用户不再仅仅是网络内容的浏览者，也会在网络上交互作用中成为网络内容的创造者。如今，网络用户可以通过QQ、微博等网络平台把自己的内容分享给其他人。因此，网络上内容就会随着越来越多网络用户参与而飞速增长，形成成千上万的大数据。

2. 游中服务

随着信息化技术和通信技术的快速发展，智慧旅游服务的技术手段也越来越多样化。在游客旅游的过程中，智慧景区可以通过大数据和AI为游客提供一系列食、住、行、游、购、娱等更加贴心的旅游服务，从而提升游客在景区的旅游体验。景区可以通过各种传感器和智能设备收集游客的实时数据，如人流量、位置、访问时间、停留时间等。通过对这些数据的分析，景区可以实时监控游客流动情况，预测拥堵和高峰期，从而可合理安排人员和资源。此外，大数据还可以通过人脸识别和智能导览系统识别和跟踪游客，为游客提供个性化的服务，如推荐景点、提供导航和讲解等。此外，游客在旅游的过程中往往需要及时导览或者进行其他信息的查询

---

❶ 惠林彬. 大数据时代龙门石窟智慧景区管理与服务研究［J］. 商业经济，2019（02）：41–42.

等，而大数据技术就可以帮助游客及时查询所需要的信息，也可以通过大数据分析手段为游客提供智能导览服务，大大节约游客的时间成本。

3. 游后服务

智慧景区除了在游前和游中为游客提供全方位的全程式服务之外，还可以为游客在游后阶段提供多样化的分享自己旅游评价和感受的方式。游客既可以在旅游网站上分享图片和文本表达自身的体验，也可以给网站运行主体方提出自己的建议以促进景区服务的改进。这一过程中，游客不仅仅可以满足自己游后的分享欲和表达自身的感受和心情，还可以为景区提供宝贵的改进经验，通过收集游客的评价、满意度调查和社交媒体上的口碑评价等数据，景区可以了解游客对服务的意见和建议，经过大数据分析评估服务质量，使得景区的营销更有针对性，通过游客的反馈改善自身的服务，提高游客的旅游体验满意度，甚至一些正向的分享还可以提升景区的口碑和形象。正是因为这些游客分享的内容不带商业色彩和目的，完全是根据用户自己内心的感受和自我体验得出的真实想法，其信任度往往比景区广告更高，会为景区带来很大的广告效益。

以上海迪士尼乐园为例。上海迪士尼乐园一直以来都非常注重自身智慧景区建设，更是将大数据、物联网以及人工智能等技术运用到景区管理建设之中，大大提升了游客服务体验。在游客游前阶段，游客可以通过迪士尼微信公众号或官方网站预订门票，只需出示门票的二维码，经核验入园。此外游客还可以使用网络平台预订景区周边迪士尼主题酒店，还可以通过官方微博、官方微信公众号和APP等查询景区的相关信息等。在游客游中阶段，通过采用3DGIS技术，上海迪士尼景区构建了完善的智慧导览系统，在游客游中阶段给予游客更多的方便与体验。除此之外，上海迪士尼还实现了景区百分之百网络覆盖，在旅游过程中游客可以随时随地使用景区Wi-Fi上网，提升游客服务体验[1]。

（四）大数据推动旅游景区实施精准营销

大数据在旅游营销方面的推动主要体现在三个关键方面，即用户画像建立、营销内容智能构建以及传播渠道评估[2]。首先，通过深度分析用户行为和偏好，大数据助力构建更准确、精细的用户画像，使营销策略更有针对性，更符合目标受众的需求。其次，大数据技术的应用使得营销内容能够智能化构建，基于用户画像和实时数据，实现个性化、精准的信息传递，提高用户体验，增加营销效果。最后，大数据还通过对不同传播渠道的评估和分析，为营销决策提供科学依据，优化资源分配，确保在最有效的渠道上传播推广，从而全面推动旅游行业的数字化营销转型。具体表现在以下几个方面：

---

[1] 张淞妍，邹亮. 上海迪士尼乐园智慧景区建设策略研究［J］. 漫旅，2022，9（10）：135-137.
[2] 邓宁，牛宇. 旅游大数据—理论与应用［M］. 北京：旅游教育出版社，2019.

1. 用户画像，精准定位

用户画像是通过大数据技术将不同客户信息抽象成标签，以虚拟化的方式形成对用户的识别标签。这使得旅游企业管理者能够更加精准地了解不同客户的需求，为其提供个性化、精准化的营销服务。构建用户画像在市场定位和产品开发过程中发挥着重要作用。通过大数据技术对用户画像的建立与分析，企业能够深入了解市场和产品构思的可行性，从而更明确地定义目标用户❶。

在开发新产品时，市场定位是至关重要的一环。用户画像通过对用户信息的虚拟化，帮助企业管理者更好地分析客户需求，为产品的市场定位提供依据。通过大数据技术，企业能够快速、精准地提取客户数据特征，推测客户的消费需求和倾向。基于用户画像的标签化构建，企业可以更有效地进行市场分析，了解潜在用户群体的特征，进而更准确地制定产品策略。

此外，利用巨量用户信息和用户画像标签的构建，企业能够实现个性化、精准化的营销决策。通过应用大数据技术，企业可以向客户推荐个性化的旅游路线、特定的旅游商品以及其他相关服务。例如，通过手机应用或网站，企业可以向前来旅游的客户提供定制化的推荐服务，从而提升客户的旅游体验。这种精准的营销决策不仅增加了客户的满意度，也提高了企业的市场竞争力。总之，用户画像的构建为旅游企业提供了更为深入的客户洞察，有助于精准定位市场和推动产品开发。通过大数据技术的应用，企业能够更灵活、智能地满足客户需求，实现个性化的营销服务，提高市场竞争力。

2. 营销内容智能构建

随着网络的发展，社交媒体的快速普及与使用，传统的大众媒体正在一步步被新兴的媒体所替代。社交媒体作为互联网的一部分，为人们提供了更广泛、更实时、更具互动性的信息传递平台。用户越来越倾向于通过新兴媒体来发表自己的所见所闻所想，所以就会出现媒体平台旅游数据素材的大数据爆炸式增长。社交媒体的强互动性引导用户参与、分享和互动，它在多个方面加强了目的地与网民之间的联系，同时为景区的营销效果和内容多样性带来了显著提升。有了这些游客庞大的反馈信息，足够丰富的素材，线上营销的大数据分析就会有充分的数据素材来源，为大数据时代营销内容的构建提供有力的支撑。

对主流的在线旅行社（OTA）和社交平台上的大数据进行数据挖掘与分析，可以为景区管理者对于景区营销内容的选择和构建提供有力的支撑❷。以下是几个关键方面：第一是用户行为分析，通过分析用户在在线旅行社和社交平台上的行为，包括搜索记录、浏览习惯、点赞和评论等，可以了解用户的兴趣和偏好。这样的分析有助于把握用户需求，为景区提供更贴近用户期望的营销内容。第二是情感分析，通

---

❶ 班航. 基于旅游大数据的用户画像建模及个性化推荐研究［D］. 安徽工程大学，2023.
❷ 赵鹏. 基于LBS的智慧景区营销系统构建研究［D］. 贵州师范大学，2022.

过对用户在平台上的文字评论和表达情感的分析，可以了解用户对景区的情感倾向。这有助于把握用户的情感需求，从而选择更符合用户情感取向的营销内容，增强用户的情感共鸣。第三是热门关键字挖掘，通过分析社交平台上热门关键字的搜索频率和趋势，可以洞察用户当前的关注点和热点话题。景区可以借助这些热门关键字，构建与时俱进的营销内容，提高内容的时效性和吸引力。第四是用户生成内容分析，用户在平台上生成的内容，如照片、视频、故事等，是宝贵的营销资源。通过对这些内容的分析，可以了解用户对景区的实际体验和感受。景区可以借助这些用户生成的内容，构建真实、生动的营销故事，增加内容的可信度和吸引力。第五是竞争对手分析，分析其他景区或竞争对手在平台上的表现和营销策略，有助于了解市场动态和竞争格局。这样的分析可以为景区提供借鉴和对比，帮助其制定更有竞争力的营销内容。通过以上分析，景区可以更全面地了解用户的需求、期望和反馈，有针对性地选择和构建营销内容。这种数据驱动的方法可以提高营销的精准度和效果，使景区的营销策略更符合市场趋势和用户期望。

因此，和传统营销内容的构建相比，大数据时代的营销则是通过对客户特征进行分析之后充分考虑了用户对于营销内容的感知与需求，能够充分了解用户对于营销内容的真实诉求，从而采用更合适的营销内容去激发用户的旅游动机。而传统营销内容的构建主要是从供应侧的角度进行，通过从企业本身的角度考虑得出销售策略，并未充分考虑用户的感知和需求。

3. 传播渠道评估

在传统媒体时代，人们通过电视、广播和报纸等获取信息，而大数据时代的新媒体则提供了更广泛、即时且互动性强的传播渠道。比如微博等社交媒体平台允许用户分享实时动态，微信提供了更个性化的信息推送，抖音通过短视频形式迅速传达信息，以及知乎则成为专业知识分享的平台等。这些新媒体平台基于大数据技术，能够深入挖掘用户行为数据，实现精准推送和个性化定制，从而提高信息传播的效果。用户通过互动、评论和分享，参与到信息传播的过程中，形成了多向、立体的传播网络。

大数据时代新媒体传播渠道流行，主要是新媒体传播具有很多优点。首先，新媒体具备即时性和实时互动，新媒体平台提供即时更新的信息，与传统媒体相比更加迅速和灵活。用户可以实时互动、评论和分享，形成更加活跃的社交氛围。其次，个性化定制。基于大数据技术，新媒体能够分析用户的兴趣和行为，实现个性化的信息推送。这种个性化让用户更容易获取到符合其需求和兴趣的内容，提高了信息的有效传递率。此外，多媒体具备更多样的形式表达，新媒体不仅限于文字，还包括图像、视频、音频等多种形式的内容。这使得信息更生动、多样，更吸引用户的注意力，提升了用户体验。不仅如此，新媒体还具有低成本高效益的特点。相较于传统媒体，新媒体通常具有较低的传播成本，并且更容易实现目标受众的精准定位。

这使得中小型企业和个人也能够通过新媒体实现有效的品牌推广。最重要的是新媒体用户参与度高，用户在新媒体上更容易参与到内容的创作和分享中，形成了用户生成内容的社交现象。这种高度的用户参与度有助于建立更紧密的品牌与用户关系。总之，大数据时代新媒体传播渠道流行的原因在于其更符合当代社会的快节奏、个性化和多元化的传播需求。相比传统媒体，新媒体更注重用户体验，更具互动性，使得信息传播更为迅速、广泛，同时为企业和个人提供了更广阔的传播平台。

尽管新媒体具备很多传统媒体所不具备的优势，但是企业营销传播还是需要成本和预算，需要对传播营销进行评估才能知道该次传播效果的好坏，是否为企业带来了正向利润，是否真的达到了预期效果为企业带来收益❶。这样企业才能决定是否继续以及如何制定下一步的营销策略。因此，对于营销传播渠道的评估是至关重要的。传播渠道的评估有很多方法，大体上可以分为主观评估和量化评估：主观评估是一种基于主观看法、意见和经验的评估方法，侧重于个体观察、感受和专业判断。在新媒体传播渠道中，主观评估可能涉及对内容质量、用户体验和品牌形象的主观意见，通常通过专家意见、用户反馈和焦点小组讨论等方式获得。相对而言，量化评估是基于具体数字、数据和统计分析的评估方法，侧重于使用可测量的指标和定量数据。在新媒体传播渠道的量化评估中，可以通过点击率、转化率、用户增长率等指标进行数值化分析，使用数据分析工具和统计软件实现客观的量化结果。这两种评估方法的结合使得对新媒体传播渠道效果的分析更为全面，既考虑了主观体验和看法，也依赖于客观可度量的数据，为更全面的决策提供支持。

三、大数据推动智慧景区管理的作用机制

大数据的发展在我国呈现不同的阶段特点❷，分别是萌芽期、起步期、快速发展期以及深入应用期。为了和本研究内容相照应，我们将大数据的发展划分为三个阶段，第一个阶段是 1990—2000 年，我国的大数据发展处于数据收集与存储阶段，那时候并没有明确大数据这个概念，但是组织已经开始认识到数据的价值，并采用数据库等技术进行数据管理，数据的规模也相对较小。第二个阶段也就是大数据发展的萌芽期，在 2000—2010 年这个时期，我国的大数据技术处于初始阶段，大数据的概念被提出，引入了分布式存储和处理的理念。道格·卡廷（Doug Cutting）和迈克·卡法雷拉（Mike Cafarella）创建了 Hadoop 开源分布式存储和处理框架。在这个阶段，大数据的基础设施也被建设起来。第三个阶段包括了大数据发展的起步期、快速发展期以及深入应用期，即 2010 年至今这个时期。我国大数据在这个阶段，大数据技术不断演进，形成了丰富的技术生态系统。各种开源工具和框架涌现，覆盖

---

❶ 崔海洋，李志勇. 人工智能在旅游营销中的应用［J］. 旅游纵览，2023（17）：143–145+149.
❷ 张群，尹卓，王为中等. 我国大数据标准化发展历程与展望［J］. 信息技术与标准化，2023（07）：52–60.

了数据存储、处理、分析等方面。实时大数据处理、机器学习、深度学习等技术开始广泛应用，为企业提供了更多的数据洞察和决策支持。

正是由于大数据技术的不断发展，为智慧景区管理建立提供了大数据的收集和分析技术支持，智慧景区才能一步一步迎来升级，现代旅游景区主要经历了三个阶段，而大数据智慧景区管理智慧化背后的作用机制也主要体现在这三个阶段❶❷：信息化、数字化、高级智慧化。其中，信息化主要指旅游景区应用信息技术及产品的初级阶段（1990—2000年），主要是将信息技术运用到景区管理之中，实现多方互联互通，打破传统景区孤岛的状态。数字化是通过数字化手段，升级景区基础设施，提高景区综合管理能力（2000—2010年）。智慧化则是在数字景区的基础上，进一步将大数据、人工智能以及物联网技术运用到景区管理之中，提升景区管理、服务和营销能力（2010年至今）。数字化和智慧化从广义上来讲都是信息化，只不过属于信息化的不同阶段，是在初级信息化的基础上更加高级的信息化，将更多的前沿技术运用到景区管理之中所产生的结果。每个阶段都有各自不同的特征，并对景区的发展发挥了不同的作用。旅游景区的信息化，数字化和智慧化都离不开背后大数据技术的发展和支撑，脱离了技术的支持，智慧景区也就无从说起。下面将从这三个阶段进行展开，具体阐述每个阶段景区对于信息技术的使用和升级。据此，我们总结出大数据推动景区管理智慧化作用机制框架，如图7-4。

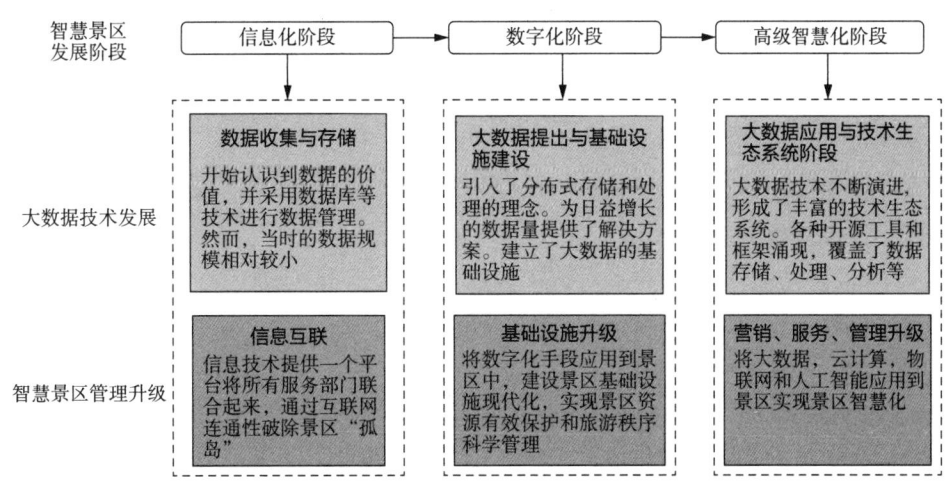

图7-4 大数据推动景区管理智慧化作用机制

1. 信息化阶段

旅游景区信息化，特指信息化初级阶段，是将网络通信技术、计算机软件技术等信息化技术应用到传统景区中，通过构建统一化的信息管理平台，实现景区服务方的互通互联，从而打破原先孤立的状态。这一阶段的关键目标是提高景区的管理

---

❶ 李继峰.旅游景区信息化、数字化、智能化解读［J］.洛阳师范学院学报，2014（02）：110-113.
❷ 谢双.旅游景区的信息化、数字化、智能化［J］.中外企业家，2015（05）：37.

效率和服务水平，使游客能够更便捷地获取信息、购票、导览等，同时为景区管理者提供更科学的运营手段。在这一早期阶段，我国大数据发展正处于数据收集与存储的初级阶段，数据规模相对较小，大数据在景区运营中的推动作用尚未凸显。景区信息化主要集中在网络通信和基础软件应用方面，例如建立电子门票系统、简单的管理软件，以及官方网站的搭建等。这为景区管理者提供了更为有效的手段，有助于提高门票销售效率、加强内部管理和提升游客服务体验。

在这一阶段，景区信息化强调了信息技术的应用，通过构建信息管理平台实现各项服务的协同，使得景区内部各业务系统能够更加紧密地协作，提高整体运营效率。具体来讲是在景区内部，景区和游客之间以及景区和其他旅游机构之间构建统一的电子商务平台比如景区官方网站、门户网站等❶。统一的电子商务服务平台不仅仅便于和其他旅游服务方特别是中介商合作，更能为游客提供出行信息，为游客查询信息提供便捷，大大降低了游客信息搜索的成本，提升游客出行体验。

然而，由于大数据的发展尚未成熟，景区的数据量相对有限，因此大数据在景区运营中的应用尚未显现出其强大的推动作用。随着技术的不断进步和大数据的不断积累，景区信息化将迎来更为深入和全面的发展。

此外，旅游景区电子商务生态系统强调成员间协作共生关系，每一环都是生态系统的不可或缺的一部分。作为电子商务生态系统的核心，旅游景区服务平台主要包括门户网站、官方网站、景区旅游公司网站等。正是这些平台将消费者、服务提供商、支持机构以及各种旅游信息服务联系起来，从而形成一个开放的、竞争合作的、均衡发展的旅游电子商务生态系统。图 7-5 是何军等在 2013 年通过大量数据研究，构建了以旅游景区为中心的旅游景区电子商务生态系统。该系统中，旅游景区电子商务服务平台作为核心既可以是旅游景区的门户网站、官方网站，也可以是景区多个旅游网站、景区主管部门网站等❷。平台将服务提供商、支持机构、消费者以及各种旅游信息服务联系起来，形成一个完整、均衡的旅游电子商务生态系统。如图 7-5 所示为旅游景区电子商务生态系统。

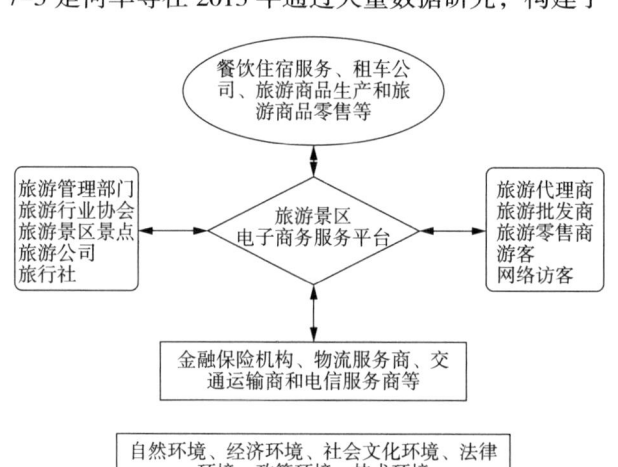

图 7-5 旅游景区电子商务生态系统

---

❶ 何军，刘晓云，汪怡.安徽省旅游景区电子商务生态系统评价与分析［J］.资源开发与市场，2013，29（02）：215-219.

❷ 同上。

以安徽省景区信息化为例❶。为了推动旅游信息化的应用，安徽省旅游部门明确了以信息化为主要途径的旅游信息化工作，全面提升旅游景区信息化服务水平。何军等人通过实证研究，选取了包括黄山、九华山、天柱山等5个5A级景区以及13个4A级景区进行分析，图7-6为安徽旅游景区信息化评分图。

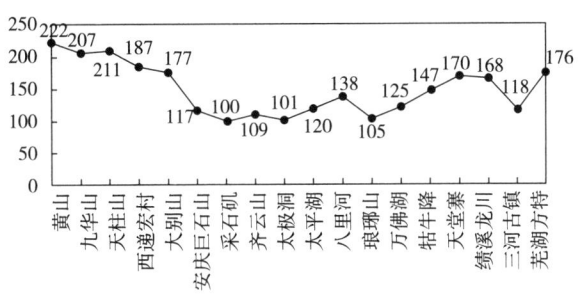

图7-6 安徽旅游景区信息化评分

2. 数字化阶段

随着信息化技术的不断发展，景区管理逐渐走向数字化的时代。大数据的基础设施逐步建设起来，景区逐步实现了数字化基础设施建设，将更先进的数字化技术应用到了景区管理和基础设施建设之中，使得景区管理更加高效景区基础设施更加数字化❷。其侧重点是借助计算机软硬件，通过先进的信息技术比如数据库技术、互联网数据处理技术等来对景区的环境、游客、基础设施等各种信息进行采集和监督，在这个基础上对采集到的信息进行统计分析，以此为景区管理人员提供一个全面的景区动态信息图，帮助景区做出更高效科学的决策，同时这些先进科技的应用也可以给游客带来更优质便捷的旅游服务。

景区数字化发展可以归纳为三点即景区旅游资源保护数字化、景区经营与管理数字化、旅游产业整合数字化。景区旅游资源保护数字化是指通过数字化手段，对景区内的自然环境、文化遗产等旅游资源进行监测、保护和管理。使用先进的传感器、遥感技术等，实现对生态环境的实时监测，确保景区的可持续发展并最大程度地减少对环境的影响。景区经营与管理数字化是指利用计算机软硬件和信息技术，对景区的经营和管理进行数字化处理。包括门票销售系统、游客行为分析、资源调度等方面的数字化应用，提高管理效率、降低成本，并为景区提供更灵活的运营手段。旅游产业整合数字化是指通过数字化手段，将景区与旅游产业链上的其他环节进行整合。这包括与酒店、交通、餐饮等相关服务的数字化连接，实现旅游服务的一体化，为游客提供更为便捷的旅游体验。景区数字化发展在提高管理效率、优化游客体验以及促进旅游业整体升级方面发挥了关键作用，为景区可持续发展奠定了坚实基础。

---

❶ 何军，刘晓云，汪怡.安徽省旅游景区电子商务生态系统评价与分析[J].资源开发与市场，2013，29（02）：215-219.

❷ 周芸，李宣.数字科技赋能杭州非遗西湖龙井文化应用[J].福建茶叶，2023，45（12）：169-171.

以云台山景区数字化建设为例,云台山景区位于中国湖南省娄底市境内,以其独特的自然景观和丰富的文化底蕴而闻名于世,被誉为"南国第一奇山"。景区于2005年开始实施数字化景区建设,借助现代信息技术手段,将数字、信息、网络技术应用到旅游景区的保护、管理和开发之中。景区实现了高标准的数字化升级,不仅形成了"统一保护开发、统一指挥调度、统一旅游服务、统一经营管理"的良好秩序,还构建了以智能监控、电子门禁、电子商务、智能全景导游等一系列数字化智能系统,给游客带来了前所未有的体验,帮助旅游管理者做出更科学的管理决策,推动了旅游景区资源与旅游产业的可持续发展❶。

3. 高级智慧化阶段

随着大数据,物联网和人工智能技术的不断发展,数字化景区开始往高级智慧化景区转变。在这个阶段,我国大数据技术不断演进,形成了丰富的技术生态系统。各种开源工具和框架涌现,覆盖了数据存储、处理、分析等方面。实时大数据处理、机器学习、深度学习等技术开始广泛应用,为企业提供了更多的数据洞察和决策支持。景区通过先进的大数据技术的应用以及软硬件基础设施的建设,给游客带来前所未有的方便与快捷,由原先数字景区对于物的升级转变为对于人体验的升级,侧重点由物变为了人,逐步实现景区高级智慧化❷。在这一阶段,景区可以实现网络全覆盖,可感知可视的动态监控与实时分析处理。和数字化景区相比,高级智慧化景区在前者的基础上3D实景影像、全息幻影成像、无线热点覆盖等,不仅为景区管理人员对于景区管理带来了便利,更是为游客提供信息化体验和可视化的旅游信息。

景区高级智慧化和景区数字化相比具有相同的目的,都是通过信息技术来提高景区的服务、管理水平和游客的体验感。但是景区的数字化建设更偏向于景区基础的信息化建设,解决了景区数字化管理、游客在景区连得上网等基础的信息化问题;而景区高级智慧化更多的指向景区的管理、服务能力的提升,解决的是景区更好的信息化应用和管理、游客可以通过景区信息化系统获得更好服务的问题。对于高级智慧化景区而言,其智慧主要体现在四个方面:智慧化导购、智慧化导览、智慧化导游和智慧化导航。智慧化导购是指利用先进的技术如人工智能、大数据分析等,实现个性化的导购服务。通过分析游客的兴趣、偏好和历史行为数据,提供定制化的推荐和建议,使导购服务更贴近游客需求,提高购物体验。

智慧化导览是指借助先进的导览系统和增强现实技术,为游客提供更丰富、生动的景区导览体验。通过智能导览设备或手机应用,游客可以获取详细的景点介绍、历史背景、艺术品解读等信息,实现个性化的游览体验。智慧化导游是指利用语音识别、人工智能等技术,实现虚拟导游服务。游客可以通过语音交互与虚拟导游

---

❶ 李海龙.云台山景区智慧化研究[D].河南大学,2018.
❷ 孙艳红,王轻楠,吴杰.龙门石窟智慧景区建设研究[M].北京:中国经济出版社,2019.

互动，获取实时解说、故事讲解等服务，提高导游的趣味性和互动性。智慧化导航是指利用智能导航系统，为游客提供实时的交通、位置信息，帮助游客更便捷地规划行程路线。这包括室内导航、停车场引导等，使游客在景区内的移动更加方便和智能。

以清明上河园高级智慧化设计为例❶。清明上河园一直以来致力于景区智慧化建设，在智慧景区建设方面主要包括"管理+、服务+、经营+、安全+"四项内容。"管理+"，主要是通过在河南 5A 级旅游景区首推的各种统一的系统建立起全员参与的网络化管理体系。"服务+"，对景区方方面面从基础设施到软硬件设计到管理平台建构入手打造智慧化产品和智慧化服务。"经营+"，通过软硬件体系联动，实现景区统一经营。"安全+"，打造游船巡更系统，提升景区突发事件应对、高峰预警能力。最终形成一个集旅游管理、游客服务、景区经营等景区全要素升级的智能化的清明上河园。为了帮助清明上河园实现更高级的智慧化建设，王明月在 2023 年以云数据中心平台为基础，以 5G 技术为依托，以地理信息 GIS 平台为支撑，将清明上河园智慧旅游平台从结构上分为展示层、数据层、应用层、用户层，采用互联共享、融合提升和科学管理的先进设计理念，逐步建立特色鲜明、运转高效的智慧旅游管理体系、服务体系和营销体系。清明上河园智慧旅游具体平台设计如图所示。如图 7-7 所示为清明上河园高级智慧景区平台设计图。

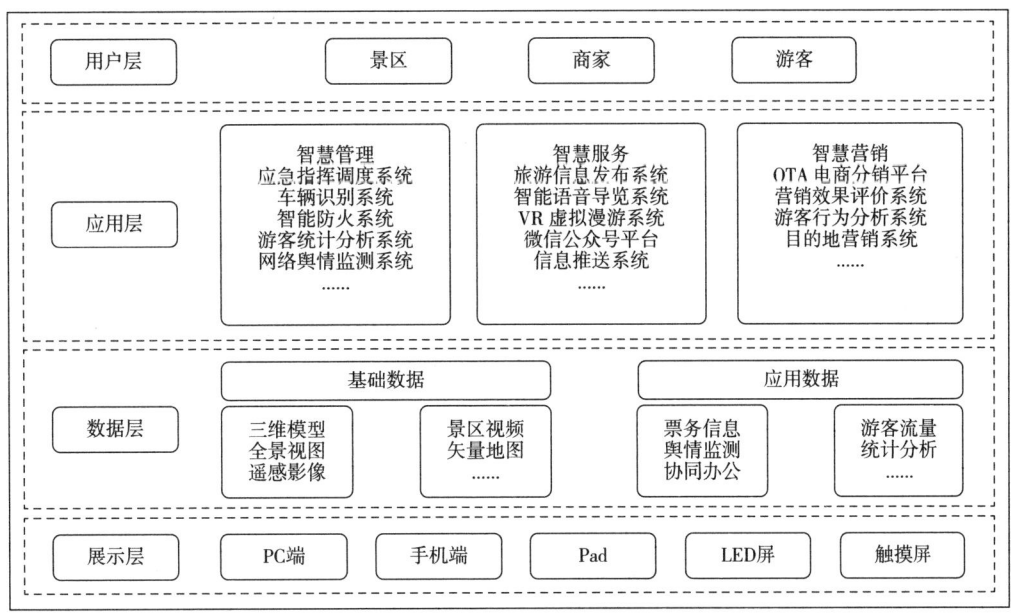

图 7-7　清明上河园高级智慧景区平台设计图

---

❶ 王明月.清明上河园智慧旅游平台设计思路［J］.合作经济与科技，2023（21）：64-67.

第三节 大数据推动智慧景区未来趋势

科技在不断进步,大数据技术也在持续创新,这些技术创新成果将继续深刻影响智慧景区管理,而景区管理也将在大数据技术的推动下会向着网络化、智能化和数字化的趋势不断发展❶。随着 2015 年 3 月 24 日中央政治局会议上首次提出"绿色化"概念,并正式将"绿色化"纳入国家发展的总体布局之后,绿色化也逐渐成为和信息化并列的趋势❷。所以本研究认为,未来大数据推动智慧景区发展,将向绿色化、网络化、智能化和数字化四个方向展开。首先,在网络化方面,随着 5G 技术的普及,智慧景区将更紧密地融入网络,实现更高速、稳定的数据传输,从而提升管理系统的实时性和协同性。其次,智慧景区管理将更趋向智能化,大数据分析与人工智能的深度融合将赋予管理系统更强大的决策能力,实现更智能的资源调度、预测性维护等功能。再次,在未来是数字化方面,这里所讲的未来数字化与前面所提到的初级数字化(或者讲数据化)是有一定的区别。未来的数字化将更注重数字技术的融合,如虚拟现实、增强现实等,为游客提供更沉浸式、个性化的数字体验。最后,智慧景区管理的绿色化趋势将得到进一步推动,通过大数据监测和分析,实现更精准的资源管理,提高能源利用效率,推动智慧景区向更为环保可持续的方向发展,以应对社会对可持续发展的日益关切。这一系列趋势将共同塑造未来智慧景区管理的全面升级,为游客提供更智慧、便捷、绿色的旅游体验(图 7-8)。

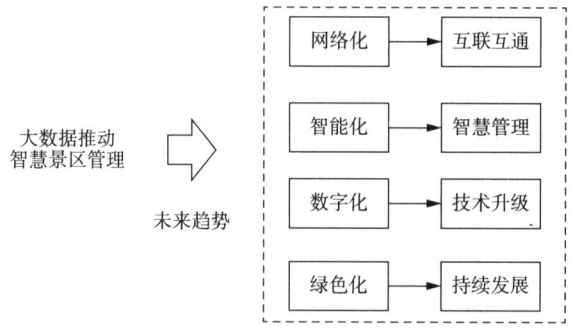

图 7-8 大数据推动智慧景区管理未来趋势框架图

一、智慧景区管理网络化

网络化是大数据推动智慧景区未来发展的重要趋势之一。网络化趋势主要体现

---

❶ 徐宗本. 数字化网络化智能化,把握新一代信息技术的聚焦点 [N]. 人民日报,2019.
❷ 陈睿. 中国省际绿色化、信息化与旅游化协调发展及空间关联效应研究 [D]. 贵州大学,2023.

在景区内外各个环节的数字化和互联互通方面，实现景区内部和景区与外界的无缝连接和协同合作，主要分为内部网络化、外部网络化❶。智慧景区网络化能够提升景区管理效率，提供个性化的服务，增强游客体验。

内部网络化：景区内部各个部门和设施之间的数字化和互联互通是实现景区网络化的基础。通过在景区内部设置网络设备、传感器和智能设备，可以实现对各个设备和部门的实时监测和控制。比如可以通过网络连接景区的门票系统、导览系统、监控系统和交通管理系统，以便实时掌握游客流量、改善交通状况等。这样的网络化能够提高景区内部运营效率，提供更好的服务。

外部网络化：景区和外界之间的互联互通是实现数字化旅游的关键。通过互联网和移动通信技术，可以实现景区和游客之间的实时互动和信息交流。游客可以通过移动应用程序获取有关景区的信息，如景点介绍、交通指引和特别活动等。同时，景区也可以通过网络平台与游客进行沟通和互动，收集游客的反馈和建议，提供个性化的推荐和优惠。此外，外部网络化还意味着景区与其他相关机构和企业之间的合作和协同。通过与旅行社、酒店、交通运输等合作，景区可以提供一站式的旅游服务，为游客提供更方便的旅行体验。比如景区可以与周边的酒店和旅行社建立合作关系，提供整合的旅游产品和服务，共同推广并开发旅游市场。同时外部网络化也包括景区与其他相关机构之间的数据共享和开放。通过共享数据，景区可以获得更全面的市场信息和游客需求，从而进行更准确的服务和决策。比如景区可以与当地旅游局、气象局等部门共享数据，实时了解天气情况和游客流量，提前做好准备和调配资源。

阿尔山世界地质公园网络系统 ❷

阿尔山世界地质公园 2017 年基本完成智慧景区的建设，成为内蒙古第一家智慧景区。阿尔山世界地质公园构建了网络系统，分为内部局域网和外部互联网，从功能上分为四个区，包括接入区、应用服务区、数据核心区和运营管理区。通过景区网络化构建，为阿尔山世界地质公园景区安全管理、营销管理和运营管理等带来了很大的提升。建设内部局域网的目的是实现内部通信、网络传输和保证企业数据安全。建设外部互联网的目的是使数据中心部分系统应用到互联网上，以互联网为平台，实现地质公园在管理、购票、浏览、营销和运营方面的多个转变。如图 7-9 为阿尔山世界地质公园网络系统框架图。

---

❶ 朱静．阿尔山世界地质公园智慧景区建设和优化研究［D］．中国地质大学（北京），2020.
❷ 朱静．阿尔山世界地质公园智慧景区建设和优化研究［D］．中国地质大学（北京），2020.

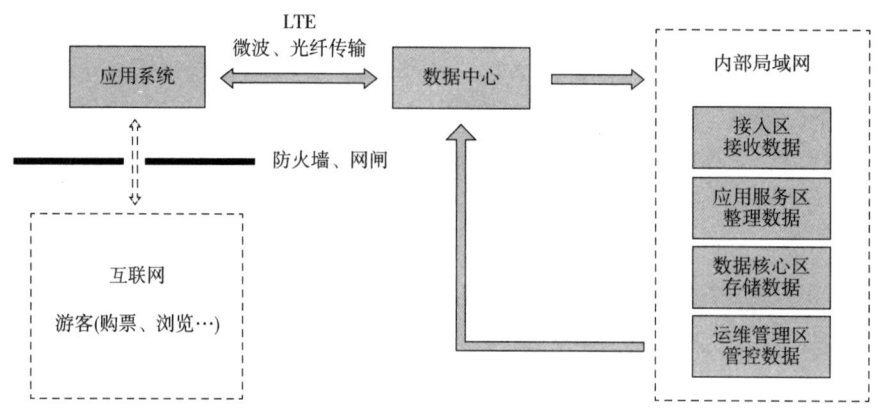

图 7-9　阿尔山世界地质公园网络系统框架图

二、智慧景区管理智能化

智能化是随着信息技术不断升级与发展，在景区信息化和数字化基础上产生的"全面感知、主动识别、智能干预"的一个智能化体系。之所以称之为智能化，正是因为采用大数据、物联网、人工智能等技术提升景区管理水平和游客体验，为游客游玩带来更多智能性的体验和便利[1]。利用这些技术，计算机就能够将所有的相关信息进行采集、计算、分析和处理，运用科学的手段对景区的各项活动以及旅游者的行动进行预判，从而提高景区服务和旅游者的满意度。通过智能化设施设备的完善，游客可以利用移动终端体验景区活动项目，使得旅游活动更加丰满、有趣；旅游管理者也能够通过智能化的信息设备，对所有的游客情况、景区现状进行监控，做出更加科学的决策，实行动态化、可视化管理，确实保障旅游者的生命安全。所以智慧景区管理智能化是大势所趋，也是景区应当重视并改进的目标与方向。

智慧景区管理的智能化展开体现在多个关键方面，通过先进技术的运用，全面提升景区运营效率和游客体验。

（1）智能导览与定位服务利用 GPS、蓝牙等技术，为游客提供精准导览，使其轻松找到景点，同时实现定制化的个性化导览服务。

（2）智能安防系统通过智能监控和入侵检测，实现对景区内安全状况的实时监测，提升安全性。

（3）智能客服系统通过人工智能技术，能够实时响应游客的问题，提供准确信息，改善游客体验。

（4）票务和支付系统的智能化使得游客可以通过在线渠道预订和购票，同时引入移动支付等智能支付方式，提高购票和支付的便捷性。大数据分析和预测应用于

---

[1] 孙晓燕. 智慧景区游客体验研究［D］. 山东师范大学，2018.

游客行为和趋势分析，为景区提供数据支持，助力决策的科学性。

（5）展览和文化体验方面，借助虚拟现实（VR）和增强现实（AR）技术，为游客提供数字化的、互动性强的展览和文化体验。

（6）智慧景区智能化还包括智能交通管理，通过数据分析预测高峰期，提供实时交通信息，以提高游客进出景区的效率。环境监测与控制通过传感器监测景区环境参数，提高景区的环境质量。

（7）设备管理与维护利用物联网技术，实现设备的远程监控和智能维护，保障设备的正常运行。这一系列的智能化举措共同构成了智慧景区管理的多个方面，通过科技的整合和应用，为景区提供更高效、便捷、安全、智能的管理体系，提升了游客的整体体验和景区运营的效率。

以泰山景区信息集成平台为例❶，泰山景区积极建设智慧景区，立足于游客的智慧旅游体验，以"大数据、云服务、智能化"为建设目标，对于景区客流管理、网上售票、资源监控等方面加强建设，率先建成全国领先的智慧景区，实现景区智能化管理和服务。目前泰山智慧景区已经建立了遥感监测管理、资源数据库以及覆盖全景区的视频监控体系等。此外，泰山还建成了基于3D-GIS的景区信息集成平台，将基础的地理数据、实时监测数据等多种数据汇集到数据中心，采取各种规则对数据做进一步筛选处理，为泰山景区的管理和服务提供技术支持。通过将大数据技术应用到智慧景区管理中，泰山景区实现了智能化服务管理，也为游客带来了更好的体验。图7-10为泰山景区信息集成智能化平台框架图。

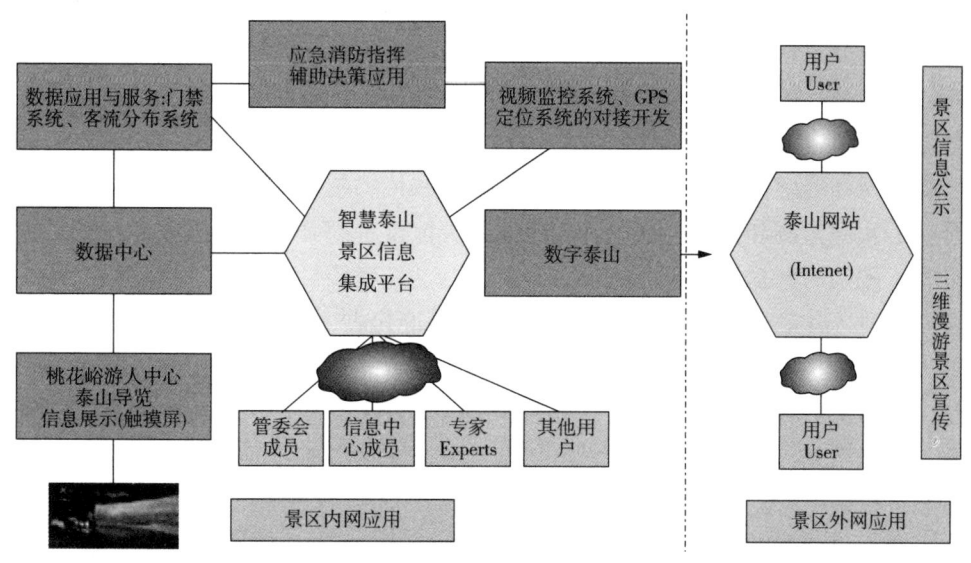

图7-10 泰山景区信息集成平台

---

❶ 宋磊，林洪波，王绪华. 基于3D-GIS的智慧泰山景区信息集成平台［J］. 中国园林，2011，27（09）：30-32.

三、智慧景区管理数字化

受科技迅猛发展和消费者期望升级的推动，旅游景区数字化趋势日益凸显。随着智能手机普及，移动互联网成为游客获取信息和预订服务的主要途径，而数字技术如大数据、人工智能和虚拟现实为景区提供了创新工具，以提升管理效率、增强游客体验、个性化服务，并在疫情背景下加速推动无接触服务和在线预订的实施，使景区数字化成为适应现代旅游趋势的必然选择❶。

"数字化智慧景区"是以民为本，以网络科技为协助，创建"管理方法精细化、作用模块化设计化、信息内容数字化"的整体运用与基本服务平台。依据管理决策及具体工作中的差异要求，创建相应的精细化管理软件系统，每一个软件系统都能发挥相对的自主作用，都能按照自身的互联网管理权限获得有价值的共享资源信息内容。在"数字化智慧景区"的总体构造中，硬件配置层是数据采集的前提条件，数据信息层是完成移动数据网络互动共享资源的基本，数据信息通过生产加工与研究后进到网络层，应用层将数据信息运用于旅游景区"维护、学术研究、开发设计"的不同软件系统。在数字化智慧景区建设中，各类软件虽功能各异，但最终都高度聚焦，服务于管理决策及高管，助力景区实现科学、高效、可持续发展。软件系统的模块化设计，让景区管理从"粗放式"迈向"精细化"。高层管理者基于这些精细数据，能在瞬息万变的旅游市场中，做出更贴合实际、更具前瞻性的决策，推动景区高效、稳健发展。下面是数字技术的发展应用到智慧景区的一些重要方面。

云计算和边缘计算：云计算和边缘计算技术在智慧景区中的应用越来越广泛。通过云计算，景区可以将数据存储和处理任务转移到云端，实现高效的数据分析和管理。而边缘计算可以将计算能力下沉到智能设备、传感器等边缘节点，实现实时的数据处理和响应。这两种技术的结合，可以实现更好的数据处理和资源利用效率。

物联网和传感技术：智慧景区利用物联网和传感技术实现了对各种设备、设施和环境的实时监测和控制。通过将传感器和智能设备部署在景区的各个角落，可以获取景区的实时数据，如游客流量、气象信息、环境质量等。这些数据对于景区的运营和管理具有重要意义，可以帮助景区进行智能化决策和提供更好的服务。

大数据分析和人工智能：大数据分析和人工智能在智慧景区中的应用也越来越广泛。通过大数据分析，景区可以发现游客的偏好和需求，构建用户画像，实现个性化推荐和营销。而人工智能技术可以帮助景区实现智能化的服务和管理，如语音识别和自动化机器人导游等。

无线通信和移动应用：智慧景区中的无线通信技术的发展也极大地促进了数字技术的应用。通过无线网络，游客可以随时随地获取景区的信息和服务，如导览、

---

❶ 穆荣兵，黄熙茗，兰珂等.浅谈数字化技术在旅游景区中的应用[J].艺术科技，2016，29（02）：33+13.

购票、预订等。同时，移动应用也成为景区的重要入口，提供导航、推荐、互动等功能，增强游客的体验和参与度。

以华清宫智慧景区管理数字化为例❶，华清宫结合自身需求，通过建立地形图GIS数据库及地下管线GIS数据整合构建了GIS地理信息系统，此系统可以（1）提供景区基础地理信息的数字化管理和维护工具。（2）通过通用图形信息查询功能掌握全面、具体的景区空间信息。（3）专项查询与辅助分析功能直接应用于景区管理部门的日常工作。（4）通过本系统对智能化服务设备进行数字化整合，提高景区管理水平。（5）通过本系统可进行建筑物管理、设施（综合管线、路灯等）管理、绿化管理、消防管理和安防监控管理，爆管抢修时，给出关阀方案。通过GIS地理信息系统的建立，华清宫可以实现更加高效的数字化景区管理。

四、智慧景区管理绿色化

随着智慧景区的深入发展，越来越多的大数据技术被运用到智慧景区的改进和升级，在这一过程中，景区管理也会因为科技手段的利用而更加绿色化。景区可以通过智能环境监测系统，利用传感器监测空气质量、能源利用等环境参数，实现精确的资源管理和减少环境影响。同时，智慧景区可以通过大数据技术优化能源利用，减少碳足迹。这一综合性的绿色化举措不仅有助于景区的可持续发展，还提高了游客对景区的认同感❷。

大数据促进智慧景区绿色化的几个主要方面：第一是资源利用优化，大数据分析能够监测和分析景区内各种资源的使用情况，包括能源、水资源、人力等。通过了解资源的实时状态和趋势，管理者可以优化资源分配，提高利用效率，减少浪费，从而实现绿色化的资源管理。第二是能源效率提升，大数据技术可以监测和分析景区内各个设施的能源消耗情况。通过实时数据的分析，智慧景区能够采取相应措施，优化设备的运行模式，减少能源浪费，提高能源利用效率，推动景区朝着能源绿色化方向迈进。第三是环境监测和管理，大数据分析在智慧景区环境监测方面发挥作用。通过传感器和监测设备收集的大量数据，管理者可以了解空气质量、噪声水平、环境温度等信息。准确的环境数据有助于制定更科学的环保策略，减轻对生态系统的冲击，确保景区的环境质量。第四是可持续发展策略制定，大数据分析提供了全面的数据支持，使得景区管理者能够制定更具体、可行的可持续发展战略。这包括制定减排计划、能源转型策略、废弃物管理等方面，推动景区向更为绿色可持续的方向发展。通过大数据的综合利用，智慧景区能够更全面、科学地进行环境管理和可持续性规划，为实现景区的绿色化目标提供有力支持，引领智慧景区向着更加绿

---

❶ 冯超. 数字化技术在华清宫智慧景区中的应用[J]. 科技创新与应用，2023，13（01）：30-32+36.
❷ 陈睿. 中国省际绿色化、信息化与旅游化协调发展及空间关联效应研究[D]. 贵州大学，2023.

色可持续的未来发展。

九寨沟景区智能系统实现景区可持续化❶

九寨沟作为我国最早建设的数字景区，建立了感知系统、视频监控系统、景区管理信息系统等。其中，为了对游客进行更为便捷的统计，九寨沟构建了基于视频画面的智能人流统计系统，及时了解客流量，从而能够实时掌握游客流量动态变化，便于实现景区旅游的资源优化配置，推动构建景区资源配置同时，建立的智能森林防火预警系统能够动态采集视频信息，借助视频技术实时传达信息，对所具有的火焰烟雾特征，以识别算法、图像处理法智能分析视频图像。通过智能人流统计系统和森林防火预警系统，九寨沟景区提高了景区资源优化配置，实现景区可持续发展。

---

❶ 张晓丽. 九寨沟景区碳排放测算及低碳发展策略研究［D］. 山西大学，2023.

第八章

数字技术推动旅游产品和业态创新

第一节　旅游产品与创新

一、旅游产品与业态

（一）旅游产品及其创新

依据《社会学辞典》[1]给出的定义，旅游产品由实物和服务构成，包括"旅行商集合景点、交通、食宿、娱乐等设施设备、项目及相应服务出售给旅游者的旅游线路类产品，旅游景区、旅游饭店等单个企业提供给旅游者的活动项目类产品"。

一般旅游行业中，旅游产品可被归为五大主要类别：①观光旅游产品，这类产品通常涵盖自然景观、历史地标以及都市景观等元素；②度假旅游产品，它包括海滨度假、山地休闲、温泉养生、乡村体验和野营探险等活动；③专题旅游产品，涉及文化体验、商务考察、体育活动等特定领域的旅游服务；④生态旅游产品，这类产品自推出以来，以促进环境保护和促进人与自然的和谐共处为目标，随着时间的推移，它在理念、实践和需求上均实现了创新，成为推动旅游业可持续发展的关键理念；⑤旅游安全产品，包括为游客提供安全保护的各类用品和旅游意外保险等，确保游客的旅途安全。

随着时代的演进和消费者需求的日益增长，旅游业不断推陈出新，针对市场需求设计出许多创新旅游产品。学术界通常将这些创新分为四大类别：①结合交通方式的旅游形态，这包括但不限于自驾游、高速铁路旅行、海上巡游、游艇体验、骑行之旅，乃至探索性的太空旅行等，它们通过与现代交通工具的结合，为游客提供了全新的旅行体验。②特色资源驱动的旅游形态，依托独特的自然或文化资源，例如温泉养生、影视拍摄地探访、高尔夫体验、工业遗址游览、农业体验游以及花卉观赏等，它们满足了游客对特定主题旅游的渴望。③针对特定细分市场的旅游形态，这些产品专为某一特定消费群体设计，例如为中老年人群设计的"夕阳红"旅游项目，或是为青少年提供的夏令营等活动，它们针对不同年龄和兴趣群体的需求。④以旅行目的为核心的旅游形态，这一类产品根据游客的出行目的进行设计，涵盖了纯休闲的旅游团、探险活动、养生度假、教育主题旅游，以及追求健康生活方式

---

[1] 邓伟志. 社会学辞典[M]. 上海：上海辞书出版社，2009.

的"乐活"旅游等，它们反映了游客多样化的旅行目的和生活方式。

在数字经济的时代背景下，旅游产品的创新呈现出愈加丰富的态势。给游客带来新颖、沉浸、全面的体验，文化赋能旅游，充分运用数据信息，成为旅游产品创新的主要方向。

（二）旅游业态及其创新

旅游业态是一个及其广泛的概念，许多学者从不同的角度加以定义。"业态"的概念最初来自日本，是指流通企业的经营形态。近年来"业态"一词被引入旅游业，主要用于描述旅游产品形式、旅游经营形式、旅游组织方式等❶。如郭峦认为旅游业态侧重于谁通过什么方式向旅游者卖什么产品，即包括旅游组织形态、旅游产品形态、旅游经营形态三个层面的内容。近年来，相对于过去已存在的旅游业态来说，新出现或过去没有的业态，被统称为旅游新业态❷。雷鹏认为所谓旅游业态，应当是涵盖旅游产品组织形式、运营模式、产品特色的一个综合概念。简言之，就是旅游企业的组织管理方式和经营方式呈现出来的某种形态。他将旅游新业态分为经营性新业态、产品型新业态、市场型新业态和管理型新业态四种❸。汪燕和李东则认为旅游新业态是为了满足消费者新需求，旅游业与其他产业相互融合而不断创新推出的具有特色的旅游产品。而对于旅游新业态，他们按照市场营销学中的新产品类型，将旅游新业态分为四类：全新型旅游新业态、改进型旅游新业态、换代型旅游新业态和仿制型旅游新业态❹。

二、数字技术推动旅游产品和业态创新机理分析

党的二十大报告强调要加快建设数字中国、实施国家文化数字化战略，明确提出加快发展数字经济，促进数字经济和实体经济深度融合，打造具有国际竞争力的数字产业集群。在各方面的共同努力下，数字经济助推经济发展质量变革、效率变革、动力变革，增强了我国经济创新力和竞争力。

进入数字经济时代，以互联网、大数据、云计算、VR/AR、人工智能、区块链等为代表的数字技术成为推动旅游产品和业态创新的核心动力。数字科技的融入与普及在旅游领域产生了深远的影响，它不仅催生了众多创新的旅游技术、产品和服务，还促进了消费者需求的高层次发展以及旅游产品形态的革新。此外，数字技术亦助力于传统旅游业态的创新，推动了管理方式的现代化，加速了商业模式的迭代，以

---

❶ 邹再进.旅游业态发展趋势探讨［J］.商业研究，2007（12）：156-160.
❷ 郭峦.旅游新业态的演进规律［J］.沿海企业与科技，2011（07）：60-63.
❸ 雷鹏.旅游新业态类型及其形成驱动机制研究［J］.旅游纵览（下半月），2014（04）：251-252+263.
❹ 汪燕，李东.旅游新业态的类型及其形成机制研究［J］.科技和产业，2011，11（06）：9-12+65.

及生产方法的革新。特别地，在供给侧，数字技术显著地扩展了旅游产业的可能性，为旅游产业的演化注入了新动力。通过在供给层面的深入应用，数字技术不仅优化了资源配置，还提高了行业的整体效率和创新能力，从而带动了旅游产业的快速发展和转型。这种技术革新正逐步重塑旅游产业的版图，引领着行业向着更加智能化和个性化的方向发展（图8-1）。

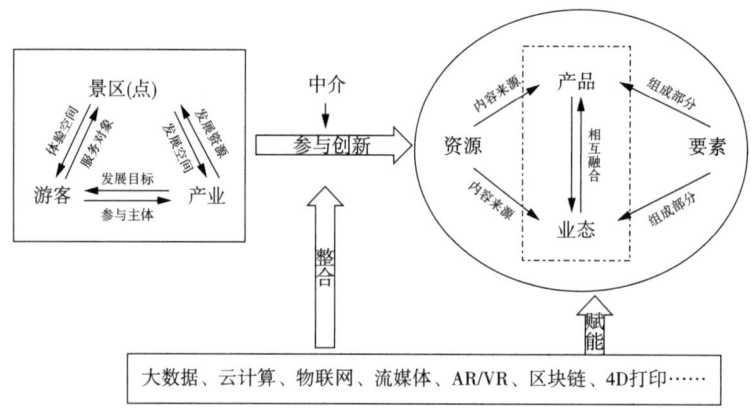

图8-1　数字经济推动旅游产品和业态创新的作用机理

借助大数据、云计算、物联网、AR/VR等数字技术，分散的旅游资源、生产者、服务者、消费者得以整合，从而实现更加精准的匹配和更加生动的呈现。数字技术作为驱动旅游产品和业态升级的重要动能，通过作用于创新链中的每一根链条，实现对产品和业态创新的整合与赋能，其作用机理主要有以下六个方面：

一是通过作用于旅游产品与业态的内生来源，数字技术为文化旅游资源的数字化赋能。旅游资源是旅游产品和业态的直接来源，数字化的呈现使得抽象的旅游资源成为可直观感受和沉浸式体验的旅游产品或新业态，为资源向产品的转化提供全新路径。

二是通过直接作用于旅游产品与业态的构成要素，以单要素数字化的形式为产品与业态的创新赋能。数字技术已经渗透到社会结构的每个部分，进而影响到旅游的吃、住、行、游、购、娱六大组成要素，单要素的数字化变革继而引发产品与业态的不断创新。

三是通过网络等中介平台，作用于旅游的参与主体，打造新型的"云上"旅游产品。游客和景区（点）是旅游的直接参与主体，网络平台等数字技术将游客的参与方式由线下拓展到线上，也同时将景区的产品供给拓展到线上平台，"云旅游"成为数字化时代旅游产品的一大重要创新方向。

四是作用于旅游场景，为景区创新产品和业态供给提供新路径。景区是旅游的空间载体，旅游空间的数字化能为游客带来全新的体验模式，随着数字空间体验模式的不断完善和发展，数字场景下的产品和业态创新将成为景区发展的重要方向。

五是作用于旅游线路，数字技术改变甚至颠覆了传统的线路旅游产品结构。一方面，大数据技术对信息数据的整合与分析使得游客能够自主地完成旅游线路设计，自助游成为线路旅游产品的重要部分；另一方面，旅行社等中介作为传统的旅游线路设计方，也开始利用数字技术进一步提升线路旅游产品的创新。

六是作用于旅游与各产业的融合过程，数字经济时代加速了各个产业的数字化进程，旅游作为社会活动的重要部分，与各个产业的相互融合正越来越紧密。数字技术通过整合产业资源，使得产业资源可以转化为旅游资源，进而打造为新的旅游产品或业态。

概言之，数字经济背景下，数字技术的发展加速推动旅游产品和业态的创新，使旅游产品的创造和业态的发展进入了一个快速发展的数字时代。

第二节　数字化扩充旅游资源产品类型

旅游资源是旅游业发展的基础，是指自然界和人类社会凡能对旅游者产生吸引力，可以为旅游业开发利用，并可产生经济效益、社会效益和环境效益和各种事物和现象（GB/T 18972-2017）。数字化技术在旅游资源开发中的应用不仅增加了资源产品的种类，还在某种程度上丰富了资源类型。在当前文化和旅游深度融合的关键时期，两者的自然结合优势被数字技术进一步放大，推动了文旅产业的深层次整合。通过数字化手段，旅游资源得到了创新性开发，形成了多样化的旅游产品，满足了市场对高质量文化旅游体验的需求。

正因为如此，各级政府都十分重视数字化技术在旅游资源开发和文化资源、文物资源保护利用的应用，数字文旅成为一种趋势。国务院于2022年1月正式发布《"十四五"数字经济发展规划》，提出要通过数字化促进公共服务更加普惠均等，要促进社会服务和数字平台深度融合，探索多领域跨界合作，以数字化推动文化和旅游融合发展。数字文旅成为多个省、市、自治区寻求创新发展的重要赛道。以上海为例，在文化和旅游工作会议上，上海市政府明确提出了加速数字化及元宇宙领域的战略布局，积极探索新兴科技和模式在文旅行业的应用。在山西，国家旅游科技示范园区的数字体验馆正式开放，通过虚拟现实（VR）、增强现实（AR）以及体感交互技术，为游客提供了一种超现实的体验，使他们能够深入体验山西五千年的文化和文明。甘肃省的文旅文交中心也成功推出了数字非遗交易平台，其首个上线产品——牛肉面非遗文化礼盒，标志着数字化交易在地方特色文化产品中的创新应用。这不仅提升了兰州作为旅游和美食文化象征的品牌价值，也为地方经济和文化的发展带来了积极影响。

数字技术不仅对旅游资源开发和文化资源保护利用有积极作用，对旅游产品与业态创新也有更加深刻的内涵与深远的意义。主要表现在以下几个方面：

一、各类资源的数字 IP 化

随着数字文化产业的不断发展，数字 IP 已成为热门话题。相对于 IP 而言，数字 IP 更加行业化和具体化，主要体现为影视、游戏、动漫等数字形式的知识产权。基于数字 IP 的超强变现能力和粉丝量，目前国内旅游景区、目的地都积极引入数字 IP，通过"数字 IP+ 科技 + 旅游"的方式，打造线下体验场景，为游客提供全新的数字文旅体验，将数字创意元素植入场景体验中，实现数字 IP 的场景转化。

（一）数字 IP 内容来源

从当前国内数字 IP 线下文化旅游服务发展来看，数字 IP 内容主要来自两个渠道：一是自有原创 IP。例如华强方特打造的"熊出没"原创动画 IP，通过"原创 IP+ 主题乐园"的形式，打造"熊出没"系列主题公园，围绕"熊出没"等原创数字 IP，逐步建立起"原创 IP+ 主题活动""原创 IP+ 主题项目""原创 IP+ 主题乐园"的多层次文旅娱乐产品体系，开发"熊出没交响音乐会""熊出没探险之旅"主题活动、"熊出没剧场""熊出没历险记"等一系列主题活动和项目❶。二是引入外部数字 IP 内容。例如上海长风海洋世界引入人气超高的动画 IP《汪汪队立大功》，哈尔滨冰雪大世界拥有游戏 IP "王者荣耀"，欢乐谷引入《饼干警长》动漫 IP 和"梦幻西游""新倩女幽魂"等游戏 IP，以及云南省与腾讯的"新文旅 IP 战略合作计划"等均是通过引进外部数字 IP 的方式，将线上数字内容与线下文旅体验相结合，实现文化价值与产业价值的良性互动。

（二）数字 IP 产业链

数字 IP 产业链的上游为数字内容生产方，主要进行数字 IP 孵化，通过 IP 授权的方式，为数字 IP 线下场景体验服务提供所需的资源；中游是需求方，包括各大旅游管理部门、旅游景区等主体，通过数字 IP 授权或者联合运营提供线下体验服务；下游主要是游客。

从当前国内数字 IP 线下转化成果来看，腾讯、华强方特、华侨城、华谊兄弟等企业的数字 IP 线下文化旅游服务发展相对领先。数字 IP 线下场景体验服务发展对于优质数字 IP 资源具有较高的依赖性，"熊出没"系列主题公园、华谊兄弟电影小镇等数字 IP 线下文化旅游服务均取得一定成就。

---

❶ 刘棋芳. 数字时代下虚拟形象 IP 赋能文旅产业发展研究［J］. 湖南包装，2023，38（03）：92-95.

(三) 数字 IP 提升线下场景体验多样化

数字 IP 线下场景体验服务不仅体现在某一个旅游项目，更可以突破空间限制，实现全域内的旅游 IP 形象塑造。腾讯公司与云南省建立了战略合作伙伴关系，整合了其旗下的游戏、影视、音乐等多元化 IP 资源，与云南的旅游资源相结合，共同促进了云南文化旅游形象的塑造和推广。腾讯旗下的游戏"一起来捉妖"推出了"云南万物有灵计划"，"英雄联盟"推出"校园电竞文创村"。阅文集团也参与其中，推出了"云南文字夜市"，QQ 音乐推出的"全民 K 歌·唱游云南项目"，以数字 IP 为引领，重新定义云南旅游产业的价值链，并通过多维度的价值输出，实现文化旅游的商业价值和品牌影响力的双向增长。

2017 年，宋城景区与腾讯的"王者荣耀"进行了跨界合作，两大强势 IP 的联合，通过结合景区场景、宋朝服饰、游戏人物舞台剧以及 Coser 游街等多种形式，实现了相互引流，为内容创新和执行落地带来了新的灵感，这种游戏与穿越结合的模式，深受年轻消费者的喜爱。2018 年，长隆欢乐世界与"王者荣耀"联手打造了"长隆·王者夏日狂欢季"。活动以广州长隆欢乐世界和珠海长隆海洋王国为主要场地，推出了包括 VR 过山车、AR 互动、大型 IP 实景还原以及 4D 电影《峡谷重案组》等多元化产品。这些高科技主题游乐项目，通过实景复刻和高科技手段，将虚拟游戏世界与现实世界巧妙融合，实现了数字游戏内容在线下的创新落地和应用。

二、数字展馆应用与文物保护利用的创新

(一) 数字技术增强游客体验感

依托虚拟现实、增强现实、全息投影、多点触控等现代化数字技术，对文物藏品内容进行三维建模，复原相关历史场景，开发基于博物馆馆藏资源的文化体验项目，游客在沉浸式投影巨幕、虚拟现实头盔、体感动作捕捉设备、可触摸屏等智能化装备的辅助下，可以进入三维动态的沉浸式交互体验空间，在虚拟环境中进行如同真实世界中的各种活动，使游客置身于设计师营造的艺术氛围之中进行交互式体验，实现游客与文物的交互互动，提升体验感和参与感，全方位感受博物馆文化。数字体验展展示内容直观，展示方式趣味性较强，沉浸式交互能够吸引更多的游客参与，但是对资金和技术的要求比较高，并且需要有专门的交互体验空间，数字体验展一般应用于国内发展较为成熟的大型文博机构。

例如："'看见'圆明园"数字体验展展览融合了实体布景与 AR、VR 技术以及数字影像，以此打造多维度的数字体验。通过这种技术融合，参观者能够重温历史场景，享受沉浸式的虚拟旅行，并目睹建筑物的"生长"过程，提供了一种新颖且富有教育意义的互动体验。

"发现·养心殿"主题数字体验展聚焦于清代雍正皇帝在养心殿的日常生活。该

展览利用现有的数字资料,结合学术研究,应用了 AI、VR 和语音图像识别等技术,对养心殿的建筑空间和内部陈设进行了精确的数字化复原。展览设计了一系列互动项目,如"召见大臣""批阅奏折""鉴赏珍玩"和"亲制御膳",使观众能够通过沉浸式投影、VR 头盔、体感追踪设备和触摸屏等技术手段,在数字重建的环境中体验清代宫廷的一天,从而深入理解养心殿的建筑特点和当时的宫廷生活。

(二)物联网守护文物安全

全球物联网正从碎片化、孤立化应用为主的起步期迈入"跨界融合、集成创新"的爆发期。世界知名信息技术研究机构加特纳公司(Gartner)判断,未来 2~5 年物联网技术将进入产业化高峰期。目前,物联网技术不仅广泛应用在公共安全、工业制造、物流等领域,而且在可穿戴设备、智能家居、动漫游戏、影视制作等文化创意消费市场百花齐放。未来随着物联网技术不断成熟,物联网将为文化创意产业带来不可估量的影响,深刻影响文化创意产业的发展方向[1][2][3]。

在博物馆领域,文物的借展是一项常规活动,这涉及细致的文物出入库管理流程。传统管理手段往往因工作量庞大、程序烦琐和手续复杂而受限,这一过程往往需要众多员工的协调合作,且在文物交接时承担着重大的责任。任何由于人为疏忽造成的登记失误,都可能导致文物的丢失或其他严重后果。现代物联网技术的应用提供了一种根本性的改进方案,物联网技术在物品信息管理上的优势,使得文物的全流程定位和追踪成为可能。

物联网技术还具备监测文物存储环境的功能。通过部署充足的物理传感器,物联网系统能够实现对文物存储和展示环境的实时监控。鉴于博物馆的存储条件对文物保护的重要性,传统的人工检查方式在效率和监测精度上往往难以达到所需的标准,而物联网技术能够对存储环境中的多种物理参数,如大气成分、光照强度、温湿度以及文物表面温度等,进行 24 小时的连续监测。通过传感器收集的数据进行综合分析,系统能够自动评估存储环境是否适宜文物的长期保存。一旦任何环境指标出现偏差,系统将自动发出警报并通知管理人员,从而为文物管理提供了一种更为精确和迅速的响应机制。此外,通过物理传感器的监测,可以对文物的存储环境进行客观评估,确保文物能够在一个安全稳定的环境中得到妥善保管。

(三)数字藏品赋能

数字藏品是指使用区块链技术,对应特定的作品、艺术品生成的唯一数字凭证,在保护其数字版权的基础上,实现真实可信的数字化发行、购买、收藏和使用。旅

---

[1] 张莅坤,陈强. 基于物联网技术的藏品安全管理创新方法研究[J]. 东南文化,2022(S2):124-127.
[2] 杨玲,李英辉. 基于物联网技术的文物古建筑智能安全管理系统[J]. 中国科技信息,2022(22):44-46.
[3] 赵国瑞. 数字化时代下博物馆文物陈列与保管的探究[J]. 上海轻工业,2023(06):105-107.

游景区凭借自身独特的自然风光和深厚的文化内涵，大胆尝试探索，以数字藏品开辟新天地。每个文旅数字藏品都有专属的序列号，是独一无二的数字纪念品，兼具艺术性和科技性，颇具纪念和收藏价值。

数字藏品对景区的赋能有三点：其一，创造数字化资产。文旅数字藏品是景区在数字化时代创造数字化资产的重要载体。其二，创新数字化体验。数字藏品可以为景区打造更多沉浸式、交互式的体验方式。其三，助力数字化营销。发行数字藏品也是景区营销的新形式、新玩法，有助于景区拓展线上的品牌影响力。

数字藏品是一种创新的资产形式，它通过区块链技术为各类作品和艺术品提供了独一无二的数字身份。这种技术不仅确保了藏品的版权保护，而且促进了其在数字世界中的发行、交易、收藏与使用的真实性和可信度。数字藏品的开发利用了景区的自然美景和文化深度，为传统旅游体验增添了新的维度。每一件数字藏品都拥有其独特的序列号，使其成为具有艺术价值和数字特性的珍贵纪念品，这不仅增强了其纪念意义，也提升了其作为收藏品的价值。

数字藏品对旅游景区的赋能体现在以下三个方面：

（1）数字化资产的创造：数字藏品作为景区数字化转型的关键组成部分，为景区创造了新型的数字化资产，这在数字化时代尤为重要。

（2）数字化体验的创新：通过数字藏品，景区能够提供更加沉浸式和交互式的体验，丰富了游客的互动方式，提升了旅游体验的质量。

（3）数字化营销的推动：数字藏品的发行为景区的营销策略带来了创新，开辟了线上品牌推广和营销的新途径，有助于景区在数字领域扩大其品牌影响力。

三、文化内容的创新转化

中华优秀传统文化是中华民族的精神命脉和重要源泉，是文化发展的根基。数字技术将数字文化创意与旅游体验相结合，使传统文化实现更接地气的表达，使游客在旅游休闲娱乐体验中触碰、感受、发扬优秀文化。包括历史人物、神话故事、民族风俗等在内的各种文化内容，都可以通过数字技术加以呈现，转化为内涵丰富、底蕴深刻的新型旅游产品与业态。利用数字技术对文化内容的呈现主要有两种形式，一是为传统文化提供丰富的场景体验，使之具象化；二是将文化内涵植入数字产品或旅游产品中，实现文化的创造性转化和创新性发展。

（一）增强文旅消费场景体验

以数字技术为发展引擎的数字文旅将助推传统文化与旅游融合的文旅消费体验场景创新。将传统文化转化为内容，并与数字体验相结合，基于AR/VR等数字技术可以实现传统文化的场景化和立体化，将传统文化故事背景呈现在游客面前，由静态体验转向动态互动，提升游客体验。

一是通过数字体验展、沉浸式旅游演艺等形式为传统文化提供场景体验，在这一过程中，虚拟的文化人物、故事等要素通过数字技术的呈现，成为了游客可以直观感受的体验型产品。例如《张家界千古情》借助先进的声光电、360°全息投影、VR技术等高科技手段，在水、陆、空三维立体空间演绎张家界的前世今生。

二是利用3D打印、5D体验等技术将传统技艺、非遗等文化资源打造成实体商品或体验产品。例如，"非遗文创"依托非遗资源，通过实用性与创意性设计，开发出同时兼备文化性和实用性的文创商品，通常会以非遗工坊、非遗博物馆、非遗文化产业园、非遗主题景区等为落地载体。

（二）有助深挖文化内涵，丰富旅游产品

传统文化是文旅产品发展的重要内容来源，是提升数字文旅产业创新发展的关键内核。数字文旅倡导旅游与传统文化相结合，是在传统文化资源的基础上借助数字创意手段进行的再创造。传统文化资源不会自动转化为数字文旅产品，只有通过数字创意与现代科技，才能实现创造性转化与创新性发展。

一是通过科技和创意链接文化内容，将传统文化植入数字内容产品创作中，借助游戏、动漫、音乐等形式让"阳春白雪"的传统文化实现更接地气的表达。以腾讯为例，腾讯立足"新文创"战略，通过科技链接京剧、古典名著、神话故事等文化内容，打造出现象级产品"王者荣耀"，其角色就是基于中国传统历史文化人物设定；还有"榫卯""折扇"等以传统文化为蓝本的功能性游戏，推动玩家深入了解传统文化工艺的历史、结构特点和制作工艺流程。

二是将传统文化作为内核，打造主题节庆活动。品牌活动与节日的塑造是民俗景区彰显特色、辨识度的重要内容，在数字技术的加持下，通过声光电沉浸式体验，节庆的氛围将更加浓厚，游客也能够沉浸式地感受文化魅力。

第三节 观光产品"上云赋智"丰富游客体验

数字化技术为旅游业带来了创新的机遇和动力，"互联网＋旅游"模式开辟了崭新的发展领域。智慧旅游，以数字化、在线化和智能化为核心特征，正迎来其历史上的重要发展时机。中国的在线旅游的市场消费总额已经达到了万亿元规模，这不仅极大地丰富了游客的体验，也显著提升了游览质量，赢得了广泛的青睐。

以数字技术为核心的智慧旅游的发展推动了云旅游的出现。2020年，新冠疫情对传统的线下旅游业造成了巨大冲击。在这一背景下，"宅经济"的兴起带来了新的

消费需求。据《云生活：从线上大数据看消费新趋势报告》显示，疫情期间，人们花在在线旅游图文、目的地攻略和旅行直播等内容上的时间显著增加。即便疫情的影响逐渐消退，云旅游作为新兴的旅游体验形式，不仅满足了公众对旅游的新期待，也为旅游企业的宣传和营销提供了新的途径，成为推动旅游经济复苏的关键力量，有效缓解了疫情对旅游业的冲击。

云旅游的流行促使文化旅游行业加速开发各类云端旅游产品。利用 VR、AR 等技术，将自然景观和文化展览等内容转移到线上，通过直播、游戏等互动形式，创新了旅游的呈现方式，进一步增强了人们的旅游乐趣。

一、云旅游的概念及其特点

学术界对于"云旅游"的研究尚处于初步阶段，学者大多从产品供给和消费体验两个角度对云旅游进行概念阐释与内涵解读。综合来讲，云旅游实际上就是采用了多种信息及智能化技术，借用实际景观进行直播，可以通过网页对整体景观进行浏览，或者是利用智能技术获得穿戴体验等，让游客可以通过线上模式获得独特体验，利用终端设备开展旅游活动。它采用多种信息技术，通过直播、VR 浏览、沉浸式体验等形式，使游客可以通过终端设备实现线上观光、体验、社交、购物等旅游功能的活动，概言之，它是智慧旅游、虚拟旅游和在线旅游等相关概念的延伸和升级[1][2]。

云旅游提供的形式是比较多的，当前基于智能技术发展，多种技术提供支持，比如 5G 或者人工智能。云旅游可通过全景录播模式，或者是采用直播形式，实现新媒体的高质量应用。云旅游可以实现对世界遗产的合理保护，同时也能够在宣传历史古迹方面发挥作用，运用良好的方式进行重现，让人们能够了解到历史文明是教育的重要内容，云旅游内容很好地从多个方面诠释了它的作用。从经济发展方面来看，云旅游的应用促进了产品的销售，使经济得到发展。一部分旅游地区利用直播的形式，在直播间与人们产生互动，运用带货的形式，将文创类产品在直播间中营销，促进了具有特色的农产品的销售。移动信息技术的应用，让旅游者获得更加丰富的体验，让他们享受到旅游的快乐，为旅游地区带来了更多的经济效益。云旅游是旅游目的地的新型营销方式，是对虚拟旅游的应用，这种方式不会受时空的约束，能够打破传统营销形式的限制，让人们获得更加独特的视觉体验。运用云旅游这种方式，实现对地点的了解，可有效满足人们的需求，推动旅游业创新

---

[1] 陈虎，郭飞，王颖超. 云旅游：昙花一现，还是大有可为？——基于对新冠肺炎疫情的讨论[J]. 人文天下，2020（07）：89-92.
[2] 李文雯，任劲劲. 智慧旅游视角下的云旅游发展及其提升路径[J]. 辽东学院学报（社会科学版），2020，22（05）：38-42.

发展❶。

总之，云旅游利用先进的科技手段，为游客提供逼真的虚拟旅游体验，将旅游带入了一个全新的维度。它具有以下特点：

（1）虚拟现实体验：云旅游利用虚拟现实技术，以逼真的图像和音效营造出真实的旅游场景，使游客能够身临其境地感受到景点的美丽与魅力。

（2）自由度高：传统旅游常常受时间、地点等限制，而云旅游则没有这些限制，游客可以根据自己的喜好和时间安排，随时随地进行虚拟旅行，探索世界各地的风景名胜。

（3）交互性强：云旅游引入了社交互动的元素，游客可以与其他游客进行实时互动，分享感受和意见，增强旅游体验的互动性。

（4）文化遗产保护：通过云旅游的数字化手段，很多文化遗产得以保存和传承，这对于保护和传播人类宝贵的历史文化财富具有重要意义。

二、云旅游应用方向

（一）基于自媒体平台的云旅游体验

旅游参与者可通过抖音、微博、快手等多样化的社交媒体渠道来体验、分享旅游资讯。这些平台不仅提供了丰富的旅游内容，还使得旅游信息的传播更为迅速和广泛。旅游机构和企业也利用这些自媒体平台开展创新性的旅游推广和营销活动，不仅拓宽了旅游营销的渠道，也丰富了旅游体验的形式。自媒体平台的便捷性使得旅游爱好者仅通过一部智能手机，就能轻松地在家中享受到旅游的乐趣。这些平台已经成为云旅游体验的关键途径，为旅游者提供了一种全新的、不受地理限制的旅游方式。

这其中，直播因其互动性、真实性及即时性，让用户获得前所未有的体验，是旅游创新中最典型的类型之一。在通过直播创新旅游产品与业态的过程中形成了以下几种模式❷：

（1）旅游企业及在线旅游商通过与第三方的直播平台合作，为特定用户提供可视化服务（图8-2）。如长隆集团选择在父亲节，采取整合直播形式，展开长达10小时直播；去哪儿在疯玩节邀请主播在长隆、九寨沟、香港迪士尼等景区进行直播等，都是采用旅游促销＋网红/明星＋直播的方式，以项目推动进行站内促销，从而让促销更灵活更具有特色。途牛则与花椒达成长期深入的战略合作，成立了旅游频道，采用旅游主题＋明星/网红＋直播的方式，打造情景化旅游新模式，将旅游地更立体、生动地展现给用户，进一步助力旅游业务的发展。

---

❶ 刘晶，曾宜玲.云旅游高质量发展模式与路径探析［J］.旅游与摄影，2022（20）：17-19.
❷ 蒙涓.浸入式体验下的"旅游＋直播"新场景营销模式分析［J］.市场论坛，2017（10）：49-52.

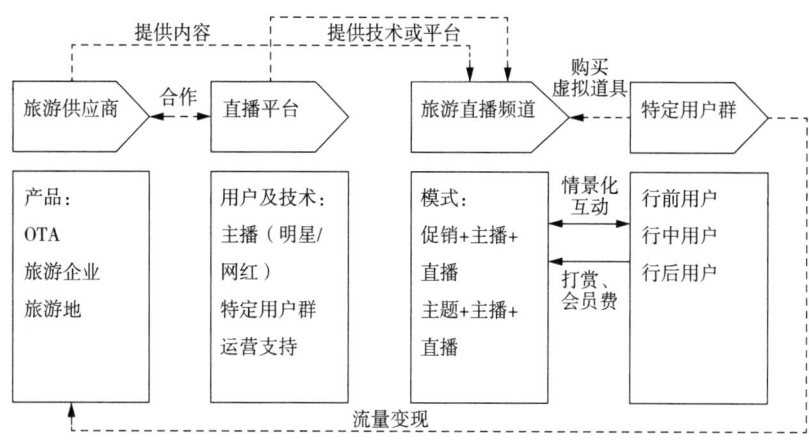

图 8-2　旅游供应商与第三方直播平台开展旅游+直播合作方式

（2）大型互联网商利用自身平台进行直播运营。如阿里旅行邀请网红明星为上海迪士尼、珠海长隆海洋王国直播。直播入口内嵌到手机淘宝和阿里旅行客户端中，使直播与购物无缝对接，完成流量变现与内容变现。携程则最早尝试直播综艺自制旅行品牌，用户可随时随地将旅游体验分享至社交网络，实现旅游直播新体验。这类旅游互联网巨头，多数通过打造 IP+ 商户参与 + 旅游直播的方式，有效将旅游产品和直播紧密联系，从而更好地实现品牌推广，增加销量（图 8-3）。

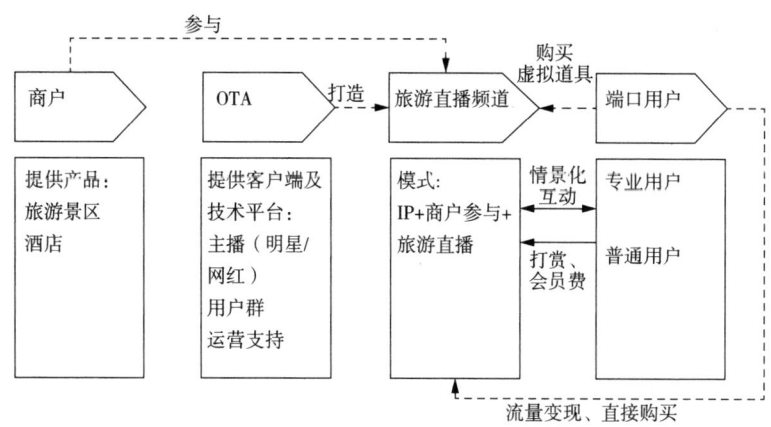

图 8-3　互联网在线平台自营开展旅游+直播方式

（3）专业的旅行直播平台提供更加有内涵的专业旅游产品。如将用户分为两端：一个是有旅行需求的用户端，另一个是提供产品，包括旅游景区的小商户、导游、当地人等的供应商端。作为旅游景区周边的商户可以在该平台注册卖商品。而对于有旅游需求的用户，平台则为他们提供全球语言翻译和导航功能，为全球驴友提供境外即时点对点直播实况消息，以及当地各类人文交流，个性化深入游的服务。专业旅行直播平台，将以往 OTA 关注"旅游产品"的关注点，转变为关注个人，关注人的体验性上，从而更好地实现浸入式用户体验，满足个性化深度游的需求（图 8-4）。

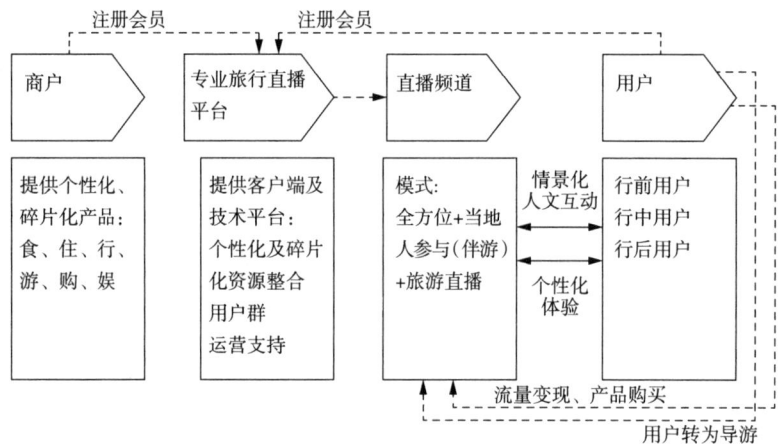

图 8-4　专业旅行直播平台的旅游 + 直播方式

（二）短视频借力数字技术，带来云旅游全新体验

短视频是指以新媒体为传播渠道，时长在 5 分钟以内的视频内容，其是继文字、图片、传统视频之后新兴的又一种内容传播载体。相较于传统视频，短视频行业主要存在三大特点：生产成本低，传播和生产碎片化；传播速度快，社交属性强；生产者与消费者之间界限模糊❶。

未来，随着 5G 技术的发展和应用，以及农村互联网的进一步普及，短视频具有很乐观的增长前景。同时 AR、VR、无人机拍摄、全景技术等短视频拍摄技术的日益成熟和广泛应用，也会给观众带来越来越好的视觉体验，进而有力地促进行业的发展，具体而言，短视频未来发展重点主要在以下方面：

（1）在内容生产方面，短视频平台和各类智能终端将以"5G+AI"方式，降低内容产出门槛和时间及经济成本，释放 UGC、PGC 内容潜力。而 5G 千亿级网络节点的万物互联环境，将推动 MGC（机器生产内容）模式兴起，物联网传感器和可穿戴设备带来自动化、交互式内容生产和更多题材。

（2）在内容消费方面，超高清视频直播、影视将进入 3D 全息影像时代，虚拟演唱会和体育比赛将重构用户体验模式，实现视频消费基于趣缘连接的"再场景化"。AR/VR/MR 视频生态的开发与完善，也将逐步培养新的视频消费习惯。

（3）短视频行业的商业模式也将发生变化，超高清视频广告将更加普遍，5G 与 VR 等技术结合可以更好地提升移动广告"沉浸式体验"，并创新广告形式。同时终端设备厂商、电信运营商和视频平台也能开拓 5G 时代多元商业模式。

---

❶ 张莹莹. 融合发展与价值创新：我国短视频发展的特征、问题及对策［J］. 济宁学院学报，2023，44（05）：103-108.

（三）景区提供云游服务，创新产品供给

随着云旅游的发展，传统的休闲观光类旅游产品正在走向全场景智能生态。借助数字经济的赋能，以数据驱动为手段，以 3D 打印、增强现实、虚拟现实、可穿戴、语音识别等多种技术集成为多种产品服务，国内各大景区积极拓展线上虚拟云游服务，创新服务供给。

虚拟云游服务是基于三维全景的虚拟现实技术，结合全景图浏览器建立的网上虚拟系统，将二维的旅游景观模拟成三维空间动态且逼真地呈现在游客面前，并提供放大、缩小、旋转等交互操作功能，让用户可以足不出户游遍全球美景。虚拟云游服务技术的产生，让休闲观光活动走向全场景智能生态成为可能。

虚拟云游服务场景主要有两种形式，一种是复制现实的场景再现，一种则是复原历史的场景重现。

（1）复制现实的场景再现大多是对已有场景的复制。这种云游服务没有额外的想象和创造，只需要对现实中存在的场景进行模拟，然后通过网络技术进行重现。例如故宫推出全新改版的"全景故宫"，用户通过移动手机屏幕、点击方向指示箭头，全方位、近距离感受故宫景观与文化；杭州西湖风景区全景图将西湖风景以湖上石桥、花港观鱼、翠光亭、雷峰塔、柳浪闻莺石碑、曲院风荷、西湖十景碑等进行分类，方便用户进行选择游览。通过手机屏幕转动，将各个角度的风光尽收眼底。

（2）复原历史的场景重现是对历史上一些场景的再现。许多旅游胜地和历史古迹在历史的发展中逐渐消失，通过虚拟技术可以将这些消失的场景进行还原和再造，让游客重新体会这些古迹的恢宏。北京圆明园数字科技文化有限公司通过借助虚拟现实、三维仿真等技术对圆明园内正大光明殿、谐奇趣、海晏堂、上下天光等遗址进行复原，通过三维全景图再现圆明园昔日繁华，并配有语音讲解，讲述景点历史文化。用户可以边听讲解边游览，通过复原场景和遗址场景两种场景的对比，深刻感受圆明园的历史变迁❶。

虚拟云游服务产业链中，有上中下三个链条环节（图 8-5）。上游为服务支撑方，主要是为移动展览服务提供所需的云服务、三维全景、空间定位、AI、VR/AR、3D 等技术支持以及全景云台、3D 相机、VR 眼镜等智能硬件支持。

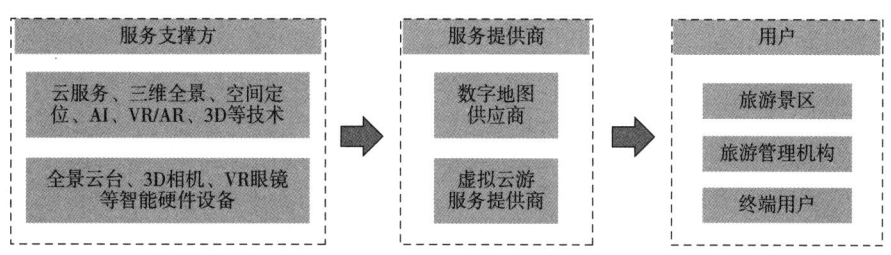

图 8-5　数字文旅综合信息平台服务产业链

---

❶ 贺艳，程梦妤. 数字圆明园——文化科技融合展示与运营探讨［N］. 中华建筑报，2015-07-17（004）.

中游为服务提供商，包括数字地图供应商和虚拟云游服务提供商。数字地图供应商依托自身数字地图底层应用开发以及空间定位技术优势，基于数字地图信息开发云旅游属性层，为景区提供定制化服务，并通过自有APP、小程序或H5页面，为用户提供虚拟云游服务。虚拟云游服务提供商基于VR全景、三维重建、空间定位等技术，为旅游景区、旅游目的地管理机构提供定制化虚拟云游产品和服务。

下游的用户主要是旅游景区、旅游管理机构、终端用户。通过三维全景图等形式向旅游景区提供定制化虚拟云游服务；为旅游目的地管理机构提供区域内旅游景区一览表、旅游景区360°全景图等虚拟云游服务；通过自有APP、小程序、H5、微信公众号等渠道，为移动终端用户提供包括景区全景图在内的虚拟云游服务。

敦煌莫高窟数字化实现"云游敦煌"智能场景。2017年，腾讯和敦煌启动了"数字丝路"计划，双方通过游戏、动漫、旅游、音乐、云、AR/VR技术等六大维度展开合作，深入推进，保护、传承、活化敦煌的传统文化，并先后推出了"敦煌诗巾""云游敦煌"等数字化文创产品，让游客真正实现在手机上"云游"敦煌。

2014年成立的敦煌莫高窟数字展示中心利用先进的信息技术和展示手段，通过全方位、立体化的虚拟洞窟场景，如中心球幕影院播放的《梦幻佛宫》是敦煌莫高窟经典洞窟虚拟漫游电影，采用8K影院系统等最新技术，实现带给游客"人在画中游"的沉浸式的体验。

2020年敦煌研究院与腾讯联合发布了"云游敦煌"小程序，把千年壁画一举"搬"至拥有10亿级用户的微信和QQ小程序上。"云游敦煌"上线仅两个月，在线接待游客超1200万人次，相当于莫高窟2019年接待量216万的5.5倍，被业内誉为"现象级旅游产品"。

总的来说，云旅游将传统的旅游经历融入科技之中，让旅行不再只是物理上的移动，更是一种全新的心灵感受。除了给旅行者带来全新的体验外，云旅游的出现对旅游行业也有着深刻的影响。

（1）拓宽旅游市场：云旅游打破了时空的限制，使得更多人可以体验旅游的乐趣，因此旅游市场潜力巨大，吸引了更多的投资和创业者进入该领域。

（2）促进旅游消费升级：云旅游提供丰富多样的虚拟旅游产品，为游客带来高品质的旅游体验，促使游客在旅游消费上的选择更加理性和个性化，提升旅游消费的层次。

（3）辅助实体旅游业：云旅游作为一种全新的旅游形式，与传统实体旅游业并非竞争关系，而是相互促进和互补的关系。人们可以先通过云旅游对目的地进行了解和体验，然后再进行实体旅游，提高旅游效率和满意度。

（4）促进旅游资源的可持续利用：通过云旅游让更多人了解、认识各地的旅游资源，可以更好地促进旅游资源的可持续利用和保护，实现旅游业的可持续发展。

第四节 旅游景区的数字化体验创新

一、沉浸式体验

1. 元宇宙应用场景

元宇宙概念是沉浸式体验的一种形式,它与沉浸式发展彼此融合、促进发展。近年来,国家层面已发布多项政策,包括《"十四五"数字经济发展规划》《国家文化数字化战略实施推进意见》《虚拟现实与行业应用融合发展行动计划(2022—2026)》《关于深化"互联网+旅游" 推动旅游业高质量发展的意见》等,为元宇宙项目提供支持。此外,各地市也积极推进相关政策落实,17个省份和30多个城市发布了专项规划或支持政策,为元宇宙的发展提供了良好环境。

元宇宙作为新一代信息技术融合创新的重要组成部分,正与文旅行业深度结合。在国家文化数字化战略的推动下,元宇宙为文旅行业提供了新理念、新业态和新模式,释放出巨大的活力。其打造的沉浸式体验与数字化时代所追求的新玩法完美契合,游客通过元宇宙技术可以获得身临其境的体验,与文化场景进行互动,大大提升了参与感和忠诚度。随着"元宇宙+"项目的落地,文旅产业持续推动沉浸场景的营造与更新,为游客带来更加丰富、多元的旅游体验。

虽然近年来,元宇宙概念备受争议,实现时间和应用入口也存在不同观点。然而,随着国家对数字化价值和战略意义的认可,元宇宙以数字化方式逐步呈现,成为推动文旅产业转型升级的新动力。根据 Research & Markets 发布的报告显示,全球元宇宙市场预计将大幅增长,到2030年市场规模将达到3 220亿美元。报告指出,沉浸式体验需求增长、区块链游戏行业发展以及区块链的持续发展将推动元宇宙市场的扩大。人们寻求数字环境和彼此互动的新方式,而元宇宙以平台形式满足了这一需求。

文旅元宇宙通过数字技术将虚拟的元素融入到实际场景中,为游客和消费者创造全新的体验和互动方式。目前,国内文旅元宇宙应用涵盖了演艺、夜游、展览展示及主题街区等四大类新业态,涉及旅游景区、休闲街区、文博场馆、主题公园、度假区和产业园区等六类新空间(表8-1)。下面重点分析四个重要的应用场景。

表8-1 国内涉及文旅元宇宙应用场景分类

序号	新业态	新空间
1	沉浸式演艺	旅游景区

续表

序号	新业态	新空间
2	沉浸式夜游	休闲街区
3	沉浸式游览	文博场馆
4	沉浸式街区	主题公园
5	数字藏品类	度假区
6	—	产业园区

注：本表中新业态在文旅部已有分类的基础上，增加了数字藏品类。

（1）元宇宙+景区。目前，元宇宙相关技术在旅游景区应用相对广泛，也是文旅领域最先涉足的场景之一。主要通过AR、VR等技术，将虚拟模型或场景与现实环境融合，为游客带来更多探索式、体验式游览乐趣。从最初"一部手机游云南"等平台，到近年来乐此不疲的夜间灯光秀，再到如今的AR数字化景区，文旅空间类元宇宙应用逐步满足了人、景、物之间多维度、实时交互的游览体验。

例如"张家界星球"作为首个运用XR融合互动技术，能让观众沉浸式观赏山峦奇峰的平台，运用了5G、UE5游戏引擎、云端GPU实时渲染等多项融合技术，通过数字孪生构建张家界景区虚拟世界，1∶1还原了张家界武陵源景区的万千奇峰实景，让其能够在地图上"站"起来❶。

（2）元宇宙+博物馆。目前，元宇宙在展览展示方面的应用主要包括虚拟博物馆和赋能线下博物馆。在虚拟博物馆方面，例如故宫博物院利用"数字化+云化+AI化"的技术开展文物采集、存储、展示等活动。而在赋能线下博物馆方面，通过借助VR/AR等增强现实技术，让珍贵的历史文物得到重塑和焕新。同时在数智艺术空间方面为观展者提供一种前所未有、身临其境的艺术体验❷。

（3）元宇宙+演艺。沉浸式演艺是应用元宇宙技术在现代旅游演艺中创造的全新娱乐业态。其主要通过多元创意重新绎故事IP，结合3D渲染、虚拟现实（VR）、全息投影等新兴技术手段，将炫技效果、优质故事和引人入胜的艺术表达相结合，打破了传统舞台和角色的限制，让观众以多感官、全方位的方式沉浸于演出情景和氛围中。这种深度融合，不仅提升了演艺作品深度，同时也推动了演艺产业的创新发展。

在2023年7月12日，位于青岛西海岸新区的唐岛湾滨海公园运河广场的"海元宇宙"项目正式揭开帷幕。此项目作为青岛首个规模宏大的元宇宙宣传平台，通过在实体建筑之上融入虚拟元素与数字化标签，成功构建了一种新型的商业推广模式。不仅是国内首次以海上为舞台的大型RAR幻影秀，它还利用了超过50 000平方米的

---

❶ 宋美慧. "为张家界元宇宙赋能"[N]. 张家界日报, 2023–09–23（003）.
❷ 孔雪瑶, 张相森, 邹定发. 元宇宙赋能下的博物馆产业发展新思路[J]. 玩具世界, 2023（06）: 14–16.

广阔海面，创造了一场视觉与感官的盛宴。此外，它还邀请用户共同参与，打造了一个数字化的城市地标，利用 RAR 技术以 1∶1 的真实比例复现了未来城市的实体地标性建筑。

（4）元宇宙＋新场景。打造创意主题街区。不同于传统商业街区，创意主题街区主要通过复原造景、NPC 互动、故事化联动以及数字技术加持，形成融文化、休闲、生活、艺术、娱乐等为一体的文旅商融合模式。近年来，随着基于元宇宙应用的新场景崛起，越来越多的年轻人迷上了二次元旅行。例如，西安"长安十二时辰"主题街区，上海的"风起洛阳 VR 全感剧场"，以及广州非遗街区元宇宙等都是比较成功的实践案例。

2. 沉浸式演艺

2013 年市场上推出《又见平遥》，标志着我国旅游演艺从实景演出向依托声、光、电等数字技术的沉浸式演出转变，旅游演艺行业开始探索借助科技手段和创意元素，提升旅游演出娱乐服务的科技感与沉浸感。沉浸式旅游演艺是通过科技手段和演出元素，让观众通过"视、听、嗅、味、触"来欣赏的演艺活动。多媒体、虚拟现实、全息投影、三维实境等数字技术在舞台上的应用，使得传统旅游演艺的观演关系发生较大变化，打破传统演艺台上台下的形式，使观众近距离感受故事情境、舞台等表演艺术的核心要素。观众甚至可以不受限制的游走于舞台场景中，通过"角色扮演"的方式参与到表演中来，推动情节发展。

3. 沉浸式主题公园

随着数字技术的不断进步，科技手段在主题公园的应用愈发广泛，主题公园经历了从产品为王到品牌为王再到体验为王的变化。主题公园不再是单纯的游玩场地，更是可以引起共鸣和欢乐的体验中心。上海欢乐谷推出"高科技万圣节活动"，包括 VR 鬼屋、AR 手游等项目。《王者荣耀》与哈尔滨冰雪大世界两大 IP 联合打造《王者荣耀》冰雪主题园区，以雪雕工艺 1∶1 还原了王者峡谷，并在王者园区演绎"冰雪王者·奇迹降临"大型冰雪雕 3D 投影，让游客在观赏实景峡谷冰雪雕的同时，也能体会到现实与虚拟的边界破碎融合的视觉震撼。除此之外，游客还可以参与各种具有仪式感的互动体验，比如获取召唤师专属道具、AR 相机峡谷打卡等，极大地提升游客的沉浸感、互动感和体验感❶。

4. 沉浸式体验的创新机理

在传统审美理念中，观众与艺术作品的互动往往保持着一定的空间和心理距离，这种被动的"静观"态度已逐渐难以满足当代观众的需求。现代观众寻求更深层次的参与和体验。当代艺术领域越来越重视观众与艺术作品之间的互动和融合，这种参与性的体验方式能够为观众带来更丰富的感官享受。

---

❶ 张爱研，陶慧敏. 沉浸式理论在主题公园设计中的应用探析［J］. 美与时代（城市版），2023（03）：88-90.

沉浸式艺术作为一种新兴的艺术形式，通过全方位的感官刺激，使得主体与客体之间的界限模糊，让观众仿佛置身于艺术作品之中。这种艺术形式利用了 VR、AR、AI、5G 技术以及区块链等先进技术，构建了一个多维度、互动性强的艺术体验空间。AR 技术通过图像识别和空间呈现，将虚拟图像与现实世界巧妙融合；而 VR 技术则通过高清建模和全景视频，为用户营造出强烈的现场感和沉浸感。

沉浸式体验已经成为设计、艺术与科技相结合的时代产物，它不仅是一种艺术表达方式，更是一种科技与人文融合的实践手段。未来，剧场、影院、展馆等文化场所将更加注重沉浸式交互体验的设计，以提升用户的感官愉悦度，让用户在艺术的氛围中获得全新的感官体验，这种设计可能会成为未来商业和文化领域的新常态。

二、夜间旅游

近几年，夜间旅游在我国发展火热，部分城市的夜间旅游商业形态已基本成熟，北京、上海、成都等地已经形成了较为完善的夜间旅游生态链。目前，夜间旅游的主要商业形式有以下五类❶（图 8-6）。

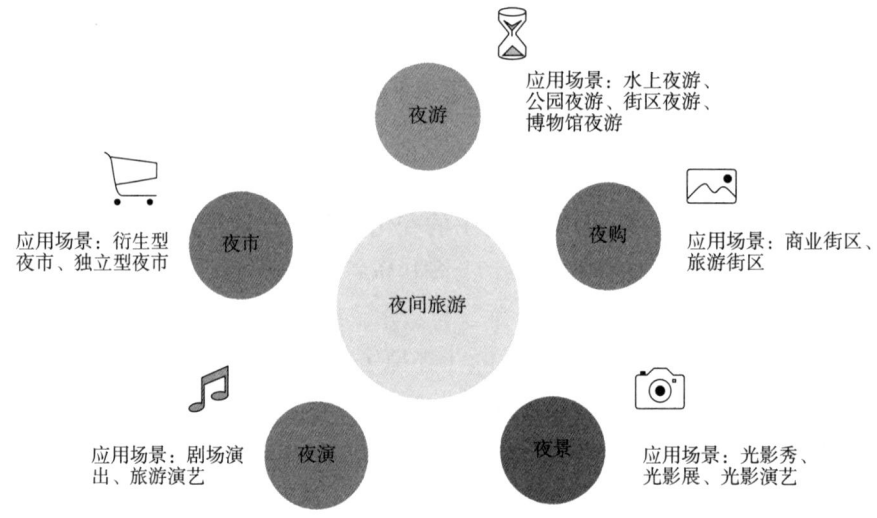

图 8-6　夜间旅游主要商业形式

1. 夜游

随着夜间经济的发展，景区营业时长普遍延长，并加强夜间游玩项目供给，从夜游产品内容来看，主要有以下四种类型。

（1）水上夜游：通常依托城市的中心河流或景区内的水系资源，开展船只导览活动。这些项目往往通过游船路线将城市的显著地标和景点串联，使得游客在观光

---

❶ 朱东国，于敏. 我国城市夜间旅游研究综述［J］. 武汉商学院学报，2023，37（05）：5-10.

的同时，也能享受到河岸的演出、灯光展示和夜市的热闹氛围。

（2）公园夜游：通常结合灯光艺术、光影表演、夜市和夜间演出等元素，将表演艺术、照明设计和音乐融合进公园的自然景观之中，为游客提供沉浸式、互动性和娱乐性的夜间游览体验。

（3）街区夜游：涵盖包括园区式景区、旅游街区、历史文化街区和特色步行街在内的多种项目，形式多样、内容丰富，可以根据不同的街区特性和文化特色灵活地结合演出、灯光展示和夜市等元素，创造出具有独特魅力的街区夜游体验。

（4）博物馆夜游：主要指博物馆在夜间向公众开放的游览活动或特别活动。这些项目大多以公益性质为主，收费较低，旨在通过丰富的文化内容来丰富市民的夜间文化生活，并吸引游客参与。

2. 夜景

除了白天景观在时间上的延伸，还有以光影元素为核心打造而成的只存在于夜间的光影景观。光影在城市中的功能已经实现了从照明亮化到装饰、娱乐欣赏的转变，按照表现方式主要分为以下三类。

（1）光影秀：通常在城市公园、广场、文化创意园区、街道、商业区及码头等开放空间举行，主要利用灯光和光影作为主要的表现形式。这类表演往往由地方政府资助，旨在为城市的夜生活增添色彩，同时促进夜间经济的活力。通过吸引市民和游客参与，这些活动不仅丰富了城市的夜景，也刺激了夜间消费，部分光影表演更成为城市的标志性夜间活动，有效促进了游客的夜间消费。

（2）光影展：分为传统和现代两种形式。传统灯光展览以灯会为主，例如自贡灯会，而现代灯光展览则利用先进的光影和灯光技术，结合文化和艺术元素，创造出具有强烈文化主题的光影艺术作品。

（3）光影演艺：一种运用光在旅游场所通过全息投影和灯光技术来讲述故事的表演形式。这种演出可能完全依赖光影效果，无需演员参与，或者将灯光技术与演员的现场表演相结合，创造出主题性的舞台作品。例如，《天仙配新传》《剑门长歌》《夜上黄鹤楼》和《大有兰州》等剧目，都是通过光影技术与传统戏剧相结合的创新尝试。

3. 夜演

夜演是指在发生在夜晚的演出活动，是城市夜间文旅的主要生态之一，主要包括城市中的剧场演出和景区的旅游演艺。

（1）旅游演艺涵盖了实景演出、主题公园表演和景区剧场演出等形式。随着景区营业时间的延长，夜间旅游演艺成为了吸引和留住游客的重要手段。特别是沉浸式和行进式旅游演艺，以及光影表演等产品，因其高度的体验性、参与性和互动性而日益受到推崇。例如，西安大唐不夜城的不倒翁表演成功吸引了大量游客，增强了景区的夜间吸引力。

（2）剧场演艺作为一种传统的夜间文化消费形式，包括话剧、歌剧、相声等多种表演艺术。在演艺事业发达的一线城市，如北京、上海、广州和深圳，剧场演艺活动尤为繁荣。随着文化旅游的融合和夜经济的发展，剧场演艺的观众群体已经从本地居民扩展到了包括外地游客在内的更广泛人群。一些知名的演艺品牌和剧目，例如开心麻花、德云社等，已经成为吸引游客的文化消费热点。

4. 夜市

在夜经济的发展过程中，夜市逐渐摆脱了餐饮小吃、大排档的传统思路，形成食、游、购、娱、体、展、演等多元化夜间消费市场。参考新元新经济研究院的研究，最为常见的夜市主要有以下两种。

（1）衍生型夜市。衍生型夜市是指白天的市集延长营业时间，把集市上的活动延伸到夜晚。一类是城市中全天候开放的具有地标性与代表性的城市文旅街区，如北京簋街、成都宽窄巷子等等。另一类是以文创展示、手工艺、非遗、汉服国潮、生活美学产品等为主要内容的文创市集，如马栏山好物文创市集、沈阳犀牛市集。这两类夜市都是城市中烟火气十足的文旅消费场所，丰富了城市夜间文旅经济生态。

（2）独立型夜市。独立型夜市是指以夜晚为主场的集市，最具代表性的为"限时步行街"，即在城市繁华地段，策划一场或几场在特定时间开放的夜市，夜市中高密度汇聚餐饮、市集、文艺演出、游戏等消费空间。并且"限时步行街"多充满潮流、时尚元素，以吸引年轻人打卡消费和活化商圈经济为主要目的。例如，上海静安嘉里中心安义路限时步行街只在每周六 16:30—24:00 和周日 14:30—22:00 开放。

第五节 线路旅游产品数字化创新

一、自助游产品创新

线路旅游产品是指经过策划，在旅游景点之间确定合理的游览步骤和入住标准，让游客在短时间内省时、省力、省心、省费的游玩体验，称之为旅游线路产品。由于信息获取和分析的限制，线路旅游产品往往是由旅行社来提供，游客只是被动地接受线路的安排。但随着数字经济快速发展以及大众生活水平提高，越来越多的游客选择自助旅游，游客对各类旅游线路信息的获取变得更迫切，游客出行的选择意识也不断增强。在数字技术的帮助下，游客能够方便地获取海量的信息并可以借助数字工具依照自己的偏好进行数据筛选与利用，线路旅游产品进入以游客为中心的自助游时代❶❷。

在自助旅游产品中，数据和信息是最重要的资源，自助旅游产品的创新发展也离不开对数据的充分利用。线上平台、线下景区等运用大数据、人工智能、区块链等技术对游客的海量数据进行分析、整合，并将数据处理结果提送给游客，使游客能够自主地选择或制定线路旅游产品，使旅游开启了智慧化时代。

1. 数据整合

在智能化的文化旅游模式中，个性化的游客需求得到了极大的满足。游客现可独立利用网络平台来获取旅游资讯，规划个性化的旅游方案，以及提前在线预订住宿、景点门票、餐饮服务等，这些服务均可通过网络完成支付和预订。这样的智能化服务大幅度减少了旅行中的时间浪费，同时提升了游客的旅游体验，并促进了旅游行业的管理效能，推动了旅游业向智能化管理和运营的转型，例如"一部手机游云南"应用程序❸。

2. 大数据模型化

目前，随着大数据应用的逐渐普及，以及物联网、移动互联网和云计算等技术的快速发展，人工智能技术已经跨越了科学与应用之间的鸿沟，人工智能与文旅产业也已成功嫁接，两者的结合将迎来爆发式增长。利用人工智能技术，游客的信息数据可以被充分地挖掘与分析。大数据与大众化旅游结合，能够更好地跟踪每个人的喜好，可以做大规模的用户画像，由此可以为游客提供更加个性化的服务。在这一过程中，新的旅游产品和业态例如私人定制游、智能规划等应运而生。

在传统团体旅游模式中，游客往往需要事先搜集资料，而自由行游客则需提前阅读游记或亲自考察目的地。然而，随着大数据、人工智能和新型基础设施的应用，游客在旅途中的信息化服务变得更加精准和即时。人工智能技术的应用，使其能够识别并预测游客的具体需求。通过分析全球范围内不同语言的海量旅游行业网页，结合游客的历史交通方式选择、住宿和餐饮偏好、景点喜好以及行程时间安排等数据，利用语义识别技术，构建起一个结构化的出行信息数据库。这一数据库能够迅速为游客提供最优的旅行路线和成本方案，实现旅游线路的个性化定制，从而为游客的出行决策提供有力的数据支持和参考。

通过研究旅游业的数据库，基于游客在旅游途中的餐饮、交通、住宿、购物、娱乐、游玩等要求构建数据模型，根据分析实际状况建立分析模型，通过评估分析模型实现更高质量的智慧旅游服务。实际应用时通过建立数据中心，并结合行业实

---

❶ 潘金玉，吴涛.旅游线路产品开发创新的路径研究——以"船进神农架"为例［J］.旅游论坛，2014，7（03）：25-31.

❷ 王洋，车谊，周静.关于旅游线路产品开发的一些思考——以峨眉山"文化苦旅"线路设计为例［J］.技术与市场，2007（12）：90-91.

❸ 邵宇航."互联网+全域智慧旅游"发展模式探析——以"一部手机游云南"APP为例［J］.今传媒，2019，27（05）：77-79.

际发展状况引入 IT 架构，实现高效收集与处理旅游信息，并呈现出高价值信息，基于此数据之上制定科学的旅游规划，为游客提供良好的服务体验。相关景区和景点在利用大数据后，可提供更为全面、更具针对性的服务给游客，使得游客的个性化需求得以满足，进而提升满意度。例如携程网，利用大数据来创新经营模式、服务、产品等，进而提供给游客更具针对性的服务，使游客的小众需求也能够得到满足。

3. 数据安全

改革开放之后，我国的旅游业一直保持平稳较快增长，已经进入全民大众旅游时代，2023 年国内游客出游总消费达到 4.91 万亿元的规模。面对如此庞大的市场需求及产业规模，文旅产业平台型数据链场景、数据链信息系统安全、网络交易等安全隐患逐渐显现，区块链技术的出现能完美地规避安全隐患，为文旅企业提供了新的商业模式。

"区块链+文旅"化和旅游的融合，优化整合文化旅游与相关产业的衔接，实现不同产业间资源和技术的融会贯通。

首先，利用区块链去中心化，降低旅游企业和游客的成本。一方面，通过使用区块链智能合约灵活、安全、高效的零费用操作跨境支付，削减旅游服务供应商的中介费、汇款费等成本。另一方面，旅游服务商、旅游者和第三方服务商通过区块链技术进行连接，直接节省了中介平台成本，提升交易效率。

其次，借助区块链信息不可篡改、公开透明的特性，重建旅游市场信任机制。大数据杀熟、旅游景区竞价排名、价格欺诈、虚假宣传、产品服务掺水、隐性收费等不时刺激游客脆弱的神经。而区块链平台通过加密算法、解密算法、时间戳等数学模型，建设无法篡改的分布式数据库，依托智能合约的支持，建立全新的诚信机制，任何不良行为都会被区块链记录，迫使旅游企业及从业人员提供诚信服务。

最后，利用区块链强大的技术整合能力，提升旅游体验。区块链能够整合不同产业为文旅服务，如实现快速身份验证、安全行李追踪，以及防止航空公司超额预订等，保证游客的利益，带来更好的旅游体验。

二、线路旅游产品供给创新

1. 综合服务平台

数字文旅综合服务平台主要以数字技术为驱动，以旅游目的地为核心，利用大数据、云计算、人工智能、物联网等现代技术手段，推动旅游目的地的文化旅游资源和企业数字化，深耕旅游目的地智慧化管理、营销和游客体验，提升旅游管理部门数字化治理水平、旅游企业的精准营销和服务水平以及游客旅游体验。

综合服务平台的智能旅游服务可以直接给用户提供若干套完整的解决方案——把碎片化的线路变成模块，组合成各种行程单，帮助客户在线上设计自驾游方案，包括设计当地交通路线、安排食宿以及游览的景点等；并且能根据用户的使用历史学习用户的使用习惯，为用户提供更个性化的问题解决方案。

2. GIS 创造旅游路线导览导航产品

GIS（Geographic Information System）是一种空间信息系统，它依赖于计算机软硬件来收集、存储、管理、分析和呈现与地球表面及空间地理分布相关的信息。GIS 技术在地理学中发挥着核心作用，是制作精确地图的关键工具。在数字化时代，GIS 的应用已经扩展到在线地图服务和智能导航产品中，并且在旅游领域，它促进了数字旅游产品的开发，包括旅游资源分析、智能景区导航、在线路线规划和景区的智能化管理。在线旅游地图作为 GIS 应用的一个典型，服务提供商不断创新，整合更多技术，推出综合性的旅游导览和导航服务。这些服务不仅提供路线导航，还增加了门票预订、旅游信息检索和个性化推荐等功能，以满足游客的多样化需求。例如，美国的 MapQuest 公司推出了 MapQuest Discover 服务，它结合了在线地图和社交功能，允许用户分享旅游照片并进行互动交流，从而丰富了用户的旅游体验。这种服务模式的发展，展示了 GIS 技术在旅游领域的广泛应用潜力和创新方向。

3. 科技主题线路旅游产品

除了对旅游产品的赋能外，数字技术本身就是一种旅游资源，可以转化成为新的旅游产品。数字经济时代下科技创新层出不穷，我们生活的方方面面都已经受惠于科技，因此，将不同类别的科技产品与场所等进行串联，便可以打造科技主题旅游线路。

北京市海淀区作为全国科技创新的领先地，在 2023 年 5 月推出了以参观、研学、科普、产业合作为导向的特色科技旅游线路产品，包含 5 条特色科技旅游线路：包括智新生活前沿、瞭望塔生物、新纪元创新、生态谷赤子、飞天梦等。

第六节 数字旅游推动产业融合创新

一、与第一产业结合

当前，数字经济成为推动乡村旅游向更高品质发展的新引擎和目标。作为一种新兴的旅游形态，乡村旅游融合了农业与旅游的元素，其独有的乡村文化和自然风光对旅游者具有巨大的吸引力。自 2015 年起，我国便倡导深入挖掘农业的多功能性，以促进乡村旅游、休闲农业和生态农业旅游的繁荣，进而激发农村经济的增长潜力。数字经济的兴起为乡村旅游的创新与持续发展注入了新的活力，并开辟了切实可行的发展途径。

1. 乡村数字旅游

在大数据等数字技术的推动下，乡村云旅游模式逐渐形成。2023年我国乡村旅游已近30亿人次，旅游收入规模近4069亿元，不仅开辟了乡村扶贫和富裕民众的新途径，也彰显了云旅游模式在促进乡村旅游发展中的关键作用。而乡村旅游作为一种新兴的旅游形态，可以通过云旅游模式扩展其市场影响力，吸引更多消费者的关注。通过网络发布关于乡村的基础设施、特色农业、文化景观和自然风光等信息，可以有效扩大乡村旅游的宣传范围，吸引更广泛的消费者群体，从而拓宽乡村旅游的市场，实现更全面的市场覆盖。同时，在大数据的支持下，云旅游能够实现服务的精准定位，利用云计算对消费者行为进行分析，筛选出有价值的数据，提供更为定制化的旅游服务，增强乡村旅游的吸引力。

2. 农旅结合促进产业发展

数字经济正在显著提高乡村旅游产业的价值链升级效率。通过数字技术的应用，农业生产模式得到革新，订单农业和设施农业的普及与升级不仅确保了农产品质量，还增加了其市场价值，满足了消费者的多元化需求。互联网平台的建立为农民提供了先进的在线销售渠道，如淘宝、京东和拼多多等，这不仅延长了乡村旅游体验，还为农业扶贫工作提供了有效途径。这些平台提升了农产品的市场知名度和声誉，激励了农民创业，并为乡村旅游产品的深度开发创造了机会。

此外，数字经济催生了新型的电商平台，进一步扩展了乡村旅游的产业链。传统乡村旅游项目，以休闲农业观光、农家乐和农产品采摘等为核心，现在通过数字经济的发展获得了更广阔的发展空间。农民利用数字技术建立网络门户，通过微信、微博等社交媒体平台进行乡村旅游的互动推广。随着数字技术的普及，乡村旅游项目也在持续提质升级。智能住宿、一站式旅游服务和智慧农业体验等新型产品不断涌现，为乡村旅游的高质量发展打下了坚实基础。这些创新不仅增强了游客的体验，也为乡村旅游的可持续发展提供了新的动力❶。

二、与第二产业结合

旅游业与第二产业融合的产物就是工业旅游产品。工业旅游是指以工业生产过程、生产工艺、工厂风貌、工人生活场景以及工业发展历史等内容为主的旅游活动。数字经济推动旅游创新模式出现，使用数字技术赋能工业旅游发展，能够促进工业企业提质增效和转型升级、丰富旅游产品体系、提升区域或城市形象，助力工业旅游创新发展。

---

❶ 薛潇全，张一帆，鲁晨. 乡村旅游产品创新研究［J］. 合作经济与科技，2022（24）：77-79.

1. 工业旅游的分类与发展模式

工业旅游,根据其旅游产品的特性,可以划分为四大类别:

(1)科技驱动型工业旅游:这一类旅游以特定工业领域的科技为核心主题,侧重于展现现代科技和先进的生产技术。其目的是提供富有教育意义和科普功能的旅游体验。

(2)工厂观光与休闲旅游:这种形式的旅游侧重于利用企业的设施、设备以及具有观赏价值的工业元素,开发成为可供游客进行观光、游览的旅游产品。它旨在为当地居民和游客提供休闲和娱乐的空间,同时允许游客深入体验企业环境。

(3)工业遗产旅游:这种旅游形式涉及将工业遗址转化为博物馆或其他形式的展示平台,以此来展示工业遗产的历史和艺术价值。工业遗产的再利用,如改造成创意园区、景观公园或公共休闲场所,旨在满足公众的休闲需求,同时促进城市环境的改善和提升。

(4)工业消费体验旅游:这一类旅游依托企业的文化或产品,通过展示产品的生产过程或生产演示,旨在推广企业产品并激发游客的消费欲望❶。

工业旅游的发展模式如表 8-2 所示。

表 8-2　工业旅游的发展模式

模式	简介	案例
工业博物馆模式	生产场景再现	重庆工业博物馆
公共游憩空间模式	将工业遗址和工业建筑改建成社区公园或大型文化活动场所	中山岐江公园
综合体开发模式	工业遗产地被开发为集商店、咖啡厅、餐馆、办公楼、住宅、文化设施等于一体的综合体	维也纳"煤气储罐新城"综合体
创意产业园模式	围绕"创新、艺术"开展再利用活动	北京 798 艺术园区
区域度假地模式	将工业遗产资源整合,按照产业门类设计主题游览路线	梅钢工业旅游区
工业特色园区模式	打造工业创意园区和工业文化特色小镇	

2. 数字技术赋能工业旅游创新的方向

(1)保护传承工业记忆。保护工业遗产的物质形态和传承其文化精神至关重要。不仅能够为后代保留历史资料,记录经济进步、社会成就和工程技术的发展,还能为城市的再发展提供新的视角和灵感。通过维护工业遗产,我们不仅保存了历史的见证,也为现代城市规划和创新提供了宝贵的思考资源。

新中国第一个恢复建设的大型钢铁企业鞍钢集团博物馆完整地记录下鞍钢历史的变迁,向世人展示着工业特别是钢铁工业的文化价值。在数字技术的赋能下,鞍

---

❶ 万畅,杜一峰.数字技术赋能工业旅游创新发展研究——以珠海市金湾区为例[J].济南职业学院学报,2021(04):98-100.

钢博物馆的展示方式不断创新，应用投屏、VR 体验、球幕投影、数字沙盘、虚拟漫游等高科技手段，增强观众的体验感，并且与不定期变更的展览主题、展陈内容更加相得益彰。

（2）深度开发多元业态。工业遗产的"活化"可以从物理空间的保护与创意改造、主题内容的巧妙植入与衍生两个维度展开。比如，青岛啤酒博物馆利用全息影像，复原当年场景，让游客感受当年的震撼和惊喜。同时在青岛啤酒博物馆建馆 20 周年之际，山东青岛啤酒以工业旅游发展升级焕新为主题，打造了沉浸式实景音乐剧《金色奇妙夜》，通过声、光、电、墙体投影、虚拟现实技术等艺术和科技手段，生动地展示了青岛啤酒的历史、文化、酿造工艺、鉴酒奥秘、企业精神等，拓展了中国工业旅游的新边界，也延伸了啤酒文旅业态的辐射度。

（3）工业生产沉浸式体验。伴随人工智能、5G 网络等核心技术的革新，工业基地将数字技术应用于工业遗产激活和工业生产全过程，持续推进工业数字化转型和智能化变革。

蒙牛集团打造"数智化蒙牛"，从牧草种植、奶牛养殖，到乳品加工、智慧物流，这条产业链每个环节上的一点一滴都在蒙牛的"智慧大脑"中留下印迹。蒙牛工业旅游区同时启动文旅智慧化升级，打破传统观光游览模式，引进构建智慧旅游体系及相关专业设备和技术服务，实现从游客预约到现场签到、信息录入、游览体验、满意度调研等全过程智慧旅游体验。

三、与特定产业结合

1. 数字技术促进"旅游+"产业融合

在数字技术的加持下，旅游成为了新时代产业融合的"黏合剂"，旅游不仅可以与传统的一、二产业融合，更能与各个行业与产业深度融合。不同产业也在不断为旅游业增添更加新颖的业态与产品类型[1][2][3]。

2. 数字技术赋能冰雪体育旅游

2022 年北京冬奥会的举办为我国冰雪体育旅游的大发展带来了新契机。云计算、大数据、物联网等新型数字技术的快速发展为体育旅游的转型升级提供了技术准备，为我国冰雪体育旅游市场的创新发展提供了新的机遇[4]。

数字技术在冰雪体育旅游领域的应用可以划分为三个不同的层面，旨在满足游客的饮食、住宿、设备使用和购物等基本需求。在最基础的层面，由 5G 通信基站和

---

[1] 郭为，许珂. 旅游产业融合与新业态形成[J]. 旅游论坛，2013，6（06）：1-6.
[2] 魏萌. 互联网背景下旅游产业融合探究[J]. 山西农经，2019（23）：18+20.
[3] 杜海忆."互联网+"时代的旅游产业融合研究[J]. 旅游与摄影，2022（20）：27-29.
[4] 林章林，柳宗辉，刘元梦等. 以数字技术破解我国冰雪体育旅游发展的现实困境及对策建议[J]. 体育科研，2022，43（04）：55-61.

数据中心等新型基础设施构成了数字技术发展的基石，通常需要高额投资和长期周期，主要由政府主导实施。在工具层面，应用了 AI、IoT、AR、VR、人脸识别、人机交互（HCI）以及 5G 等技术，能够实现健康监测、运动指导和虚拟体验等多样化的应用和服务。在应用层面，利用数字技术可以实现冰雪体育游客的定制服务。随着冰雪体育旅游的游客数量增多，年龄层次的跨度逐渐增大，传统服务已经无法满足目前的客群需求。数字技术可通过构建冰雪体育旅游数字化服务平台来提供针对性的个性化服务。从需求层面到应用层面多层次的技术应用不仅满足了游客的基本需求，还通过创新服务提升了游客体验，为冰雪体育旅游产业的长期发展注入了新的活力。

利用数字技术，还可以丰富冰雪体育旅游的参与形式。首先，通过建立基于数字技术的冰雪仿真系统，实现了冰雪旅游的虚拟体验。系统综合运用传感技术、滑雪模拟、动力控制、系统调控和多媒体等多功能模块，为游客提供全面的冰雪场地仿真模拟体验。游客可以通过佩戴 VR 眼镜，利用自身的身体动作来模拟滑雪过程，结束后系统还能提供运动轨迹和姿态数据。其次，为了在缺少自然冰雪条件的地区营造真实的冰雪体验，可以提供仿真雪、滑雪装备如雪板、手杖和护目镜，并结合空调和冷风机的实时调控，模拟出适宜的滑雪环境，从而最大程度地复原冰雪运动的真实场景。最后，数字技术还促进了冰雪旅游活动类型的多样化，如通过云直播、在线赛事和虚拟观光等新型参与方式，拓宽了冰雪体育旅游的参与渠道。这些创新的参与形式不仅满足了市场对于异地化、个性化和便捷化冰雪体验的需求，也打破了地理和资源的限制，使得科技成为连接游客与冰雪乐趣的桥梁（表8-3）。

表 8-3 数字技术在冰雪体育旅游创新中的运用

应用场景	任务描述	相关技术	应用剖析
可穿戴设备	虚拟游戏体验	沉浸式技术、HCI、计算机视觉	使用 VR、HCI、计算机视觉等技术让客户体验虚拟的冰雪体验
	5G 智能头盔	传感器技术、5G、AI、北斗定位	无盲点全景监控、AI 智能比对、AR 显示、语言翻译等功能，助力雪场智慧巡检
	膝关节防护	传感器技术、机器人技术	通过机器人外骨骼设计，预测用户的膝盖弯曲情况以提供支撑，使用户更好地运动
	健康监测	传感器技术	通过传感器与手机 APP 连接，精准检测心率、体温、能量消耗等数据
技术分析指导	动作反馈	传感器技术、机器学习	构建标准动作模型，利用大数据分析，优化动作，提高反馈精确度
	教学指导	计算机视觉、大数据技术	利用大数据技术、3D 技术还原滑雪者的姿势，实现评级、教学等功能，在 APP 中呈现动作和滑雪轨迹
体验设备	冰雪体验	VR 技术	仿真冰雪与模拟滑雪器，实现集互动教学、冰场模拟、滑雪模拟为一体的智能系统

第七节　单要素的旅游产品与业态创新

一、旅游要素

旅游要素是指构成人类旅游行为的存在并维持其运动的必要的最小单位，是构成旅游行为必不可少的因素，又是组成旅游系统的基本单位，是旅游系统产生、变化、发展的动因。

从旅游活动内容的构成来看，其基本要素即通常概括的食、住、行、游、购、娱六大要素，这是现在对旅游业描述最简洁、最准确，也是传播最广的概念，但随着时代的发展，人们旅游的出行动机和体验要素越来越多，逐渐拓展出了新的旅游要素，即"商、养、学、闲、情、奇"。前者被称为旅游基本六要素，后者被称为旅游发展六要素❶。

二、单要素数字创新

1. 数字餐饮

（1）**互联网平台带动美食旅游**。美食旅游的发展很大程度上得益于商业创新的推动，这些创新涉及资本投入、技术应用和创意推广等多个方面。互联网汇集了这些元素，在短视频营销领域表现得尤为突出。与美食旅游消费者相关、有价值且具吸引力的内容通过社交媒体渠道传播，旨在吸引目标受众，促进购买行为，并提高消费者的重游率。策略的实施包括直播、Vlog、短视频、IP 开发和名人代言等多种形式。特别是借助抖音、快手等流行的短视频平台，原创内容和热点话题得以迅速传播。通过这些平台的直播功能，美食旅游目的地能够展示其独特的风味、文化和历史，与观众建立情感联系，激发观众自发的分享和传播。这种传播方式能够引发"病毒式"的效应，极大地提升营销效果，并有效转化为美食旅游目的地的粉丝和流量。

在资本、技术和文化创意的推动下，主打怀旧风情的长沙文和友，极致服务的海底捞，商务礼仪和文化底蕴的北京宴，还有广受年轻人喜爱的茶颜悦色、喜茶、蜜雪冰城、茅台和瑞幸联名的酱香拿铁，都会成为游客到访目的地美食打卡点。2023年以来爆火的"淄博烧烤"更是成为借助互联网营销创新旅游产品的范例，淄博以"烧烤"为切入点，通过美食旅游产品引发城市目的地旅游需求，使得淄博一时间成

---

❶ 马舒霞，吴伟光，王磊. 全域旅游要素评价及其绩效分析［J］. 重庆交通大学学报（社会科学版），2018，18（04）：62-70.

为了旅游目的地的"顶流"。

（2）**全息餐厅**。全息餐厅，也被称作全息光影餐厅、互动式投影餐厅或沉浸式体验餐厅，是一种运用高端技术如全息投影、裸眼三维显示和动态捕捉技术，将四周墙面转化为投影屏幕的餐饮场所。通过融合视觉图像、音效和照明设计，这些餐厅能够创造出极具现实感的模拟环境，为顾客提供一种全新的用餐体验。例如，360°全息投影技术可以使顾客在沙漠、雪山或海底等不同自然景观中享受餐点，同时伴随着鸟鸣、花香和海浪声，营造出一种多感官的用餐氛围。与传统餐厅的装饰方式不同，全息餐厅采用数字化手段来营造特定的主题氛围，从而提升整体的用餐体验和餐厅品牌形象。此外，全息餐厅还能根据顾客的具体需求，利用先进的投影技术将多样化和不规则的画面融合，创造出不同主题的餐厅环境，实现个性化的场景定制。

（3）**夜间餐饮**。夜间餐饮业作为夜间生活的标配，从传统的酒吧、餐厅、咖啡馆、夜宵夜市等到近几年发展起来的音乐酒馆、沉浸式餐厅等，夜间餐饮的繁荣程度一定程度上体现了城市夜间消费的活力。目前夜间餐饮空间根据其经营场所和经营特点不同，可基本分为商超、街区、复合业态、摊贩等四类。在数字经济和体验经济的推动下，消费者对于餐饮的心理诉求从单纯的"吃""喝"逐渐转向情感需求和综合体验。需求端的变化加速餐饮供给端的变革，以夜食、夜宵为主要功能的夜间餐饮场景加速向综合餐饮、文创、表演、互动娱乐等元素的复合型餐饮空间升级。

2. 数字住宿

（1）**住宿旅游产品和业态创新方向**。住宿设施作为旅游者夜间休憩的场所，在确保游客在旅游目的地的停留时间方面起着至关重要的作用。住宿环境及其服务质量对游客的整体旅游体验有着显著的影响，因此，住宿行业的创新发展也应集中在这两方面提升。

在住宿环境创新方面，酒店、民宿以及其他住宿业态的运营者应着眼于满足新时代旅游者对个性化住宿体验的需求。可以从住宿场所的创新设计和客房的个性化设计两个维度进行突破。这包括根据旅游地点的自然和文化资源，探索如高山、海洋或森林中的创意住宿形式。同时，也可以通过挖掘地方文化特色或引入创意IP，实现客房设计的主题化和多样化。

在住宿服务创新方面，运营者应关注医疗和养生领域的最新科研成果，并通过引入助眠技术和系统来提升游客的睡眠质量。此外，应充分利用信息技术的最新进展，优化游客的预订、入住和离店流程。通过分析消费者的偏好，服务可以不断地进行调整和优化，以满足游客的期望并提升其满意度。

（2）**创新范例：VR酒店**。应用VR技术，酒店及其周边环境可通过全景展示为用户带来沉浸式的预览体验。用户能够在虚拟空间中自由移动，体验720°的全方位视角，从而提前熟悉酒店及其周边的设施布局。入住后，通过VR投影技术，客房可变换为用户选择的任何主题环境，用户可以通过智能设备应用进行控制，实现房间元素与虚拟场景的同步变化，如灯光和床铺随波纹移动，提供互动体验，让用户仿佛置身于一个私人定制的虚拟世界。各大在线旅游服务平台，如携程和飞猪，已经推出了支持 VR 看房的酒店服务。这些服务利用 3D 实景克隆技术，创建了 1∶1 比例的三维空间模型，实现了 100% 的真实场景还原，用户可以在其中自由漫游，全面体验酒店的舒适环境和周到服务。

3. 数字交通

（1）**交通工具成为旅游产品**。交通工具作为旅游动线的载体，在数字技术的赋能下也能创新成为旅游产品。对于景区间的大交通，积极导入游轮、游艇、直升机等集交通与游憩于一体的交通工具，可将交通工具自身发展成为一种旅游业态。景区内的交通可以应用高新科技布局无人驾驶、空中飞船等未来交通，也可以规划马车、自行车、游船等慢行交通，还可以植入低空飞行、山地火车等游乐式交通。

（2）**交通设施成为旅游产品**。在 VR、3D 打印等数字技术的助力下，各种各样的公共交通基础设施也成为了旅游产品，如 3D 桥梁、高速服务区等。

国内建筑面积最大的高速公路服务区阳澄湖服务区就是闻名全国的交通旅游产品"标杆"。服务区与阿里、腾讯、京东、抖音等开展合作，引进网红业态和网红商品进驻服务区，打造线上线下深度融合的新消费体验。推出科技体验，兼具科普娱乐。与此同时，阳澄湖服务区还建设了 3000 平方米的科技体验馆：由科普长廊、VR 体验、机器人表演三大部分和 19 台 VR 机组成。

4. 数字游览

数字游览突破时间与空间的限制，让人们足不出户便能领略世界各地的自然风光、人文景观和历史，为旅游行业注入新活力。随着技术的不断进步和创新，数字游览为人们提供更加便捷、丰富、深入的游览体验，正在改变着人们的旅游观念和旅游行为，也为旅游行业的发展带来新的机遇和挑战。

（1）**景区数字游览服务**。景区通过建立官方网站、手机 APP 等平台，为游客提供数字游览服务，让游客在前往景区之前，能够对景区的景点、设施、服务等有一个全面的了解。景区内设置 VR 体验区、AR 互动点等，为游客提供更加丰富、有趣的游览体验。

中国移动咪咕与大足石刻研究院、海马云联合打造"云游大足石刻"，通过对大足石刻景区进行大规模数字采集与实景建模，借助实时云渲染、数字孪生、数字人等技术，将大足石刻 1∶1 复刻至云端数字世界。用户通过消费级终端设备，便能沉浸式体验身着古香古色的虚拟服饰，在专业导览的陪伴下深入探访大足石刻博物馆，还能感受不同季节的视觉体验，购买数字纪念藏品等。

（2）**博物馆与纪念馆的数字游览产品**。博物馆和纪念馆利用数字化技术，将文物和展品进行三维建模和全景展示，通过网络平台向公众开放，还可以开发一些互动性强的数字展览和教育活动，让观众在参观的过程中，更好地了解历史文化知识。

延安和百度共同打造圣地延安数字博物馆群，借助百度百科博物馆计划的数字技术，上线梁家河数字博物馆、延安学习书院、枣园革命旧址、杨家岭革命旧址等革命纪念地的数字博物馆，采用720°全景、VR、AR、3D体验等先进技术，通过语音导览、视频介绍、互动分享等特色功能，为广大网民提供了丰富生动的线上游览体验，成为运用互联网新技术服务红色旅游的鲜活案例。

（3）**城市数字游览产品**。以数字技术为依托，打破时空限制，将城市的历史文化、自然景观、现代风貌等元素巧妙融合，为游客带来全方位、沉浸式的独特体验。

《悠哉逛中轴》互动探索文旅体验运用增强现实技术与数字科技艺术相结合的方式，集休闲娱乐、打卡互动、叙事消费为一体，带领游客沉浸式感知北京中轴之美，形成以"24节气时间线 + 中轴24地点线"为时空线索线上线下相融合的互动叙事文旅体验。厂甸云庙会"北京琉璃厂历史文化街区非遗元宇宙"基于5G算力、数字孪生、云游戏、云渲染等核心技术，在元宇宙世界里构建百年琉璃厂历史文化街区风貌，通过数字场景实时互动技术实现数智人在线参与厂甸庙会民俗活动，形成无延迟感知的场景更新与多层级的差异化沉浸式体验。

（4）**教育领域的数字游览产品**。学校利用数字游览技术，展开地理、历史、文化等课程的教学活动，让学生通过虚拟游览的方式，了解世界各地的自然景观、人文历史和文化习俗，向学生提供一些实践和体验的机会，培养学生的创新能力和实践能力。

"何以文明——中华文明探源工程成果数字艺术大展"运用3D复原技术构建移动化、全沉浸、交互式虚拟空间，采用数字虚拟人、多媒体视频、空间交互等技术，帮助游客探访文明成果，实现诸多中华文明探源工程重点文化场景的沉浸式线上体验，让观众更好地了解中华文明的起源和发展。

青岛衡山路小学AR红色智慧课堂利用AR智能课桌，让同学们通过挪动卡牌，以图文展示、音频讲解、实境模拟等方式在线游览延安革命旧址，重温西北革命根据地的创建、发展历史，体会延安精神，构建了数字技术与红色资源思政教育一体化育人模式，拓宽了立德树人新路径。

5. 数字购物

购物是推动旅游目的地经济增收的重要业态，精美的旅游商品和特色的购物场所，都能够使旅游目的地的吸引力再登上一个新的阶梯。在数字技术的赋能下，旅游过程中的购物体验在不断创新。

（1）**AR旅游纪念品**。这是一种融合了传统纪念品特性与现代科技的创新产品。这类纪念品通过增强现实技术，实现了对旅游地文化资源的可视化呈现，将虚拟信息与现实世界相结合，为游客提供了一种互动性强的文化旅游体验。在现有的AR旅游纪念品中，AR明信片最具代表性。这种明信片在传统形式上集成了AR功能，游客可以使用智能手机扫描明信片，即可获取丰富的景点相关信息和图像。这种方法不仅以一种更加生动有趣的方式与游客建立联系，而且有助于加深他们对旅游地的记忆和理解，为游客提供了一种全新的旅游体验。

（2）4D 打印文创产品。目前，在 3D 打印尚在如火如荼的研究当中，而一种更加"智慧"的打印技术——4D 打印又悄无声息地接近我们的生活，不断刷新我们对智能制造的认知。4D 打印的文创产品除其本身的产品功能外，由于其具有的记忆属性，又使其增加了一项辅助学习历史文化知识的功能，可以将寓教于乐的理念创造性地赋予文创产品。

（3）线上线下一体化购物。传统的线下购物存在购物信息不对称、流程烦琐、定价不规范等问题，运用数字技术，打通线上线下一体化的购物渠道，通过无人超市、线上 VR 购物商城等业态的布置，可以为游客提供便利、愉悦的购物体验。

6. 数字娱乐

传统旅游六要素中的娱乐业态创新包括剧场演出、大型演艺等文化体验类业态，水乐园、室外游乐场、室内游乐园等游乐休闲类业态和密室闯关、VR 体验等探奇体验类娱乐业态等，通过运用声光电、虚拟现实等技术，游客的娱乐体验由过去的视听为主变成了全方位沉浸式的体验。

第九章

区域智慧旅游管理与数据应用平台

第一节 区域旅游与智慧旅游管理概述

一、区域旅游与智慧旅游管理的概念

旅游区是区域发展的一个组成部分,在旅游研究中引入旅游区的概念,既可以了解区域旅游要素的整合程度,又可详细认识到对一个地区旅游发展重要的区域关系和区域特性[1]。旅游区是一个用来提供旅行者服务、可交易的目的地,同时该目的地又有相关的支持带环绕,因此旅行者区域(Tourist Regional)结构图由三部分组成:核心区(Core)、直接支持带(DSZ)、间接支持带(ISZ)。其中,核心区为旅游吸引物和为旅者提供的基础设施;直接支持带为旅游核心区提供就业、服务、土地等,为亚区;间接支持带为基于客源市场的旅游区域[2]。

所谓区域旅游是指特定空间存在的旅游活动及其经济关系的总和,它是一种以区域作为相对独立的单位,接待旅游者、组织安排旅游活动的经营服务方式[3]。其以中心城市为依托,依据自然、地域、历史联系和一定的经济社会条件,根据旅游者的需要,经过人工的开发与建设,形成有特点的旅游空间,包括各种类型的旅游区和旅游交通网络体系[4]。一方面从内容看,区域旅游是综合性的旅游,需要多部门、地区、行业的协作,不仅推动与旅游业相关的交通、金融、保险、城市建设、环境保护、园林艺术等部门的发展,而且有利于克服条块分割、地区封闭的弊端,加强地区间、城市间的横向联合;另一方面其具有鲜明的区域特征、地方特色,各区域具有独特的旅游功能[3]。

为简单起见,我们仅以行政地市域为单位界定区域旅游,该行政区域内发生的旅游活动及其经济关系总和,为该地区的"区域旅游"概念。那么"区域旅游管理",自然是以行政区域地方政府为单位,对旅游相关经济活动(包括景区、酒店、旅行社、导游等涉旅单位的行政管理)进行行业管理,以及基于公共服务的应急管理。

"区域智慧旅游"的本质内涵和核心技术与"智慧旅游"一致,不过在"应用对

---

[1] S Smith. Tourism Analysis: A Handbook [M].Longman, 1989.
[2] 窦文章, 杨开忠, 杨新军. 区域旅游竞争研究进展 [J]. 人文地理, 2000 (15): 22-27.
[3] 涂人猛. 区域旅游理论研究 [J]. 社会科学家, 1994 (5): 83-88.
[4] 陈传康. 区域持续发展与行业开发 [J]. 地理学报, 1997, 52 (6): 522-523.

象"和"旅游要素"层面更加深化、细致,以行政区域为单位进行的"智慧城市"建设包含"智慧旅游"在内,旅游行业数据、其他部门行业、政务数据共同构成了"旅游大数据",作为"智慧旅游"的新要素与基础设施,一方面大数据技术促进了区域旅游管理的进一步深化,另一方面区域旅游的行业管理也要在大数据的基础上变革治理模式,促进管理效率的提升与区域旅游经济的发展。那么在旅游区的概念中,区域旅游大数据本身则成为了新的核心区,基于旅游大数据的管理应用、旅游大数据产业链则为直接支持带。

二、数字经济时代下区域智慧旅游管理的基本特点

在数字经济时代中,基于物联网采集的设备数据、基于消费产生的用户数据、基于智慧城市跨部门、跨行业的协同数据大爆发,区域旅游管理部门对区域智慧旅游以及数字旅游产业的管理具有数字化、智慧化、全面性等特点,管理难度大,如何提升区域智慧旅游管理的智慧化水平,是需要思考的重难点。

可以从数据、监管、主体协同三方面论述区域智慧旅游管理的特点:

(1)数据的多源异构性:智慧旅游具有主动感知特点,充分利用互联网、物联网、人工智能等信息技术装备和装置,对游客旅游的全过程、全空间、全要素的数据进行主动记录。这些数据可能分布式的存储在各旅游渠道、消费渠道,可能是音频、图片、视频等多种非结构数据,而旅游管理部门则需要打通数据共享通道、破除数据孤岛,实现数据管理的全面和统一。

(2)监管的全面性:在数字经济背景下,应对区域智慧旅游建立全方位、多层次、立体化的监管体系,实现游前游中游后全链条全领域监管,以有效监管维护公平竞争的市场秩序。以数字化手段提升监管精准化水平,加强监管事项清单数字化管理,运用多源数据帮助监管主体精准"画像",强化风险研判与预警预测。同时构建全国一体化在线监管平台,推动跨地区、跨部门、跨层级协同监管。

(3)协同的多元化:多部门协同治理是实现智慧旅游最基础的保障。智慧旅游工作推动,要以多部门的协同联动机制为基础,才能打通各部门之间的数据通道,实现涉旅信息的互联互通与共享。此外,应以多部门协同联动为基础,实现业务流程的变革,真正发挥信息化在旅游行业的作用。比如在应急指挥方面,应第一时间共享给应急主管部门涉旅信息,由应急主管部门牵头,各部门配合,及时处理,确保安全。

第二节 大数据在国家级管理平台的应用

一、国家智慧旅游公共服务平台

国家智慧旅游公共服务平台（12301平台）是我国行业主管部门中首个以PPP模式构建的国家旅游公共服务平台，具有五大战略功能：旅游公共信息发布与资讯、旅游产业运行监管、全国景区门票预约与客流预警、多语种旅游形象推广、国家旅游大数据集成。该平台落成推动中国旅游业真正进入大数据时代。

基于"政府服务于市场，市场服务于大众"的理念，该平台不仅具备旅游行业云、全媒体交互方式、大数据及认知计算三大创新能力，还通过旅游行业云整合行业资源，提供应用服务接口，实现全行业信息共享。

此外，平台通过全媒体交互方式实现游客、涉旅企业、政府部门在同一平台进行信息传递、沟通，建立实时高效便捷的线上线下沟通机制，极大地提升了行业监管及公共服务水平。

目前平台已实现全国31省旅游咨询、投诉咨询、投诉受理的集中处理，通过微信企业号实现旅游监管部门和被监管涉旅企业的互通互联，开通微信城市服务、支付宝城市服务一键投诉功能，也实现了全国统一的票号管理与门票预约；基于景区和城市开发多语种旅游形象推广工具和模板；建立首个基于行业的应用服务云，具备深度学习和知识提取能力，全球旅游行业首个采用认知计算技术打造智能服务工具，满足游客个性化的旅游资讯服务。

二、全国旅游监管服务平台

全国旅游监管服务平台，集大数据监管与开放式服务为一体，使投诉审批顺畅高效、智能化事中事后监管，于2018年7月正式启用。目前平台已建成旅行社资质、导游管理、团队管理、电子合同、投诉举报、案件管理、权限管理等七大功能模块，并后续建成统计模块、信用管理模块等。

该平台对行政审批、事中事后的监管产生的大数据进行归集，实现市场监管常态化分析、支撑科学的研判。目前建设取得的效果有：

（1）旅行社在线审批系统中，旅行社备案、审批一键受理、信息共享等，全程可视化。

（2）投诉案件管理系统中，游客投诉举报的受理－快速处理－限时反馈－准时跟踪形成闭环，有效实现"群众少跑腿，信息多跑路"的服务理念。

（3）电子导游证和导游APP，更便利游客了解、评价导游执业，执法部门也能实时掌握旅游团的活动轨迹，预警导游擅自变更行程。

（4）电子合同，提供电子商务认证中心认证及验真功能，通过合同价格监测预防"不合理低价游"。

三、中国旅游研究院（文化和旅游部数据中心）

中国旅游研究院为文化和旅游部直属的专业研究机构，并挂牌文化和旅游部数据中心，为科技部所列的中央级科研事业单位。其主要承担旅游业政策和理论研究、文化和旅游融合发展研究以及文化、旅游的统计和数据分析职责。

现有福州、长春、重庆、湖北、河南、山东6个省市分中心，负责数据采集、挖掘、分析以及应用等任务，形成和发布相关专项指数以及专题报告，6个分中心分别承担"海丝"沿线旅游和海峡两岸特色旅游专项、避暑旅游和冰雪旅游、旅游扶贫与就业、长江经济带、中原经济区、文化旅游和东亚及华东旅游专项的数据任务。此外还有中卫云基地、呼伦贝尔边境旅游专项基地、烟台海岸休闲基地，分别承担国家旅游大数据挖掘分析以及中阿旅游国际交流数据处理存储、边境旅游大数据专项、海岸休闲大数据专项的数据采集、挖掘、分析以及相关数据应用任务。现研究院设立了4个数据观测站：阿尔山扶贫观测站、巴马扶贫观测站、千岛湖民宿及乡村旅游观测站、南京乡村旅游偏好洞察观测站，为数据直采直报点，围绕相关专项任务开展数据工作。与社会企事业单位的合作实验室设置了10个，包括：携程旅游大数据联合实验室、中国电信大数据联合实验室、银联商务大数据联合实验室、马蜂窝自由行大数据联合实验室、景域景区和IP大数据联合实验室、远海中欧旅游大数据联合实验室、北京大数据研究院全球旅游北斗标识联合实验室、上海创图公共文化和休闲联合实验室、精彩旅图国际旅游大数据联合实验室、深大智能集团游憩场景科技联合实验室。

自2008年建院以来，研究院陆续出版中国旅游经济蓝皮书，以及入境旅游、入境旅游、国内旅游、国民休闲、旅游集团、旅游住宿业、旅游景区、旅行服务等9部年度发展报告，发行《中国旅游评论》《中国旅游大数据》等学术刊物，先后获得联合国世界旅游组织尤利西斯政府创新奖、技术创新奖及国家发明专利等学术荣誉。

四、全国旅游市场景气监测与政策仿真平台

全国旅游市场景气监测与政策仿真平台，为中国旅游研究院于2020年研发建设，入选文化和旅游部"2022年文化和旅游数字化创新实践十佳案例"，结合大数据和传统统计数据，更好发挥数据透视作用和决策支撑效能，拥有数据类型多、来源广的优势，为多源异构数据集成的综合性平台（图9-1）。

技术架构方面，该系统运用了数据仓库及数据中台技术，建成了"1+7"的数字应用体系，即1个数据中心，7个上层应用，包括：文旅资源、成本、服务质量、出境轨迹、专项市场、游客行为、旅游年鉴库，利用云计算、大数据、人工智能等技术，实现130多个旅游指标的研发和数据挖掘，从此中可形成时间序列和空间结合的多维度应用分析矩阵，为国家和各级地方政府进行旅游市场的研判、行业管理决策提供重要数据支持。

数据体系方面，该系统多源异构数据集成，涵盖了供给侧和需求侧的多样化数据。平台依托中国电信大数据联合实验室、精彩旅图国际旅游大数据联合实验室、河南分中心、重庆分中心等多个文化和旅游部数据中心，建立多渠道采集体系，并通过关联或合并融合了互联网SDK、运营商等位置数据、用户画像数据、OTA用户评测数据、地图POI数据等多源异构数据，形成了不同行业、不同类型的大数据体系。从供给侧，平台实现了对1978年以来官方数据的全覆盖，接入了各年电子化旅游统计资料和年鉴数据，全国－省－市多级颗粒度数据相互衔接，系统汇聚了分散在不同部门、不同系统、不同来源的大数据。

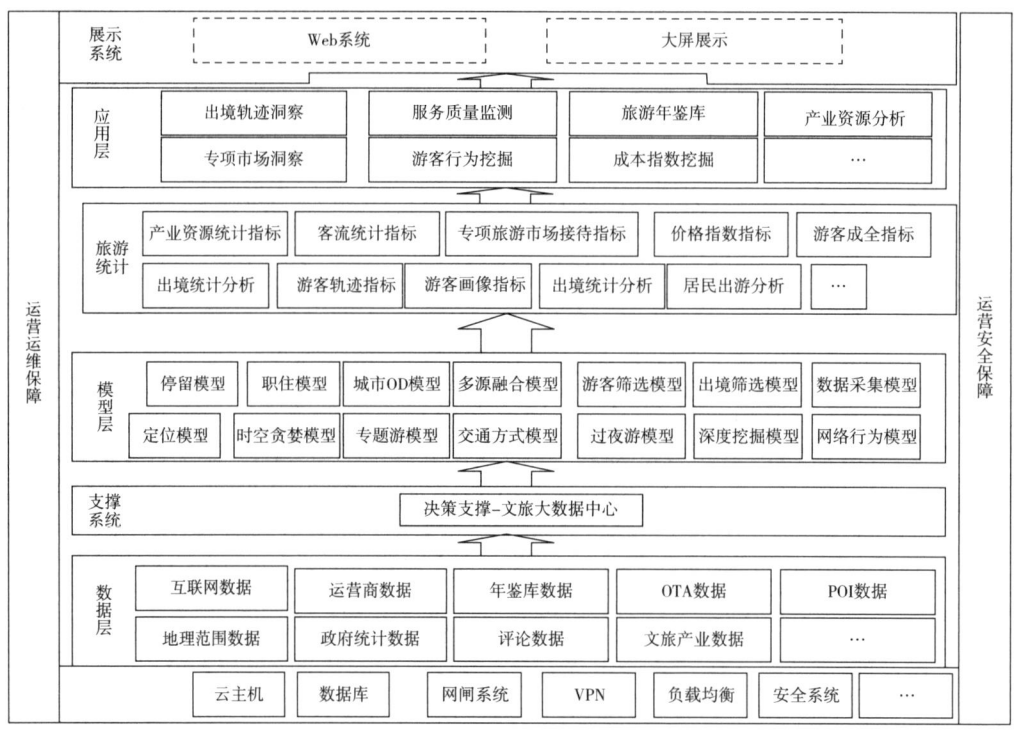

图9-1　全国旅游市场景气监测与政策仿真平台框架

数据标准方面，平台统一口径，能有效减少旅游统计乱象。平台采集的数据有全国游客位置、地图等，相对敏感，经过大数据技术脱敏，再按月度建模计算，测算某一指标时可能有不同口径的数据。如游客规模数据，包含出游口径数据、接待口径数据，旅游市场总体规模数据又包含乡村游、自驾游、周边游等专项市场数据。从监测范围看，不仅是全国范围，也包含各省区市旅游市场数据。各级旅游数据均在同一时间节点采集，采用统一口径、统一标准来数据处理、测算和分析，从而提高地方与国家数据指标之间的协调性和可比性，有效减少地方旅游统计与数据监测的乱象。

数据应用方面，平台突破了传统旅游数据结构的限制和应用惯例，基于脱敏，通过定性和定量分析相结合的方法，挖掘全国、省域、市域三级空间维度数据，月度、季度和年度三级事件维度数据，形成总量与结构、横向与纵向相结合的多元数据分析矩阵。平台按照数据分析的需求，融合多维度数据，通过指标关联分析，化繁为简、跨领域地构建更有指导意义的新指标或综合性指数，增加决策支撑效能，例如旅游经济运行指数、企业家信心指数，能在旅游经济预警中最大发挥旅游数据的透视作用。此外平台突破法定统计指标的限制，研发了一系列应用指标，包括接待人群指标、出行人群指标和专题人群指标三类，涵盖行为特征、消费偏好、游憩偏好、舆情分析、人口属性、地理位置、金融信息等130多种信息，以及出游半径、活动半径、评论热度、旅游目的地、旅游客源地等指标，全方位刻画游客偏好和行为特征。具体应用包括：

（1）宏观上利用时间序列分析监测疫情前后客流流向和流量变化，微观上可分析游客出游半径、过夜率、服务质量感知等游憩行为变化，进行疫情影响的深层次研究。

（2）构建季度、年度和节假日旅游市场联立方程预测模型，上报预测报告，监测目的地疫情防控进程与市场恢复时滞，通过市域客流流入流出数据，监测精准防控政策对旅游市场影响的空间范围变化。

（3）测算各地旅游优惠券对目的地旅游市场的影响。

（4）研发游客行为、旅游成本和服务质量数据、出游半径、活动半径、成本指数和评论热度等指标，为节假日旅游市场提供预测。

第三节　大数据在省市级管理平台的应用

从基础层和数据层看，省市级别多建立全域旅游大数据中心，而在应用层方面，实践方式多为"一码游"。

全域旅游大数据中心全面汇聚旅游企业、相关机构、从业人员、游客等旅游行业信息，包括吃、住、行、游、购、娱、便民等旅游服务资源信息，实现旅游有关领域、体系和各业态企业数据的集中采集、存储、处理，以及相互之间信息的互联互通和信息共享、查询，为上层应用系统进行分析和决策提供支撑。主要工作包括数据信息化（数据集中采集和统一管理、统一标准的数据管控体系）、旅游相关信息采集汇总、数据资产管理。

"一码游"是地方政府进行旅游资源聚合的服务型平台，主要需求背景是政府希望通过整合地方资源向游客提供一种对称的信息服务。这种服务体现在：支持把供给侧的产品导入平台，更多地提供产品汇聚的功能。"一码游"在于更好地提高服务公众的能力，地方政府能将本地的资源特色完整展现给游客，是一种管理型政府转变为服务型政府的重要体现。"一码游"架构的特点总结起来为三个"轻"：一是用户轻便使用，二是轻松运营，三是自主运营、自主发布、区域共享、轻松结算。列举如下：

一、浙江杭州的全域旅游大数据中心实践

浙江省通过一、二期智慧旅游建设，初步形成旅游大数据中心，完成大多数AAAA级及以上景区客流量监测和视频接入，实现对14种基础数据采集，初步汇聚全省酒店旅游入住数据、高速出入口车辆识别数据、个推数据、银联旅游消费数据、OTA订单数据、游客特征数据、气象环境数据、旅游舆情数据等[1]。

其中杭州的全域旅游大数据中心在纵向一体化、数据横向打通、数据来源扩展、服务能力提升方面做了许多工作及改进。

1. SaaS模式支持纵向一体化

采用最新一代的资源云化技术，对杭州智慧旅游应用进行有机管控，通过SaaS模式，实现智慧旅游相关系统的快速开通、快速上线、全在线运维，实现杭州市级平台对区县级平台的支撑，打通上下级智慧旅游系统通道，实现全市智慧旅游一体化。从大数据应用与服务层面看，打通杭州市级旅游云旅游中心与区县数据中心数据通道。市级中心已有的涉旅数据向下服务各区县，各区县对数据进行完善、补充、修正，提升数据的完整性和准确性，同时减少重复购买数据带来的财政资金的浪费。

2. 横向数据打通

政府数字化转型要求推进"最多跑一次"工作，配合全省应急指挥工作推进要求，主动建立上下联通、面向多部门多对象的信息发布共享渠道。而杭州城市数据大脑、浙江省应急指挥办等多部门、多平台进行对接，发挥多部门联动在解决应急突发事件及推动城市全面发展等方面的作用，以智慧旅游助推智慧城市发展。

例如：将景区客流饱和数据、景区客流预测数据共享给杭州大脑，为交通疏导提供数据支撑；对突发应急事件，信息及时共享给上级部门，由应急管理部门统一

---

[1] 杭州智慧旅游规划课题组. 杭州智慧旅游规划研究 [M]. 长春：吉林大学出版社，2020：14-15.

调度，实现多部门协同联动的快速响应、快速部署，降低突发事件危害。

3. 数据来源扩展

在现有旅游云数据中心的基础上，进一步拓展数据来源的渠道，深化数据挖掘与分析能力，进一步加强全域旅游大数据中心对智慧旅游的基础支撑作用。

面向旅游管理部门、数据资源局、游客、涉旅部门等多方主体需求，以业务应用为导向，对全域旅游大数据中心进行统筹规划与部署，站在智慧旅游发展的前沿，构建全局性的大数据中心升级架构，稳步推进全域旅游大数据中心升级工作。

多源涉旅数据的充分汇聚与融合，实现杭州市旅游委员会内部业务系统数据与特殊涉旅大数据的全面汇聚，同时打开与国家文旅部、12301国家智慧旅游公共服务平台、浙江省旅游局、区县旅游局相关旅游核心数据的通道，实现与横向部门的数据交换与共享，丰富全域旅游大数据中心的数据来源，数据对智慧旅游的推动作用全方位发挥。

4. 服务能力提升

旅游目的地的智慧旅游基础设施是实现物联数据采集，发挥智慧旅游作用的重要前提。

首先是扩大无线网络覆盖范围，包括：机场、车站、码头以及宾馆饭店、旅游景区、旅游度假区、乡村旅游点、商业步行街区等游客集中区域的通信基础设施建设需要进一步推进，扩大无线网络覆盖范围。同时要加强物联网基础设施建设，重点推进旅游危险区、游客集中区等信息自动采集，利用人脸识别、车牌识别等技术对车辆、人流监测；鼓励高等级景区、酒店对原有的视频监控设备、停车场设备以及闸机设备等基础设施进行排查，以提高游客智慧化服务体验为导向，及时更新设备，更好地实现智慧化服务以及物联数据的采集。

二、成都全域旅游大数据中心的实践

成都市也在全域旅游大数据中心的标准化建设、数据中心建设、第三方合作等方面做出了指导性的推进工作❶。

成都市以全域旅游大数据汇聚与研究为核心，指导旅游精准营销，以评代奖促进旅游市场主体的智慧化发展，与社会力量广泛合作发展智慧旅游。

标准化建设：完成《成都市智慧旅游景区建设规范》《成都市智慧旅游饭店建设规范》和《成都市智慧旅游旅行社建设规范》，组织4批智慧旅游示范企业评定。

旅游大数据建设：2013年成都上线智慧旅游数据中心，出台《加快推进全域旅游大数据建设的指导意见》，提出到2020年建成国家全域旅游大数据建设标杆城市，

---

❶ 成都市府. 成都市将建成全域旅游数据中心［EB/OL］. https：//www.sc.gov.cn，2018-07-05.

把成都全域旅游数据中心建成西部第一、国内领先、国际知名的旅游大数据综合性、创新型管理、应用和服务平台，形成以全域旅游大数据（含三大运营商、环保、交通、公安等部门数据及线上企业数据）为创新资源、以传统统计数据（含统计局收报及抽样调查数据）为基础资源，整合联通横向数据与纵向数据，"一中心多支点"（成都全域旅游数据中心、区＜市＞县和企业旅游数据支点）体系。

以智慧城市建设为基础的政务数据大开放：成都建设成都市民服务平台，整合了成都市经信委、人社局、公安交管局、旅游局、出入境等28家委办局数据资源，为市民提供89项服务。

与社会第三方广泛合作：指导建设成都智慧旅游创客中心暨西行智驾，成都旅游创新实验室，实验室已建设智慧景区管理系统、三维可视化导览系统、景区虚拟体验系统、VR极限飞行体验系统、应急演练培训系统、互动滑轨展示系统、地面互动投影系统、裸眼3D立体电视等高科技设备；与腾讯签署全面深化战略合作协议，将应用腾讯云、大数据、智慧物联系统、全域旅游应用、社交广告平台、大数据交互式展示、文创数字内容等资源。

三、"一码游贵州"全域旅游智慧平台

"一码游贵州"[1]为2020年5月发布的贵州省全域旅游智慧平台，囊括全省涉旅数据。贵州省文化和旅游厅按照"一码当先、两手发力、三方共建、四时方便"的原则，联合贵州省大数据局、中国联通、云上贵州、云景文旅等单位，与全省涉旅企业，省、市、县三级共同建设全域大数据智慧旅游平台。截至发布时间，全省415家景区全部接入平台，基本数据采集完毕，录入有商户、交通、导游、美食餐饮、酒店、购物场所、一路黔行（含乡村旅游、汽车露营基地、文化场馆、旅游学校、游客集散中心、研学、特色街区等）、旅行社、文化等各项涉旅数据2万多条。

"一码游贵州"全域智慧旅游平台充分利用云计算、大数据、人工智能、5G等新一代高新技术，通过二维码将专业化的旅游资讯、个性化的产品服务、前沿化的科技感知进行多维度、立体式、精准化的传播，为游客提供全方位、全流程智慧旅游服务，包括景区导览、特色旅游商品推介、酒店预订、交通服务、旅游咨询、厕所查找、门票预订、语音讲解、公共服务定位、投诉建议等多项服务。其中另一大特色是定位推送：基于LBS定位功能，自动识别游客扫码时所处的地理位置，为游客精准推送当地旅游的相关信息和服务。

---

[1] 贵州省文化和旅游厅. "一码游贵州"贵州开启"码上开游"全域智慧旅游新模式［EB/OL］.（2020-05）［2024-07］. https://whhly.guizhou.gov.cn.

四、"一码游洛阳"

"一码游洛阳"[1]由洛阳市广旅局、洛阳市公安局交通警察支队、洛阳文旅集团共同打造，于2024年4月发布，助力洛阳智慧旅游、交通出行服务水平的提质升级。其以简单、易用为原则，突出出行引导功能，将洛阳市主要游览景点、牡丹观赏点、旅游专线、酒店、美食、服务设施资源信息展示，用户扫码后进入可查询周边景区导航、停车场情况、在线预约租赁汉服、景区实时人流量等信息。洛阳文旅集团发挥旅游大数据中心客流监测优势，为平台增加了场景实时舒适度指标。指标以场景的标准客流量为基准展开变化，当实时客流量小于承载量的50%，指标显示为"舒适"；当实时客流量大于承载量的50%，指标显示为"适中"；而当实时客流量"爆表"时，则显示为"拥挤"。市民和游客可依据指标，实时获知各目的地舒适度情况，提前规划行程，提升出行舒适度。

值得一提的是，在地图下方的信息栏中，除了常规的酒店、停车场、加油站等服务标签，还出现了赏花季、汉服、旅游专线等。为迎合洛阳城市特色，该平台融入了汉服租赁项目。用户点击"汉服"标签，便可看到个人定位周边的汉服店，不仅能导航行至该汉服店，还能提前在该页面进行预约，可免去在各大APP之间跳转的烦琐流程。同时，该平台还增添了"赏花季"标签，其中汇集洛阳各大景区推出的便民服务活动，方便市民和游客检索。

五、省市级与国家级旅游大数据中心的对接

国家级旅游大数据中心与省市区县级的旅游大数据中心的数据对接，必须按照一定的数据架构来设置，规范数据标准、交换格式和数据生命周期管理范式。旅游大数据数据架构应由大数据采集、大数据服务、大数据治理和管理、大数据生命周期管理构成[2]。

其一，大数据采集：建立技术接口、数据标准和相应管理办法，实现各类基础数据资源的采集和汇聚，在目前传统数据采集接口上，补充个别特定交换与采集接口，运用通用数据比对与清洗规则，解决目前数据源不一致、权威性不足、同一个数据不同时期格式不一致等问题，依托数据采集平台实现各类旅游基础数据的有效采集、统一汇集。

其二，大数据资源平台：完善提升统一的省市级大数据资源平台，奠定各类智慧应用的数据基础。编制数据资源目录，对数据资源进行科学梳理，统一数据资源编码、规范数据格式，明确公共数据、开放数据、共享数据等数据资源分类；完善数据共

---

[1] 洛阳本地宝. 一码游洛阳实用指南［EB/OL］.（2024-04）［2024-07］. http://ly.bendibao.com.
[2] 邓宁，曲玉洁. 我国旅游大数据的产业实践：现状、问题及未来［J］. 旅游导刊，2021，5（4）：1-15.

享交换平台，解决目前数据分散、数据资源管理不规范的问题，促进数据资源积累和充分使用；完善旅游大数据和其他基础业务数据库，建立重点领域主题数据库。

其三，大数据服务：依托大数据资源平台，打造大数据应用开放能力，将数据资源及平台能力封装为标准服务接口，面向上层应用开放大数据分析、大数据展现、大数据决策等能力。通过提供数据开放 API、建设数据开放网站、对接大数据交易平台等方式，鼓励社会利用大数据资源及平台能力开展大数据创新应用。

其四，大数据应用：在基础数据资源、重点领域数据资源和大数据服务能力的支撑下，开展基于大数据的智慧应用建设，将大数据资源与能力充分融入各类智慧应用的建设，不断创造与实现新价值。

其五，大数据管理体系：建立数据治理与数据生命周期管理体系，为大数据高质量应用提供制度保障。依据国家、省市有关规定，编制数据资源共享开放利用细则，建立数据资源目录与共享交换目录、共享管理以及大数据对外服务接口标准，探索数据资源的权属规则，规范数据资源采集、清洗、应用、维护等规则，明确数据维护责任和管理责任，确保数据在交换和对外服务时高效、安全、可控，实现数据资源全生命周期管理。

第十章

旅游大数据重点应用

第一节　数字博物馆

博物馆作为文化机构，其定义涵盖了收藏、保护、研究和展示人类文化遗产的功能。它们不仅仅是存放历史文物和艺术品的地方，更是通过展览和教育活动向公众传播知识的场所。博物馆的特征包括长期性、非营利性质和面向社会开放。作为文化教育的平台，博物馆扮演着传承和保护文化遗产、促进社会进步的重要角色。

数字博物馆是利用数字技术和虚拟现实技术等手段，将传统博物馆的展览内容、文物、艺术品等数字化呈现和展示的一种新型博物馆形态。通过数字化技术，人们可以通过互联网或特定的应用程序访问和探索博物馆的展品和资源，实现时间和空间上的跨越，提供更广泛的观展体验和学习机会。

一、博物馆数字化发展历程

随着信息技术发展，1967年纽约大都会博物馆发起的"博物馆计算机网络"（MCN）计划是早期对数字技术的尝试❶。1990年联合国教科文组织成立"传播、信息和信息学部门"，负责实施《综合信息计划》（PGI），并在此过程中，20世纪90年代初期形成世界记忆（MoW）的概念❷。1992年，联合国教科文组织发起"世界记忆"工程，数字技术代入全球文化遗址的保护工作中[2]。1995年，美国博物馆、法国卢浮宫等多家欧美博物馆着手开展数字化存储项目，进一步将数字技术应用扩大化❸。

我国博物馆数字化进程与国际同步，20世纪80年代末，敦煌研究院率先在国内提出建设数字敦煌的构想❹。1997年，故宫博物院对文物藏品进行数字化记录和展出❺。1998年，河南博物院构建首家国内博物馆互联网网站❻，河南博物院、上海博物馆等单体博物馆率先开展藏品数字化处理工作。随着互联网技术的快速发展，国内

---

❶ 北京青年报.博物馆的未来：文博数字化转型的重要历程，2023-11-06.
❷ 联合国教科文组织执行局第211次会议审议《世界记忆项目总方针》。
❸ 毕叶.游戏艺术在数字博物馆中的应用及创意方案［D］.中国美术学院，2018.
❹ 央视新闻客户端.把千年古迹莫高窟"画"进数字世界进度条加载超50%，2023-06-09.
❺ 北京青年报官网.博物馆的未来：文博数字化转型的重要历程，2023-11-06.
❻ 李文昌.发展中的中国数字化博物馆［J］.国际博物馆（中文版），2008（Z1）：61-69.

博物馆先后建立互联网网站，标志着我国博物馆"触网"拉开序幕，"博物馆网站"遍地开花。部分博物馆开始探索馆内藏品的数字化发展。博物馆数据库的普遍建立，通过对馆藏文物的数字化保存、传承和传播，为更便捷的多方信息资源共享提供可能，迈入博物馆数字化1.0"静态记录"阶段。伴随社会与博物馆理念的变化，博物馆数字化工作从单体博物馆"各行其道"的局面走向"统一管理系统"。1999年，北京市文物局独立开发藏品管理系统，供全市多家博物馆共同使用。2001年，中国国家文物局和财政部启动"文物调查及数据库管理系统建设"项目。随着虚拟现实（VR）、增强现实（AR）、三维扫描与打印等高新技术的成熟，博物馆数字化手段迅速扩展，由"静态记录"向"动态开发"转型，博物馆数字化迈入2.0阶段。2010年，上海世博会中国馆展出动态《清明上河图》，使"文物动起来"的新趋势引发公众关注热潮。2020年，受疫情影响，很多博物馆闭馆。该年度全国博物馆系统推出了2000多个线上展览，总浏览量超过50亿人次。这一进程涵盖了多个方面：①数字化收藏品和档案：博物馆开始将珍贵的藏品、文物和档案资料数字化存储和管理，以确保其长期保存和更好的利用。②数字展览和虚拟博物馆：为了更好地向公众开放，许多博物馆推出了在线数字展览和虚拟博物馆，使人们无需实地前往也能欣赏到博物馆的精彩馆藏。③教育和研究资源：数字化使得博物馆的教育和研究资源更加便捷和广泛地被学术界和公众所利用，促进了文化遗产的传承和普及。④科技与文化融合：博物馆数字化不仅仅是技术手段的应用，也是科技与文化的融合，推动了博物馆在数字时代的角色转变和文化软实力的提升。

二、大数据在博物馆中的重点应用

（一）大数据使博物馆展示方式多元化，展示效果更生动

展示方式指的是博物馆通过技术手段，将藏品所蕴含的历史意义和文化内涵传达给观众，帮助他们理解这些物品在其所处时代的功能和意义。不同的藏品具有不同的表达方式和含义，因此在展示时需要根据其特点选择合适的展示方式，并合理设计展示空间，以确保展示效果最大化。这样一来，观众才能获得更丰富和深刻的参观体验，进而加深对多样化展品和传统民族精神的理解。展示方式与展示空间的良好配合是设计者需要重点分析和考虑的内容❶。

观众通常最关注展品的外观，因为这直接影响他们对产品的感知和对其所代表意义的理解。根据展品的传播效果，可以将展示方式分为以下几种：首先是独立展示法，这种方法强调展品的自然呈现，无需过多修饰或添加，直接展示展品的原貌给观众。通过这种方式，观众能够直接体验到文物的历史形态和特征，比如中国的

---

❶ 黎品.大数据时代下的文博展示方式升级研究[D].四川美术学院，2018.

几大石窟艺术就是以原始文物的形式展示。其次是场景复原展示方式，这种展示方法在现代博物馆中非常常见，以其形象生动和传神的特点受到广泛欢迎。自从上海世博会以来，许多博物馆开始学习和应用这种方式，取得了显著的展示效果。

在大数据的技术手段之下，许多博物馆在进行展品展示的时候也加入了这些较前沿的现代技术来丰富场景的展示，这样也使得展品展示更加生动，许多观众对此也是兴趣倍增。根据对展示对象采用的呈现方式，可以将数字展示技术分为场馆模拟类、场景类、展品展示类和大屏+多点触摸类等。

1. 场馆模拟类展示

场馆模拟类技术将场馆设置为展示对象，通常以虚拟参观为服务形式，旨在让远程用户体验类似于实地参观的感受。这些技术包括360°全景虚拟展厅、三维展厅以及在线机器人导览等[1]。

北京自然博物馆

北京自然博物馆在展品数字传播方面的探索可以追溯到最近几年。首先，该博物馆尝试了网页静态模式，并与百度百科的数字博物馆合作，共同打造了北京自然博物馆的"数字博物馆"。这个"数字博物馆"类似于一个展示库，通过清晰的藏品图片、文字描述和音频讲解，用户能够通过互联网欣赏展品，便捷获取信息和学习知识。此外，"数字博物馆"能够同时在PC端和移动端展示，增强了使用的灵活性和便利性。有了充足的虚拟展览经验后，北京自然博物馆上线了"云端自然"虚拟博物馆[2]。

（1）空间全局3D视图和全景图片技术结合呈现云端展厅

相比于三维场景建模和仿真技术，三维激光扫描场景技术具有更高的真实性和更强的沉浸感。它结合了空间全局3D视图和全景图片，数据采集相对简单从而降低负担。此外，用户无需特殊设备即可与虚拟场景进行交互。

（2）三维激光扫描和摄影测量技术呈现云端展品

三维激光扫描技术是20世纪90年代中期开始出现的一项技术，是一种利用激光脉冲对物体表面进行扫描从而获取其表面特征信息的技术。它适用于中近距离的宽场景、大物体的快速高精度扫描，可深入复杂的环境进行扫描与测量，目前已广泛应用于各行各业，在文物保护领域同样得以应用，无接触式的测量避免了手工测量对文物造成的损害，具有作业过程简易、测绘速度快、数据精度高、适用范围大等诸多优点。通过三维激光扫描技术得到的模型不仅比例尺寸准确无误，并且较之人

---

[1] 曲云鹏，任鹏，于文博，胡卉.博物馆线上线下数字展示技术应用情况研究[J].自然科学博物馆研究，2019.

[2] 李丽，郑钰.智慧博物馆发展的"以道御术"之法——以北京自然博物馆为例[J].自然科学博物馆研究，2022.

工测量有更多的文物信息体现其中，这样的测量精度是人工测量所远不能及的。

（3）多样化数字资源呈现云端史前场景

为了体现虚拟展厅功能的丰富性，除了提供数十件展品三维模型数据可供720°在线浏览之外，还根据北京自然博物馆自身特点和观众特点进行了个性化设计。虚拟展厅的展陈内容和展品以古生物、古人类为主，尤其涉及了一些个体小而且大部分已经灭绝的古无脊椎动物。这类展品即使做了三维扫描数字化处理，也依然是化石❶。

2. 场景类展示

以场景为展示与传播对象，其主要目的是为观众传递情景中所包含的内容，这些内容可能是科技展品揭示的某种原理，或是展品的使用情景，让观众通过体验、交互等操作对所展示的内容有更多更深刻的认识。这些技术主要包括行为感知环境、混合现实、虚拟现实等。

（1）行为感知环境。行为感知环境中的感知系统会感知观众的行为，在对应位置的显示装置上配合显示相应的画面，感知系统具备可切换展示内容的能力，使得一个展览主题也可呈现多种内容，实现多种效果。

美国 Local Projects 设计公司在重建的纽约世界贸易中心1号大楼顶层设计了一个高4米、由10个LCD屏交错构成的环状展示装置 CityPulse，可展现10个不同内容的城市实时信息，讲解员可以通过手势识别系统，在不同内容间进行切换。

"像素波纹"（The Wave of Pixels）是西班牙 VOXELS 公司开发的一面电子点阵墙，拥有10m×3m的展示面积，可感知观众的位置并改变对应区域的显示样。

"魔毯"（Magic Carpets）是法国艺术家 Miguel Chevalier 开发的产品，以"Magic Carpets 2016"为例，在米尔顿凯恩斯国际艺术节上展示时面积达1200平方米，尺寸为60m×20m。

加拿大 Thibaut Sld 工作室设计的一面可以与人互动的墙装置"HEXI Responsive Wall"，该装置由60个单元模块构成，每个模块可单独活动，可以根据人的行为产生波动或与人的动作发生联动反应。

（2）虚拟现实。虚拟现实技术（Virtual Reality，VR）是一种可以创建和体验虚拟世界的计算机仿真系统。VR通常需要使用头盔、眼镜等设备来辅助进行虚拟现实的展示。

英国伦敦科学博物中使用了VR技术，观众可以充分体验作为宇航员在宇宙飞船中的感受。伦敦科学博物馆还针对不同人群提供模拟体验。例如：对2~5岁的孩子提供飞行模拟游戏"FlyKids"，能让孩子体验到飞行器 Red Arrows 在特技飞行时的光影和声音。洞穴状自动虚拟系统（Cave Automatic Virtual Environment，CAVE）是更为复杂的一种大型VR系统。该系统可提供一个房间大小的四面至六面体投影显示空

---

❶ 曹华. 基于VR的全景漫游技术在产品推介展示设计中的应用研究[D]. 贵州大学，2016.

间，供多人参与。所有参与者均完全沉浸在一个被立体投影画面包围的高级虚拟仿真环境中，借助相应虚拟现实交互设备，获得一种身临其境的高分辨率三维立体视听影像和自由度交互感受。由于投影面积能够覆盖用户的所有视野，所以 CAVE 系统能带给使用者一种前所未有的震撼以及身临其境的沉浸感受。

（3）混合现实。混合现实（Mix Reality，MR），是指合并现实和虚拟世界而产生的新的可视化环境。在这个环境里，现实和数字对象共存，并可实时互动。MR 通过在虚拟环境中引入现实场景信息，在虚拟世界、现实世界和用户之间搭起一个交互反馈的信息回路，增强用户体验的真实感。

英国 BrightWhite 公司设计了虚拟现实游戏"班诺克本之战"（The Battle of Bannockburn），并在多个科技馆中进行了试用。这一游戏利用 3D 技术将苏格兰历史带入生活，观众可以与中世纪战士肩并肩，从而真正身临其境地体验班诺克本战斗。

3. 展品展示

此类技术指以展品本身内容为展示与传播对象的技术，其形式围绕展品内容展开，其目的是将展品内容更系统、更细致、更深入地展示给观众❶。

（1）三维数字资源制作与展示。三维建模技术根据建模对象分为两类。第一类是对建筑、名胜等的户外大型对象进行建模；第二类是对较小的可以放置在室内的实物、模型等进行建模。对大型建筑进行三维扫描，通常以保存为目的。

罗马尼亚兽医和农艺大学分别对非常重要的大型历史遗迹——戴凯巴路斯岩石雕塑和布切吉山脉的狮身人面像进行了扫描并进行了保存。马来西亚理工大学对世界文化遗产法摩沙堡进行了扫描并记录了扫描结果。

美国盖蒂博物馆利用交互式三维模型演示 17 世纪橱柜。三维模型可以旋转，并且还有打开门与抽屉等操作。

（2）增强现实。增强现实（Augmented Reality，AR）是指用户使用移动设备扫描某种特定的符号，以动画等方式来展示相应展品的内容，完成虚拟和现实图像的交融的技术。LocalProjects 公司与微软合作，为一些大型展会提供了基于利用 HoloLens 眼镜的增强现实交互。LocalProject 公司设计了 5 个 3D 打印雕塑，作为现实和虚拟空间的锚点。通过 HoloLens 眼镜观察这个雕塑可以看到虚拟的内容，这样就将现实和虚拟结合起来，将现实的物体带入到虚拟空间。

美国自然历史博物馆针对展览"地球：空间探索的未来"（Planet Earth: The Future of Space Exploration）开发的"地球之外"（Beyond Planet Earth）APP、上海自然博物馆开发的 APP"上海自然博物馆 AR"、开放式信息平台 APP"艺术品博览"（Smartify）及百度网上博物馆，美国的盖蒂博物馆的橱柜等，也都提供了 AR 交互式功能。

---

❶ 袁庆曙. 数字化互动展陈技术与系统研究 [D]. 浙江大学，2009.

4. 大屏 + 多点触控类展示

大屏 + 多点触控技术是允许同时有多位观众通过触摸来控制大屏上所展示内容的一种操作模式。这种数字技术可以用于多人同时进行检索、浏览等操作，也可以用于展示多个项目之间的复杂联系，应用十分广泛。

美国克利夫兰艺术博物馆将馆藏数字化作品全部呈现于一号展厅内称为"集锦墙"（Collection Wall）的展示屏上。这是美国最大的多触点显示屏，尺寸达到1.5m×12.2m（5英尺×40英尺），由150个显示模块"ChristieMicroTiles"组成，显示像素超过2300万。展墙允许多个用户同时进行交互，同时打开20个独立界面用于搜索藏品。观众可以通过点击放大图像，获取更多的信息。美国凯斯西储大学的学生中心建设了一个4.9m（16英尺）长的交互性数字墙，用来供学生和教职工查询校园数据。LocalProjects公司与美国米德伯里学院合作，开发一个交互性的触摸墙，来展示此学院在运动领域一个世纪以来的重要历史信息。谷歌线上博物馆提供了一个巨大的图片矩阵，扫描后的高清画作按照创作时间顺序排列成一幅巨大的矩阵图，观众可任意选择感兴趣时间段内的展品，感受特定历史时期的画作风格与特点。

（二）大数据使博物馆交互方式沉浸化

在博物馆这一知识殿堂中，公众不仅能深化学识积累，还可亲眼目睹珍贵文物，体验日常生活中难以触及的文化韵味，这一过程蕴含着深远的社会价值和直接且显著的教育成效，因此，国家层面高度强调博物馆体系的建设与完善，并积极推动其向广大民众开放，以实现文化资源共享。若将数字互动技术巧妙融入博物馆运营，不仅能够显著提升其社会影响与教育职能的履行，还能开创博物馆运营的新模式，打破传统"亲临现场方能目睹"的局限。以故宫文化资产数字化应用研究所为例，他们通过运用此技术取得了显著成果，具体体现在四部宏大的虚拟现实作品的成功问世。这些作品主要依托两大核心技术实现：一是采用虚拟现实技术构建沉浸式体验，促进互动展示的深度与广度；二是赋予观众自主选择视角的自由，从而全方位展现数字互动技术如何为博物馆增添无限魅力与可能性，充分展示了技术融合下博物馆未来的无限潜力与广阔前景。

在博物馆的参观体验中，观众常受限于展柜的阻隔，难以尽兴观赏展品全貌，因保护文物免受损害之需，展柜空间受限，导致近距离观赏与全面视角探索成为奢望。然而，数字互动虚拟现实技术的引入，有效化解了这一难题。该技术借助计算机强大能力，将文物信息精准数字化，不仅提升了观赏的真实感与沉浸度，还实现了对文物细致入微的模拟，涵盖形态、质感乃至虚拟重量的精准还原。通过无缝连接感应终端设备，观众得以在虚拟环境中自由操控这些数字文物，实现旋转、缩放等多维度互动，这种前所未有的交互体验，超越了实体文物所能提供的观感，开创了一种全新的、高度互动的参观模式。

数字互动虚拟现实技术支撑的交互展览有以下特征：

首先，数字化展览的革新，依托科技进步，尤其是计算机数字技术与数字媒体技术的深度融合，颠覆了传统实体博物馆静态展览的模式。在数字构建的虚拟维度中，三维图形与时间的交织，构筑了四维体验空间，使得观众在探索展览时能够超越物理界限，获取更为丰富且深入的展示信息。此外，网络博物馆的兴起，进一步消解了地理位置与参观时间的约束，从而在一定程度上拓宽了博物馆的教育职能，实现了寓教于乐的目标。值得注意的是，独立的交互式展览同样依赖先进的计算机数字技术，其独特的参与性、互动性、娱乐性及趣味性，均源自对技术的精妙运用与整合。

其次，交互展览的核心魅力在于其无与伦比的交互性。这一特性贯穿于展览的各个环节，从观众自主选择观展模式（无论是线上虚拟还是线下实体），到现场根据个人兴趣定制参观路径与内容，均体现了高度的主动性与个性化。在展示空间内，观众不再是信息的被动接受者，而是主动的探索者，通过参与和互动，与展项建立联系，这一过程极大地激发了观众的空间想象力与探索欲，促使他们从多重视角、全方位地体验展览，享受前所未有的新奇感与参与乐趣。

最后，交互展览的另一显著特征是其虚拟性的凸显。它构建了一个跨越现实与想象的广阔舞台，从深邃海洋的探险到浩瀚宇宙的遨游，从微观粒子的窥视到宏观哲学的沉思，无一不展现了这个虚拟世界的无限可能与魅力。这个世界虽非真实存在，却通过作用于我们的感官，创造了一个令人沉浸、引人深思的虚拟宇宙。

《三星堆奇幻之旅》

《三星堆梦幻探索》系由中央广播电视总台携手四川省文物考古研究院、三星堆遗址考古发掘团队及三星堆博物馆等权威机构共同缔造的一项大型沉浸式数字互动体验项目，该项目精心构建了"三星堆考古现场虚拟大棚""三星堆数字典藏馆"以及"古蜀文明幻境"三大数字维度空间。从全局视角审视，《三星堆梦幻探索》深度融合了前沿的元宇宙理念，并依托尖端科技赋能，巧妙地将三星堆文化的历史积淀、当代风貌与未来展望融入一个开放且互动的数字云端平台。该项目在深度挖掘并展现其游戏化叙事魅力的同时，实现了个性化、差异化的数字博物馆体验模式，确保了每位访客都能拥有独一无二的探索之旅。

《三星堆奇幻之旅》的独创性精髓，在于其开创性地构建了将观众无缝融入博物馆体验的元宇宙框架。该项目以虚拟数字人形象作为通往三星堆元宇宙的门户，这一设计精妙地让用户在操控虚拟角色的过程中，实现情感与认知的双重沉浸，仿佛跨越屏幕界限，亲身体验三星堆元宇宙的独特氛围与空间魅力。

用户被赋予自由定制虚拟身份的权利，得以化身为个性化的数字角色，在"三星堆考古发掘大棚""三星堆数字博物馆"及古蜀王国的虚拟三维世界中自由探索。这一奇幻世界不仅是智慧博物馆线上展示的集大成者，更是一个允许用户通过传送点瞬息穿越或徒步漫步于整个元宇宙的广阔舞台。在此过程中，用户的数字行为，如行走、视角转换等，与在实体博物馆中的参观体验高度相似，形成了现实与虚拟空间之间的微妙交融，使观众仿佛置身于三星堆元宇宙的核心。

尤为值得一提的是，《三星堆奇幻之旅》不仅促成了观众与三星堆文化遗产之间深厚的"情感纽带"，还通过提供丰富的"服务体验"，增强了用户的参与感和归属感。同时，项目利用在线技术的优势，构建了一个"数字社区"，让多位用户能够同时在线互动，共同成为数字博物馆生态系统中不可或缺的一部分，积极参与到博物馆内容的丰富与建设中来，实现了从被动接受到主动参与的深刻转变❶。

（1）重塑观展边界：1∶1场景复刻与沉浸式感官盛宴

在数字博物馆的演进历程中，尖端科技如3D、VR、AR等扮演了关键角色，它们携手构筑了与文物深度互动的沉浸式平台。《三星堆奇幻之旅》作为此领域的佼佼者，不仅以高度逼真的1∶1场景模拟，跨越了物理与虚拟的鸿沟，让用户即便身处远方，亦能享受如临其境的观赏体验。此举不仅降低了技术门槛，更显著提升了智慧博物馆的亲和力与易用性，使文化遗产的魅力触手可及。

针对"三星堆考古发掘大棚"与"三星堆数字博物馆"两大虚拟场域，数字孪生技术精准复刻了实地风貌，打破了时间与空间的桎梏，为用户呈现出一幅幅高清、逼真的历史画卷。借助三维重建、全息投影及灯光映射等先进手段，文物细节纤毫毕现，观众得以在虚拟空间中自由穿梭，近距离领略古物之韵。

更进一步，虚拟世界在数字孪生的坚实基础上，勇于探索未知，通过预设假设、模拟仿真、逻辑推断及科学论证，将古蜀王国的辉煌景象重现于世。尽管缺乏现实参照，但依托丰富的考古发现与数字资源，设计师们巧妙复原了祭祀场景、生活区等，生动再现了古蜀先民的生活风貌。

在用户体验层面，《三星堆奇幻之旅》创新性地采用了阿里云支持的H5页面访问模式，摒弃了传统客户端与小程序的束缚，实现了低成本、高效率的沉浸式体验。这一技术革新不仅支持大规模在线互动，更确保了超5000人同时登录时的稳定运行，为数字博物馆的未来发展树立了新标杆。

（2）人机交互：观者主体性的深度彰显

随着新技术的不断涌现，数字博物馆的叙事体系正经历着前所未有的变革。人机交互体验叙事已成为其核心组成部分，超越了传统文本、影像、声音等元素的简单堆砌，构建了更为丰富多元的叙事生态❷。

《三星堆奇幻之旅》深刻体现了用户主体性的核心地位，将用户从被动的信息接收者转变为积极的探索者，甚至可视为元宇宙中的游戏玩家。从虚拟身份的个性化选择到屏幕界面的灵活操控，再到超链接的无序探索与开放性试验，整个体验过程

---

❶ 张瑜.数字博物馆的创意探索——解读《三星堆奇幻之旅》大型数字交互空间［J］.科技传播，2023.
❷ 朱攀.基于大数据的信息系统关键技术研究［J］.电子技术与软件工程，2014（04）：216-216.

充满了游戏化的乐趣与挑战。这种设计巧妙激发了用户的猎奇心理与探索欲,促使他们以玩家的身份深入三星堆地图,主动融入虚拟角色,在虚实交织的游戏化参观中实现自我情感的升华,达到精神层面的"巅峰体验"。

人机交互的深入应用,极大地提升了用户的参与度和能动性。《三星堆奇幻之旅》的价值在于每一位玩家的点击、观看及互动行为,它们共同构成了数字博物馆的生动叙事。特别是在"三星堆考古发掘大棚"与"古蜀王国"等场景中,用户的个性化体验远胜于单纯的文物知识获取,他们的观看视角、顺序差异,为场景的解读与感悟注入了无限可能,赋予了内容高度的可建构性与意义的不确定性,从而激发了观者丰富的想象与深刻的思考。

贵州赤水博物馆

贵州赤水博物馆的 VR 游戏,这是目前市场上运用较多的数字互动展示方式,希望通过 VR 穿戴设备和相关历史道具的辅助能使观众沉浸在当时文化背景中,较真实地感受当时的氛围。

内蒙古博物院

内蒙古博物院推出的"流动数字博物馆",作为一种创新的文化传播与展览形式,其核心价值在于将传统博物馆的厚重与数字技术的灵动完美融合,打造了一个无界限、高互动、即时更新的文化展示平台。这一创新举措不仅深刻体现了"科技 + 文化"的融合发展理念,也极大地拓宽了公众接触历史、艺术和文化的渠道,实现了知识的普及与文化的传承❶。

"流动数字博物馆"通过高精度的数字化技术,将实体文物的图像、视频、音频乃至三维模型等多媒体信息进行了全面采集与数字化处理,使得每一件展品都能以最为生动、逼真的方式呈现给观众。这种数字化特征不仅保证了展品信息的完整性和准确性,还通过虚拟现实(VR)、增强现实(AR)等前沿技术,为观众提供了沉浸式的观展体验,仿佛置身于历史的长河之中,与古人对话,与文物共舞。

嘉兴博物馆

浙江省嘉兴博物馆在举办《穿越七十万年——世界文化遗产:周口店北京人遗址文物特展》时,所采取的展示策略无疑是一次成功的文化传播与科普教育的创新实践。通过融合传统展板与实物展示、现代多媒体技术和丰富的科普互动体验,博物馆不仅为观众搭建起了一座跨越时空的桥梁,更让远古人类的文化遗产"活"了起来,生动而具体地展现在世人面前。

---

❶ 冯秋馥. 虚拟现实技术概述在博物馆中的应用分析[J]. 赤子(上中旬), 2005(15): 95-95.

纽约科学馆

纽约科学馆的大厅历经重大革新后，其墙面焕然一新，展出了六个高度互动的虚拟生态系统，营造出一个宏大的科技互动空间，这些系统中融入了罕见而神奇的虚拟生物，它们巧妙地融合了现实与虚拟的界限。筹备如此规模的展示，无疑需要投入巨量的时间与心力，并依托一系列尖端科技手段实现各环节的紧密衔接。众多参与此次展览评估的专家一致认为，该展览代表了当前全球范围内的顶尖水准，它不仅采用了最前沿的投影技术，还鼓励观众积极融入其中，亲身体验科技进步所赋予的便捷与愉悦。值得注意的是，展览的边界被无限拓宽，整个大厅本身即成为了展览不可分割的一部分。

（三）大数据使博物馆建藏品管理智能化

藏品管理，作为博物馆业务活动的核心环节，构成了博物馆履行其收藏职能的基石。它涵盖了藏品的保存、维护、保护、系统整理与深入研究等一系列综合性活动，是博物馆运营不可或缺的基础性工作❶。

随着时间的推移，藏品管理已从单一的保存阶段，历经了向全面保管的转型，进而迈向了当今的科学化管理新纪元。这一过程伴随着科学管理理念的不断深化以及各类新兴技术的广泛应用，促使我们有必要对传统藏品管理的概念进行重新思考与界定。当前博物馆藏品管理的实践，显著倾向于对藏品实施"保管"策略，即确保藏品作为博物馆核心价值资产的完整性、原始性和安全性，这是藏品管理工作的基石。然而，面向21世纪博物馆的持续发展，我们还应强调对藏品的"管理"与"挖掘"，通过科学的方法对藏品进行整理、研究，以最大化释放其多维度价值。在"保管"层面，需超越单一对象视角，采取多维度、全方位的策略，不仅关注藏品本身，还涉及保存环境、库房设施的优化配置与预防性保护措施的落实，同时强化对藏品利用、修复全过程的监控，并利用数据分析技术评估保护效果，为博物馆其他业务活动提供坚实的数据支撑。

在数字博物馆与智慧博物馆建设的浪潮中，藏品管理范畴进一步拓展至数字化及信息管理领域。这要求建立完整的藏品分类与管理体系，确保藏品信息的系统性与完整性。数字博物馆的互联特性，使得藏品管理成为衡量其智慧化水平的关键指标，藏品信息的管理与利用成为博物馆数字化转型的核心。

实体博物馆的藏品管理融合了传统业务与数字化进程中的新挑战。传统业务如征集、鉴定、编目、登记等虽仍依赖人力，但日常管理已逐渐聚焦于出入库、盘点、展厅管理及数字化管理。特别是数字化管理，已成为提升藏品管理效率与质量的关键路径。

---

❶ 姚一青.藏品管理信息化研究［D］.复旦大学，2014.

实现藏品动态管理的数字智慧化转型，关键在于对传统管理流程的深度优化，并深度融合传感技术、先进管理系统与物联网技术，以实现藏品的实时监控与智能化调度。在藏品征集环节，借助大数据分析技术，能够精准分析博物馆的展陈需求与馆藏现状，为征集决策提供科学依据，实现征集工作的智慧化。

藏品编目的数字智慧化进程，则体现在藏品入藏时即将其基本信息录入数据库，通过管理系统运用预设算法，自动比对新信息与既有数据，智能生成藏品的分类编号等详细编目信息，并据此科学规划藏品的分类入库与库房排架布局，极大地提升了编目工作的效率与准确性。

面对博物馆事业的快速发展，藏品展陈的动态跟踪管理成为亟待解决的重要课题。特别是借展、巡展等新型展览方式的兴起，对藏品的动态管理提出了更高要求。这要求我们在藏品点交、运输、对外借出等各个环节实施全面跟踪管理，动态获取并管理相关数据。同时，需借助技术手段，如智能监测设备，对展柜微环境、密封性、安全性等进行实时监控，确保藏品在展出期间的安全与稳定。此外，动态管理还应涵盖对藏品保存与展示空间环境变化的智能监测，以及对藏品受环境影响而发生变化的及时响应，从而实现全方位的智能管控[1]。

（四）大数据使博物馆建藏品研究多维化

博物馆所珍藏的文物，在其制造与使用的漫长历程中，积淀了深厚的信息与意义，这些文物所承载的文化价值往往超越了其物质形态的实用功能。然而，当这些文物被置于博物馆这一新的环境中，它们原有的时空背景与日常语境被剥离，出现了"去语境化"现象，导致文物原有的意义阐释框架缺失，显得既陌生又沉默。

随着信息技术的飞速发展，数据驱动的研究范式在人文学科领域日益受到重视。研究人员借助数字化、数据管理、数据挖掘等先进技术，革新了传统的藏品数据管理模式，不再局限于总账与分类账的单一维度，而是实现了藏品间人文资料的深度关联与整合。通过数据可视化技术，研究人员能够以更加直观、生动的方式展示藏品信息，不仅解决了传统数据展示方法界面呆板、关系表达不足的问题，还极大地提升了研究效率与深度。

这一变革不仅优化了数据展示手段，更促进了跨学科研究与合作。数据可视化技术使得藏品的多维度信息得以全面展现，研究人员在深入探究自身研究领域的同时，也能轻松获取其他学科的研究成果，从而拓宽研究视野，实现知识的交叉融合。在此基础上，以"问题导向"为核心，不同学科的学者能够围绕共同的研究议题展开深入交流与合作，促进资源的最大化利用与知识的协同创新[2]。

当今时代，观众对博物馆的期待已超越简单的历史回顾，他们渴望通过藏品构

---

[1] 杜越.智慧博物馆建设中的藏品管理研究［D］.上海大学，2021.
[2] 左炜晨.智慧博物馆生态系统构建研究［D］.河南大学，2014.

建个人与历史之间的深刻联系。这促使博物馆研究人员转变研究视角，从"历史之镜"的静态观察，迈向"历史之境"的沉浸式探索。他们深入挖掘藏品与相关人物间的关联，揭示藏品对人类文明进程的贡献，使藏品成为人类活动的生动写照。通过关联数据的数据挖掘与可视化技术，研究人员能够清晰地勾勒出藏品与人物之间的复杂网络，为观众呈现一个多维度、多层次的历史图景。

董其昌数字人文项目

上海博物馆的董其昌数字人文项目便是这一理念的生动实践。该项目以董其昌的书画作品为核心，通过数字化手段全面采集并整合了相关资源，构建起一个丰富的数字资源库。在此基础上，项目团队从人文脉络出发，运用关联数据挖掘技术，深入剖析董其昌的书画生涯，揭示其背后的鉴藏、交游、教育、传承等多重人文因素。

项目的展示环节尤为引人注目。通过数字可视化技术，项目不仅呈现了董其昌的大事作品年表，将个人创作与时代背景、国内外艺术动态紧密相连，使观众能够直观感受到董其昌艺术创作的历史深度与广度；还以家族、官场、科举三个维度，绘制了董其昌的社会关系网络图，为研究人员提供了研究其性格特征、社交圈层的新视角；此外，书画船项目更是创新性地结合了董其昌的出行活动与地图信息，为探讨明代文人纪游与书画创作的关系提供了量化研究的可能。

这一系列展示内容，不仅丰富了董其昌个人及其作品的研究维度，更为观众呈现了一场跨越时空的文化盛宴。观众在参观过程中，不仅能够深入了解董其昌的艺术成就，还能通过对比同时期的中西方艺术作品，拓宽国际视野，深刻体会不同文化背景下的艺术差异与共性。这种以观众需求为导向的文化产品创新，无疑为博物馆的文化传播与教育工作开辟了新路径。

对观众数据的深入分析与挖掘，是博物馆优化展览设计、提升观众体验、增强文化传播效果的关键环节。在技术生态系统中，消费者（即博物馆观众）的行为数据与背景数据是宝贵的资源，通过聚类分析、关联分析等数据挖掘方法，可以揭示观众群体的特征、兴趣及行为模式，为博物馆的精细化管理与个性化服务提供有力支持。

首先，利用聚类分析技术，博物馆可以将具有相似特征的观众归为同一类别。这些特征可能包括年龄、性别、教育背景、职业、兴趣爱好等。通过聚类，博物馆能够识别出不同类型的观众群体，并探索他们之间的共性。在展览设计阶段，策展人可以针对不同观众群体的参观特性和偏好，设计差异化的展示方法和互动体验。例如，对于儿童观众，可以设计更多寓教于乐、互动性强的展项；而对于专业学者，则可以提供更深入的学术解读和研究资料。这样的定制化设计能够显著提高藏品信息的传播效率，增强观众的参与度和满意度。

其次，将聚类分析后的观众数据与其关注的藏品进行关联分析，可以进一步了解观众的兴趣趋向和偏好。通过关联分析，博物馆可以描绘出更加精细的用户画像，为观众提供更加个性化的服务。例如，在观众到馆时，博物馆可以利用数据分析结果，为不同类型的观众推荐最适合他们的藏品信息介绍和参观路线。这不仅能够提升观众的参观体验，还能够引导他们更深入地了解博物馆的藏品和文化内涵。此外，当观众离开展馆后，博物馆还可以根据观众与藏品之间的关联关系，分析他们的参观喜好和兴趣点。通过向观众推送相关的藏品信息或他们可能感兴趣的博物馆活动，博物馆能够持续与观众保持联系，构建长期的文化交流桥梁。这种个性化的推送服务不仅能够增强观众的忠诚度和归属感，还能够吸引更多潜在观众关注博物馆的展览和活动。

（五）大数据使博物馆建藏品保护稳定化

预防性保护作为文物保护的重要策略，其核心在于通过科学的管理、精密的检测与全面的评估，有效遏制环境因素对文物的潜在危害，确保文物处于一个既"洁净"又"稳定"的安全保存环境之中，从而延缓文物的自然劣化过程。这一理念在博物馆实践中尤为重要，因为博物馆作为文物的主要保存与展示场所，其环境条件的控制直接关系到文物的长期保存状况。

依据国家文物局关于藏品预防性保护的具体指导，运用关联数据分析技术，深入剖析藏品状态数据与管理数据，旨在精准评估藏品风险等级，并据此为不同材质藏品量身定制预防性保护策略。此外，通过综合分析藏品病害数据与保存环境数据，深入探究环境对病害形成的内在机制，以增强藏品管理人员的保护意识和技能，实现基于病害机理的精准保护。最终，借助博物馆环境数据的详尽分析，把握环境变化的规律与空间分布特征，据此科学规划环境调控策略，确保藏品长期处于"恒定且清洁"的保存条件之中❶。

宝鸡青铜器博物馆

该馆积极构建环境监控体系，利用无线传感器网络及便携式环境监控设备，对陈列室、库房、修复室等关键区域实施全天候、不间断的环境监测与数据采集。自2016年1月下旬起，针对馆内布设的97个监测点，持续收集温湿度、光照强度、紫外线水平、二氧化碳浓度、挥发性有机化合物（VOCs）及QCM（石英晶体微天平，常用于监测湿度变化）等环境参数。经过半年的数据积累与分析，结果显示博物馆内平均湿度维持在50.96%的适宜水平，展厅平均温度稳定在15℃左右。空间分布上，库房湿度偏高，而展柜内湿度相对较低。地下库房温度波动最小，展柜与展厅间温差较小，但部分展柜存在温度波动较大的情况。值得注意的是，6月后受季风性

---

❶ 雷磊. 博物馆藏品智慧保护初探［J］. 博物馆管理，2020（04）：88-96.

升温影响，馆内装饰材料加速释放二氧化碳、二氧化硫及 VOCs 等污染物，导致空气质量显著下降。

针对上述分析结果，宝鸡青铜器博物馆采取了针对性措施：一方面，运用电子恒温器与除湿净化系统精确调控展柜温湿度，确保其在规定范围内稳定运行；另一方面，随着外界气温上升，及时启用空气净化设备，有效清除馆内污染物，维护良好的空气质量。

（六）大数据使博物馆营销策略合理化

关于中国博物馆营销研究的历程，其起点可追溯至 1996 年，初期发展较为平缓，直至 2007 年迎来显著飞跃，研究成果激增，这一转折恰与 2008 年中国博物馆普遍实施免费开放政策相契合。此举不仅显著提升了国民的文化素养，还极大地推动了博物馆营销研究的深入发展。

在大数据时代背景下，我国博物馆的营销策略正经历着深刻的变革与重构，主要体现在以下几个方面：

1. 精准资源调配

鉴于博物馆参观活动的显著时段性特征，大数据技术的应用使得管理者能够以前所未有的精度预测未来访客流量，实现资源分配的动态优化。相较于传统方法仅能提供粗略的时段性统计，大数据能够细化至小时乃至分钟级别，帮助博物馆精准把握访客需求，避免资源浪费，提升运营效率。

2. 个性化展览策划

展览作为博物馆服务的核心，其质量直接关系到公众体验与满意度。大数据分析为展览策划提供了强有力的数据支撑，通过深入挖掘观众偏好，博物馆能够更准确地把握市场趋势，无论是字画、雕刻、陶瓷还是漆器等艺术品类，都能根据受众喜好进行精准定位。同时，主题展览成为新趋势，大数据技术助力博物馆精准识别目标受众的年龄、教育背景等特征，从而设计出更具针对性的展览内容，提升展览的吸引力与影响力。

3. 智能信息推送与互动

随着社交媒体和线上平台的普及，博物馆开始充分利用这些渠道进行信息传播与互动。大数据分析在此过程中发挥了关键作用，通过监测受众的关注点、留言反馈、点击行为等数据，博物馆能够精准评估信息发布的效果，并据此优化信息发布策略，如确定最佳发布时间、篇幅长度及关键词等。特别地，微博等即时性强的社交媒体平台，因其独特的互动性和传播速度，成为博物馆信息推送的优选渠道之一。

北京故宫博物院

北京故宫博物院,这座坐落于紫禁城内的文化瑰宝,不仅是历史的见证者,更是当代文化创新的引领者。作为世界上极少数年接待游客量突破千万人次的博物馆,故宫博物院凭借其独特的文化魅力与品牌影响力,成为了顶级流量的代名词。

自2010年"故宫淘宝"的平台诞生起,故宫博物院便踏上了文创产品转型升级的征途。彼时,市场上的博物馆周边产品多停留在简单的旅游纪念品层面,缺乏艺术深度与设计巧思。然而,"故宫淘宝"并未立即崭露头角,其初期产品同样未能摆脱同质化、低附加值的困境。

转折点出现在2013年,随着新媒体的崛起,故宫博物院紧跟时代步伐,在微信、微博等平台上开设了官方账号,以更加亲切、活泼的形象与公众互动,打破了传统博物馆的严肃印象。2014年,一款名为"朝珠耳机"的时尚文化创意产品横空出世,将传统朝珠元素与现代耳机设计巧妙融合,迅速引发了市场的热烈反响,不仅带动了"故宫淘宝"的销售额与关注度,更在行业内赢得了"文创产品优秀奖"的殊荣。这一年,故宫的文创收入首次超越了门票收入,成为其经济的重要组成部分。

此后,故宫博物院在文创产品的道路上越走越远,不断推出既具文化内涵又符合现代审美与实用需求的新品。2015年,一款手机座产品在微信和微博上的成功营销,再次证明了故宫博物院在文创领域的创新能力与市场号召力。全年文创产品的销售额更是突破了10亿元大关,标志着故宫博物院文创产业的蓬勃发展。

与此同时,故宫博物院还积极拓展文化传播渠道,从文字宣传到影像宣传,不断拓宽受众群体。2016年,央视播出的纪录片《我在故宫修文物》及其后续的大电影版,不仅在国内引起了强烈反响,更在全球范围内传播了中国传统文化的魅力。片中的钟表修复师王津师傅更是成为了年轻人心中的"故宫郑少秋",其背后的故宫文化也借此机会更加深入人心。

综上所述,北京故宫博物院通过不断创新文创产品、运用新媒体进行文化传播等举措,成功实现了从传统文化守护者到现代文化创新者的华丽转身。其文创产业的繁荣发展不仅为博物馆自身带来了可观的经济效益,更为中华优秀传统文化的传承与发展注入了新的活力。

三、数字经济时代,博物馆数字化转型势在必行

在数字经济时代,博物馆的数字化转型已成为一种必然趋势,这一转变不仅受到技术进步的驱动,也是适应现代社会需求和提升文化影响力的关键途径。以下几点阐述了博物馆数字化转型的必要性和重要性:

1. 提升可达性和包容性

数字化能够打破地理界限,使得博物馆的藏品和展览可以被全球观众访问。对

于那些无法亲自前往博物馆的人群，尤其是老年人、残障人士以及偏远地区居民，数字化为他们提供了接触文化遗产的机会。

2. 增强观众体验

通过虚拟现实（VR）、增强现实（AR）和交互式展示等技术，博物馆能够提供沉浸式和互动式的参观体验。这不仅增加了参观的趣味性和教育价值，还可能吸引年轻一代的兴趣，激发他们对历史和文化的探索欲望。

3. 促进研究与教育

数字化藏品可以方便学者和学生进行远程研究，同时在线课程和虚拟导览有助于教育普及，尤其是在学校教育和终身学习领域。

4. 保护与保存

数字化是对实物藏品的一种非破坏性记录，有助于长期保存珍贵文物的信息，即使原物受损或消失，其数字副本也能留存下来。

5. 创新商业模式

数字化转型为博物馆创造了新的收入来源，比如数字展览的门票销售、虚拟商品的销售以及与游戏、电影等娱乐产业的合作。

6. 应对突发事件

疫情期间，实体博物馆的关闭凸显了数字化的重要性。数字化平台能够让博物馆在面对突发公共卫生事件或其他危机时继续运营，保持与公众的连接。

7. 国家政策支持

多国政府已认识到博物馆数字化的重要性，并提供了相应的政策和资金支持，鼓励博物馆采用新技术，推动行业创新。

8. 文化传承与国际交流

数字化让不同国家和地区的博物馆可以共享资源，促进文化交流与合作，共同推进全球文化遗产的保护和传承。

综上所述，数字经济时代下的博物馆数字化转型，不仅是技术上的革新，更是文化和教育领域的深刻变革。它不仅丰富了人们的生活，也为文化遗产的保护和传播开辟了新的道路。随着技术的持续进步，未来的博物馆将更加依赖数字平台，以实现其教育、研究和文化传播的使命。

第二节　智慧酒店

智慧酒店是指采用现代化信息技术，将各种智能设备、传感器、网络与各类酒店服务相融合，实现酒店管理和服务的智能化、自动化、高效化。这种新型酒店经营模式对于提高酒店运营效率，增强客户体验，确保安全稳定等方面都具有极大的帮助作用。

智慧型酒店与智能化酒店存在本质区别。智能化酒店侧重于技术的赋能，侧重于酒店利用科技进步达成高效管理与标准服务的目标，在此过程中，顾客往往处于较为被动的接受状态。而智慧型酒店则更进一步，它借助信息技术的力量，主动捕捉并分析顾客需求，累积历史数据，使得顾客能够既主动又便捷地获取所需信息。此外，智慧型酒店还促进了宾客与酒店之间通过移动信息平台（诸如智能手机、平板电脑等）的深入互动，这一过程更加依赖先进的信息集成技术、宾客自身的智能化素养及其所配备的设备。

从智慧酒店的视角来看，智慧管理系统、智慧营销系统、宾客智慧体验三者相辅相成，共同实现酒店的智慧化❶（图10-1）。

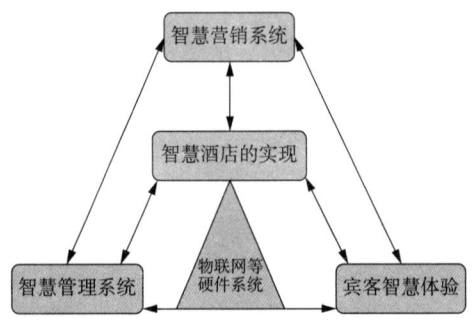

图10-1 智慧酒店的实现框架

一、大数据在智慧酒店中的重点应用

（一）智慧酒店管理系统

智慧酒店管理系统软件设计架构主要分为展现层、应用层以及数据层三个层次。其中展现层主要涉及系统管理操作界面以及业务操作界面两大人机交互界面；应用层则涉及系统三大功能模块以及系统后台管理模块；数据层则涉及基础信息数据库与统计数据数据库两大数据库。除了三大层次结构以外，系统软件部分还涉及运行维护体系和安全管理体系两大体系❷（图10-2）。

图10-2 智慧酒店管理系统架构

---

❶ 吴宏业.智慧酒店运营系统的构建［D］.云南大学，2016.
❷ 钱春霞.智慧酒店系统设计研究［J］.电子技术与软件工程，2022.

1. 智能化前台服务系统

智慧酒店系统对传统前台服务进行了全面革新，通过集成智能化管理技术，不仅整合了前台的各项功能，还极大地拓宽了服务范畴，显著缩短了客人办理入住手续的时间。该系统融入了人性化迎宾服务与移动自助前台办理等智慧化功能，极大地提升了客人的入住体验，增强了他们对酒店服务的满意度及整体形象的好感度。

2. 智能客房服务与管理系统

智能客房管理系统实现了酒店服务与功能的多元化展示，使客人能够迅速掌握并享受酒店提供的各项智慧化服务。该系统将所有相关数据信息存储在云端数据平台上，有效减轻了系统运行的负担，并促进了智慧客房管理系统与其他系统及控制软件之间的数据交互，从而提升了整个智慧酒店系统的综合控制与管理效率。

3. 智慧化商务服务解决方案

在设计智慧商务服务系统时，应严格遵循国家现行标准，兼顾系统的可靠性与安全性要求。该系统集成了自动签到、多功能服务、商务引导等先进功能，其中自动签到采用 RFID 电子标签技术，实现了数据的快速识别与记录，不仅提高了商务会议的签到效率，还为后续的人员统计及座位自动化安排提供了有力支持。

4. 云端客房管理子系统

客房管理子系统依托于智慧云平台构建其核心架构，实现了数据传输、存储及调用的云端化处理。这一设计不仅简化了系统功能模块，降低了对硬件设备的性能要求，还显著增强了客户端的网络接入能力与数据处理效率，为酒店运营带来了更高的灵活性与便捷性。

国外智能酒店：WynnLasVegas、YOTEL、W-SentosaCove

物联网在酒店场景下的应用，会更多考虑如何通过智能化体验，传递正确的品牌形象。WynnLasVegas 在智慧酒店领域做出了更多探索，为客人提供了蓝牙无线等设备通信基础，还提供了专门的 APP，让客户可以通过语音等方式控制智能设备、个性化定制客房和服务等。WynnLasVegas 通过连接设备创建了智能生态系统，成功转型为一家智慧酒店。酒店在所有 4748 间客房中安装了 AmazonEcho 设备，客人可以使用电视遥控器界面提问、开灯、关灯及拉开窗帘。

机器人管家。机器人技术在酒店业的应用正变得越来越普遍。它可以简化人员的工作，实时满足客人的需求。亚特兰大的 YOTEL 酒店，一个名为 YO2D2 的机器人管家会向客人打招呼，能做出"微笑"等表情；可以帮助处理客房服务、播放音乐等一切事宜；可以为客人指引方向并且上下电梯。机器人管家使用统一的算法模型。通过编程，它可以执行各种任务，例如运送餐饮。此外，它还可以帮助存放行李，可以在客房还未准备好时跳舞招待客人。Yobot 是纽约 YOTEL 的行李搬运机器人，每天能够处理 300 件物品。

自助式智能前台。YOTEL酒店使用自助式智能前台来简化酒店登记流程。这些前台的设计类似于机场的自助登机设备，客人只需扫描条形码即可办理入住并收到明细收据。自助式智能前台可以减少客人等待时间，让酒店员工腾出时间专注于更重要的任务。

节能智慧照明。W-SentosaCove使用智能照明系统，显著地降低了能源消耗和成本。系统利用来自物联网设备的传感器数据和其他信息，进行灯光控制。物联网设备相互通信，并结合场景需求，触发关闭或打开酒店各处的照明等事件，优化能源使用效率。

北魏中亿智能酒店

北魏中亿酒店，位于山西大同这座历史悠久的城市。酒店以便利的位置和交通，时尚的外观和内装，以及稳定安全的智能客房和人性化服务，在业内脱颖而出。依托小米智能化酒店解决方案，北魏中亿酒店提升客人入住体验，赋能酒店运营管理，构建了品牌核心竞争力，以促进可持续发展。

小爱语音智能管家。开门插卡自动加入欢迎模式。"欢迎光临北魏中亿酒店，我是您的客房小管家小爱同学，我可以为您控制灯光、窗帘、电视、空调等，小的先退下了，有事儿记得叫小爱同学哦。"温馨而又全面的介绍，正是智能中亿酒店要展示给客人的优质服务。在智能房间里，我们不用动手，只需开口说话呼叫小爱，就能满足各种需求。还可以说"我要睡觉了""睡眠模式"，灯光、窗帘、电视全部关闭，空调调至舒适温度，为您的睡眠提供舒适的环境。或者睡前你可以对小爱说"播放白噪音""助眠模式"，温馨的助眠音乐缓缓响起，当你酣睡之时又缓缓关闭。也可以这样说"早上好"，随之灯光、窗帘自动打开，同时小爱自动播放天气预报。

智能开关面板。在北魏中亿智能酒店的所有客房内，面板颜值高，颜色百搭，可一键实现本地联动，如明亮模式下灯光全开、窗帘打开。"窗帘"按键还能实现"一开二停三关"。且开关面板传送速度快，可承受10万次按压。老人和孩子也能通过上面的图标，精准开关灯具，同时开关上有特定的背光灯设计，随时可知晓灯具开关情况，关闭是橙色光，开启是白色光，当然在夜晚休息时开关将自动关闭背光灯，这样就能最大程度上为客人营造一个安静温馨舒适的睡眠环境。晚上起夜时按下床头任一按键就会执行起夜场景，不打扰他人又方便自己。

（二）智慧酒店营销系统

在酒店行业中，市场营销不仅是营销人员的职责，更是贯穿酒店投资、建设及运营全过程的核心战略。这一过程涉及详尽的市场调研，旨在深度理解并挖掘顾客需求，进而依托精准的市场定位，量身打造契合顾客期望的产品与服务，从而培育忠诚的客户群体，实现酒店经济效益与社会效益的双重飞跃。酒店市场营销的策划始于酒店筹建之初，通过细致的市场分析锁定目标客户，随后依据这些目标客群的需求特性，定制酒店服务与产品。

进入智慧化时代，大数据与云计算技术赋予了酒店前所未有的洞察力，使其能够主动捕捉并分析宾客的消费行为模式，精准预测其未来消费趋势。智慧酒店凭借其"智能核心系统"，结合庞大的数据库与高效的信息处理能力，能够即时响应内外环境的变化，灵活调整产品与营销策略，确保市场竞争力。智慧酒店营销聚焦于精准定位后的目标客户群，于适当时机推出贴合其需求的产品与服务，实现个性化与高效性的完美结合。

智慧营销系统的构建紧密依托互联网与移动互联网的普及，网络营销因此成为其不可或缺的组成部分。随着智能手机的广泛应用，人们愈发倾向于通过手机获取各类信息，这一趋势促使网络营销成为适应时代潮流的新型销售模式。酒店借此平台与消费者建立直接沟通桥梁，及时收集反馈，同时鼓励宾客参与产品设计过程，增强产品的情感价值与归属感，进而促使宾客转变为酒店品牌的积极传播者、参与者与共创者，最终深化其忠诚度。

以 7 天连锁酒店为例，其在 2010 年上半年的网络直销占比高达 70%，充分展示了网络营销的巨大潜力。在移动互联网的浪潮下，消费者可轻松通过 4G 网络及移动应用实现酒店产品的即时预订与支付，极大地拓宽了酒店的市场边界。因此，酒店应高度重视官网销售模块的优化，结合消费者偏好设计易于浏览与购买的网站界面，并借助事件营销等手段吸引市场关注，促进产品销售。

酒店官网的设计应坚持用户导向原则，确保简洁、实用且加载迅速，以满足用户的实际需求。同时，酒店应紧跟信息技术的发展步伐，如引入 360° 全景展示等创新功能，并考虑与专业团队合作开发酒店产品设计互动软件，让宾客能够亲身体验并参与到客房设计中来，从而提供更加贴心、个性化的服务体验。

（三）宾客智慧体验

智慧酒店的核心服务对象聚焦于智慧宾客群体，这一群体显著特征为携带便携式移动终端，如智能手机，在旅行与商务活动中追求新颖体验、偏好高度自主性及高效处理事务，展现出强大的信息搜集与运用能力。若无智慧宾客的参与，智慧酒店的服务定位将失去其明确性与针对性。智慧酒店借助前沿的智能化设备，旨在打造宾客自助且充满乐趣的住宿体验，但此过程亦要求宾客具备一定的文化素养，能够熟练操作多媒体设备，并至少拥有智能手机等便携设备作为辅助工具。

值得注意的是，智慧酒店与目的地智慧旅游平台紧密相连，后者的发展状况直接影响智慧宾客的自助服务体验，或增强、或削弱其信心，进而决定其整体住宿体验的满意度。对于旅游者而言，无论是商务出行还是休闲度假，均期望所入住的酒店能够无缝融合工作、家庭与旅行的乐趣，既享受舒适的休憩环境，又能便捷地运用信息技术获取丰富体验与知识。

正是基于这一市场需求，智慧酒店应运而生，专为满足智慧宾客的特定需求而设计。随着智能手机、移动网络等通信技术的广泛普及，智慧宾客群体迅速壮大。从宾客视角出发，智慧酒店应提供以下体验：利用智能手机，通过酒店智慧预订系统（包括酒店APP、官方网站、在线旅行代理等）轻松预订心仪的智慧酒店房间；借助APP实现楼层、朝向、房型的选择，并享受360°全景预览房间设施；抵达前即可通过APP调节房间温湿度，营造个性化入住环境；进入酒店后，射频识别系统自动识别宾客身份，快速完成入住手续或提供VIP礼遇；房号导航系统以直观箭头指示引导宾客至房间门口，手机开门便捷高效；客房内，手机或iPad成为控制主要设施的遥控器，随时满足个性化需求；入住期间，宾客可通过移动设备提出服务请求或反馈意见；智能传感器捕捉宾客习惯，如睡眠质量等，为个性化推荐奠定基础；退房流程同样简便，无论身处何地，一键支付即可完成退房手续；最后，智慧管理系统收集的数据将纳入大数据库，用于后续个性化服务与精准营销。

智慧酒店管理系统中的RFID技术应用

一是发卡子系统优化。该系统实现了RFID房卡（包括VIP专属RFID卡与普通客户RFID卡）的统一化管理与即时发放。客户办理入住手续时，前台工作人员利用RFID扫描技术，迅速建立房卡、客户资料及所分配客房之间的精准关联，简化了流程，提升了效率。

二是电梯智能联动控制。针对VIP客户，特别设计了电梯优先服务机制。VIP客户到达指定电梯区域后，仅需轻刷VIP RFID卡，电梯智能控制系统即刻识别其身份，并通过中间接口临时将该电梯设为VIP专属模式，隔绝于常规电梯调度系统之外，直接服务于该VIP客户，精准送达其入住楼层及授权访问层。待VIP客户离梯后，电梯控制权自动回归至中央调度系统，恢复常态运行。对于普通客户，同样通过RFID卡激活电梯内的入住引导系统，该系统与客户管理系统无缝对接，确认客户楼层权限后，引导电梯准确停靠。

三是客房智慧导航与反馈系统。客户手持RFID房卡离开电梯后，系统即刻捕捉房卡信息，启动客房导航功能。通过指引显示屏与房间状态指示灯的协同作用，客户能够迅速、直观地找到自己的房间。此外，该系统还融入了客户评价与反馈机制，鼓励客户对酒店服务及信息化水平进行即时评价，不仅增强了客户参与感与满意度，更为酒店持续优化服务质量与信息化建设提供了宝贵的数据支持。

二、智慧酒店发展趋势

随着技术的不断进步，智能家居和智慧酒店的深度融合是未来的趋势。未来，智慧酒店会更加注重客户体验，提供更加个性化的服务，如语音助手、智能定制等服务。同时，酒店也会继续引入新兴技术，如虚拟现实、增强现实等技术，为客户提供更加丰富的娱乐体验和服务。

智慧酒店通过实施更为个性化和差异化的服务策略，有效吸引了广泛客户群体，并开辟了全新的盈利渠道。其优势具体展现于三大维度：其一，管理模式的革新，智慧酒店构建了垂直一体化的管理体系，实现了酒店内部资源、网络资源乃至社会资源的深度整合与高效协同，促进了共融共生的发展格局。其二，设计理念的转型，智慧酒店巧妙地将信息技术与酒店管理精髓相融合，既保留了整体风格的统一与和谐，又充分满足了客户的个性化需求，实现了两者之间的精妙平衡。其三，交互模式的重塑，智慧酒店彻底改变了传统单一的线性交流模式，与顾客、供应商及合作伙伴之间的互动与交付方式变得多元化且灵活，这种变革精准契合了旅游行业日益增长的多样化发展需求。

最后，智慧酒店也将不断与其他行业融合，如医疗、旅游、文化艺术等，创造更多的商机和增值服务，打造全新的生态系统。

第三节 OTA 旅游大数据应用

在线旅行平台也称为 OTA（Online Travel Agency），是旅游电子商务行业的专业词语。指旅游消费者通过网络向旅游服务提供商预订旅游产品或服务，并通过网上支付或者线下付费，即各旅游主体可以通过网络进行产品营销或产品销售的平台。随着用户群体从 PC 端向智能手持设备方面的大量转移以及旅游用户预订习惯的转变，移动互联时代下的在线旅游市场极大地改善了用户的消费体验，在 OTA 模式中占据了重要位置。

一、在线旅游平台机制

OTA 平台主要包括携程、飞猪、去哪儿、同程、途牛等互联网企业，积累了大量的用户数据，包括酒店、机票、景区门票、旅行社等的交易数据，从而针对这些数据可以挖掘用户消费水平、消费偏好等信息。当前多家主流 OTA 平台，如去哪儿、飞猪、携程、Agoda 等，都或多或少在各业务环节应用了大数据技术进行用户画像。平台会根据用户搜索和点击等操作行为产生画像数据，并将用户画像数据和当前出行需要进行匹配，结合后台数据模型算法和 LBS 技术制定合理的推送机制，提供对应的信息推送和消费引导，内容范围覆盖旅游的吃住行游购娱六要素，协助用户完成制定"哪里玩""怎么去""哪买票""玩什么""哪吃饭"等一系列决策行为，从而达到市场细分与精准营销，同时联合购票平台、景区门户网站、当地公共信息服务平台等资源站点进行信息集成和流程再造，帮用户简化消费步骤，达成旅游消费一站式购齐。平台还能在站内范围收集业务转化量（点击率）和转化过程中产生的业务结果信息（消费数据）等数据，并对反馈情况进行分析，以助力平台主体进行后续的数据模型调试、推送内容管理、运营战略调整、推广策略制定等方面工作，从而形成完整的大数据业务闭环，提升服务效率和用户体验。

携程智慧旅游平台

携程凭借其庞大的 2.5 亿用户基础及合作机构的广泛旅游用户群，运用大数据分析技术，并融合市场精准定位与互联网思维，精心打造了一套以目的地与景区整合营销为核心，集解决方案与一站式服务于一体的智慧旅游体系。该体系深度整合了互联网、移动互联、计算机技术及高性能信息处理与数据挖掘能力，为市场提供了丰富的软件、硬件、数据接口，以及多渠道的 APP 与微信平台产品。

携程智慧旅游策略聚焦于目的地与景区的数字化管理、旅游体验优化及创新营销三大核心领域，从旅游产业链全局视角出发，实现了线上销售与线下服务的无缝对接。通过深度数据挖掘，展现目的地与景区的独特魅力，增强游客认知；同时，利用 APP 提供便捷的目的地应用服务，微信平台则构建起强大的移动营销生态，系统性地助力旅游目的地实现智能化管理、精准营销与高效服务，加速智慧景区建设进程。

携程智慧旅游的产品与服务矩阵中，"目的地旗舰店"作为核心媒体信息平台，以信息与数据为驱动，全方位覆盖旅游目的地的营销推广、用户出行决策支持、产品预订、品牌口碑管理以及基于大数据的市场需求分析，携手合作伙伴将精选目的地推向亿万用户。通过开放的 API 接口，携程智慧旅游还提供了包括产品预订、目的地 POI 信息、旅游平台数据互通在内的海量数据服务，支持以目的地和景区为核心的定制化产品开发，并依托携程强大的市场影响力和 OTA 平台，全面覆盖旅游线路、门票、住宿、餐饮、购物等多领域销售。

此外，携程智慧旅游利用 LBS 技术智能匹配游客位置与周边旅游产品，满足游客一站式旅游需求与消费决策，推动旅游经济繁荣发展。其构建的领先大数据系统，依托互联网、无线互联网、信息电子及大数据技术，通过严谨的数据分析与共享机制，不仅避免了人为数据误差，还实现了与目的地及景区的实时数据同步，助力景区实现智慧化管理。

"携程旅游指数"作为另一亮点，定期发布出游趋势、用户满意度、客流预测等关键信息，尤其在旅游热点与节庆期间，为用户提供权威的目的地与景区预判数据，进一步提升旅游决策的科学性与便捷性。

携程智慧旅游体系根植于互联网、无线通信、信息电子及大数据等前沿技术，构建了行业领先的数据分析平台。该平台依托严谨的数据系统与先进的分析模式，有效规避了人为数据误差，实现了数据的智能化处理。通过与目的地及景区数据系统的深度对接与共享，成功打破了传统数据孤岛，确保了数据的实时同步与共享，为景区的智慧化管理提供了坚实支撑。

在趋势洞察与预警方面，该体系不仅涵盖了口碑评价、消费趋势及拥挤度等多元化数据分析，还通过创新的榜单与产品推荐形式，对目的地、景区及其配套设施（如酒店、餐馆）的未来趋势进行精准预测。同时，实时监控系统紧密跟踪政府监管范围内的景区动态，包括入园客流、票务销售等关键指标，通过地图可视化与图表分析，直观展示客源分布与流动情况，并实时更新各项统计数据，确保信息的时效性与准确性。

携程智慧旅游携手专业数据分析机构艾瑞及政府部门，共同推出"目的地白皮书"系列报告，为各地目的地与景区量身定制深度数据分析与策略指导。报告内容广泛，从客源密度分布到销量同比/环比对比，再到客源渠道分析，均采用了直观易懂的图表与数据展示方式，为行业决策提供了有力依据。

此外，携程还依托其庞大的攻略社区资源，构建了覆盖POI、游记、活动及问答等多元内容的旅游信息平台，为游客提供从出行前规划到行程中引导的一站式服务。通过PC端与无线端的精准定位，满足不同场景下用户的需求，实现了旅游服务的无缝衔接。

在智慧服务领域，携程智慧旅游以游客体验为核心，构建了一套集微电商、微官网、微导航与微社交于一体的综合服务体系。通过O2O模式促进旅游产品的销售与预订，同时提供灵活的APP解决方案，包括定制化开发与全功能开发，满足不同景区的个性化需求。此外，与景区智能硬件设备的深度集成，进一步提升了景区的运营效率与管理水平，实现了数据的无缝流通与高效利用。

在智慧营销方面，携程智慧旅游以市场为导向，构建一体化营销体系，为目的地和景区提供一站式营销解决方案。

目的地及景区营销体系包括市场分析、文化活动、品牌传播、节庆活动；落地销售（旅游线路、酒店、餐馆、购物店、门票）、产品研发、行后营销（游记、点评、旅游体验分享等）、效果评估等。

二、在线旅游平台的发展趋势

在新一轮工业革命浪潮的推动下，在线旅游业作为旅游产业转型升级的关键驱动力，正以前所未有的力量引领旅游业迈向高质量发展阶段。其中，"互联网+"战略的深入实施，为高质量构建与监管在线旅游平台开辟了旅游产业革新的新路径。

在线旅游平台通过多维度赋能，显著影响了传统旅游业的需求激发、供给优化及治理效能提升。然而，在线旅游业的快速发展亦伴随着数字治理监管空白、市场竞争环境失衡及投资导向偏差等挑战，亟待解决。

鉴于民众对高品质旅游体验需求的日益增长，在线旅游市场持续扩张，成为数字经济与实体经济深度融合的典范。自 2009 年起，中国在线旅游市场便展现出强劲的增长势头，交易额急剧攀升至 618 亿元，并在此后数年间保持高速增长态势，尽管期间经历了如 2020 年的显著下滑（受全球疫情影响），但迅速于次年实现反弹，展现出强大的恢复力与增长潜力。至 2022 年，市场规模虽略有调整，但仍稳定在 7460 亿元水平，反映出市场的韧性与动态调整能力。

疫情的催化作用加速了旅游业的智能化变革，"无人化服务""智能导览系统"及"实时数据监控"等成为旅游景区智慧化建设不可或缺的一环，同时也深刻改变了消费者的旅游行为与偏好，无接触式度假与短途近郊游成为流行趋势。在线旅游产业的生态布局清晰呈现为三段式架构：上游资源供应商奠定基石，中游产品整合与分销环节搭建桥梁，下游用户群体则构成市场需求的最终归宿，三者紧密相连，共同构建了在线旅游产业的完整生态体系。为此，企业需持续探索创新路径，加大研发投入；政府则需完善反垄断与数据安全监管框架；行业内部亦需建立健全法规体系，以引导行业健康有序发展。

1. 在线旅游平台类型较为丰富

在信息化时代浪潮中，互联网与大数据技术的蓬勃兴起为传统产业注入了新活力，推动传统旅游业与互联网深度融合，催生了在线旅游这一新兴业态。随着旅游业的持续演进与资源整合，在线旅游逐渐转型为集旅游供应商在线分销服务于一体的综合性企业集群。当前，在线旅游企业依据其独特的功能定位与业务模式，可细分为四大类别：在线旅行预订服务（OTA）、垂直搜索平台、团购服务平台以及用户自创内容（UGC）平台。随着在线旅游领域的不断深化与互联网技术的日新月异，这些平台展现出显著的融合趋势，进而孕育出由政府部门引领的，旨在促进文化旅游产业智能化管理的复合型平台模式。

2. 在线旅游平台的市场需求较大

中国互联网普及率的显著提升与资费成本的逐步降低，共同促进了互联网用户群体的急剧扩张。与此同时，随着国民经济水平的提升，民众对旅游的需求日益旺盛，成为日常生活中的常态。2020 年 11 月 30 日，国家文化和旅游部联合国家发改委等部门，共同发布了《关于深化"互联网＋旅游"促进旅游业高质量发展的指导意见》，该政策为"互联网＋"旅游业的蓬勃发展注入了新的动力。在国家政策的有力扶持下，中国在线旅游平台迎来了高速发展的黄金时期。数据显示，自 2015 年至 2019 年，中国在线旅游行业的交易规模与用户基数均呈现出稳步增长态势。尽管 2020 年全球新冠疫情的暴发对在线旅游市场造成了一定冲击，导致交易规模与用户数量有所下滑，但随着疫情的有效控制与防控措施的不断优化，2022年中国在线旅游行业实现了强劲复苏，交易规模攀升至 7460 亿元，用户规模亦达到 4.22 亿人次。

3. 中国在线旅游市场呈现一极多强的垄断趋势

历经二十余年的快速发展，中国在线旅游平台市场已步入高度成熟阶段。在此过程中，市场力量自发形成了以携程系、阿里系、美团系为代表的三大主导体系。特别是自 2014 年起，携程集团通过一系列战略投资与并购举措，如参股或收购途牛、同程、艺龙、去哪儿等 OTA 平台，逐步构建起强大的市场垄断地位。在线旅游平台间为争夺市场份额而采取的低价促销、优惠让利策略，加之互联网的广泛普及，进一步强化了携程等头部平台的双边市场垄断优势。然而，这也引发了诸如"大数据杀熟"、捆绑销售等侵害消费者权益的不正当行为频发。为有效遏制此类问题，2021年国务院反垄断委员会颁布了《平台经济领域反垄断指南》，该指南在《反垄断法》的基础上，进一步细化了平台经济领域的反垄断监管规则，旨在促进平台经济更加规范、有序、健康地发展。

4. 新兴数字技术加速在线旅游平台价值实现

近年来，随着"数字中国"宏伟蓝图的深入实施，以 5G、人工智能及物联网为代表的前沿数字技术取得了飞速进展，这些技术的革新浪潮孕育了众多新兴产业形态、业务模式及市场格局。此变革为文旅产业的革新与升级注入了强劲活力，标志着旅游产业正式迈入数字化转型的关键时期。对于在线旅游平台而言，新兴数字技术的深度融合不仅显著提升了内部运营管理的效率与精度，还通过先进算法精准优化了用户的旅行体验，实现了价值链与产业链的深化与拓展。此外，这些技术还促进了跨行业的深度融合与协同发展，为酒店等合作伙伴提供了基于大数据的智能营销解决方案，助力其制定高效的市场策略，最终达成合作伙伴与终端用户双赢的和谐生态，共同构建了一个全面赋能旅游及相关行业的生态系统平台。

第十一章

大数据应用典型案例分析

第一节　总体分析

随着大数据技术的快速发展和应用普及，智慧旅游技术不断演进，各种创新型应用不断涌现。从早期的信息化时代逐步过渡到智慧旅游的时代，通过结合5G、人工智能、物联网、大数据、云计算、虚拟现实、增强现实、北斗导航、区块链等信息技术，在发展智慧旅游的过程中涌现出了许多典型案例，包括优秀的平台、系统和场景。在当前智能科技日益成熟的背景下，大数据推动智慧旅游管理已经成为文化和旅游业的主流趋势，为旅行者带来了更便捷、更智能、更舒适的出行体验。

"数字经济"战略已成为国家战略，各级政府部门也积极推动大数据技术应用，国家文化和旅游部（以下简称文旅部）也高度重视推动文化和旅游业与大数据、5G等新技术的融合，在智慧旅游方面给予了积极的支持和指导，并在全国范围内不断推广成功的做法，以期提升文旅行业的智慧化、数字化整体水平。本章基于文旅部、工信部等近几年公布的八批优秀项目，总结其成功经验、典型做法和应用特点。

一、案例基本情况分析

（一）基本情况

为推动文化和旅游业的数字化转型和创新发展，构建坚实良好的智慧旅游生态系统，自2020年以来，文旅部与相关部门先后发布了一系列关于智慧旅游领域的典型案例、实践示范、解决方案和试点项目名单（表11-1），共277个项目，可以说涵盖面广、影响力大，大多案例都是基于新技术与文化和旅游的融合，形成了新业务、新模式、新业态等创新应用，在行业内具有一定影响力，提出的解决方案对行业具有借鉴意义，具有较为明显的社会效益或经济效益。

表11-1　智慧旅游优秀案例组织发布基本情况

公布时间	公布单位	项目名单	数量
2020年6月10日	文化和旅游部科技教育司	2020年度文化和旅游信息化发展典型案例	58
2021年12月24日	文化和旅游部资源开发司	2021年智慧旅游典型案例	27

续表

公布时间	公布单位	项目名单	数量
2022年9月29日	文化和旅游部办公厅	2022年文化和旅游数字化创新实践案例	30
2022年12月12日	文化和旅游部资源开发司	2022智慧旅游适老化示范案例	10
2023年9月19日	文化和旅游部办公厅	2023年文化和旅游数字化创新示范案例	44
2023年10月18日	文化和旅游部资源开发司	第一批全国智慧旅游"上云用数赋智"解决方案	36
2023年11月21日	文化和旅游部资源开发司 工业和信息化部信息通信发展司	第一批"5G+智慧旅游"应用试点项目	30
2024年2月22日	文化和旅游部 国家发展改革委 工业和信息化部	第一批全国智慧旅游沉浸式体验新空间培育试点名单	42

从这些项目的组织申报、评审流程以及发布过程看（表11-2），有如下几个特点：一是参与机构多：评审过程涉及省级文化和旅游行政部门、文化和旅游部各直属单位、专家评选委员会、地方推荐及相关部门等多个机构。二是推荐途径广泛：案例的推荐途径包括了省级文化和旅游行政部门、文化和旅游部各直属单位、相关司局、地方推荐、企事业单位自愿申报等，覆盖了多种推荐渠道。三是专家评审参与度高：多数案例需要经过专家评审，专家对案例进行评选、遴选。四是公开征集：一些项目采取了公开征集的方式，通过公开征集和评审遴选来确定名单，提高了公平公正性。五是行业组织参与热情度高：除了政府部门外，文化和旅游企事业单位、中国演出行业协会等协会单位也积极参与了案例的推荐和评选，体现了行业组织的积极参与度。上述这些特点表明，评审流程相对综合，并且充分考虑了各方利益，真正意义上体现出当下全国文旅数字化创新和智慧旅游发展水平。

表11-2 案例评审基本情况表

项目名单	评审流程
2020年度文化和旅游信息化发展典型案例	经省级文化和旅游行政部门、文化和旅游部各直属单位和相关司局推荐，专家评选委员会审定
2021年智慧旅游典型案例	经地方推荐和专家评审
2022年文化和旅游数字化创新实践案例	地方推荐和评审遴选
2022智慧旅游适老化示范案例	在全国范围内组织征集了智慧旅游适老化示范案例，经地方推荐和专家评审
2023年文化和旅游数字化创新示范案例	文化和旅游企事业单位、中国演出行业协会等协会单位、文化和旅游部直属单位组织推荐，文化和旅游部科技教育司组织专家对案例进行评选
第一批全国智慧旅游"上云用数赋智"解决方案	经公开征集、合规性审查、专家评审、社会公示、路演交流、专家和需求方代表打分等环节评选

续表

项目名单	评审流程
第一批"5G+智慧旅游"应用试点项目	在相关部门推荐和企事业单位自愿申报的基础上，经专家评审
第一批全国智慧旅游沉浸式体验新空间培育试点名单	在企业自愿申报、省级文化和旅游行政部门推荐的基础上，经专家评审

（二）过程分析

第一，2020年文旅部科技教育司发布了《2020年度文化和旅游信息化发展典型案例名单》，这是近年来文旅部首次发布"旅游信息化"相关案例名单，具有重要的里程碑式的意义。最终58个案例入选，这些典型案例的遴选和推广旨在落实《国家信息化发展战略纲要》《"十三五"国家信息化规划》相关任务举措，促进科技成果向生产力转化，推动文化和旅游高质量发展。此次遴选出的典型案例主要是云计算、物联网、移动互联网、大数据、人工智能等相关信息技术在文化和旅游领域创新应用的案例。

第二，2021年文旅部资源开发司发布《2021年智慧旅游典型案例》，经地方推荐和专家评审，共确定"故宫博物院'智慧开放'"等27个项目，这是文旅部首次提出"智慧旅游"概念的案例名单，标志着智慧旅游成为文旅部重点关注的发展领域。这些典型案例的公布是为深入贯彻《中华人民共和国国民经济和社会发展第十四个五年规划和2035年远景目标纲要》提出的"深入发展大众旅游、智慧旅游，创新旅游产品体系，改善旅游消费体验"要求，加快推进以数字化、网络化、智能化为特征的智慧旅游发展的重要行动举措。

第三，2021年、2022年文旅部资源开发司发布先后《首批发展智慧旅游提高适老化程度示范案例名单》。2021年发布旨在贯彻落实《国务院办公厅印发关于切实解决老年人运用智能技术困难实施方案的通知》（国办发〔2020〕45号），通过发展智慧旅游提高适老化程度，解决老年人"数字鸿沟"问题，共确定"杭州适老服务弥'鸿沟'便民惠民提效能"等14个案例。2022年发布，旨在深入贯彻《国务院办公厅关于切实解决老年人运用智能技术困难的实施方案》（国办发〔2020〕45号），落实《关于深化"互联网+旅游"推动旅游业高质量发展的意见》，最终确定"'乐游上海'让老年人共享数字化便利"等10个案例。

第四，2023年4月文旅部和工信化部发出《加快我国5G+智慧旅游协同创新发展》的通知，提出到2025年，我国旅游场所5G网络建设基本完善，5G融合应用发展水平显著提升，产业创新能力不断增强，5G+智慧旅游繁荣、规模发展。因此，需要（1）持续加强5G网络建设。旅游景区、度假区、休闲街区、夜间消费集聚区等重点旅游场所5G网络覆盖水平不断提升，鼓励有需求的重点旅游场所实现5G网络高质量覆盖。（2）5G+智慧旅游应用场景逐步丰富。5G+智慧旅游在旅游服务、管理、营销、体验等场景下应用路径不断明晰，建立起 5G+智慧旅游典型应用场景体系。打造一批 5G+5A 级智慧旅游标杆景区和 5G+智慧旅游样板村镇，培育一批 5G+智慧旅游创新企业和创新项目。（3）智慧旅游产业生态环境初步形成。建成跨部门、跨行业、跨领域协同联动机制，研制形成 5G+智慧旅游相关行业标准，培育一批 5G+智慧旅游解决方案供应商，落地 30 个 5G+智慧旅游应用解决方案。

第五，2023 年文旅部资源开发司发布《第一批全国智慧旅游"上云用数赋智"十佳和优秀解决方案》名单，确定"基于'有温度、多触点、高辨识度'理念的数字人文旅行业解决方案"等 10 个最佳解决方案，"云智能新一代多模态人机交互系统应用解决方案"等 26 个优秀解决方案。

第六，2024 年文旅部、国家发展改革委、工信化部三部委联合发布《第一批全国智慧旅游沉浸式体验新空间培育试点名单》，旨在推动利用数字技术改造提升传统旅游消费场所，打造智慧旅游沉浸式体验新空间，推动数字经济和旅游业深度融合发展，培育发展智慧旅游新产品、消费新场景。智慧旅游沉浸式体验新空间可以理解为运用先进的科技和创新的概念，为游客提供具有沉浸感、互动性和个性化定制特色的旅游体验空间。这种新空间结合了虚拟现实（VR）、增强现实（AR）、人工智能（AI）等技术，通过数字化、智能化的手段来打造更加生动、趣味和个性化的旅游体验。在智慧旅游沉浸式体验新空间中，游客可以通过虚拟现实设备或者其他交互式技术，与景区、博物馆、文化遗产等旅游目的地进行更加深入的互动，体验到更加丰富多彩的景点介绍、历史文化解读或者娱乐活动。这种体验不仅可以增加游客的参与感和留存度，还可以提升旅游目的地的吸引力和竞争力，促进旅游业的转型升级和发展。

从上述发布过程分析，可以看到有两个特点：第一，典型案例的收集发布是一个逐步细化逐步深入的过程，从总体方案到实施方案、从概念方案到落地方案。如最开始"智慧旅游典型案例"到"智慧旅游适老化示范案例"和"智慧旅游'上云用数赋智'解决方案"。从慧旅游景区、度假区、乡村建设运营典型案例，智慧旅游公共服务平台建设运营典型案例到旅游大数据分析应用、沉浸式体验文旅项目定制运营、旅游景区客流承载和实时预约等。第二，跨部门协作成为常态。2023 年文旅部资源开发司与工业和信息化部信息通信发展司联合发布第一批"5G+智慧旅游"应用试点项目。两个部门各自具备相应的专业经验和资源，可以整合各自的资源，包括技术、人才和资金，为智慧旅游项目提供更充分的支持。通过合作发布项目，可以在政策层面实现协同配合，促进智慧旅游产业发展。同时，可以鼓励企业和相关机构在 5G 和智慧旅游领域进行创新实践，推动行业的发展和转型升级。

二、特征分析

（一）区域分布特征

智慧旅游涉及信息技术、旅游产业、交通等多个领域的协同发展，通过省级区域划分的案例研究，可以促进资源的整合与共享，实现不同地区间的协同发展，提高整体的智慧旅游水平。通过总结这些案例中好的做法并进行推广，以期更多政府部门或企业学习更好的经验，并为未来政策调整和发展方向提供依据（表11-3）。

表11-3 智慧旅游典型案例省级分布统计表

省份	案例数量
北京	50
江苏	25
浙江	23
上海	16
山东	13
广东	11
四川	10
安徽	9
福建	8
云南	8
河北	8
河南	8
湖北	7
新疆	7
陕西	7
江西	7
甘肃	6
贵州	6
湖南	6
天津	4
重庆	4
广西	3
青海	3
山西	3
辽宁	3

续表

省份	案例数量
内蒙古	2
黑龙江	2
宁夏	1
吉林	1
海南	1
总计	167

智慧旅游优秀案例的分布与地区的经济、人口密度、政策支持等因素密切相关，而各地的案例数量差异也反映了地区间智慧旅游发展的不平衡性。从地区集中度来看，北京、江苏、浙江、上海等地区的案例数量较多，显示出这些地区在智慧旅游领域的较高活跃度和发展水平。这与这些地区有更多的用户需求和市场规模，能够吸引更多的智慧旅游项目有关，与其对技术和服务的需求水平密切相关，反映了经济水平对智慧旅游发展的影响。

智慧旅游地区分布集中度和差异性在一定程度上反映了智慧旅游在不同地区发展的不平衡性，需要通过资源投入和政策扶持来加以平衡，以促进全国智慧旅游的均衡发展。

从空间尺度的角度，可以把智慧旅游典型案例分为三种类别：省级、县市级、景点级（图11-1）。其中，省级案例38个，县市一级38个，大多案例为景点级应用，有201个。

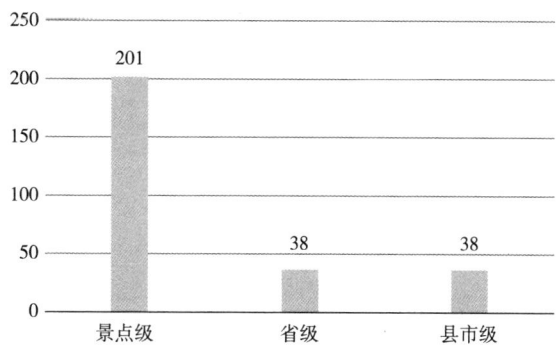

图11-1 智慧旅游典型案例空间尺度统计表

1. 省级优秀案例：四川省智游天府文化和旅游公共服务平台

省级层面的案例一般可以跨区域整合资源，不仅可以整合该省内各地的旅游资源，还可以促进跨区域旅游资源的整合和合作，对于全省智慧旅游可以起到很大的示范引领作用。省级智慧旅游案例通常拥有较大影响力，可以在更广泛的范围内发挥示范引领作用，带动其他地区的智慧旅游发展。

四川省"智游天府"文化和旅游公共服务平台案例，入选《2022年文化和旅游数字化创新实践案例》。"智游天府"四川文化和旅游公共服务平台通过APP、微信公众号、小程序，为公众提供文化类、旅游类和公共服务类三大类共16项服务，囊括全省旅游景点、星级酒店及民宿、特色美食等，为游客出行提供了可预约、可查阅、可参考的旅游信息，以及特色商品、文创产品的在线交易。同时，将全省文化资源和活动进行汇聚，发布各类文化公共活动、在线观看展览等，让公众足不出户便可了解全省文化活动，如演出等各类文化信息。

"智游天府"平台充分运用云计算、大数据、物联网、移动互联网和人工智能等新一代数字技术，以面向文旅行业领域的关键共性技术能力建设为核心、以文旅行业信息化应用为重点，构建并形成了开放互联、共生共赢的文旅数字"新基建"。

"智游天府"为公众提供景区、酒店、文博展览、文艺演出、志愿者服务等"一键通"服务的智慧文旅生活。作为四川文旅服务总入口，"智游天府"形成了全省文旅产业"一张网"。

2. 县市级优秀案例："一卡通游"宁波智慧文旅积极服务"银发一族"

县市级智慧旅游案例更加注重展示当地的独特魅力和文化底蕴，有助于提升该地区的知名度和旅游吸引力。在县市级别上可以促进当地旅游业的发展，带动相关产业的兴旺，推动地方经济的增长。

"一卡通游"宁波智慧文旅积极服务"银发一族"，入选《2022智慧旅游适老化示范案例》。

宁波市文化广电旅游局作为宁波市文化旅游行业的主管部门，考虑到老年群体与数字时代、智能设备之间存在的问题愈发明显，改善老年人数字化体验迫在眉睫，通过"一卡通游"宁波智慧文旅服务应用推出旅游适老化场景。

"一卡通游"宁波智慧文旅服务应用是一套线上+线下一体化票务管理系统，聚合社保卡、人脸识别、聚合支付、身份证核实、真伪辨别等技术，是浙江省内最先推出的集政府行业管控、企业管理营销、游客服务为一体的综合性管理系统。

主要做法可以分为四种类型：

（1）一卡核销。老年人出游由家人协助线上购票后，到景区游玩，传统方式需要提供购票凭证、换票后核销入园，或提供电子票码核销入园，对于没有年轻人陪伴出游的老年人而言，操作上不够简洁。"一卡通游"成为文旅企业售检票系统与浙里办（浙里好玩）、景区自由购票系统、主流OTA（携程、美团、抖音、飞猪等）平台为代表的C端购买平台的中间桥梁，由文旅"一卡通游"系统实现文旅企业产品数据与C端购票平台数据双向实时互通。同时，"一卡通游"与社保卡/身份证接口打通。老年人在宁波出游，能够通过刷社保卡/身份证直接入园，无需换票或者依赖手机操作。同时，依旧支持传统换票刷票入园、刷电子票二维码核销入园。不同人群能够根据自身需求选择不同的核销方式，不仅为老年提供了便捷，也为游客提供了更多选择。

（2）多码合一。现在普遍实行预约进场、扫码等方式，部分老年人因不能熟练使用智能手机而出行不便。因此，为老年人参加文体活动提供更多智能化渠道，必要且迫切。"一卡通游"与社保卡接口打通，用户购票时调取实名信息，核验通过后可购票，实现票码、身份码、社保码多码合一。老年人持社保卡/身份证即可同时核验门票，无需分开操作，提高了老人操作的便利性。

（3）一卡通游。近年来，周边游成为热门，老年人拥有较多闲暇时间，如何在有限区域范围内为老年人游客提供更加丰富便捷又优惠的旅游服务有待挖掘。"一卡通游"跨越景区内部景点串联模式，推出"景区+景区""景区+博物馆""景区+公园"等各种产品自由组合功能，支撑宁波旅游年卡、公园年卡等旅游卡形式，老年人持一张社保卡/身份证在可用时段可用范围内无限次畅游，无需多次购票、无需烦琐操作，刷卡即入。

（4）限量、预约、错峰。如何保障老年人舒心、安全出游至关重要。安全出游需重点关注客流问题，避免因客流拥挤造成老年人出游安全问题。"一卡通游"建设宁波景区分时段预约，实现散客在景区的分时段预约功能，从而能够有效控制特殊时期的人流管理，为老年游客创造较为安全的出游环境。

县市级智慧旅游的优秀案例将全域区域的旅游资源整合起来，为游客提供更加便捷更为一体化的旅游体验。

3. 景点智慧旅游案例：丽江古城 5G+ 智慧旅游试点项目

景点智慧旅游案例最多，占比高达75%。景点级智慧旅游案例主要关注单个景点或景区的智能化服务，通过科技手段提升游客的游览体验和便利性。景点级智慧旅游案例有助于打造景点的品牌形象，提升游客满意度和重游率。

入选《第一批"5G+智慧旅游"应用试点项目》的丽江古城5G+智慧旅游试点项目

丽江古城把握信息时代发展大势，以数字化、网络化、智能化加速智慧小镇建设进程，推出一批深受游客喜爱的沉浸式互动性数字化体验产品和项目，让更多游客体验"过去可去、未来已来"。丽江古城深入应用5G、物联网、大数据、人工智能等数字化技术，创新规划"1+1+N"工程（一网络、一中心、N应用），构建综合管理、智慧服务、智慧旅游、智慧创新四个体系，将数字与体验、数字与应用、数字与文化、数字与管理、数字与经济全面结合，实现景区的线上线下互联、内容高频率远程互动，从而创造出更多全新的沉浸式互动体验产品，为智慧旅游的发展开启了一扇新的大门。

在5G技术的应用上，丽江古城经过多年来的探索和实践，打造了一批面向公众的科技领航示范窗口，智慧旅游项目迎来诸多创新：先后建成165个5G基站，实现

100%覆盖5G网络，成为云南第一批大规模建成5G站点的区域；创新应用5G无人扫路车，实现无水干式清扫、干湿两用作业；5G综合执法车和5G无人巡逻车实现管理现场视频采集和实时回传；5G无人观光车实现自动驾驶、智能避障、紧急制动等功能；5G无人商店实现刷脸进店、自主购物和刷脸结算；5G无人机智慧机库通过自动巡航、返航等功能为景区安全防控、消防巡检、景区测绘、遗产保护、指挥调度等提供有力支撑；5G+VR、5G转Wi-Fi等一系列应用，可以让游客通过佩戴VR眼镜利用5G低延时的特点，实时观看古城特色景点的高清直播，感受5G技术带来的旅游新体验。

5G+智慧旅游能让游客在近端和远端都可以和景区发生沉浸式交互，这为古城探索智慧旅游的数字化发展提供了一种新思路，也为人们了解和传承文化遗产提供更好的平台和机会。

（二）大数据技术应用特征

如前所述，大数据技术的应用对于智慧旅游的发展具有重要意义。通过大数据技术，可以收集、存储和分析海量的旅游相关数据，包括用户偏好、行为习惯、交通流量等信息。这些数据能够帮助智慧旅游系统实现许多方面的发展。

基于用户数据分析，智慧旅游系统可以为每位用户提供个性化的目的地推荐、活动建议以及餐饮和住宿选择，提升用户体验。利用大数据技术进行精准营销，向目标用户群体传递个性化的旅游产品信息，提高营销效率和投资回报率。通过实时分析交通、天气等数据，智慧旅游系统可以为游客提供实时路线规划、交通状况提示，提高出行效率和安全性。通过对用户反馈数据的分析，智慧旅游系统可以持续改进服务质量，提高客户满意度。总之，大数据技术的应用不仅可以提升智慧旅游系统的功能和性能，还能够为旅游行业带来更多创新和发展机遇。根据案例中大数据技术应用特征，我们列出29个典型案例（表11-4），并择要分析。

表11-4　涉及大数据技术的29个典型案例统计表

序号	发布时间	发布名单	方案名称
1	2020/6/10	2020年度文化和旅游信息化发展典型案例	文旅产业指数实验室
2	2020/6/10	2020年度文化和旅游信息化发展典型案例	甘肃文化旅游大数据交换共享平台
3	2020/6/10	2020年度文化和旅游信息化发展典型案例	基于大数据条件下的广东省旅游统计方法改良及应用实践
4	2020/6/10	2020年度文化和旅游信息化发展典型案例	江西省智慧旅游大数据中心和智慧监管平台
5	2020/6/10	2020年度文化和旅游信息化发展典型案例	宁国全域旅游大数据监测平台及"皖南川藏线"（宁国）智慧旅游导览系统项目
6	2020/6/10	2020年度文化和旅游信息化发展典型案例	南京乡村旅游大数据服务平台

续表

序号	发布时间	发布名单	方案名称
7	2021/12/24	2021年智慧旅游典型案例	乐山市文旅大数据中心数字文旅发展模式
8	2021/12/24	2021年智慧旅游典型案例	基于大数据的"烟台文旅云"平台
9	2021/12/24	2021年智慧旅游典型案例	"南京市乡村旅游大数据服务平台"智慧旅游实践
10	2022/9/29	2022年文化和旅游数字化创新实践案例	数字赋能"智"旅分销平台
11	2022/9/29	2022年文化和旅游数字化创新实践案例	黄山风景区实践"数智化转型"大数据精细化运营监管新探索
12	2022/9/29	2022年文化和旅游数字化创新实践案例	景区视频智能分析与综合监测平台
13	2022/9/29	2022年文化和旅游数字化创新实践案例	阿勒泰地区旅游市场大数据智能监测及数字决策辅助平台
14	2022/9/29	2022年文化和旅游数字化创新实践案例	"数智江博"综合管理服务体系建设
15	2022/12/12	2022智慧旅游适老化示范案例	"游新疆"平台助力老年人乐享数智旅游
16	2023/9/19	2023年文化和旅游数字化创新示范案例	丝绸纹样数据采集与应用推动文化机构数字化转型升级
17	2023/9/19	2023年文化和旅游数字化创新示范案例	"数字赋能"四川文旅志愿服务平台
18	2023/9/19	2023年文化和旅游数字化创新示范案例	馆藏资源三维数据后期处理技术创新与应用
19	2023/10/18	第一批全国智慧旅游"上云用数赋智"解决方案	"三分、三合、三全"的景区客流承载和实时预约解决方案
20	2023/10/18	第一批全国智慧旅游"上云用数赋智"解决方案	以"数智中台"为核心的旅游大数据分析应用解决方案
21	2023/10/18	第一批全国智慧旅游"上云用数赋智"解决方案	基于自研元宇宙数智人技术的数智行业服务解决方案
22	2023/10/18	第一批全国智慧旅游"上云用数赋智"解决方案	景区/度假区标识数智化解决方案
23	2023/10/18	第一批全国智慧旅游"上云用数赋智"解决方案	基于"数智标识系统"的景区导览系统解决方案
24	2023/10/18	第一批全国智慧旅游"上云用数赋智"解决方案	"瀑布数据"文旅数据平台解决方案
25	2023/10/18	第一批全国智慧旅游"上云用数赋智"解决方案	文旅消费大数据监测解决方案
26	2023/10/18	第一批全国智慧旅游"上云用数赋智"解决方案	融合多源长期大数据的城市旅游产业智慧分析平台解决方案
27	2023/10/18	第一批全国智慧旅游"上云用数赋智"解决方案	智慧文旅数据分析决策平台解决方案
28	2023/10/18	第一批全国智慧旅游"上云用数赋智"解决方案	"一机游"——文旅大数据分析应用解决方案
29	2023/10/18	第一批全国智慧旅游"上云用数赋智"解决方案	"基于LBS大数据"的景区客流承载和实时预约解决方案

1. "烟台文旅云"平台

"烟台文旅云"平台入选《2021年智慧旅游典型案例》，是山东省首个市级智慧文旅公共服务平台，由烟台市文化和旅游局按照"政府主导、社会参与、重心下移、共建共享"和"一个平台、一个体系"的工作思路和技术标准打造。该平台以"烟台文旅云"为主要载体，构建了"1+3+N"的智慧文旅服务模式，即1个智慧文旅大数据中心、3个功能（智慧服务功能、智慧营销功能、智慧管理功能）、N个应用（贯穿"智、尚、趣"建设原则，从供需两端发力，面向消费者、企业、政府部门等不同用户群体，覆盖网站、APP、小程序、手机网等多终端），最终实现展示有内容、发布有平台、交流有渠道、诉求有回应、消费有保障。

"烟台文旅云"平台建设

平台建设的具体做法：

（1）建设烟台智慧文旅大数据中心。打破数据交换条块分割，横向对接公安、大数据、通信、金融等部门，融合同程、携程等OTA数据；向上对接国家公共文旅云、好客山东网、"云游齐鲁一部手机游山东"等平台；向下接入烟台市各区市、文旅要素主体，构建全市文旅智慧"大脑"。

（2）丰富功能应用，实现"文化随身，旅游随心"智慧服务。"烟台文旅云"融合5大类36项服务应用，先后上线艺术欣赏、精品慕课、非遗体验、读好书、攻略游记等主题产品6000余项；推出分时预约、产品预订功能，实现烟台全市AAAA以上景区的分时预约和旅游产品的在线订购；新增"智能魔镜""我在现场"等沉浸式智能体验场景，增强互动体验；推出意见反馈、百姓点单等应用，云助力"放管服"改革，加快实现文旅公共服务事项"一云"查询与办理，文旅需求"一云"反馈与互动。

（3）搭建推广平台，实现"开放共享，惠捷精准"智慧营销。搭建展示平台，通过线上文旅推广中心，系统展示烟台优质文旅资源，实现全市75家A级旅游景区VR体验和云导览全覆盖；搭建宣传平台，上线文旅活动、在线直播、旅游线路、影像烟台等主题产品4000余项；搭建优惠平台，通过积分商城、文旅消费券申领、烟台市民休闲护照等应用，构建展示、宣传、销售"一条龙"消费闭环。

（4）整合管理职能，实现"一云通揽，高效集成"智慧管理。开发安全、文物等监管系统，集合全市36家要素主体、91个客流监测点位，接入462路视频监控信号，实现客流远程实时监测、游客分布实时跟踪、热点区域实时预警；开发预约系统，联合21家AAAA级旅游景区，实现智慧化线上预约，无纸化、无接触通行入园；开发诚信系统，对要素主体服务质量及时跟踪、动态评价、定期发布文旅企业"红黑榜"。

通过切实有效的举措，大数据技术的应用有力地推动了烟台市智慧旅游的发展，构建了智慧化旅游综合服务体系，打造了烟台地方文旅的百科全书、数字文旅资源的汇聚中心、文旅公共服务的常开窗口和百姓文化旅游生活的展示舞台,更好满足了人民群众对美好生活的新期待、新需求,为实现文旅融合发展,提升智慧旅游科技应用水平,增强文旅公共服务普惠性等方面提供一条可借鉴的新路径。

2. 以"数智中台"为核心的旅游大数据分析应用解决方案

该案例入选《第一批全国智慧旅游"上云用数赋智"解决方案》优秀案例名单。该方案基于"数智中台"底座以及数据治理技术、可视化手段,实现吃住行游购娱全场景的跨部门、多业务协同,面向 B 端及 G 端客户提供客流分析、潜客分析、景区评价、应急指挥、舆情监测、营销诊断、管理决策分析等功能服务,真正实现从"多元异构—模型分析—可视化呈现—场景化应用—指导决策—效果评估"的数据闭环,有效释放文化和旅游行业数据要素价值(图 11-2)。

方案已在黑龙江省黑河市智慧旅游服务平台项目成功落地。方案将多源异构数据整合,通过数据清洗、筛选、聚类、建模分析、可视化呈现等数据治理方法,对产业监测、行业动态、游客画像等进行多维度研究,可以为用户提供客流分析、潜客分析、景区评价、应急指挥、舆情监测、营销诊断、各类管理决策分析等服务。

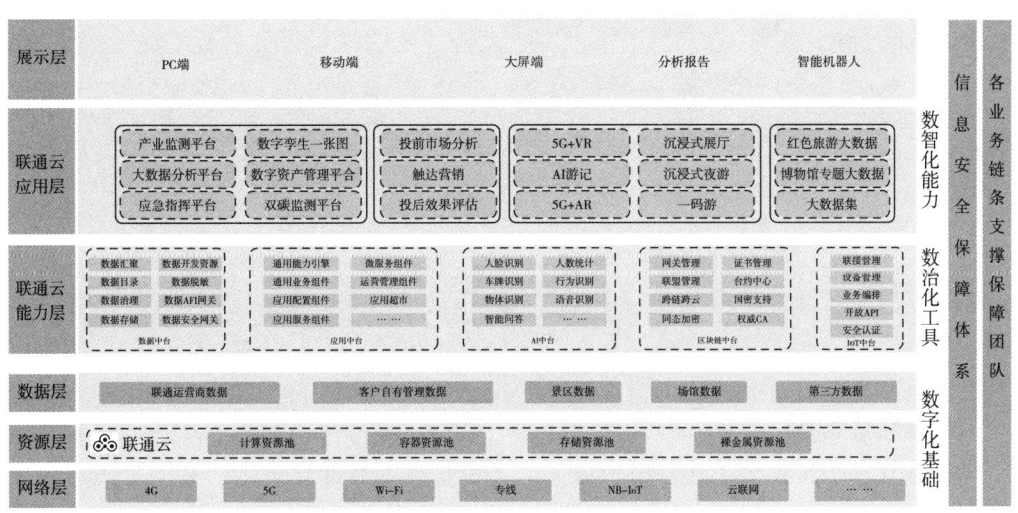

图 11-2 "数智中台"整体技术架构

这一方案可以基于大数据打造大数据平台,从而实现"多元异构—模型分析—可视化呈现—场景化应用—指导决策—效果评估"的数据闭环。可打造跨部门、多业务协同场景,应用于行业动态管理、产业监测预警、市场营销推广及其他专项专题类研究等,有效推动文旅行业管理、公共服务、营销宣传、文旅融合创新等变革,推进文旅产业高质量发展。

总之,随着大数据智慧旅游典型案例应用的增多,标志着智慧旅游正在迈向更加智能化、个性化和科学化的发展方向。这种趋势将进一步提升旅游行业的服务水平，改善游客体验，并为智慧旅游的可持续发展奠定坚实基础。借助大数据技术，智慧旅游可以实现更精准的市场定位和产品推荐，为游客提供个性化定制的旅游体验；同时，对大规模的游客数据进行分析，有助于景区和旅游企业更有效地规划资源、调整运营策略，提高效率和盈利能力；此外，大数据还能够帮助智慧旅游系统预测未来趋势，优化供给侧管理，降低成本，提高运营效率，从而为智慧旅游行业探索出更具前瞻性和竞争力的发展路径。

（三）细分应用特征

对智慧旅游优秀案例进行更细化分类分析，有助于深入了解行业发展现状和趋势，优化资源配置，促进创新发展，引导政策制定，提升行业影响力，推动智慧旅游行业持续健康发展。从应用特点分类，可以分为智慧管理平台、智慧服务平台、解决方案、数字化表现、移动端应用等（图11-3）。

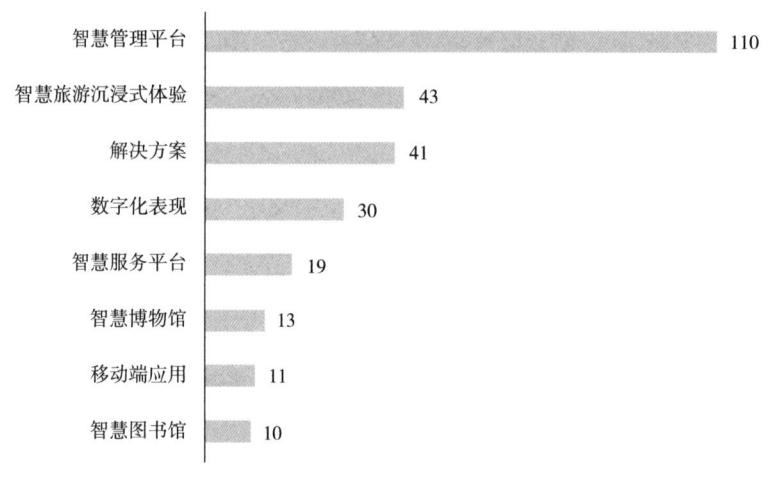

图 11-3　优秀案例分类统计

1. 智慧管理平台

智慧管理平台主要关注旅游资源、人力和信息的智能化管理，有助于提高管理效率、降低成本，实现精细化管理，从而推动整体旅游行业的发展和提升服务水平。

景区视频智能分析与综合监测平台

该平台入选《2022年文化和旅游数字化创新实践案例》。2021年初，景区视频智能分析与综合监测平台启动建设，聚焦视频结构化分析算法与景区监管业务相结合的人工智能数据应用，对算法模型进行了设计、研发及验证。2021年8月，在张掖七彩丹霞、天水古城等多家试点景区完成了基于场景化分析标签的景区视频智能分析与综合监测平台，成功落地区域游客密度、景区承载压力、卡口通过流量等多个指标研判算法模型（图11-4）。

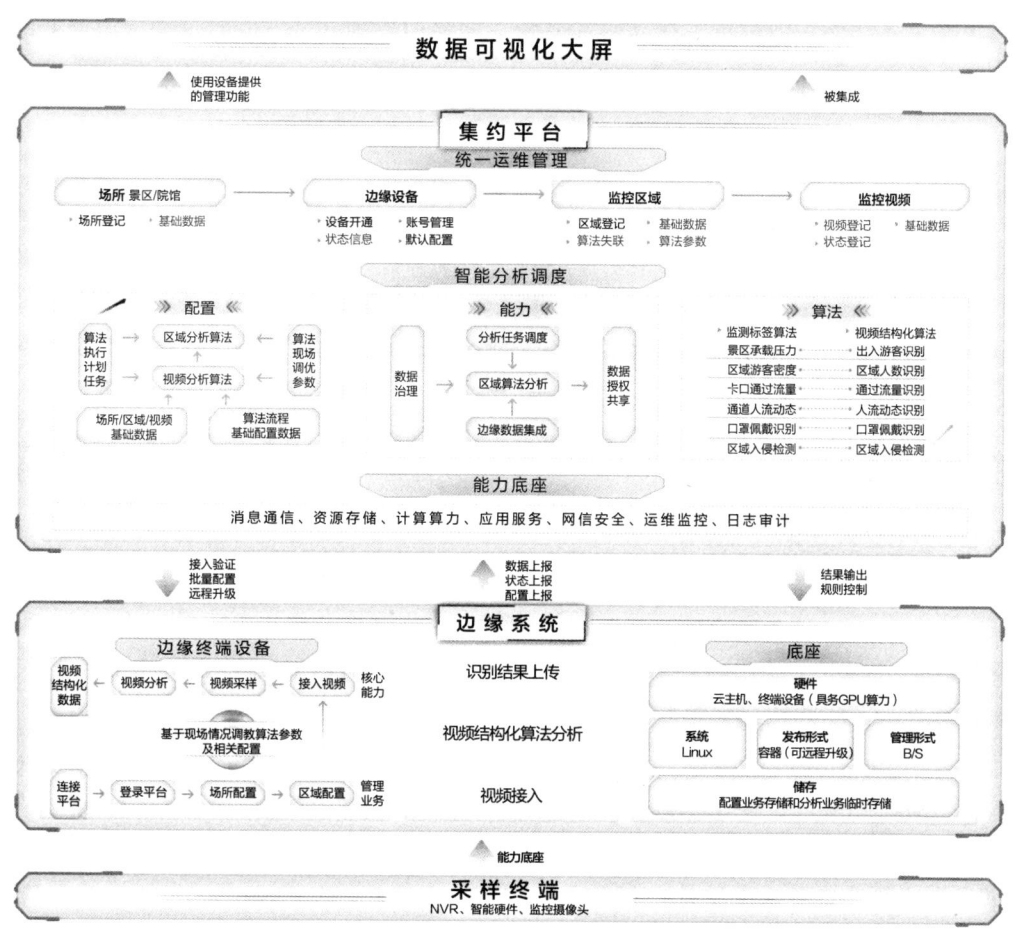

图 11-4 景区视频智能分析与综合监测平台业务结构图

平台通过基于人工智能的游客行为视频分析技术，有效利用景区已安装的视频监控设备，解决了瞬时数据分析、处理和应用的问题。通过对视频监控中的游客数量、安全事件、游客行为等实时数据进行动态识别，将景区内部实时产生的游客密度、人流动态、卡口流量、承载压力、安全事件等过程信息快速呈现在平台上，强化了平台的瞬时响应属性，实现了"感知、预警、溯源、管理"的全链路应急管理方式。

平台以视频 AI 技术、5G 应用、大数据挖掘等技术为支撑，通过对视频内容进行量化分析，提升了旅游景区的视频监控应用水平。创建基于核心业务场景的视频标签体系，实现了视频数据分析后的多场景应用，解决了行业监管、客流监测、人流疏导、防疫监测、应急预警等现实需求。目前，区域游客密度、通道人流动态等业务指标分析可广泛适用于景区、博物馆、体育中心和商业综合体等相关业态，具有较强的通用性。

2. 智慧服务平台

智慧服务平台专注于为游客提供个性化、定制化的旅游服务体验，通过智能化技术满足不同用户的需求,提高服务质量,增强用户满意度,同时带动旅游产业的创新发展。

"一部手机游甘肃"综合服务平台

该平台入选《2020年度文化和旅游信息化发展典型案例》。为主动适应互联网发展趋势,加快大数据、云计算、物联网、区块链、人工智能等技术在文旅行业的深度实践与应用,努力整合数据资源,甘肃省文化和旅游厅于2018年就在全国率先建成"一部手机游甘肃"综合服务平台。通过多年打造,该平台已成为服务游客的"金牌导游、贴心管家、全能导购、文化导师",可一站式解决游客"吃、住、行、游、购、娱"等全方位的数字化、信息化、智能化服务,更好地满足游客个性化、品质化、多样化的需求。

"一部手机游甘肃"综合服务平台以甘肃省AAAA级以上景区智能导游导览系统为核心,为游客提供景区智能导游导览、线路查询、语音讲解、VR全景、分时预约、数字展览、数字阅读、旅游投诉等服务;为景区提供信息发布、产品营销、资源管理、数据分析、投诉处理等服务;为文旅管理部门提供资源整合、整体营销、数据分析、在线监管、投诉处理等服务。

建立单向、双向、可控、有序、安全的信息集成共享交换平台,通过景区、公安、铁路、民航、公路及游客手机信令等13类数据的纵向贯通、横向融通、全域共享,为入甘肃游客个性化需求提供了更全面、更精准的信息服务。为促进甘肃省文旅产业转型升级和提质增效发挥了重要作用。充分发挥旅游业"一业兴带百业旺"的显著优势,带动交通、餐饮、酒店、娱乐、购物等行业蓬勃发展,成为甘肃文旅数字经济发展新引擎。

3. 解决方案

解决方案类案例侧重于针对特定问题或需求提出相应的智慧解决方案,通过技术手段解决行业痛点,促进行业发展和提高竞争力。

"瀑布数据"文旅数据平台解决方案

该方案入选《第一批全国智慧旅游"上云用数赋智"解决方案》优秀案例。

"瀑布数据"文旅数据平台解决方案,围绕综合绩效、核心资源和运营状况三个景区运营核心要素进行指标体系构建,通过OLAP等分析工具整合全域数据,生成多维报表和智能报告,实现数据可视化与企业数据资产构建,助力景区管理层进行经营分析决策,成为景区智慧化建设的核心大脑。

通过行业经验的沉淀和成熟的数据、商业模型分析问题来源,找到对应的措施,针对性地制定纠偏计划,指导企业运营的PDCA循环全过程,打通企业五条核心脉络。

①渠道订单链：TMS、MIS、PMS 高度集成，下单、流转、分发、预测相互协调。

②设备安全链：设备物联，运行状况良好，安全应急实时提醒，有预案。

③运营体验链：游客入园有触点，精准营销可触达，消费、行为可追溯。

④资源协调链：客流起伏与人员、物资相互匹配，资金流向笔笔平衡。

⑤决策支持链：数据透明清晰可见，推演分析逻辑合理，支持管理决策。解决方案应用于无锡拈花湾景区文旅数据平台项目已达一年，并按照需求逐步调整运算模型，在构建景区数据资产、打通景区脉络、赋能运营决策方面发挥了重要作用。

4. 数字化表现

数字化表现案例注重利用数字技术呈现旅游内容，如虚拟导览、VR 体验等，提升旅游目的地的吸引力，增强游客体验和互动性，推动旅游行业向数字化转型。

永定土楼（AAAAA 级旅游景区）"天涯明月刀"沉浸式数字文旅体验项目

该项目入选《2023 年文化和旅游数字化创新示范案例》。在文旅部的推动下，2020 年《天涯明月刀》与永定土楼达成战略合作，打造具有客家特色的一体化沉浸式文旅体验。到 2022 年，《天涯明月刀》用数字 IP 内容与客家文化串联振成楼、环兴楼、振福楼三座客家土楼，以"三楼一线"为引，结合现代技术手段，实现对土楼的维护与振兴。

在实体环兴楼中，游客们能够享受集沉浸式导游、互动式展览馆、角色扮演实景剧本杀于一体的沉浸式剧场，与来自永定当地艺术团的演员 NPC 一起经历两天一夜或三天两夜的剧情演绎。玩家将进入依托于《天涯明月刀》IP 世界观的独特故事，剧本将会融入当地的特色非遗文化体验，即使不是游戏玩家，也轻松入戏，在愉快的游玩体验中领略当地的风土人情。

从这个案例中可以看出，数字化表现对智慧旅游的发展具有重要意义。首先，数字化技术为传统旅游景区注入了新的活力和吸引力，通过沉浸式体验项目，游客可以更加身临其境地感受历史文化，提升了游览体验的趣味性和吸引力。其次，数字化表现提升了旅游产品的可持续性和可塑性，景区可以随时更新和调整数字化项目，以适应不同游客群体的需求和市场趋势，为景区的发展注入了更大的活力。

5. 移动端应用

移动端应用案例强调在手机端提供智能化的旅游服务，通过 APP 等工具实现预订、导航、社交互动等功能，方便游客获取信息、规划行程，提升用户体验和便捷性。

"乐游南宁"APP 及微信小程序智慧化服务

该案例入选《2021 年智慧旅游典型案例》。项目由南宁市文化广电和旅游局立项建设，通过政府采购的方式委托第三方进驻平台提供服务，目前已列入南宁市新型智慧城市政务新媒体重点项目。"乐游南宁"APP及微信小程序以服务游客为宗旨，以周边旅游服务为基础，通过旅游资源与销售渠道互通、线上线下相结合的方式，实现了旅游产销一体化服务功能，线上通过"乐游南宁"平台整合全市及周边旅游资源，打通销售渠道带动文旅企业发展，线下通过景区导览、旅游直通车、集散中心、直通车站点实现获客。

这一项目利用"政府搭台，企业唱戏"的模式，推动大数据、云计算、物联网、人工智能、5G、VR等技术与文化旅游产业的深度结合，填补了线上文化和旅游基础设施的空白。游客用一个程序即可完成在南宁旅游的"吃、住、行、游、娱、购"等全方位的智能服务，极大地增强了游客在南宁旅游的舒适度、体验感、便捷性和自主性。

利用信息技术，获取游客信息，形成游客自画像，了解游客个性化旅游服务需求，实现科学决策和科学管理。同时，实现内部各部门数据共享，打破"信息孤岛"，全方位提升南宁市旅游行业的智慧监管、精准营销、智慧服务。"乐游南宁"APP及微信小程序项目主要依托微信小程序"即开即用、用完即走"的特性，为游客提供旅游前、旅游中、旅游后的全面智慧化服务。

智慧旅游沉浸式体验、智慧博物馆、智慧图书馆等：这些特殊分类案例着眼于提供更加沉浸式、互动性强的体验，让游客在旅游、参观过程中获得更丰富、深入的感知和学习体验，推动文化、旅游事业的融合和创新发展。

第二节　杭州智慧旅游案例

一、项目背景

杭州市是闻名遐迩的旅游城市，以风景秀丽著称。与苏州并称"苏杭"，素有"上有天堂下有苏杭"的美誉。市内人文古迹众多，以西湖风景区最为著名，周边有大量的自然及人文景观遗迹。

杭州不断提升信息化品质，完善智慧旅游服务功能，深化"智慧旅游"体系建设。一是建设杭州旅游经济实验室。为进一步提高杭州旅游发展科学决策水平，强化旅游部门综合协调和推动发展的主动权，搭建杭州旅游休闲经济实验室。二是启动智慧旅游示范企业创建。着力打造一批杭州市级智慧景区、智慧酒店、智慧旅行社和智慧乡村，推出不少于10家智慧旅游示范单位。三是打造国内一流的旅游门户网站。杭州城市旅游公共咨询体系建设，包括官方旅游网站、官方主流网络媒体旅游信息发布点等在内的杭州官方旅游信息平台建设。

(一)智慧旅游建设阶段

早在 2002 年,杭州就开始了旅游信息化探索,经过十余年的发展,从金旅一期、二期工程,到建设杭州旅游在线平台,直至出台智慧旅游地方标准,启动云数据中心建设,逐渐形成凸显特色、兼容并蓄的智慧旅游应用平台体系。2009 年 6 月,杭州黄龙饭店与 IBM 合作以全方位的酒店管理系统与 RFID 等智能体系启动了中国首家智慧酒店建设。2012 年,入选第二批国家智慧旅游试点城市。

2013 年杭州制定了《杭州市"智慧旅游"系统顶层设计(2013—2017 年)》《杭州市智慧旅游行动计划(2013—2017 年)》及相关行业规范,政府在其中的职责由前台建设逐步转向后台监管,工作重心也由具体项目的建设转向数据平台的搭建。通过数据资源这条纽带,以标准化为手段,整合诸多包括企业主体建设的旅游信息化项目,杭州智慧旅游应用平台基本形成。

2013 年,杭州市在"2012 中国智慧城市发展年会"荣获智慧旅游城市示范奖,同年被国家文化和旅游部列为第二批智慧旅游试点城市。在智慧旅游城市建设方面,杭州市旨在通过建设智慧旅游城市,一方面,更好地以游客为中心,提升游客在杭州的旅游体验,另一方面,也希望使城市管理精确高效、城市服务即时便捷、城市运行安全可靠、城市经济智能绿色、城市生活安全舒适。智慧旅游城市兼顾本地民生与旅游城市建设。而后,随着全国首个云计算产业小镇云栖小镇的落成,使得杭州占据了我国云计算产业的高地,以阿里云为首的云计算企业在杭州整个城市的数字化、智慧化升级中扮演了重要角色,并为杭州数字文旅的发展提供了强有力的技术支撑。

2016 年,杭州市联合阿里云就构建了杭州城市大脑,利用大数据、云计算等技术开始治理城市发展中的难题,从交通拥堵到看病挂号难等人民日常生活问题逐渐扩展到旅游出行、景区管理等百姓生活的方方面面。

2018 年是杭州数字旅游元年,从旅游大数据平台到城市大脑旅游系统,充分调动大数据平台优势,打造各类数字文旅产品,为游客提供更便捷的旅游服务。从 2018 年开始,杭州在数字文旅上的具体实践种类多样,包括"杭州优质旅游计划""杭州数字旅游"小程序、智慧酒店建设、长三角 Pass 文化旅游年卡等等。这些小而精的具体项目,涉及旅游出行的各个方面,有针对性地为游客解决了旅游过程中的订票、导航、住宿等难点问题。到 2019 年,杭州市全年接待旅游总人数 20 813.7 万人次,增长 15.1%;旅游总收入 4005 亿元,增长 18.3%。2019 年是杭州加快全域智慧旅游进程、促进数字经济信息产业发展之年。2023 年,杭州良渚遗址入选文化和旅游部、工业和信息化部"5G+ 智慧旅游"应用试点项目。

（二）基于大数据的智慧旅游现状特征

杭州充分利用了大数据技术的潜力，从而极大地推动了旅游业的发展。要想真正了解并满足游客的需求，数据是关键。因此，杭州从多个维度、多种来源整合了数据，其中涵盖了旅游、交通、气象、环保等各个重要部门的信息。这些数据被巧妙地融合在一个庞大的旅游大数据平台之中，这个平台不仅仅是数据的仓库，更是一个深度挖掘和分析的引擎，能够揭示出旅游行为的深层模式和未来趋势。

值得一提的是，杭州并没有将这个大数据平台开放，让政府、企业乃至公众都能够轻松查询、下载并使用这些数据。这种开放策略极大地促进了数据的流通与共享，不仅加强了各方的沟通与合作，还为政府的决策制定、企业的业务优化以及公众的信息获取提供了有力支持。

此外，杭州作为数字经济的重要枢纽，其在科技体验式旅游方面的发展也尤为引人注目。特别是萧山信息港小镇，凭借其得天独厚的技术优势，如大数据、人工智能等尖端科技，为游客打造了一系列别具一格的科技体验式旅游项目。这些项目不仅让游客在游玩中感受到了科技的魅力，也为杭州的旅游业注入了新的活力。

杭州基于大数据的数字旅游建设有两个特点：数据驱动决策和开放共享。一是杭州利用大数据技术对游客的行前预订、行中行为和行后反馈进行了全面采集和深度分析。通过这些数据，杭州市旅委可以更准确地了解游客的需求和行为模式，从而制定更加精准的营销策略和产品开发计划。数据成为了决策的重要依据，使得旅游业的运营更加高效和智能化。二是杭州积极推进旅游大数据的开放共享，向政府部门、企事业单位、社会公众提供数据信息服务。通过构建分级开放体系，不同访问权限下的用户都可以查询、下载和使用相关数据。这种开放共享的做法促进了数据的流通和整合，提高了旅游业各方的信息透明度和合作效率。这两个特点使得杭州在数字旅游建设方面走在了前列，通过大数据技术的应用，提升了旅游业的发展水平和游客的旅游体验。

杭州通过精准的大数据策略，不仅推动了数字旅游的蓬勃发展，还极大地提升了旅游业的服务品质和游客的整体旅游体验。从数据的整合、分析到开放共享，再到科技体验式旅游的创新发展，杭州都展现出了前瞻性的思维和务实的行动，为游客带来了一次又一次难忘的旅游经历。

二、智慧管理：杭州城市大脑文旅系统

2016 年，为了有效解决城市拥堵问题，杭州在全国率先提出建设城市大脑，以交通领域为突破口，开启了运用现代信息技术手段改善交通拥堵的探索。城市大脑以大数据、人工智能为核心技术，成功改善了杭州的交通拥堵问题。随后，城市大

脑开始了在民生、政务等其他社会方面的探索，并以经济、政治、文化、社会、生态五大领域为根目录进行顶层设计，覆盖一二三产业，应用场景涉及交通、医疗、出行、文旅、环保、智慧城市、市场监管等方面，到目前已形成11大系统、48个场景同步推进的良好局面。

杭州城市大脑文旅系统是构建于城市大脑中枢之上的综合性系统，通过自身文旅相关业务优势，以"多游一小时"为抓手，协同交通管理、公共出行、城管停车、枢纽协同、商圈协同等能力，打通人、车、景点、酒店、枢纽等数据，通过客流监测、人车OD分析、景点酒店分析等数据挖掘，驱动文旅产业的提质增效。

（一）打造动态大数据采集体系

对游客而言，很多旅游信息是分散的，因而挖掘和整合资源才能给游客全方位的体验和选择。杭州整合多源数据，搭建旅游大数据平台，形成品类丰富多样的旅游资源信息库，帮助政府、企业、公众等实现精准营销、营运优化、信息查询。

杭州旅委先后与中国移动、中国联通、银联、百度、阿里云等单位合作，并横向整合城市交通、气象、环保等部门的涉旅数据，形成以游客的行前预订、行中行为和行后反馈为主线，面向产业主体的、多元结构的动态大数据采集体系。通过数据库的建库和数据资源层、应用支撑层、信息服务层（展现层）等平台整体架构的构建，实现多源数据的接收整合、挖掘分析、形象展示，以支撑以政府、企业和公众为中心的精准营销、营运优化、信息查询等应用场景。

首先，针对不同访问权限下的数据查询、下载和整合需求，杭州旅委构建数据平台的分级开放体系，向政府部门、企事业单位、社会公众提供数据信息服务，实现旅游客流、旅游消费和旅游服务数据共享。其次，推出适配手机的大数据移动客流监测APP版本，实现钱江新城、武林广场以及西湖音乐喷泉等重点区域的实时客流与历史客流查询，具备客流警戒值的自动预警推送功能，推进旅游日常监管调度及应急指挥向数字化、网络化、自动化迈进。最后，以官方微信平台"在杭州"为载体，推出面向公众的钱江新城灯光秀、断桥和苏堤等重点区域的实时拥挤度查询模块，实现游客对重点区域客流信息以及历史数据的实时查询，引导游客规划合理的游玩路线。

（二）常态化发布旅游大数据信息

围绕产业引导常态化发布旅游大数据信息。通过构建计量模型、机器学习算法等多种数据挖掘算法库，旅委着力在游客画像、客源分析、消费行为等多个维度进行系统挖掘，先后发布了2016杭州春节旅游大数据报告、"五一"旅游大数据报告、国庆"黄金周"旅游大数据报告和杭州旅游大数据分析月报，成为杭州旅游创新发展、跨越前行的新经验向外推广，以此强化对旅游休闲产业发展的超前引导。

以游客为中心强力整合旅游信息资源。根据不同需求信息定制个性化产品：在现代信息技术的支持下，模块化的数据使不同消费需求的满足变得简单可行，可通过手机等便携网络终端设备，为不同的旅行者量身设计订制个性化的旅游产品。完善旅游体验与评价系统：要积极为消费者的旅游感受交流提供平台，使旅游体验信息能在更广泛的范围传播，将旅游产品消费后的评价作为模块化数据融入"智慧旅游"框架，实现旅游资源和社会资源的共享与资源的系统化、集约化、协同化管理，以及线上线下（O2O）的资源整合。

（三）形成旅游资源大数据信息库

要实现游客旅游消费体验全域化，旅游资源是基础，这个基础包含了吃住行游购娱全方面的供应。杭州注重兼顾人文与自然风光，突出自身特色，围绕西湖、西溪、运河三大核心区块打造中心都市旅游区，挖掘和整合近郊及西部四县（市）的资源，打造"三江一湖"旅游发展轴和七大优先发展区的布局，形成以观光、会展、休闲度假为核心的多元化产品体系。为支撑起庞大的旅游需求，确保旅游配套，杭州拥有超过 9000 家酒店和 77 000 家餐饮业，且无论酒店还是餐饮都类型丰富，给游客多种选择，契合全域旅游的内涵❶。航空、高铁、高速公路及地铁、快速公交、水上巴士、公共自行车、共享单车、共享汽车等城内外全方位便利的交通体系，确保游客全域旅游体验的可达性。杭州各类高中低商场、各具特色的商品市场、特色街区，成为游客来杭旅游的重要消费去处。据《2017 杭州旅游年度大数据报告》显示，在旅游六大消费板块中，购物零售板块收入达 1826.97 亿元，超过交通、旅行社服务、住宿、餐饮、文娱等板块，成为占比最高者❷。杭州对城市道路、河道、建筑、厕所、绿化等全面整治，给游客和市民提供了干净整洁的城市环境。对游客而言，很多旅游信息是分散的，因而挖掘和整合资源才能给游客全方位的体验和选择。杭州整合多源数据，搭建旅游大数据平台，形成品类丰富多样的旅游资源信息库，帮助政府、企业、公众等实现精准营销、营运优化、信息查询。

三、智慧服务：实现"一部手机游遍杭州"

（一）利用大数据实现精细化管理

"多游一小时"是文旅系统在公众服务领域的应用场景，通过数据汇聚、协同共治和在线服务着力优化城市旅游资源配置，聚焦游客出行、景区入园、酒店入住和消费引导推进精细化管理，旨在解决民众反映最多的排队等候、"游占比"低下等旅游治理"痛点"问题，全面提升在杭州游玩体验。

---

❶ 周娟. 大数据背景下智慧旅游管理路径探索［J］. 旅游纵览, 2023（22）: 65-67.
❷ 张永幸. 乡村振兴视域下智慧旅游发展路径探讨［J］. 旅游纵览, 2023（21）: 1-3.

城市大脑中的文旅系统是促进杭州旅游数字化升级的重要推动力。2019年，杭州市文化广电旅游局以"城市大脑"为载体，以让游客"多游一小时"为主要目标，聚焦景区入园、酒店入住、游览转场等游客排队等候最多的场景，推出了"10秒找空房""20秒景点入园""30秒酒店入住"和"数字旅游专线"四大便民服务场景，利用大数据、物联网、人工智能等技术优化城市旅游服务。例如"10秒找空房"平台对接8561家酒店，即时展示当前空房，游客通过"找空房"小程序和96123旅游咨询服务，随时找到适合自己的酒店空房。"数字旅游专线"，将传统的交通服务与互联网结合，依托游客轨迹、铁路预订、公交运行等数据，科学规划旅游专线，方便游客直达景区和酒店，如"隐西湖"江干区数字旅游专线、"17℃建德新安江"数字旅游专线、"遇见吴越国"临安数字旅游专线等等。

近两年杭州依托城市大脑平台，着力推进文化旅游数字化转型。以"数据共享、平台共建"为原则，推进市—县—街道三级数据平台建设，使各类数据实现全量交互融合，切实打破数据藩篱，实现全市文旅系统数据的联通、协同调动，这为后续的智慧化文旅产品的应用奠定了坚实的基础。

（二）大数据 + 手机 APP

2012年，杭州市旅游委员会正式向广大市民、中外游客推出了手机 APP 应用——杭州智慧旅游，内容覆盖杭州及周边郊县的吃、住、行、游、购、娱六大板块。加快对接政务云平台，构建了安全可靠、高效实用、完全开放的杭州智慧旅游云数据中心，实现了旅游产业信息资源的有效整合。开发移动终端、智能卡服务信息交互，实现全过程、互动式的旅游体验，建设了一批杭州旅游网站群，推动移动互联网在杭州旅游公共服务、管理、营销上的应用。在全国率先推出了杭州旅游手机 APP（中英文版）、杭州会议奖励旅游 APP、特色潜力行业 APP、旅游执法 APP 等手机应用，适配不同智能终端。杭州市旅游委员会还与阿里巴巴集团合作，尝试打造全国首例城市旅游（O2O）新模式，实现游客"一部手机游遍杭州"的便捷式消费体验。

"杭州智慧旅游" APP 是一款全面介绍杭州的软件，共设杭州风貌、旅游攻略、玩转杭州、旅游资讯、行程规划、旅游工具六大功能板块。与其他类似的软件相比，"杭州智慧旅游" APP 具有以下特点：一是旅游景点全域化，不仅限于热门景点，而是深刻挖掘杭州旅游资源，让游客体验杭州非常规旅游线路，鼓励游客深度游，不仅延长游客一地居留时间，还能起到很好的客源分流作用。二是将杭州各项旅游接待基础设施的信息汇于一体，游客可进行各类旅游相关信息查询，即使想上洗手间，也可在 APP 上查询离游客最近的公厕。三是杭州旅游资讯更新及时，让游客及时掌握杭州旅游新动态，做好出游决策。四是开设行程规划功能，帮助游客根据旅游时间、交通工具、行程类型等创建个人自助游行程。

"在杭州"官方微信平台是杭州旅游官方微信，为游客推荐杭州十大特色、潜力行业、最新旅游休闲产品，是游玩杭州吃住行游购娱全方面的随身指南。该微信平台目前有城市日历、在杭州、在线查询三个主菜单。与"杭州智慧旅游"APP相比，相同的是，该微信平台也是全方位展示杭州，具备各类信息查询功能，更有"旅游小i"可进行智能语音咨询；不同的是，该微信平台设有旅游数据统计功能，公众可查询杭州旅游的各类大数据统计结果。另外，该微信平台带有杭州旅游数据在线小程序，公众可看到杭州当日实时游客数量、当日实时景点舒适度，结合搜索排行，可更好地规划自己的出游时间和行程，避开客流高峰时段和区域，提高自身旅游体验舒适度，同样游客可根据个性需求创建个人行程。

（三）大数据+示范企业

积极依托大数据平台优势，尝试构建智慧旅游商圈O2O新模式。其中，西溪天堂通过与支付宝合作构建"西溪天堂未来生活广场"，整合支付宝钱包、全民免费Wi-Fi、服务窗、卡券中心与移动支付等多个产品和功能模块，为线下的旅游综合体提供一整套旅游服务。

杭州通过产业引导、技术指导、政策支持等形式，推动智慧景区、智慧酒店、智慧旅行社等智慧旅游示范企业建设。主要包括以下三大工作内容：①智慧景区示范区建设。西溪湿地景区先后建成了西溪湿地数字化管控平台、旅游电子商务服务平台、手机自助导览服务系统、Wi-Fi自助服务下载区。千岛湖景区先后建成了千岛湖旅游指挥中心（一期）、千岛湖旅游云数据中心、景区内导航应用生态系统、千岛湖旅游诚信公示平台、千岛湖旅游互动信息屏（一期）、千岛湖景区门禁系统、人流量监测系统等数字管理和信息交流平台。②智慧酒店建设。杭州市利用物联网、云计算、移动互联网、信息智能终端等新一代信息技术，通过饭店内各类旅游信息的自动感知和数据挖掘分析，实现饭店"食、住、行、游、购、娱"旅游六大要素的信息化和智能化。目前，杭州已经涌现了黄龙饭店、开元名都等一批在全国走在前列的智慧型酒店。③智慧旅行社建设。鼓励旅行社通过建设内部ERP（企业资源计划系统）实现对景区、饭店、交通工具以及旅游保险等旅游资源供应商的统一在线管理，包括供应商基本信息、要素价格、合同记录及财务信息等。通过CRM（客户关系管理）系统，实现旅游产品的在线广告宣传、在线展示与查询、在线预订及在线交易。通过建设各类问题数据库，为游客提供便捷高效的呼叫中心服务，提供标准的信息咨询，接受意见反馈。

四、智慧营销：大数据助力营销

（一）面向游客进行大数据调查分析

杭州作为国务院确定的重点风景旅游城市和历史文化名城，向来就是高频率的旅游趋向城市。现今在杭州旅游的国际化程度全面提高，提升杭州旅游品牌国际影响力、全面改善游客体验、构建休闲旅游全球营销网络等举措势在必行。面向游客进行旅游出行偏好的大数据调查分析有助于推进旅游公共综合功能的发挥、旅游产品体系的优化、旅游营销理念的转变、旅游目的地管理的强化、无障碍服务体系的打造以及综合素质的培养。

线上推广调研有利于未来更具针对性地加大对杭州旅游休闲品牌形象策划和整体包装力度，加强杭州旅游在欧洲市场的宣传推广工作。杭州市旅游委员会现已将百余社会资源转化成旅游产品，为游客提供更多元、更具文化内涵的杭州旅游体验，为来往的游客带来良好旅行感受，使杭州成为受游客青睐的出行目的地。

（二）通过大数据构建旅游网络营销渠道

通过大数据，杭州市构建了多样化的旅游网络营销渠道，利用新媒体营销、软营销、关系营销、双向互动式营销，实现精准、定位、互动式旅游营销。杭州市旅游推广的实现主要通过以下三种途径：①创新海外营销模式。例如，2015年紧扣"一带一路"国家战略和"美丽中国——丝绸之路"年度国家旅游主题，推出"2015杭州大使环球行"活动，将杭州旅游营销策划推向更宽广的领域和更高的层面。②加大国内新媒体营销力度。利用微信、微博等新媒体传播特性，在新浪微博、腾讯、人民网等开通杭州旅游微博官方账号，构建杭州旅游微信（中英文版）、杭州旅游指南、四季休闲IN杭州、杭州旅游指南、杭州旅游质监等微信矩阵。③试水互联网广告定向投放。针对美国、英国、德国、法国的18~60岁商务、旅行等目标人群，进行以"Unseen Beauty, Hangzhou"（杭州，前所未见的美丽）为主题的互联网广告精准投放，加深受众对中国杭州的印象与认知，提升杭州的城市美誉度及影响力。

"杭州文广旅游网"和"杭州文化广电旅游局电子门户网站"作为宣传杭州旅游和旅游政务的门户网站充分展示了杭州市的智慧营销，页面简洁清晰，独具特色，内容丰富，功能齐全。游客通过官网不仅可以了解地方文化、风土人情和历史，还有关于美食、住宿、出行、游览、购物、娱乐等一系列旅游信息、旅游攻略和优惠信息，并且支持在线咨询和购买，网站还关联了实用的旅游工具，包括文广旅游APP、找厕所小程序、官方微博、微信和旅游指南等供游客选择。网站不但起到了很好的宣传营销效果，而且能让国内外游客真正实现说走就走的旅行，真正是游客出行的宝典、旅游企业展示的舞台、政府部门管理的助手、政企交流合作的桥梁。

第三节 九寨沟智慧旅游案例

一、背景

九寨沟风景区地处四川省阿坝藏族羌族自治州九寨沟县,面积约720平方千米。景区景观为山地与湖、瀑亚类,以山地深谷碳酸盐堰塞湖地形为主要特色,以彩湖叠瀑为景与藏族风格相互融汇。九寨沟风景区是以参观观光为主,兼顾科普、科考功能的国家重要风景区、国家自然保护区,被列入世界自然遗产目录。

(一) 智慧旅游建设阶段

九寨沟走在了我国景区数字化建设的前列,成为了领跑者。早在2001年,九寨沟建成的游人中心就配备了智能化监控系统。九寨沟风景名胜区管理局的"数字九寨沟"项目,作头申请国家"十五"重点科技攻关项目《城市规划、建设、管理与服务数字化工程》的示范项目,已经通过了建设部、科技部部委和专家的评审。数字化管理景区有定量化、智能化、集成性、动态开发性、系统性等特点。经过多年的数字化建设,九寨沟已建成150M无线对讲系统、SOS景区呼救系统及景区监控系统,较好地促进沟风景区的管理工作,但是存在着网络建设缓慢、缺乏统一规划及整体性的问题。

2004年,九寨沟景区承担了国家建设部的"城市数字化示范工程应用研究"课题——《数字九寨沟综合示范工程》项目的建设,并创新性地建立了"资源保护数字化、运营管理智能化、旅游服务信息化、产业整合网络化"集成应用体系,探索出中国景区数字化管理营运新模式,引领了全国旅游景区信息化建设的新浪潮。

2005年6月建立起以门禁票务系统、办公自动化系统、GPS车辆调度系统、多媒体展示系统、景区智能化监控系统、监管信息(遥感监测)、LED信息发布系统、电子商务系统为基础的信息化管理系统,实现九寨沟景区的信息化管理,在实际运行中,景区的管理、服务等已经取得了显著的效果。

2009年,作为我国民族地区旅游产业的佼佼者,九寨沟率先在全国提出"智慧景区"概念,通过先进的传感和测量技术、控制方法及决策支持系统的应用,有效改善该景区商业运作和公共服务体系,实现旅游资源的优化使用、生态环境的有序开发和保护、游客满意度提升、产业效益最大化的目标。

2010年4月,九寨沟管理局与武汉大学深圳研发中心开始合作,研发景区网格化管理与服务平台。该平台是在景区全面数字化基础之上,建立可视化的智能管理和运营,包括建设景区的信息、数据基础设施,以及在此基础上建立网格化的景区信息管理平台与综合决策支撑平台。根据管理需要,将景区进行网格划分,使管理时效更加高效、精细化和智能化，实现管理时效走向实时、准实时；对基础设施和管理单元进行分类和编码，实现精细化管理；根据管理流程分类，把景区管理分为保护管理、开发管理、运营管理、营销管理、保障管理和辅助管理等类型；针对每类具体的处理类型，进行标准流程定制；建立九寨沟唯一的数据中心，实现存储数据集中统一管理；技术手段进一步可视化，从电子地图走向可量测实景影像；以旅客满意度为目标的服务，功能从管理走向服务。2010年，九寨沟管理局已经投入100台"景管通"手机到景区一线，正努力通过网格化管理实现管理的精细化。

2010年10月29日，通过院士专家们的评审验收，九寨沟正式成为全国首个"智慧景区"。2017年8月8日，九寨沟县发生7.0级地震，人民生命财产安全受到极大威胁，自然环境生态安全受到严重破坏，以旅游服务业为主的经营发展环境受到重创，城市基础设施和公共服务设备也受到不同程度的破坏，特别是信息化基础设施。九寨沟景区作为国内智慧景区建设典范，对重建提出了高标准和高要求。九寨沟智慧旅游大数据综合管控平台重建项目主要包含如下内容：修复受损光缆，重建集大数据管理平台、智慧景区综合经营管控平台、景区监控、门禁售票以及综合运营管理系统等于一身的智能管理中心；打造九寨沟景区紧急救助与疏散平台、建设大数据计算平台、搭建信息云平台；形成信息处理与数据分析的六大模型，做到数据信息集成与融合、数据共享、高效使用，形成跨应用领域的社会管理型数据资源体系。

2022年，"九寨沟景区智慧旅游大数据综合管理平台项目"入选"2022智慧旅游创新项目"。九寨沟景区是中国旅游产业迅速发展的一个典型，发展速度在国内外景区都属罕见。景区始终注重以先进技术促进保护区、风景区的发展，以科技支撑确保景区运行顺畅，以高效管理提升旅游服务质量，从"数字九寨"到"智慧九寨"，九寨沟一直走在中国旅游景区信息化建设前沿，建设深得广泛赞誉。

（二）基于大数据的智慧旅游发展现状

九寨沟在全国率先开展数字景区建设，景区管理及景区相关产业（如酒店、旅行社、运输公司等）的信息系统、视频监控系统、感知系统、电子商务平台等每时每刻都会产生大量的数字、文字和视频数据；同时，源于互联网的旅游微博、微信、视频网站、社交网站等也会产生数以亿计的关于九寨沟的数据，这些数据都具有典型的大数据特质。

数字九寨的建设为景区管理健全了手脚，而要实现从数字化到智慧化景区的转型升级，离不开大数据这个数据大脑。利用大数据的旅游数据收集分析能力，可以满足游客的人性化需求；通过大数据的分析能力，可以创新营销模式，全面提升经营管理水平；甚至可以利用大数据平台，加速推进线上与线下的资源整合，为游客提供更为适合的旅游产品。

依托大数据技术，可以完成例如景区客流波动预警，分析原因及影响因素等以往无法完成的任务，与景区营销、公安、交通、产业规划、景区公共服务等体系形成信息共享和协作联动，结合电商游客预订数据形成旅游预测预警机制，提高了景区的应急管理能力和旅游安全保障能力。

（三）智慧旅游发展

九寨沟基于大数据的智慧旅游的特点主要有两个方面，一个是以游客为本，一个是以数据为基。

2023 年 5 月，工业和信息化部、文化和旅游部联合印发《关于加强 5G+ 智慧旅游协同创新发展的通知》，提出了"以增强游客体验、提升游客服务为核心，充分利用新技术适配更多应用场景，提供个性化、品质化、交互化、沉浸化旅游服务"。在九寨沟，智慧旅游的建设也是从服务游客为出发点，最大化方便游客，提升游客的舒适度和满意度，"一部手机游九寨"将吃、住、行、游、购、娱等全方位智能服务浓缩在一个系统中，游客随时随地玩转九寨。

满足游客个性化需求，提供高品质和高满意度服务，必然需要旅游智慧化升级。九寨沟常住人口不到 7 万人，年度接待游客超 500 万次，旅游人数是常住人口的几十倍，如何保证和提升游客体验是九寨沟面临的头等大事，在为涵盖旅游资料、地理空间模型数据、影像数据等的智慧旅游大数据综合管理平台进行建设时，面临着性能、可靠性、数据多样化等挑战：其一，平台的数据来源涉及交通、应急、民政、人社、城管、气象、卫生、旅游等多部门、多个行业，数据来源多、格式多，且各部门间信息共享程度低；其二，旅游旺季游客多，订票、门禁、气候监控等应用都对系统可靠性和性能有极其严苛的需求，要求大数据平台在处理大并发需求及应急情况，业务平台调用 10 000 条数据时，时延小于 40 秒，在 100% 负载时，存储的时延小于 10 毫秒时，依然能提供极高的稳定性，确保系统的业务连续性；其三，随着业务的不断发展，数据量持续增长，要求系统在具备海量数据存储和核心应用数据高效处理的同时，具有简易扩展、平滑对接新设备的能力，且需要统一的管理平台，对资源方便灵活地进行调度和管理。

在九寨沟景区基于大数据的智慧旅游建设的大框架内，通过整合能够利用的现代化设施、服务体系以及智慧旅游项目资源，以旅游行业促进其他行业发展，并运用领先的计算机技术，建立一个集多方互动、使用为一体的综合经营管理与服务体系，将显著提高九寨沟的现代化服务能力与管理水平，从而带动周边主要地区以及阿坝全域的协调与可持续发展。

同时，研究总结建立智能景区建设的标准规范，进一步树立旅游产业的发展标杆和标准，做到景区服务精细化管理、精致服务和精细化经营。在完成上述任务的基础上，还需要进一步实现与九寨沟县智慧城市、阿坝州全域旅游、国家行业信息服务平台等的全方位合作，通过旅游资源共享、旅游业务的协调运转，进一步提升景区的信息化管理水平，进一步增强景区的服务能力，进一步推动景区、阿坝全域旅游企业实施多元化经营策略，最终为持续发展提供更强有力的科技保障，并全面集成和吸收全国各地旅游资源，提高九寨沟景区知名度和品牌价值。

在今后的信息化工作中，九寨沟景区将用科学发展观统领发展，坚持实施可持续发展战略，积极拓展新视野、确立新目光、塑造新优势、争当新表率。将进一步通过"智慧九寨"的建设切实解决景区游客量增长所面临的一系列管理压力，对景点的游客量控制管理，有效保护景区生态环境；以最优化的调度扩大景区容量和生产规模，降低管理成本；确保整个景区安全有序优质高效的运营，实现文明管理，推动和谐景区的建设，实现生态效益、经济效益、社会效益的有机统一；以九寨沟一流品牌、一流管理为基础，延伸产业链，促进和谐、可持续、跨越式发展，积极促进旅游二次创业，努力把九寨沟建设成为国际旅游目的地。

二、智慧管理：智慧旅游大数据综合管理平台

（一）大数据智慧管理体系

九寨沟的智慧旅游大数据综合管理平台项目由两大核心组成：智慧大楼的打造与平台开发建设的实施。该项目依托云计算与大数据中心的强大能力，精心构筑了一个"一中心引领，多平台协同"的智慧九寨框架体系。这一体系全面覆盖了城市运营的高效管理、旅游资源的综合调控、紧急情况的即时指挥调度以及政务服务的便捷化管理等多个维度。

通过此平台，九寨沟旨在开创文旅产业深度融合的"九寨模式"，不仅推动文化与旅游产业的互促共进，更引领民族地区经济向新兴业态转型，同时强化社会治理能力，形成经济发展与社会治理并进的"双引擎"驱动模式。这一创新实践，为民族地区探索数字经济发展道路开辟了新路径，展现了科技赋能传统旅游与社会治理的广阔前景。

如今的九寨沟，告别了昔日购票长龙与人流拥挤的景象，节假日期间的行前预警系统、行中智能分流以及行后精准营销策略，赢得了业界的广泛赞誉。这一切的变革，离不开九寨沟景区智慧旅游大数据综合管理平台项目的成功实施。该项目不仅是九寨沟灾后重生的标志性工程，更是向世界展示了自然遗产保护与可持续发展和谐共生的"中国智慧"。

九寨沟智慧旅游大数据平台，依托景区沟口智慧化的"三中心"——智慧管理中心、数据中心及应急指挥中枢，构建起一套集管理、服务与应急于一体的综合体系。这"三中心"不仅高效支撑了九寨沟景区的日常运营、游客服务及遗产保护工作，还作为九寨沟县智慧城市及阿坝州全域智慧旅游体系的重要组成部分，实现了跨区域、跨层级的标准统一、数据共享以及应急响应的高效协同，为九寨沟乃至整个阿

坝州的旅游产业发展与社会治理现代化提供了强大动力。

项目建设范围系统覆盖遗产监测与保护、游客服务与体验、景区管理与运营、应急指挥与调度和综合分析决策支持等智慧景区关键业务。平台与阿坝州政务大数据中心和九寨沟县政务平台实现业务的协同与数据的交换共享，引领阿坝全域的生态绿道和遗产廊道建设，力争成为长江经济带和"一带一路"的生态绿色廊道与智慧旅游绿色发展的示范工程。项目立足高起点、高标准，因地制宜，注重文旅融合、业态创新、模式创新、体制创新、机制创新与体系化创建，且具有前瞻性、科学性、先进性、实用性、安全性、可操作性和可持续性。以游客为中心，以市场需求为导向，以资源保护和安全管理为核心，以管理运营和公共服务为主线，以智慧管理中心"景区大脑"建设为抓手，着力打通九寨沟景区业务数据链和全域旅游产业生态链，痛点变亮点。

以景区沟口智慧中心、体验中心（展示中心）、服务中心主体功能为载体，建立健全智慧旅游服务体系，实现游客服务线上线下一体化、沟口内外一体化、全域协同一体化，打造特色鲜明的智慧旅游新业态。充分利用阿坝州已有大数据中心，共享九寨沟县大数据资源，有效利用九寨沟景区震前智慧化成果，开展集约化、规范化建设，避免重复建设，推进科学重建、绿色重建。

以互联网、云计算等新技术构建智慧九寨"混合云"，实现智慧景区与智慧旅游标准体系化、数据资产化、应用云端化、服务一体化。构建"空天地"一体化融合应急指挥与应急救援（通航救援、医疗救治）保障体系，打造既有高度，又有宽度，更有温度的品质旅游新体验。项目通过基础设施建设，逐步重建景点的智能管理中心（含世界自然遗产地保护监测中心、景点综合指挥中心和景点数据中心），形成了景区智能的"大脑"，并在此基础上打造了景点旅游信息管理平台、智能景点综合经营管控平台。通过上述两个平台的构建，保障了遗产监测与保存、游客咨询服务与体验、景点管理工作与经营、紧急指挥与调度和综合分析决策保障等多种应用，有效提升了景点内公共服务与管理的信息化、数字化、智慧化水平。实现与阿坝州政务大数据中心和九寨沟县政务平台的协同与共享，对接阿坝文旅、大九旅集团信息平台，对接中国风景名胜区行业公共信息服务平台，实现与OTA类涉旅企业的应用集成，形成高度开放共享、安全可靠、融合发展的"互联网+景区"综合管理平台。同时，结合项目实施进度，探索以自然遗产和生态保护为主导、兼顾旅游产业发展的智慧景区建设标准，为国内其他同类景区提供参照，形成世界自然遗产地保护与可持续发展的"中国方案"。

（二）大数据智慧管理实现路径

九寨沟智慧旅游大数据综合管理平台采用了创新的"11255"体系架构，旨在全方位提升景区的智慧化水平。具体而言：

一基础：构建坚实的网络与机房环境，配备先进的软硬件基础设施，为景区信息的高效汇聚与分发奠定坚实基础。通过集成基础数据、业务数据及旅游周边数据等多元化信息源，运用大数据处理技术，精准满足九寨沟景区智慧化建设的数据需求。

一中心：智慧管理中心作为核心，不仅承载着九寨沟智慧景区的综合运营管理职能，还兼具旅游数据中心与世界自然遗产地保护监测中心的双重角色，确保景区运营管理的智能化与遗产保护的精细化。

两平台：旅游数据管理平台与综合运营管控平台相辅相成，前者负责元数据管理、底层数据访问及硬件设备管理，后者则实现对各类业务应用系统的全面掌控，共同支撑起九寨沟景区的高效运营与科学管理。

五应用：针对九寨沟作为世界自然遗产、国家级自然保护区的独特地位，项目精心设计了五大应用领域——景区管理与运营、遗产监测与保护、游客服务与体验、应急指挥与调度、综合分析决策服务。这些应用不仅强化了景区的日常管理与服务功能，还提升了其在自然遗产保护、游客体验优化及应急响应等方面的综合能力。

五保障：为确保项目顺利实施并持续发挥效用，项目从组织机构、人才培养、资金投入、技术支持等多个维度构建了全方位的保障体系。通过多方协同推进，确保实施方案能够真正落地生根，为九寨沟景区的智慧化建设提供坚实支撑。

此外，项目建设还需深入分析大数据构建需求，精准把握数据资源的应用潜力与价值，为九寨沟景区的智慧化转型提供强有力的数据支撑与决策依据。

整合景区现有可用 8 套内部系统，其中包括环境监测、视频监控系统、电子商务系统、九寨沟官网、微信平台、微博、乐行九寨 APP、免费 Wi-Fi 系统，整合数据项。针对目前现有系统，可以选择以下几种数据整合方式：第一，数据库对接。以数据库对接，开发数据接口，完成数据采集。第二，数据导入、导出。以 Excel、Word、TXT、SHP 等文件格式导入、导出，与现成系统交换数据。

针对涉旅部门旅游相关数据采集，整合涉旅数据。有两种数据整合方式：第一，以数据库对接，开发数据接口，完成数据采集。第二，网络采集，利用爬虫技术采集网上旅游数据，采集电商平台旅游信息。

（三）大数据智慧管理信息整合

包括基础地理信息及二三维一体化系统、大数据系统、数据共享及开放系统。第一，基础地理信息及二三维一体化系统。包括矢量地图数据、三维地理数据、GIS 引擎。第二，大数据系统。包括软件和硬件资源虚拟化管理、数据接入管理、数据存储分发管理、数据治理、数据建模、数据分析管理。第三，数据共享及开放系统。包括接口管理、数据资源管理、数据分发、认证管理。

基于九寨沟景区智慧旅游大数据综合管理平台打造的世界自然遗产地保护与救

灾系统，对景区环境监测保护及灾难预警避险提供地域化、空间性的数据支撑与融合，实现九寨沟世界自然遗产地要素监测和整体保护体系的构建，各类灾难发生时，可对相关资源进行追踪、对现场情况及时掌握和调度、高可靠性进行应急通信。

三、智慧服务："大数据"分析实现智能化

九寨沟在全国率先开始建设数字景区，景区管理及景区相关产业的信息系统、视频监控系统、感知系统等所有数字景区系统每时每刻都会产生大量的数字、文字和视频数据。同时，外部的互联网因素也会产生关于九寨沟数以亿计的数据，这些数据具有典型的大数据特质。

大数据技术的应用，使得九寨沟景区能够完成以往难以想象的复杂任务，如精准预测景区客流波动，深入分析其背后的原因及影响因素，为景区管理提供了前所未有的洞察力。这一能力不仅优化了游客体验，还助力景区在营销、公安、交通、产业规划及公共服务等多个领域实现信息共享与协作联动，构建起一个高效、协同的旅游生态系统。

结合旅游信息数据，九寨沟景区进一步形成了科学的旅游预测预警机制，能够提前预判并应对可能出现的旅游高峰或突发事件，从而有效提升应急管理能力，确保游客安全。同时，智能化服务的实现，让游客在享受自然风光的同时，也能感受到科技带来的便捷与舒适，进一步提升了九寨沟作为世界级旅游目的地的吸引力和竞争力。

（一）大数据 + 验票

九寨沟景区在进沟验票环节进行了全面升级，闸机系统焕然一新，支持人脸、二维码和身份证识别等多种方式，彻底改变了传统入园流程。游客如今无需二次换票，仅凭身份证轻轻一刷，再配合人脸识别技术，闸机便自动开启，整个过程流畅快捷，仅需几秒钟便能完成入园手续。对于未携带身份证的游客以及港澳台及外籍游客，闸机还贴心提供了证件号输入功能，确保每位游客都能轻松进入景区。此外，换乘中心也经历了显著变化，从原来的一层 7 组闸机扩展为上下两层共 32 组闸机，这一布局优化有效提升了检票效率，减少了高峰时段的排队时间。游客在检票闸机口只需简单几步操作，便能迅速进入景区游玩，享受自然风光。九寨沟景区还推出了门票线上预约功能，这一创新举措实现了从"接待 1 万人次游客排长队"到"接待 2 万人次游客不排队"的华丽转身。游客可以通过线上平台提前预约门票，避免了现场购票的烦琐与耗时，极大地提升了入园效率和游客满意度。

（二）大数据 + 监控系统

游客进入景区后乘坐观光车，景区在各重要区域设有调度点，配合先进的 G-bos 车辆调度系统，能够实时看到车辆运行情况以及车内监控情况，从而精准地调度每一台车辆。景区在各景点、上下车点等重要区域布设了 680 台监控设备，这些设备具有人脸识别、动作识别等功能，和票务系统形成联动，在找人找物方面起到了很好的效果。

（三）大数据 + 厕所管理

九寨沟景区布设了 40 个卫生间，每个卫生间都设置了智慧厕所管理系统，游客能够轻松地看到厕位的占用情况，管理者也能从后台实时了解使用情况，方便管理。

九寨沟管理局成立标准化办公室，联合四川大学和武汉大学对各处室的业务流程进行梳理和优化，修订完善了 2009 版《九寨沟景区管理标准体系》。采用功能归口型结构，从纵向分为服务标准、管理标准、工作标准三大类，从横向分为保护管理、营销管理、建设维护、保障管理、运营管理、辅助管理六大板块，并将标准化建设纳入绩效考核，通过监督检查、评估奖励等制度有效提高了各部门的工作效率，强化了品牌价值和竞争力，能够为游客提供更规范、更安全、更贴心、更优质的服务。

（四）大数据 + 微信小程序

通过基于大数据的微信小程序，景区购票、酒店住宿、餐饮演艺、文创产品等都可以在这里一键搞定了。该应用可提供吃、住、行、游、购、娱等"一站式服务"，具有旅游资讯、线路推荐、玩转九寨、语音导览、VR 九寨、票务购买、智慧停车、卫生间查询，以及一键租车、一键就医、一键投诉、一键报警等多项"智慧服务"功能。

智慧旅游平台通过 5G 等移动互联新技术，主动感知各类旅游信息，分析游客消费行为习惯，对游客进行精准画像，精准推送旅游线路、酒店、餐饮、购物等信息，实现精准定向营销。智慧交通平台，将对接百度、高德地图等，采集道路交通信息，显示重点路段实时路况、车流量及停车场情况，并自动生成交通拥堵指数，为游客规划最优线路。

项目有助于强化九寨沟在智慧旅游经营发展模式方面的探索和建设，有助于推动九寨沟产业转型升级，有助于民族地区构筑数字经济融合创新体系。景区不断依托网络平台，实施精准营销，实施拉动式策略，率先携手百度实行客流量预测，使九寨沟"智慧旅游"进一步为游客的理性出游提供了便利，并提升了九寨沟在旅游市场的竞争力，促使九寨沟旅游接待量节节攀升，屡创新高。

四、智慧营销：新媒体网络营销

（一）大数据 + 社交媒体

九寨沟将大数据应用于营销方面，运用官方网站、微博、微信等新媒体网络营销，基本改变了传统的营销模式。景区高度重视社会新媒体，先后开通了新浪、腾讯微博、FACEBOOK、X（TWITTER）等，使用微信、微电影等开展网络营销；在沟口广场和诺日朗游客服务中心共建设 6 块 LED 信息发布大屏；同亚太旅游协会（PATA）签订合作备忘录，与美通社、WENDYWU、HANATOUR 和 MODETOUR 签署战略合作协议，推动了景区的全球化营销战略。

（二）大数据 + 官方网站

九寨沟将大数据网络营销进行了完美的结合，在九寨沟的官方网站上有着很好的体现。进入九寨沟的官方网站后，在导航条上可以很明显地看到"智慧九寨"这一项，里面包含了 3D 图库、全景展示、影像资料等与信息化相关的栏目，其中最值得一提的，当属"智慧九寨"的实时在线摄像头板块，实时在线，从名字就可以看出这是一种通过即时的影像传送来向景区工作人员及游客提供景区情况的新的方式，与网络视频营销不同，网络视频营销是指在一些视频网站提供在线的视频播放服务，例如景区可以通过在视频网站上传风光宣传片，将景区的产品与服务传递给众多的网民，达到直观的宣传效果，吸引更多游客前往，宣传效果要比传统广告更好。但是，与即时影像比起来，网络视频只是将景区的景色与服务最美的一面展示了出来，并不能反映景区每时每刻的景象，而视频监控系统则可以做到这一点，视频监控系统利用监控探头对景区内的重要景点、客流集中、事故多发地段等地进行动态监测，将实时场景视频数据利用有线或无线网络传输至指挥调度中心，指挥中心通过电子屏幕可及时准确地了解景区内游人的数量和行动、动植物的生长情况、景区的防火等安全情况等，实现旅游者调控、观光车辆调配、动植物保护措施、消防人员调配等等，保证了决策与指挥的正确性和及时性，有效保证了游客安全，预防了突发事件的发生。

同时，数据流还与九寨沟的官方网站相连，提供给顾客在线的即时影像服务，顾客不仅可以通过即时影响观看到与自己所在位置相同时间的九寨沟景色，还能查看到景区当时的天气情况和人流状况，不仅为游客提供了更大的方便，还因为这种新的方式吸引了更多的游客浏览九寨沟的官方网站，从而通过网络营销对九寨沟景区进行了更好的宣传。

（三）大数据 + 旅游目的地营销系统

主要包括（吃、住、行、游、购、娱各要素）旅游资源的整合平台、电子商务平台、旅游资讯服务平台、景区信息智能推送软件、基于客源地分析定向营销推广平台、微信公众服务平台等。优质的服务带来的用户体验最终会转化为营销效果。

大数据时代，个人口碑的作用通过互联网放大变成了社会化营销，快速地为管理方和服务方的各部门、行业和企业带来效益。智慧营销的"智慧"体现在将营销回归到本质——传递信息，让有用的信息在管理方、服务方和游客之间进行有效传递，就是智慧的营销。从整体上看，各个层面和角度的营销很细碎，单个营销的效果或许也很渺小，但旅游业整体的营销合力却是惊人的。短期内这种合力将对企业乃至行业产生推动，长期看则是对于人们旅游观念、态度的改造。

第四节 龙门景区智慧旅游案例

一、背景

龙门石窟景区坐落于洛阳市南郊伊阙峡谷之间，是中国重要的石刻艺术宝库、世界文化遗产、国家AAAAA级旅游景区、全国重点文物保护单位，与山西大同云冈石窟、甘肃敦煌莫高窟、天水麦积山石窟并称中国四大石窟。

（一）智慧旅游建设阶段

2012年，洛阳市被确定为全国首批智慧旅游试点城市。2015年7月，洛阳市启动打造龙门石窟成为第一家"互联网+智慧景区"行动，将微信支付、Wi-Fi覆盖、智能语音导览引入景区建设中，建设智慧景区后台管理系统，对景区实时精准监测和管理。微信公众号直接购票，极大地减轻了节假日售票窗口压力，减缓了售票处的拥堵情况，同时给予游客更新颖便捷的购票体验。将智慧停车系统引入景区，实现停车管理的全面智能化，游客可通过LED屏幕或手机端时刻掌握停车场车位情况，类似的智能化基础设施还出现在智慧景区建设的方方面面。Wi-Fi的覆盖，为更多智能应用提供了技术支持和实现可能。在龙门石窟景区，每到一个地点就可以打开"语音画册"，收听免费的导览和介绍。

2017年，龙门石窟持续探索智慧旅游发展的可能性，将海量的数据汇聚分析，赋能景区管理；同时从C端出发，打造更便捷的游园体验，实现游客1秒快速入园。随后接连获得旅游行业数字化发展的先行者等系列荣誉，成为河南省第一个5G网络全覆盖的AAAAA级景区，与信息化技术有机结合让千年文化遗产迸发出新时代文化魅力。作为重要的传统历史文化景区，龙门石窟与互联网深度融合，通过借助物联网技术、云计算技术、大数据技术、移动通信技术等现代信息技术，通过"活化"

文物历史，提供优质服务，增强旅游体验，塑造品牌形象，为洛阳"智慧景区"建设以及上下游产业链发展提供了有力支撑。2018 年，龙门石窟景区凭借综合实力斩获"2018 全国最具影响力智慧文旅景区"大奖，成为河南唯一获得此项奖项的景区。

（二）基于大数据的智慧旅游发展现状

龙门石窟基于大数据的数字景区建设主要体现在大数据中心建设、数字孪生平台建设、时空大数据综合分析研判和全流程一站式解决方案等方面。通过这些措施，景区提升了游客的参观体验和管理水平，传播了中华优秀传统文化，推动了智慧旅游的发展。

龙门石窟与科技公司合作，为景区量身打造了大数据中心。这个中心将提供人口迁徙图、区域热力图、位置流量趋势图、人物画像分析等核心功能，为景区服务管理、精准营销、安全预警等提供决策参考。通过大数据计算和分析，龙门石窟可以获知游客的年龄、性别、常住地、出行轨迹等信息，从而更好地满足游客的需求。

龙门石窟启动了智慧文旅数字孪生平台项目，利用前沿数字孪生技术和人工智能技术，对景区周边地形地貌、交通路网、文化遗存等进行中精度还原。同时，采用激光点云技术对石窟区进行扫描和对象化建模，真实还原石窟外观和纹理。这个平台旨在提升游客的参观体验、传播龙门石窟的文化价值，并推动智慧化运营和品牌化营销。

龙门石窟通过数字孪生平台叠加红外线观测数据、视频识别数据、传感器数据等，结合大数据分析和 AI 算法，准确计算和预测景区内景点客流密度、客流分布和游客行为习惯。这成为景区智慧化运营管理的重要依据，提升了景区的管理水平、服务质量、运营能力。

龙门石窟的数字景区建设不仅关注数字化管理，还致力于实现智慧化运营和品牌化营销。通过大数据和科技技术的综合应用，景区为游客提供了深度穿越体验和震撼的视觉效果。同时，通过数字化技术展示、情景式的带入和沉浸式互动体验，让"文化复活"和"历史重现"，为游客打造传承和弘扬中华优秀传统文化的新场景、新应用。

二、智慧管理：完善基础通信设施与电子票务系统

（一）大数据 + 基础通信设施

伴随着 4G、5G 移动通信网络的全面覆盖，移动智能终端的用户数量也呈现出大数据特征。特别是移动智能无线终端和无线应用的使用，极大地改变了人们的生活方式和行为习惯，无线网络已经成为移动互联时代移动智能终端接入的主要力量。旅游景区的竞争重点也从"硬"转"软"，即从过去强化硬件基础设施，转移到当前

提供高效优质的增值服务和体验上来。随着全球信息化技术和无线网络技术日臻完善，旅游景区提供全新的旅游高速信息服务已经成为了一种可能。

洛阳龙门石窟智慧景区基于中国移动优质智能管道，利用最新一代宽带无源光综合接入标准，支持所有具有无线功能的移动智能终端设备的接入，游客只需通过无线微信认证登录，就可以轻松享受高速便捷的无线上网体验。

（二）大数据＋电子票务系统

伴随经济全球化和信息化进程的日益加快，电子商务已经成为信息化时代经济发展方向的必然，越来越多的人通过网络实现在线订票、购物和消费。对于旅游景区而言，将传统的纸质门票替换为电子门票，可以大幅度提升旅游景区的运营效率和服务品质。将二维码技术应用于景区票务系统，可以缩短游客购票时间，降低额外送票成本，有效杜绝虚假门票现象发生。在旅游景区推广电子门票系统能为游客节约旅游成本、简化购票入园程序、增加旅游客流量、降低时间延迟。

在过去，龙门石窟景区，每逢遇到"五一""十一"等重要节假日以及一年一度的"牡丹文化节"，就会出现游客数量激增，景区买票时间长、验票速度慢等问题，龙门石窟智慧景区的建设坚持问题导向，使得这一长期困扰景区的痛点问题得以解决。游客可以通过智能移动终端设备实现随时随地购买景区电子门票，购票方式主要有官方微信公众号、各类宣传媒介以及景区入口处扫码三种形式。微信购票大大缩减了游客购票入园时间，降低了景区购票窗口压力，节约了景区管理成本，增强了游客的体验满意度，特别是在重要节假日以及旅游高峰期，电子门票的方便快捷极大地提升了旅游景区服务接待能力。

（三）大数据＋文物保护

通过大数据和三维数字化技术将受损文物进行复原。作为文化遗产类景区，且由于龙门石窟景区内文物历史悠久，属于不可再生性资源，因此，文物保护工作极其重要。千百年来由于渗水、风化、开裂等自然原因以及过度开发等人为损害，使得景区内一些文物毁坏现象严重。针对此种问题，龙门石窟景区通过三维数字化技术将受损文物进行复原，使得游客能够重新领略大佛风采。除此之外，景区文物的保护不能仅仅"先损坏再修补"，而应该做到及时的预防，降低文物受到侵蚀的可能，也不能仅依靠专家对文物进行保护，还应该做到全民防护。

利用高清相机和传感器等设备，龙门石窟对石窟内的文物进行实时监测和记录。这些设备可以监测文物的温度、湿度、光照等环境因素，以及游客的行为和流量情况。通过大数据分析，可以及时发现文物的潜在风险，如风化、水侵蚀等，并采取相应的保护措施。

通过对文物的数字化扫描和图像处理技术，龙门石窟实现了对文物的数字化修复和保存。这种方法不仅可以保留文物的原始风貌，还可以为文物的长期保存提供保障。同时，通过大数据技术，可以分析文物的历史演变和损坏程度，为未来的修复工作提供科学依据。龙门石窟利用数字化技术将文物进行高精度复制和展示，让游客能够更加真实地感受到文物的魅力。同时，通过数字孪生技术和虚拟现实技术，游客可以在虚拟环境中参观和了解文物，增强了参观的互动性和体验感。这种数字化展示方式不仅保护了文物，还扩大了文物的传播范围，提高了文物的社会影响力。

龙门石窟建立了基于大数据的文物数字化保护平台，将文物的监测、修复、展示等数据整合到一个平台上。这个平台可以对数据进行统一管理和分析，提供全方位的保护和管理服务。通过这个平台，不同部门和专家可以共享数据和信息，提高了文物保护工作的效率和协同性。这些措施有助于保护石窟文物免受自然和人为因素的损害，确保文物的长久保存和传承。同时，数字化技术也为游客提供了更加丰富和真实的参观体验，推动了龙门石窟的智慧旅游发展。

三、智慧服务：针对目标市场提供特色服务

（一）利用大数据提供针对性服务

通过大数据技术，不断搜集积累用户数据，并对数据进行分析处理，统计游客偏好，从而制定出有针对性的旅游信息、旅游服务推送，提高游客对景区的兴趣，逐步探索智慧景区管理发展的新模式。目前，通过不断地升级完善龙门石窟景区软硬件系统，景区已经能够搜集游客来源信息，并能够通过景区内的监控系统，对客流量实时把控，方便景区管理者实时掌握入园人数、每个景点参观人数、智慧旅游体验项目游客参与人数等。通过对人数的分析，感知游客的心理变化，对景区游客实时管理，避免出现景区"超载"现象，使得景区管理更加科学、有效。同时，洛阳市为发展智慧旅游，也建立了相关服务体系。比如：智慧旅游入境关怀服务、洛阳市智慧旅游门户网站服务等，与景区相关服务相得益彰，为游客提供全方位的"智慧服务"（图 11-5）。

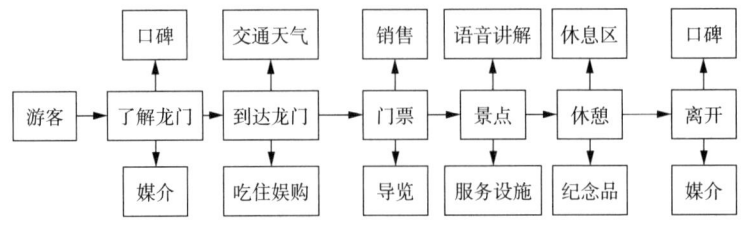

图 11-5　龙门景区服务流程

龙门石窟景区针对游客的不同需求，提供具有针对性的服务。比如：针对国际友人，为使他们更好地了解龙门石窟历史文化，专门上线了英文版语音画册服务以

及英文版免费自助导游服务，但由于目前该服务正在升级完善，只上线了英文版语音讲解，暂时还没有更新其他语言；同时，为更好地帮助游客答疑解惑，龙门石窟景区专门设立微信在线客服，游客可以通过微信或者电话的方式，在旅游活动中随时求助，有任何问题也可以随时提问，会有专门的服务人员提供帮助，让游客获得更加美好的旅游体验。

以前，龙门石窟景区的游览方式是游客单方面的自行参观，游客大多就是赏景、听导游讲解后就结束了旅游活动，游客无法真正地"进入"到景区内，景区无法了解游客参观的心理活动，也无法满足游客的情感愿望。现在，龙门石窟打造了许多旅游体验项目，比如：微信公众平台上的游戏体验项目——上香、测佛缘和最萌剪刀手等，游客通过移动终端主动参与游戏，获得新的旅游体验，并与景区产生情感、心理方面的互动，满足游客的情感需求。除此之外，游客在游园过程中最需要的还有讲解服务，尤其是历史文化类景区，若游客对景区背景不了解，旅游体验感就不会很强烈。针对这一问题，龙门石窟景区提供"摇一摇语音画册"项目，游客只需按照提示摇动手机，就能够打开景区的"语音画册"。"语音画册"分为东山石窟、西山石窟、香山寺、白园四大区域，"画册"展示的内容多种多样，不仅有语音讲解，还包括图文、视频等形式，受到了中外游客的一致好评。同时，中英文免费讲解也使游客可以随时随地收听收看到龙门石窟的文化知识，除"语音画册"外，龙门石窟景区还提供景区四大区域内64个景点的自助语音导航，游客可以通过扫描景点前树立的二维码标识，获取语音讲解服务。在讲解内容的设定上，不仅有历史文化，还有故事典籍、工艺技术等"课外知识"传输给游客。

（二）搭建大数据智慧旅游公共信息平台

大数据技术是智慧旅游公共信息服务平台的重要技术支撑，它将互联网与传统旅游业线下运营有机融合，形成一个集分析决策、商业综合、文化交流于一体的智慧信息平台。

近年来，洛阳市已经完成智慧旅游入境关怀提醒、智慧旅游门户网站建设、智慧旅游导游助手等项目，并投入使用，特别是加强了节假日旅游信息中心、旅游指挥中心、旅游投诉中心等机构的建设，实现与12301（国家智慧旅游公共服务平台）旅游热线24小时实时对接，为游客提供信息咨询、酒店住宿、车辆接送、导游导览、投诉救助等全方位的智慧服务。

（三）基于大数据建立客流监控系统

在假期特别是"五一"与"十一"等重要节假日，由于旅游景区人员密集且流动性大，给旅游景区安全防范工作带来很大压力，因此，建立健全客流实时动态监测系统，是做好智慧景区安全防范工作的重要举措。

龙门石窟智慧景区通过安装基于人脸识别、智能视频监控和数据挖掘技术为核心的客流监控系统，精准分析统计实时视频中游客的脸部特征，实现在不对游客产生干扰的情况下准确了解和掌握旅游景区及周边人流趋势，准确预测旅游高峰期接待人数、高峰客流时间节点、热门区域客流动态情况，综合调配旅游景区各种管理资源，为限制客流和人员疏导提供科学依据，最大限度地减少和避免可能出现的旅游安全事故。

四、智慧营销：打造智慧营销新模式

（一）利用大数据精准投放营销产品

龙门石窟智慧景区建设绝不仅仅是简单地向游客提供旅游信息，而是贯穿于游客旅游的各个环节，具体体现在：一是深入分析游客信息，获取游客类型和旅游偏好，实现旅游产品和旅游服务的精准营销；二是根据游客旅游消费数据，及时调整营销策略，不断改进旅游产品和服务结构。

景区在对外宣传时，可以利用多种形式通过公众平台向游客发布文物保护小常识，比如视频、动画的形式，内容生动有趣，让游客在趣味中了解文物保护的意义和技巧。同时，景区还可以组织现场文物知识普及或竞赛活动，提高景区活动多样性，提高游客的参与度和积极性。景区还可以和学校合作，定期去学校向青少年普及文物保护知识，从下一代做起，了解中华文化的博大精深，增强文化自信。

（二）利用大数据全方位塑造品牌形象

对于旅游景区而言，塑造品牌形象是旅游景区营销的最终目的。品牌作为游客选择旅游目的地的重要参考，在连接游客与旅游景区之间发挥了重要的桥梁纽带作用。龙门石窟景区应时而为、顺时而谋，通过运用多种手段，全方位、多渠道、全天候广泛对外宣传推广，不断塑造景区良好品牌形象。

在塑造品牌上，发挥《河南日报》报业集团专业媒体的引领作用，全力打造龙门石窟智慧景区，为世界文化遗产再添新内涵。

在气氛营造上，龙门石窟智慧景区在景区入口处、售票大厅内、热门景点前等明显位置均树有 Wi-Fi 免费接入、二维码扫码购票、智能语音导览互动体验等智慧元素标志牌，并与腾讯联合打造龙门石窟微信公众号，推动形成"移动龙门"线上线下一体化融合发展。

在形象树立上，龙门石窟景区注重与《人民日报》《河南日报》《洛阳日报》等主流权威媒体合作，形成强大的社会影响力的同时，充分发挥门户网站、微博、微信、地方网等各类互联网宣传渠道的作用，扩大传播覆盖面，为进一步巩固提升"智慧龙门"知名度和美誉度增添动力。

参考文献

[1] Gajdošík T, Marciš M. Artificial intelligence tools development [C]//Computer Science On-line Conference. 2019: 392-402.

[2] Molz J G .Travel Connections: Tourism, Technology and Togetherness in a Mobile World [M]. London: Routledge, 2012: 532.

[3] Oliver R L.A Cognitive Model of the Antecedents and Consequences of Satisfaction Decisions [J]. Journal of Marketing Research, 1980, 17（4）: 460-469.

[4] Shoval, N., & Ahas, R. The use of tracking technologies in tourism research: The first decade. Tourism Geographies, 2016, 18（5）: 587-606.

[5] Arenas A E, Goh J M, UrueñaA. HowdoesI Taffect design centricity approaches: Evidence from Spain's smart tourism ecosystem [J]. International Journal of Information Management, 2019（45）: 149-162.

[6] Chen W, Xu Z Y, Zheng X Y, et al. Geo-tagged photo metadata processing method for Beijing inbound tourism flow [J]. ISPRS International Journal of Geo-Information, 2019, 8（12）: 556.

[7] Choi, J., Seo, H., Im, S., & Lee, H. Attention Routing Between Capsules. Presented at the 2019 IEEE/CVF International Conference on Computer Vision（ICCV）, pp. 9197-9205.

[8] D Laney. 3-D Data Management: Controlling Data Volume, Velocity, and Variety, Meter Group, Research 2001, Note, 6.: 949.

[9] Dimitrios Buhalis, Aditya Amaranggana.Smart Tourism Destinations Enhancing Tourism Experience Through Personalisation of Services [M].Information and Communication Technologiesin Tourism 2015 .Springer International Publishing, 2015: 377-389.

[10] Fei, X.. Development of a Smart Tourism Platform Based on Big Data and Cloud Computing Technologies. Journal of Tourism Innovation and Technology, 2022, 10

(4): 123-135.

[11] González-Rodríguez MR, Díaz-FernándezMC, Pino-Mejías MÁ. Theim pact of virtual reality technology on tourists' experience: Atextual data analysis [J]. Soft-Computing, 2020, 24 (18): 13879-13892.

[12] Gretzel U, Werthner H, Koo C, et al. Conceptual foundations for understanding smart tourism ecosystems [J]. Computers in Human Behavior, 2015 (50): 558-563.

[13] Hassannia R, Barenji A V, Li Z, et al. Web-Based Recommendation System for Smart Tourism: Multiagent Technology [J]. Sustainability, 2019, 11 (2): 323.

[14] Hong Zhang, Mingyang Li. Integrated Design and Development of Intelligent Scenic Area Rural Tourism Information Service Based on Hybrid Cloud [J]. Computation a land Mathematical Methodsin Medicine 2022, 2022: 5316304-5316304.

[15] J Sánchez, Callarisa L, RM Rodríguez, et al. Perceived value of the purchase of a tourism product [J]. Tourism Management, 2006, 27 (3): 394-409.

[16] Joan Borràs, AntonioMoreno, AidaValls. Intelligent Toursim Recommender systems: Asurvey [J]. Expert Systems with Applications, 2014, 41.

[17] John Mashey, Big Data and the Next Wave of Computing, Chief Scientist, SGI, 1998.

[18] Keane M J. Quality and pricing in tourism destinations [J]. Annals of Tourism Research, 1997, 24 (1): 117-130.

[19] KIM W G, PARK S A. Social media review rating versus traditional customer satisfaction [J]. International Journal of Contemporary Hospitality Management, 2017 (2): 784-802.

[20] Kontogianni A, Alepis E. Smart tourism: State of the art and literature review for the last six years [J]. Array, 2020, 6: 100020.

[21] Pizam, A. Tourism's Impacts: The Social Costs to the Destination Community as Perceived by Its Residents [J]. Journal of Travel Research, 1978, 16 (4): 8-12.

[22] Porter, Michael E. Competitive Advantage: Creating and Sustaining Superior Performance. New York: Free Press, 1985.

[23] Roman M, Grzegorzewska E, et al. Influence of the COVID-19 Pandemic on Tourism in European Countries: Cluster Analysis Findings [J]. Sustainability, 2022, 14 (3): 1602.

[24] Rudwiarti LA et al. Smart tourism village, opportunity, and challenge in the disruptiveera [J]. IOP Conference Series: Earth and Environmental Science, 2021 (1): 780.

[25] S Smith. Tourism Analysis：A Handbook［M］.Longman，1989.

[26] Salton G, Wong A, Yang C S .A vector space model for automatic indexing［J］. Communications of the ACM，1975，18（11）：613–620.

[27] Ulrike Gretzel, Marianna Sigala，Zheng Xiang；Chulmo Koo .Smart tourism：foundations and developments［J］.Electronic markets，2015，25（3）：179–188.

[28] Weng, Y.. Innovative Management Models for Smart Tourism Using Big Data and IoT［J］.International Journal of Tourism Science and Innovation，2023，15（1）：45–60.

[29] Xin Yang；Bing Pan；James A. Evans；Benfu Lv；Forecasting Chinese tourist volume with search engine data［J］,Tourism Management，February 2015，46：386–397.

[30] Yeh, Sheng Cheng, et al. A study on outdoor positioning technology using GPS and Wi-Fi networks［C］. International Conference on Networking, Sensing & Control IEEE，2009.

[31] Zhang T，Cheun GC, Lawr. Functionality evaluation fordestination marketing web sitesin smart tourismcities［J］. Journal of China Tourism Research，2018，14（3）：263–278.

[32] 艾瑞咨询．2021年中国在线旅游市场研究报告［R］，2021.

[33] 班航．基于旅游大数据的用户画像建模及个性化推荐研究［D］.安徽工程大学，2023.

[34] 北京青年报官网．博物馆的未来：文博数字化转型的重要历程．https：//news.qq.com/rain/a/20231106A08R6C00，2023-11-06.

[35] 北京青年报官网，博物馆的未来：文博数字化转型的重要历程．https：//news.qq.com/rain/a/20231106A08R6C00，2023-11-06.

[36] 毕叶．游戏艺术在数字博物馆中的应用及创意方案［D］.中国美术学院，2018.

[37] 曹华．基于VR的全景漫游技术在产品推介展示设计中的应用研究［D］.贵州大学，2016.

[38] 曾津．中国"新基建"与美国"信息高速公路计划"及其比较研究［J］.新经济，2020（12）：28–30.

[39] 曾义．信息化时代下基于大数据的智慧旅游管理探讨［J］.网络安全和信息化，2023（08）：25–27.

[40] 陈传康．区域持续发展与行业开发［J］.地理学报，1997，52（6）：522–523.

[41] 陈春花，朱丽，钟皓等．中国企业数字化生存管理实践视角的创新研究［J］.管理科学学报，2019，22（10）：1–8.

[42] 陈国华，李凤雷，丛睿等．基于GPS数据的体育旅游目的地游客时空行为模式

研究——以江西武功山为例［C］//江西省体育科学学会，全国学校体育联盟江西省分联盟，江西省体育学学科联盟，华东交通大学体育与健康学院.第四届"全民健身科学运动"学术交流大会暨运动与健康国际学术论坛论文集，2023：2.

［43］陈国青，任明，卫强等.数智赋能：信息系统研究的新跃迁［J］.管理世界，2022，38（01）：180-196.

［44］陈国青，卫强，张瑾.商务智能原理与方法（第2版）［M］.北京：电子工业出版社，2014.

［45］陈国青，曾大军，卫强，张明月，郭迅华.大数据环境下的决策范式转变与使能创新［J］.管理世界，2020，36（02）：95-106.

［46］陈海迪.大数据在智慧旅游中的应用研究［J］.当代经济，2015（29）：38-39.

［47］陈浩，宋科，刘闪等.5G时代下运用元宇宙虚拟旅游助力张家界旅游［J］.旅游与摄影，2023（01）：68-70.

［48］陈虎，郭飞，王颖超.云旅游：昙花一现，还是大有可为？——基于对新冠肺炎疫情的讨论［J］.人文天下，2020（07）：89-92.

［49］陈静娴，许文雕，连雁平.物联网技术在武夷智慧旅游中的应用探究［J］.物联网技术，2014，4（07）：69-72.

［50］陈锐，傅永梅，刘秀丽.文旅融合背景下智慧文旅服务平台建设研究［J］.黑龙江科学，2022，13（18）：95-97.

［51］陈睿.中国省际绿色化、信息化与旅游化协调发展及空间关联效应研究［D］.贵州大学，2023.

［52］陈曦，白长虹，陈晔等.数字治理与高质量旅游目的地服务供给——基于31座中国城市的综合案例研究［J］.管理世界，2023，39（10）：126-150.

［53］陈滢.数字旅游产业发展的机遇与路径探析［J］.中国经贸导刊（中），2020（11）：52-53.

［54］陈永昶，王玉成.智慧旅游驱动京津冀区域旅游协同发展机理与路径［J］.河北大学学报（哲学社会科学版），2018，43（05）：62-70.

［55］成都市府.成都市将建成全域旅游数据中心［EB/OL］.https：//www.sc.gov.cn/10462/10464/10465/10595/2018/7/5/10454501，（2018-07）［2024-07］.

［56］程聪，严璐璐，曹烈冰.大数据决策中数据结构转变：基于杭州城市大脑"交通治堵"应用场景的案例分析［J］.管理世界，2023，39（12）：165-185.

［57］崔海洋，李志勇.人工智能在旅游营销中的应用［J］.旅游纵览，2023（17）：143-145+149.

［58］戴斌.科技创新与现代旅游业体系建设［J］.中国国情国力，2022（10）.

［59］戴志强.旅游大数据发展策略分析［J］.科技风，2022（09）：55-57.

［60］党安荣，张丹明，马琦伟，李娟.大数据时代的智慧景区管理与服务探讨［J］.

西部人居环境学刊，2016，31（04）：8-13.

[61] 邓宁，牛宇．旅游大数据—理论与应用［M］．北京：旅游教育出版社，2019．

[62] 邓宁，曲玉洁．我国旅游大数据的产业实践：现状、问题及未来［J］．旅游导刊，2021，5（4）：1-15．

[63] 邓伟志．社会学辞典［M］．上海：上海辞书出版社，2009．

[64] 丁磊．大数据时代智慧旅游发展中的信息安全问题研究［J］．数字通信世界，2023（11）：166-168．

[65] 丁熊，刘毅，刘珊，刘再行．智慧旅游背景下的景区公共产品与服务系统设计［J］．包装工程，2016，37（12）：149-154．

[66] 丁余良，高碧瑶，曹家源等．多样化的智慧景区建设［J］．物联网技术，2022，12（06）：81-83．

[67] 董观志，杨凤影．旅游景区游客满意度测评体系研究［J］．旅游学刊，2005（01）：27-30．

[68] 窦文章，杨开忠，杨新军．区域旅游竞争研究进展［J］．人文地理，2000（15）：22-27．

[69] 杜海忆．"互联网+"时代的旅游产业融合研究［J］．旅游与摄影，2022（20）：27-29．

[70] 杜越．智慧博物馆建设中的藏品管理研究［D］．上海大学，2021．

[71] 丰晓旭，夏杰长．中国全域旅游发展水平评价及其空间特征［J］．经济地理，2018，38（04）：183-192．

[72] 冯超．数字化技术在华清宫智慧景区中的应用［J］．科技创新与应用，2023，13（01）：30-32+36．

[73] 冯秋馥．虚拟现实技术概述在博物馆中的应用分析［J］．赤子（上中旬），2005（15）：95-95．

[74] 冯芷艳，郭迅华，曾大军等．大数据背景下商务管理研究若干前沿课题［J］．管理科学学报，2013，16（001）：1-9．

[75] 高远．镇江旅游"本地生活化"发展研究［J］．太原城市职业技术学院学报，2023（10）：40-44．

[76] 高志方，周静妮，彭定洪．基于SBSC-改进折衷率TOPSIS模型的智慧旅游城市绩效评价研究［J］．生态经济，2022，38（07）：173-175．

[77] 高中元，陈炼星，李浩，王亚南．鼓浪屿景区智慧解说系统优化研究［J］．产业与科技论坛，2020，19（20）：47-50．

[78] 葛军莲，顾小钧，龙毅．基于利益相关者理论的智慧景区建设探析［J］．生产力研究，2012（05）：183-184+225．

[79] 龚花，陈琦，陈名辉．基于大数据分析的旅游景区管理策略优化研究［J］．广西

质量监督导报，2020（10）：40-41.

［80］谷阿靖.敦煌文化的数字化再现及旅游体验设计［D］.西北师范大学，2015.

［81］顾渐萍，王远斌，刘贵文，田宗舜.基于文本大数据的游客旅游意象感知挖掘研究——以重庆市为例［J］.现代城市研究，2019（12）：117-125.

［82］管菁，管清宝.旅游景区可持续发展之路——"智慧景区"规划设计［J］.智能建筑与智慧城市，2020（08）：13-17.

［83］管倩.智慧旅游提升旅游体验途径研究［D］.北京林业大学，2013.

［84］贵州省文化和旅游厅."一码游贵州"贵州开启"码上开游"全域智慧旅游新模式［EB/OL］.https：//whhly.guizhou.gov.cn/zwgk/xxgkml/jcxxgk/xwfbh/202005/t20200519_60504806.html，（2020-05）［2024-07］.

［85］郭玲霞.大数据助力智慧旅游发展的研究综述［J］.河北旅游职业学院学报，2017，22（02）：50-54.

［86］郭峦.旅游新业态的演进规律［J］.沿海企业与科技，2011（07）：60-63.

［87］郭为，许珂.旅游产业融合与新业态形成［J］.旅游论坛，2013，6（06）：1-6.

［88］韩水法.人工智能时代的自由意志［J］.社会科学战线，2019（11）：1-11.

［89］韩水法.人工智能时代的人文主义［J］.中国社会科学，2019（06）：25-44.

［90］杭州智慧旅游规划课题组.杭州智慧旅游规划研究［M］.长春：吉林大学出版社，2020：14-15.

［91］何军，刘晓云，汪怡.安徽省旅游景区电子商务生态系统评价与分析［J］.资源开发与市场，2013，29（02）：215-219.

［92］贺小荣，李宗幸，李启明等.基于数字足迹的风景名胜区旅游者时空结构特征研究——以赴张家界景区的旅游者为例［J］.湖南师范大学自然科学学报，2018，41（01）：11-17.

［93］贺艳，程梦妤.数字圆明园——文化科技融合展示与运营探讨［N］.中华建筑报，2015-07-17（004）.

［94］赫磊.基于云平台的智慧旅游信息推送系统研究［D］.西安工业大学，2014.

［95］胡丽琴，刘明柱，杨永强.数字旅游体系框架研究［J］.资源与产业，2007（02）：81-83.

［96］胡田翠，李敏.移动互联网时代旅游消费者行为分析［J］.赤峰学院学报（自然科学版），2017，33（01）：103-105.DOI：10.13398/j.cnki.issn1673-260x.2017.01.041.

［97］胡云.我国旅游业的信息化建设与发展［J］.城市问题，2004（02）：50-52.

［98］黄超，李云鹏."十二五"期间"智慧城市"背景下的"智慧旅游"体系研究［J］.2011《旅游学刊》中国旅游研究年会会议论文集：55-68.

［99］黄丽英.智慧旅游景区游客体验的实证研究——以广州长隆旅游度假区为例

［J］.顺德职业技术学院学报，2019，17（04）：79-84+90.

［100］黄蔚欣，张宇，吴明柏等.基于Wi-Fi定位的智慧景区游客行为研究——以黄山风景名胜区为例［J］.中国园林，2018，34（03）：25-31.

［101］黄蔚欣，张宇，吴明柏，党安荣.基于Wi-Fi定位的智慧景区游客行为研究——以黄山风景名胜区为例［J］.中国园林，2018，34（03）：25-31.

［102］黄葙.大数据时代智慧旅游管理模式探讨［J］.旅游纵览（下半月），2019（12）：21.

［103］黄小明，孙新丽，袁云.智慧景区大数据管理平台建设方案探讨［J］.广东通信技术，2023，43（07）：57-63.

［104］黄筱佟，宫海晓，邸臻炜.基于MR技术的城市景区智慧旅游系统方案的应用研究［J］.信息记录材料，2021，22（10）：180-181.

［105］惠林彬.大数据时代龙门石窟智慧景区管理与服务研究［J］.商业经济，2019（02）：41-42.

［106］冀楠楠.智慧旅游对旅游消费者行为的影响机制［J］.现代营销（经营版），2019（11）：109.

［107］冀雁龙，李金叶.数字技术与中国旅游全要素生产率——基于非线性与异质性的考量［J］.技术经济与管理研究，2022（11）：107-112.

［108］冀雁龙，李金叶.数字经济发展对旅游经济增长的影响研究［J］.技术经济与管理研究，2022（06）：13-18.

［109］冀雁龙，李金叶，赵华.数字化基础设施建设与旅游经济增长——基于中介效应与调节效应的机制检验［J］.经济问题，2022（07）：113-121.

［110］贾建民，杨扬，钟宇豪.大数据营销的"时空关"［J］.营销科学学报，2021，1（01）：97-113.

［111］姜艳海.新形势下旅游市场相关问题研究［J］.中国商论，2022（24）：62-64.

［112］金江军.智慧产业发展对策研究［J］.技术经济与管理研究，2012（11）：40-44.

［113］金卫东.智慧旅游与旅游公共服务体系建设［J］.旅游学刊，2012，27（02）：5-6.

［114］克劳锐指数研究院.2023旅游消费内容研究报告［R］，2023.

［115］孔雪瑶，张相森，邹定发.元宇宙赋能下的博物馆产业发展新思路［J］.玩具世界，2023（06）：14-16.

［116］郎月华，李仁杰，傅学庆.基于GPS轨迹栅格化的旅游行为空间模式分析［J］.旅游学刊，2019，34（06）：48-57.

［117］雷可为，陈瑛.基于BP神经网络和ARIMA组合模型的中国入境游客量预测［J］.旅游学刊，2007（04）：21-25.

[118] 雷可为，王小辉，豆晓宁.基于大数据的旅游市场研究综述［J］.科技视界，2015（14）：46+66.

[119] 雷磊.博物馆藏品智慧保护初探［J］.博物馆管理，2020（04）：88-96.

[120] 雷鹏.旅游新业态类型及其形成驱动机制研究［J］.旅游纵览（下半月），2014（04）：251-252+263.

[121] 黎品.大数据时代下的文博展示方式升级研究［D］.四川美术学院，2018.

[122] 李丁，贾志洋，汪际和，陈旭.智慧旅游管理与智能推荐技术［J］.中国管理信息化，2013，16（07）：80-81.

[123] 李东和，张鹭旭.基于TAM的旅游APP下载使用行为影响因素研究［J］.旅游学刊，2015，30（08）：26-34.

[124] 李芳林，谢镕键.海南省智慧乡村旅游发展研究［J］.农业与技术，2023，43（05）：160-162.

[125] 李海龙.云台山景区智慧化研究［D］.河南大学，2018.

[126] 李红，夏咏梅，刘琳.大数据背景下去哪儿网客户关系管理研究［C］//四川劳动保障杂志出版有限公司.劳动保障研究会议论文集（六）.成都信息工程大学；成都信息工程大学管理学院，2020：3.

[127] 李济任，许东.基于AHP与模糊综合评价法的森林康养旅游开发潜力评价——以辽东山区为例［J］.中国农业资源与区划，2018，39（08）：135-142+169.

[128] 李继峰.旅游景区信息化、数字化、智能化解读［J］.洛阳师范学院学报，2014（2）：110-113.

[129] 李焦娇.基于FAHP-Entropy与IPA旅游景区多源数据的绩效评价研究［D］.云南财经大学，2022.

[130] 李金玲，赵志强.基于Unity3D移动增强现实技术的景观智慧旅游导览研究［J］.软件导刊（教育技术），2017，16（01）：91-93.

[131] 李景.基于在线点评的酒店顾客满意度研究——以上海市五星级酒店为例［D］.上海师范大学，2015.

[132] 李君轶，高慧君.信息化视角下的全域旅游［J］.旅游学刊，2016，31（09）：24-26.

[133] 李丽，郑钰.智慧博物馆发展的"以道御术"之法——以北京自然博物馆为例；自然科学博物馆研究，2022.

[134] 李莉，付业勤.旅游危机事件的网络舆情主体特征研究——以凤凰古城收费事件为例［J］.重庆交通大学学报（社会科学版），2015，15（02）：65-69.

[135] 李璐涵."互联网+"背景下乡村旅游可持续发展路径探析——以安徽农旅小镇三瓜公社为例［J］.企业科技与发展，2018（08）：330-332.

［136］李萌．基于智慧旅游的旅游公共服务机制创新［J］．中国行政管理，2014（06）：64-68．

［137］李伟，李慧凤，杨洁．基于智慧旅游视角的景区网站服务功能及其评价——以华北地区10家5A级旅游景区网站为例［J］．资源开发与市场，2015，31（09）：1149-1152．

［138］李文昌．发展中的中国数字化博物馆［J］．国际博物馆（中文版），2008（Z1）：61-69．

［139］李文静．智慧景区中智能视频监控的应用需求［J］．中国安防，2020（10）：61-64．

［140］李文雯，任劲劲．智慧旅游视角下的云旅游发展及其提升路径［J］．辽东学院学报（社会科学版），2020，22（05）：38-42．

［141］李云鹏，胡中州，黄超等．旅游信息服务视阈下的智慧旅游概念探讨［J］．旅游学刊，2014，29（5）：106-115．

［142］李振坤．消费者视角下智慧旅游对原有旅游模式的影响研究［J］．中国商论，2015（36）：112-115．

［143］李治兵．Web3.0时代的旅游网络营销［J］．成都师范学院学报，2014，30（01）：55-58．

［144］联合国教科文组织执行局第211次会议审议《世界记忆项目总方针》。

［145］梁磊，李英杰，赵新伟，王志新．基于Unity3D移动增强现实技术的景观智慧旅游导览探讨［J］．计算机产品与流通，2020（05）：107+163．

［146］林德荣，陈莹盈．智慧旅游乡村建设的困境与突破：从智慧潮流走向可持续发展［J］．旅游学刊，2019，34（08）：3-5．

［147］林蓉．新媒体技术应用下智慧旅游的升级与发展［J］．旅游纵览（下半月），2019（14）：13-15．

［148］林勇军，程道雷．基于物联网和5G的智慧旅游云平台研究［J］．江西通信科技，2022（02）：20-22．

［149］林章林，柳宗辉，刘元梦等．以数字技术破解我国冰雪体育旅游发展的现实困境及对策建议［J］．体育科研，2022，43（04）：55-61．

［150］林子雨．大数据导论——数据思维、数据能力和数据伦理（通识课版）［M］．北京：高等教育出版社，2020．

［151］刘海鸥，孙晶晶，苏妍嫄，张亚明．基于用户画像的旅游情境化推荐服务研究［J］．情报理论与实践，2018，41（10）：87-92．

［152］刘慧悦，阎敏君．移动短视频使用对旅游者行为意愿的影响研究［J］．旅游学刊，2021，36（10）：62-73．

［153］刘加凤．常州智慧旅游公共服务平台建设研究［J］．中南林业科技大学学报

（社会科学版），2012，6（05）：22-24.

[154] 刘晶，曾宜玲．云旅游高质量发展模式与路径探析［J］．旅游与摄影，2022（20）：17-19.

[155] 刘利宁．智慧旅游评价指标体系研究［J］．科技管理研究，2013，33（06）：67-71.

[156] 刘棋芳．数字时代下虚拟形象IP赋能文旅产业发展研究［J］．湖南包装，2023，38（03）：92-95.

[157] 刘业政，孙见山，姜元春等．大数据的价值发现：4C模型［J］．管理世界，2020，36（02）：129-138+223.

[158] 刘颖，吕本富，彭赓．网络搜索对股票市场的预测能力：理论分析与实证检验［J］．经济管理，2011，33（01）：172-180.

[159] 刘志霞．智慧旅游信息化平台建设与应用研究［J］．湖南城市学院学报（自然科学版），2016，25（04）：109-110.

[160] 逯祥渠．智能化旅游管理信息系统设计及应用研究［J］．新经济，2016（06）：28.

[161] 罗成奎．大数据技术在智慧旅游中的应用［J］．旅游纵览（下半月），2013（16）：59-60.

[162] 洛阳本地宝．一码游洛阳实用指南［EB/OL］．（2024-04）［2024-07］．http：//ly.bendibao.com/tour/202442/27768.

[163] 吕芳．资源约束、角色分化与地方政府的政策执行——基于公共文化服务示范区建设的案例研究［J］．管理世界，2023，39（02）：113-124.

[164] 吕小刚，章燕．大数据背景下智慧旅游发展路径探析［J］．度假旅游，2018（02）：127-128.

[165] 吕燕．大数据时代下智慧景区管理与服务探讨［J］．度假旅游，2018（02）：124-126+135.

[166] 旅游局网站，中央政府门户网站．国家智慧旅游公共服务平台正式启动［EB/OL］．（2015-09）［2024-07］．https：//www.gov.cn/xinwen/2015-09/23/content_2937645.htm.

[167] 马舒霞，吴伟光，王磊．全域旅游要素评价及其绩效分析［J］．重庆交通大学学报（社会科学版），2018，18（04）：62-70.

[168] 马扬梅，童登峰，汪婷．全域旅游视角下安徽智慧旅游发展路径探析［J］．贵州商学院学报，2018，31（04）：48-51.

[169] 麦肯锡全球研究院．大数据：创新、竞争和生产力的下个前沿领域［J］．2011（05）；赛迪译丛，2012（06）.

[170] 梅宏．数字经济成型期：数据要素化是一项系统工程［J］．科学新闻，2022，

24（06）：17-20.

[171] 每日经济新闻.Z世代旅游消费趋势报告［R］，2022.

[172] 蒙涓.浸入式体验下的"旅游+直播"新场景营销模式分析［J］.市场论坛，2017（10）：49-52.

[173] 穆荣兵，黄熙茗，兰珂等.浅谈数字化技术在旅游景区中的应用［J］.艺术科技，2016，29（02）：33+13.

[174] 穆学青，郭向阳，陈亚颦.云南省智慧旅游发展水平测度及空间差异研究［J］.地理与地理信息科学，2019，35（04）：123-129.

[175] 聂学东.对数字旅游、虚拟旅游及智慧旅游的辨析研究［J］.经济论坛，2013（02）：107-110.

[176] 潘金玉，吴涛.旅游线路产品开发创新的路径研究——以"船进神农架"为例［J］.旅游论坛，2014，7（03）：25-31.

[177] 潘澜，林璧属，方敏，陈梅.智慧旅游背景下旅游APP的持续性使用意愿研究［J］.旅游学刊，2016，31（11）：65-73.

[178] 彭丽，谭艳，周继霞.基于智慧旅游背景下的乡村旅游发展模式研究——以重庆合川区为例［J］.农业经济，2014（12）：49-50.

[179] 钱春霞.智慧酒店系统设计研究［J］.电子技术与软件工程，2022.

[180] 钱艳.大数据背景下的旅行社营销探索［J］.营销界，2019（24）：155-156.

[181] 乔向杰.智慧旅游赋能旅游业高质量发展［J］.旅游学刊，2022，37（02）：10-12.

[182] 乔艳琰.社交媒体大数据在旅游业中的应用价值探究［J］.信息与电脑（理论版），2020，32（10）：155-156.

[183] 邱宏亮.旅游者环境责任行为测量维度及影响机制研究［D］.浙江工商大学，2017.

[184] 曲凯.大数据在全域旅游智慧营销应用上的探讨［J］.旅游学刊，2017，32（10）：9-10.

[185] 曲云鹏，任鹏，于文博，胡卉.博物馆线上线下数字展示技术应用情况研究［J］.自然科学博物馆研究，2019.

[186] 任瀚.智慧旅游定位论析［J］.生态经济，2013（04）：142-145.

[187] 任洪云，刘威娜，宋蕾.黑龙江省智慧旅游营销探索——基于数字旅游背景下［J］.北方经贸，2023（12）：5-12.

[188] 任丽伟.景区安防系统建设应用面临的挑战与改进对策［J］.中国安防，2023（09）：64-66.

[189] 阮立新.基于利益相关者诉求的景区智慧旅游框架体系构建［J］.南京师大学报（自然科学版），2017，40（03）：159-165.

［190］邵嘉进，陈成栋，陶俊樾，王博聪，杜炫彬，陈小瀚.基于画像的旅游推荐服务实现［J］.电脑编程技巧与维护，2021（07）：147-149.

［191］邵宇航."互联网+全域智慧旅游"发展模式探析——以"一部手机游云南"APP为例［J］.今传媒，2019，27（05）：77-79.

［192］邵振峰，章小平，马军，邓贵平.基于物联网的九寨沟智慧景区管理［J］.地理信息世界，2010，8（05）：12-16+28.

［193］申海洋，叶松，笪诚.信息技术在旅游产业中的应用研究［J］.黄山学院学报，2022，24（06）：22-26.

［194］盛昭瀚，薛小龙，安实.构建中国特色重大工程管理理论体系与话语体系［J］.管理世界，2019，35（04）：2-16+51+195.DOI：10.19744/j.cnki.11-1235/f.2019.0044.

［195］宋海岩，吴晨光.新一轮科技革命与旅游需求分析和预测创新：理论探讨与实践前沿［J］.旅游学刊，2022，37（10）：1-3.

［196］宋磊，林洪波，王绪华.基于3D-GIS的智慧泰山景区信息集成平台［J］.中国园林，2011，27（09）：30-32.

［197］宋美慧."为张家界元宇宙赋能"［N］.张家界日报，2023-09-23（003）.

［198］宋瑞.数字经济下的旅游治理：挑战与重点［J］.旅游学刊，2022，37（04）：11-12.

［199］孙贝贝.基于游客感知的趵突泉景区智慧化运营现状分析与提升研究［D］.山东师范大学，2023.

［200］孙会峰.2019中国大数据产业发展白皮书［J］.互联网经济，2019（Z2）：10-21.

［201］孙津.数据挖掘技术在企业客户关系管理中的应用［J］.统计与管理，2017（12）：155-156.

［202］孙晓燕.智慧景区游客体验研究［D］.山东师范大学，2018.

［203］孙新波，钱雨，张明超等.大数据驱动企业供应链敏捷性的实现机理研究［J］.管理世界，2019，35（09）：133-151+200.

［204］孙艳红，王轻楠，吴杰.龙门石窟智慧景区建设研究［M］.北京：中国经济出版社，2019.

［205］谭凌霄，林文芳，尹丹妮.物联网技术在景区建设中的应用［J］.科技视界，2021（04）：68-69.

［206］汤文菲.智慧旅游景区评价指标体系构建与评价标准研究［D］.广西师范大学，2014.

［207］涂人猛.区域旅游理论研究［J］.社会科学家，1994（5）：83-88.

［208］万畅，杜一峰.数字技术赋能工业旅游创新发展研究——以珠海市金湾区为例

[J].济南职业学院学报,2021(04):98-100.

[209] 万晓榆,罗焱卿.数字经济发展水平测度及其对全要素生产率的影响效应[J].改革,2022(01):101-118.

[210] 汪侠,甄峰,吴小根.基于游客视角的智慧景区评价体系及实证分析——以南京夫子庙秦淮风光带为例[J].地理科学进展,2015,34(04):448-456.

[211] 汪燕,李东.旅游新业态的类型及其形成机制研究[J].科技和产业,2011,11(06):9-12+65.

[212] 汪永旗.旅游大数据商业化应用中的个人隐私保护[J].中南林业科技大学学报(社会科学版),2016,10(02):44-49.

[213] 王德刚.旅游区开发与管理[M].北京:清华大学出版社,2009.

[214] 王凤飞,陈瑾,段卫里.数字旅游智能化服务体系的逻辑理路与赋能重构[J].沈阳农业大学学报(社会科学版),2022,24(05):535-539.

[215] 王宏星.移动互联网技术在旅游业中的应用研究[D].浙江大学,2004.

[216] 王华丽.基于大数据驱动的新时代智慧旅游发展思考[J].农村经济与科技,2019,30(22):42+43.

[217] 王静贤.即墨古城智慧景区建设研究[D].青岛大学,2019.

[218] 王丽.基于AHP的城市旅游竞争力评价指标体系的构建及应用研究[J].地域研究与开发,2014,33(04):105-108.

[219] 王路路,孙斌,毕治方等.国内外智慧旅游与城市旅游竞争力研究述评[J].科技和产业,2018,18(7):21+27.

[220] 王锰、钱婧,郑建明.标准化推进智慧文旅服务融合:基于标准规范文本的比较研究[J].图书馆建设,2022(03):152-160.

[221] 王明月.清明上河园智慧旅游平台设计思路[J].合作经济与科技,2023(21):64-67.

[222] 王小瑛.陈国青:大数据的管理喻意[J].商学院,2014(06):77.

[223] 王洋,车谊,周静.关于旅游线路产品开发的一些思考——以峨眉山"文化苦旅"线路设计为例[J].技术与市场,2007(12):90-91.

[224] 韦鸣秋,白长虹,张彤.旅游目的地精益服务供给中的组织关系演进逻辑——基于重庆、西安、杭州的跨案例比较研究[J].管理世界,2021,37(07):119-129+144+9.

[225] 韦鸣秋,白长虹,张彤.旅游目的地精益服务平台机制研究[J].旅游学刊,2023,38(01):81-95.

[226] 魏荔莉.结果导向型智慧景区评价规范体系的构建与思考[J].度假旅游,2019(01):119-120.

[227] 魏萌.互联网背景下旅游产业融合探究[J].山西农经,2019(23):18+20.

[228] 魏翔.数字旅游——中国旅游经济发展新模式[J].旅游学刊,2022,37(04):10-11.

[229] 温冉.旅游景区客户关系管理[J].合作经济与科技,2017(06):106-107.

[230] 邬东璠,王彬汕,周觅.中国度假旅游市场发展现状与趋势调查分析[J].装饰,2019(04):12-17.

[231] 吴丹丹,马仁锋,郝晨,冯学钢,吴杨.数字经济对市域旅游业高质量发展水平的空间效应及机制[J].经济地理,2023,43(04):229-240.

[232] 吴红焱,杨晓霞.网红景区投射形象与感知形象的对比研究——以重庆万盛奥陶纪景区为例[J].资源开发与市场,2019,35(12):1556-1560.

[233] 吴宏业.智慧酒店运营系统的构建[D].云南大学,2016.

[234] 吴梦.智慧旅游视角下旅游专业人才培养创新策略研究[J].西部旅游,2023(18):72-74.

[235] 吴珊.旅游可持续发展与旅游环境保护研究[J].旅游与摄影,2023(07).

[236] 吴卫东.对数字旅游、虚拟旅游、智慧旅游的再辨析[J].当代经济,2015(30):40-41.

[237] 吴信东,何进,陆汝钤,南宁.从大数据到大知识:HACE+BigKE[J].自动化学报,2016,42(07):965-982.

[238] 向征,丁于思,黎巎.信息技术与旅游:从数字化到信息加速时代[J].旅游学刊,2020,35(01):11-12.

[239] 项名翠.基于游客体验的智慧景区发展策略研究[D].桂林理工大学,2020.

[240] 谢富胜,吴越,王生升.平台经济全球化的政治经济学分析[J].中国社会科学,2019(12):62-81+200.

[241] 谢双.旅游景区的信息化、数字化、智能化[J].中外企业家,2015(05):37.

[242] 谢双.旅游景区的信息化、数字化、智能化[J].中外企业家,2015(05):37.

[243] 谢汶熹.大数据时代智慧旅游管理模式及其构建路径探讨[J].企业改革与管理,2024(02):23-25.

[244] 熊华勇.地理大数据在旅游景区营销中的应用[J].中学地理教学参考,2023(29).

[245] 徐岸峰,任香惠,王宏起.数字经济背景下智慧旅游信息服务模式创新机制研究[J].西南民族大学学报(人文社会科学版),2021,42(11):31-43.

[246] 徐岸峰,任香惠,王宏起.数字经济背景下智慧旅游信息服务模式创新机制研究[J].西南民族大学学报(人文社会科学版),2021,42(11):31-43.

[247] 徐菲菲,何云梦.数字文旅创新发展新机遇、新挑战与新思路[J].旅游学刊,2021,36(07):9-10.

［248］徐建国，李梓．互联网＋旅游"背景下旅游人才需求变化及职业教育应对策略研究［J］．天津经济，2022（09）：22-38．

［249］徐楠．丝绸之路省会城市旅游经济与生态环境耦合协调研究［D］．河南大学，2016．

［250］徐宗本，冯芷艳，郭迅华等．大数据驱动的管理与决策前沿课题［J］．管理世界，2014（11）：158-163．

［251］徐宗本，冯芷艳，郭迅华，曾大军，陈国青．大数据驱动的管理与决策前沿课题［J］．管理世界，2014（11）：158-163．

［252］徐宗本．数字化网络化智能化，把握新一代信息技术的聚焦点［N］．人民日报，2019．

［253］薛丹．大数据助力黑龙江省乡村旅游业高质量发展研究［J］．学理论，2023（06）：87-89．

［254］薛潇全，张一帆，鲁晨．乡村旅游产品创新研究［J］．合作经济与科技，2022（24）：77-79．

［255］闫巧致，黄晓君，林哲．智慧旅游大数据应用分析［J］．西安航空学院学报，2023，41（05）：67-75．

［256］严汾，蒙吉军．Logistic增长模型在游客流量预测中的应用——以贵州省绥阳县为例［J］．人文地理，2005（04）：87-91．

［257］央广网．全国旅游监管服务平台2018年7月1日启用［EB/OL］．（2018-06）［2024-07］．

［258］央视新闻客户端．把千年古迹莫高窟"画"进数字世界进度条加载超50%，2023-06-09．

［259］杨春梅，赵原，徐西帅，李威．基于网络文本数据分析的冰雪旅游游客满意度研究——以哈尔滨为例［J］．企业经济，2022，41（03）：133-140．

［260］杨桂华．旅游景区管理［M］．北京：科学出版社，2006．

［261］杨宏．大数据与智慧酒店管理［J］．科技创新与应用，2015（19）：259-260．

［262］杨玲，李英辉．基于物联网技术的文物古建筑智能安全管理系统［J］．中国科技信息，2022（22）：44-46．

［263］杨絮飞，蔡维英．旅游景区管理［M］．北京：北京大学出版社，2022．

［264］杨旸，刘法建．大数据旅游研究和应用中的几个问题［J］．旅游学刊，2017，32（09）：3-4．

［265］杨正泰．旅游景点景区开发与管理［M］．北京：北京大学出版社，2000．

［266］姚一青．藏品管理信息化研究［D］．复旦大学，2014．

［267］叶恒．智慧景区游客服务平台架构设计研究——以广西程阳八寨景区为例［J］．广西城镇建设，2020（05）：88-90．

［268］于法稳，黄鑫，岳会．乡村旅游高质量发展：内涵特征、关键问题及对策建议［J］．中国农村经济，2020（08）：27-39．

［269］袁庆曙．数字化互动展陈技术与系统研究［D］．浙江大学，2009．

［270］袁庆玉，彭赓，刘颖，吕本富．基于网络关键词搜索数据的汽车销量预测研究［J］．管理学家（学术版），2011（01）：12-24．

［271］张爱研，陶慧敏．沉浸式理论在主题公园设计中的应用探析［J］．美与时代（城市版），2023（03）：88-90．

［272］张斌儒．互联网环境下基于消费者搜索的旅游需求预测研究［D］．对外经济贸易大学，2017．

［273］张崇，吕本富，彭赓，刘颖．网络搜索数据与CPI的相关性研究［J］．管理科学学报，2012，15（07）：50-59+70．

［274］张红梅，梁昌勇，徐健．''旅游＋互联网''背景下的智慧旅游云服务体系创新［J］．旅游学刊，2016，31（06）：12-15．

［275］张建涛，王洋．大数据背景下智慧旅游管理模式研究［J］．管理现代化，2017，37（02）：55-57．

［276］张建涛，王洋，刘力钢．大数据背景下智慧旅游应用模型体系构建［J］．企业经济，2017，36（05）：116-123．

［277］张苤坤，陈强．基于物联网技术的藏品安全管理创新方法研究［J］．东南文化，2022（S2）：124-127．

［278］张凌云．智慧旅游：个性化定制和智能化公共服务时代的来临［J］．旅游学刊，2012，27（02）：3-5．

［279］张凌云，黎巎，刘敏．智慧旅游的基本概念与理论体系［J］．旅游学刊，2012，27（05）：66-73．

［280］张凌云．旅游景区景点管理［M］．北京：旅游教育出版社，2004．

［281］张鹏顺．''大数据''时代旅游产业的变革与对策［J］．改革与战略，2014，30（09）：110-114．

［282］张琪，李润辉．基于网络大数据的游客流量预测方法研究［J］．全国流通经济，2021（36）：126-128．

［283］张群，尹卓，王为中等．我国大数据标准化发展历程与展望［J］．信息技术与标准化，2023（07）：52-60．

［284］张淞妍，邹亮．上海迪士尼乐园智慧景区建设策略研究［J］．漫旅，2022，9（10）：135-137．

［285］张晓丽．九寨沟景区碳排放测算及低碳发展策略研究［D］．山西大学，2023．

［286］张燕华．基于情感依恋的新媒体社交平台对旅游消费者行为影响研究［J］．旅游纵览，2022（10）：142-144．

[287] 张杨,朱麟奇.吉林省智慧景区评价指标体系构建探讨[J].绿色建造与智能建筑,2023(04):82-85.

[288] 张莹莹.融合发展与价值创新:我国短视频发展的特征、问题及对策[J].济宁学院学报,2023,44(05):103-108.

[289] 张永幸.乡村振兴视域下智慧旅游发展路径探讨[J].旅游纵览,2023(21):1-3.

[290] 张瑜.数字博物馆的创意探索——解读《三星堆奇幻之旅》大型数字交互空间[J].科技传播,2023.

[291] 张岳军,葛峰.基于B2B模式的旅游酒店智能化运维云平台建设[J].产业与科技论坛,2018,17(17):81-82.

[292] 章秀琴.智慧旅游服务生态系统的概念、特征及构建[J].电子政务,2017(04):106-113.

[293] 赵光辉,李玲玲.大数据时代新型交通服务商业模式的监管——以网约车为例[J].管理世界,2019,35(06):109-118.

[294] 赵国瑞.数字化时代下博物馆文物陈列与保管的探究[J].上海轻工业,2023(06):105-107.

[295] 赵磊.乌镇智慧旅游景区运营管理研究[D].云南财经大学,2023.

[296] 赵鹏.基于LBS的智慧景区营销系统构建研究[D].贵州师范大学,2022.

[297] 郑杭生.学术话语权与中国社会学发展[J].中国社会科学,2011(02):27-34+4+220.

[298] 中国旅游研究院(文化和旅游部数据中心).中国国内旅游发展年度报告[R],2022.

[299] 中华人民共和国旅游法.https://www.gov.cn,2013-04-25.

[300] 中华人民共和国文化和旅游部A级景区评定标准.https://www.mct.gov.cn,2016.

[301] 周洪武,顾梦雨.交通+旅游大数据综合服务平台探析[J].公路交通科技(应用技术版),2017,13(01):180-182.

[302] 周娟.大数据背景下智慧旅游管理路径探索[J].旅游纵览,2023(22):65-67.

[303] 周莉.基于5G互联网下的AI交互旅游产品[J].西部皮革,2021,43(20):136-138.

[304] 周晓丽.旅游目的地搜索引擎营销研究[J].忻州师范学院学报,2016,32(05):63-69.

[305] 周永博,沈敏,吴建,魏向东.迈向优质旅游:全域旅游供需错配及其治理——苏州吴江案例研究[J].旅游学刊,2018,33(06):36-48.

[306] 周芸, 李宣. 数字科技赋能杭州非遗西湖龙井文化应用[J]. 福建茶叶, 2023, 45 (12): 169-171.

[307] 周志利, 明庆忠, 史鹏飞等. 中国智慧景区研究进展与展望[J]. 六盘水师范学院学报, 2022, 34 (05): 16-24.

[308] 朱东国, 于敏. 我国城市夜间旅游研究综述[J]. 武汉商学院学报, 2023, 37 (05): 5-10.

[309] 朱静. 阿尔山世界地质公园智慧景区建设和优化研究[D]. 中国地质大学（北京）, 2020.

[310] 朱攀. 基于大数据的信息系统关键技术研究[J]. 电子技术与软件工程, 2014 (04): 216-216.

[311] 朱强华, 张振超. 旅游景区品牌管理模型研究[J]. 桂林旅游高等专科学校学报, 2004 (06): 27-31.

[312] 朱晓晴, 胡玉龙, 李荣飞, 张月. 基于舆情分析的西安市五星级酒店服务质量评价研究[J]. 西安文理学院学报（社会科学版）, 2020, 23 (02): 105-108.

[313] 祝志超. 衢州市智慧旅游人才培养的SWOT分析与对策研究[J]. 江苏商论, 2023 (04): 112-115.

[314] 邹统钎. 旅游景区开发与管理[M]. 北京: 清华大学出版社, 2022.

[315] 邹再进. 旅游业态发展趋势探讨[J]. 商业研究, 2007 (12): 156-160.

[316] 左齐, 张利霞. 基于"互联网+"景区智慧化建设实践及思考——以乐山市景区为例[J]. 中国集体经济, 2023 (03): 131-134.

[317] 左炜晨. 智慧博物馆生态系统构建研究[D]. 河南大学, 2014.